江苏省人民检察院编译丛书

美国检察官办理涉企案件的启示

Too Big To Jail

How Prosecutors Compromise with Corporations

[美] 布兰登·L.加勒特 著

刘俊杰 王亦泽 等译

U0891582

法律出版社
LAW PRESS·CHINA
——北京——

Too Big to Jail：How Prosecutors Compromise with Corporations
By Brandon L. Garrett

著作权合同登记号
图字:01－2020－4338

江苏省人民检察院编译委员会

中文版序言

江苏检察译丛自与读者见面，已相继推出了《美国和欧洲的检察官》《检察官的权力》两部检察译著，概要介绍了一些国家检察制度的整体架构、制度设计、理论实践。宏观轮廓既成，比较学视阈亦逐渐清晰。本系列丛书第三本《美国检察官办理涉企案件的启示》，首度从广角镜头切换至近景特写，聚焦检察官办理企业犯罪案件这一微观视角，揭秘企业诉讼罪与罚之具象。

诚如本书作者所言，企业诉讼兹事体大，攸关民生福祉，不容轻视轻率。尤其巨型企业诉讼牵一发而动全身，波及范围之广、后果影响之深，往往为司法之不能负荷。大企业刑事诉讼案件往往沸腾舆论场中，面临政治效果、法律效果、社会效果的考验，检察办案细枝末节在放大镜下纤毫毕现，办案成色一览无余。保护与惩罚，孰轻孰重？宽严之拿捏，何去何从？涉企刑事诉讼每一个微观层面的问题都是难题，需要研究作答。

与自然人犯罪相比，“以眼还眼、以牙还牙”的朴素刑罚观在缺乏“肉身”的企业面前宣告失灵，对企业的刑罚指向不再是直观物理意义上的牢狱、徒刑，换之以经济的惩罚与规则的制约。企业诉讼更依赖司法经验与理论建构，有自身规律逻辑。域外一些国家的诉讼制度中，检察官主导刑事诉讼，享有自由裁量权，在自然人犯罪刑事诉讼案件中作用巨大，素有“站着的法官”之称。而在涉企刑事案件中，检察官收敛锋芒，审慎博弈权衡取舍，定罪量刑不再是对称式惩罚，而是大量以不起诉、暂缓起诉协议替代公诉，广泛适用罚金刑，引入刑事合规计划，督促企业洗心革面、脱胎换骨。检察办案成为撬动企业从不规范到规范变革的强力杠杆。检察官借由办案发挥深度参与促进作用，倒逼企业重塑文化，使办案后续效应能走进企业会议室，引导企业重新编织运营轨道。

涉企检察司法实践赋予检察官这一全新角色，不仅要开展与违法犯罪的实力较量，也要考验检察参与企业后续治理的能力。从执法过严的安达信案到催促新生的西门子案，美国涉企刑事诉讼经历成败得失，检察政策数度修正，雇员刑诉、公司量刑等方面司法政策与司法实践同步演进。在涉企诉讼案件办理中，检察官在追诉大企业战役中既扮演打击巨人的勇士，又扮演企业辅导员，给予其接受改造获得重生的机会。当然，这种办案方式，使更多的大企业不会受到刑事处罚，让检察官背负了巨大质疑，个中得失利弊亦值得考量细究。

在我国优化法治化营商环境的时代背景下，在探索企业犯罪认罪认罚从宽制度的检察语境中，如何实现服务保障经济发展与惩罚企业犯罪的动态平衡，需要我们深入研究思考，及时回应时代命题。以他国为镜，可以增自信、知不足。域外涉企办案检察经验与教训值得了解与借鉴，以促进形成具有中国特色的企业犯罪治理模式，也为检察机关做好服务企业发展的时代答卷提供镜鉴。

是以为序!

刘　华

2020 年 12 月 24 日

缩略语

ABA	American Bar Association	美国律师协会
CEO	Chief Executive Officer	首席执行官
CFO	Chief Financial Officer	首席财务官
CFTC	Commodities Futures Trading Commission	商品期货交易委员会
DOJ	Department of Justice	司法部
DPA	Deferred prosecution agreement	暂缓起诉协议
ENRD	Environment and Natural Resources Division	环境和自然资源局
EPA	Environmental Protection Agency	环境保护局
FBI	Federal Bureau of Investigation	联邦调查局
FCPA	Foreign Corrupt Practices Act	反海外腐败法
FDA	Food and Drug Administration	食品药品监督管理局
FDCA	Food, Drug, and Cosmetics Act	食品、药品和化妆品法案
FIRREA	Financial Institutions Reform, Recovery, and Enforcement Act	金融机构改革、复兴和实施法案
GAO	General Accountability Office	政府问责局
HHS-OIG	Department of Health and Human Services Office of Inspector General	卫生与公共服务部监察长办公室
IRS	Internal Revenue Service	国家税务局
LIBOR	London InterBank Offered Rate	伦敦银行同业拆借利率
NPA	Non-prosecution agreement	不起诉协议
OCC	Office of the Comptroller of the Currency	货币监理署
OSHA	Occupational Safety and Health Administration	职业安全与健康管理局
SEC	Securities and Exchange Commission	证券交易委员会

目　录

第一章　与巨企交锋

“我知道怎么回事，一直在等你们。”[1]

2006年，这位“银行家”听到敲门声，6名警察和1名检察官带着逮捕证站在门口。

他后来回忆道：“我确实是西门子公司员工，负责贿金管理。众所周知，这是非法行为。”这位“银行家”只负责西门子股份有限公司（Siemens Aktiengesellschaft）（以下简称西门子）部分跨国贿赂事务。该公司是一家德国跨国公司，位列《财富》（the Fortune）世界500强前50名，在全球190个国家有40多万名雇员，生产火车、电厂、咖啡机等各类产品。为从外国政府获得营利性业务，西门子在全球行贿逾10亿美元。如今，西门子在德国和美国都面临着被起诉。

本书首度深入研究美国起诉公司相关问题。起诉公司如同圣经故事里的大卫与巨人歌利亚（David and Goliath）之战。通常人们会认为，这场战争中联邦检察官扮演了歌利亚的角色。他们权力巨大，能扩张适用联邦刑法，甚至可以只因一名雇员犯罪而追究公司刑责，却无法想象联邦检察官在每场较量中处于下风。实际上，面对全球最大最有影响力的公司时，联邦检察官扮演的可能只是大卫的角色。

有些公司不只是“大到不能关”，而且还是“大到不能倒”，检察官可能因其发挥的重大经济作用，而不去追究其刑事责任。“大到不能倒”通常是无法起诉华尔街各银行的原因。上次金融危机后，人们对银行没有得到应有的追究的失望是可以理解的。但要弄清公司为何能逃脱起诉，就要准确理解公司如何被起诉以及其中涉及的诸多现实难题。表面上看，公司可能因雇员犯罪而被起诉的观点，有点奇怪。而且，刑事律师们公司犯罪领域的观点长时间以来也一直模糊不清。过去十年，公司犯罪的问题越来越凸显，一方面因为追究公司责任涉及更多公共利益，另一方面因为检察官调整了处理方式。

为说清检察官起诉公司犯罪的实际情况，本书搜集了十多年的案例数据。我们研究了检察官与公司协商达成的交易条款、检察官如何通过罚金惩罚企业、企业预防犯罪措施以及检察官是否起诉雇员等问题。当前起诉公司的方式，引发公众对“大到不能倒”的担忧，这些担忧从华尔街银行扩展至众多公司。我认为，检察官即使对最严重的公司犯罪也难以有效惩处。更麻烦的是，检察官如何追究公司的刑事责任并不为外界所知，这种不甚透明的做法使问题越发严重。我研究的主要目的是鼓励更多公众关注如何惩罚公司犯罪问题。为深入了解检察官和公司所作决定，在每一章中我都将通过数据介绍起诉和不起诉公司的主要模式。同时，我们还特意介绍了西门子案，该案打破了外国公司行贿案件的所有纪录。

西门子如何行贿？“银行家”不会亲自支付款项。相反，诚如

“银行家”的称号，他们采取两种方式“管理现金”：一是通过瑞士和列支敦士登的银行匿名账户转移资金；二是利用虚拟公司隐藏资金的来源与去向。他曾解释如何携带现金而不被查获：“如要装 100 万欧元，不需要大行李箱，一个公文包就够了；如要装 20 万欧元，则可以直接塞进大衣口袋里。”[2]无论是在希腊、尼日利亚、阿根廷，还是在孟加拉国，为获得丰厚利润，西门子主管们都聘请“顾问”帮他们“赢得”政府合同。这些“顾问”拿到钱后，再亲自向政府官员行贿。

从 2002 年至 2007 年，西门子在全球行贿超 10 亿美元。“银行家”所在部门以电汇开展业务，每年贿赂预算为 4000 万美元至 5000 万美元。他回忆道，西门子负责汇款的部门靠贿赂维持“生存”，其他主要部门也以这种方式运作。行贿普遍存在，成为“常识”。

在德国、美国以及其他一些国家，向政府官员行贿是一种犯罪行为。2008 年，德国检察官以贪污罪起诉某“银行家”，最终罪名成立，宣告缓刑两年，并处 17 万美元罚金。[3]他因与当局合作而受到宽大处理。后来，他接受记者采访时，失望地表示，西门子把他当“外人”来非难，却不追责高层。“我从未想过有朝一日我会替公司坐牢。”他后来说，“当然，我们曾对此事开过玩笑。但是当时我们以为，一旦行为曝光，所有的人都会被追责。”[4]

这一围绕全球行贿计划的争议最终引起全世界检方特别是美国检察官的注意。针对公司犯罪，他们将采取一种有效的新方法来应对目标公司，对此，我将在本书中详尽分析。在西门子案中，“银行家”的说法正确吗？追责范围应局限于下属，还是扩大至高层或公司本身？

一、“无灵魂可谴责，无身体可惩罚”

公司到底是怎么定罪的？“corporation”源自一个意思为“物体”的拉丁语“corpus”。公司可以是一个“物体”，却是一个只能通过雇员行事的集合体。诚如英国大法官爱德华·梭罗（Edward Thurlow）在18世纪末所言，公司“无灵魂可谴责，无身体可惩罚”。[5]很显然，公司不能被监禁。尽管，从理论上说，公司不能死亡。但是，公司却可能面临严重甚至致命的潜在后果。它们可能会被强制缴纳巨额罚金或声誉受损。一旦罪名成立，它们将会失去市场准入资格，比如，公司可能被暂停甚至禁止与联邦政府签订合同。

有关公司刑事责任的联邦法规强大有力且历史悠久。1909年，在纽约中央及哈德逊河铁路公司诉美国案（New York Central & Hudson River Railroad v. United States）判决书中，最高法院认为，根据广义规则，公司可因触犯联邦刑法而受到起诉。[6]该规则很简单，即组织可因雇员的个人犯罪行为而被起诉。该规则源自拉丁语中的雇佣规则或“雇主负责”规则，在这一规则下，雇主对雇员的行为负责。根据该规则，雇主为雇员犯罪行为承担责任的条件有两个：一是犯罪行为属于受雇范围；二是至少部分使雇主获利。正如纽约中央及哈德逊河铁路公司诉美国案中，法院认为，雇主或公司最适合监督雇员，防止其违法。法院强调“公共政策利益”，因为赋予公司刑事起诉“豁免权”将很难“有效地”防止其“滥用”。[7]我们关注起诉公司能否有效预防犯罪，而不是公司何时及如何构成法人的理论问题。公司人格问题争议较大，这些争议体现在 2010 年联合公民诉联邦选举委员会案（Citizens United v. Federal Election Commission）中，法院裁决认为，宪法第一修正案确保公司免受选举开支监管。[8]然而，联合公民案对理解起诉公司的作用不大，但鲜为人知的纽约中央及哈德逊河铁路公司诉美国案所确立的严格雇佣规则却意义甚大。

如今，根据联邦法律，公司和其他商业组织一样是“人”。《美国联邦法典》（the U. S. Code）第一章对包括刑法在内的所有联邦法律中“人”的概念作出界定，包括“公司、企业、协会、事务所、合伙企业、社团、股份公司以及个人”。[9]因此，联邦检察机关可以起诉任何类型组织。《美国联邦量刑委员会指南手册》（the U. S. Sentencing Commission Guidelines Manual）（以下简称量刑指南）使用了“组织”一词，因为该指南涵盖了对各类公司的刑事量刑，包括未经正式注册的合伙企业。无论是西门子等大型跨国公司，拥有数百万名股东的国内大型上市公司，还是只有几位或一位所有人的小型家庭公司，检察官都可以认定他们有罪。

从理论上说，几乎个人可能被起诉的任何罪行，都可以成为起诉公司的理由。除了有强烈意图的犯罪，如杀人。实务中，公司可能因下述犯罪被起诉：会计欺诈、银行诈骗、污染环境、海外贿赂、洗钱、操纵定价、证券欺诈和电信诈骗。重大的公司犯罪主要由联邦检察官起诉，而轻微的公司犯罪及个人犯罪则主要由地方检察官起诉。[10]

二、起诉公司数据

过去十年，尽管联邦检察官起诉的公司犯罪案件数量没有增加，但所诉案件的规模与重要性都在增加。本书目的之一是通过数据来阐释公司到底如何被起诉。如图 1.1 所示，我们收集的数据表明，过去数年公司刑事罚金总额有所增加。

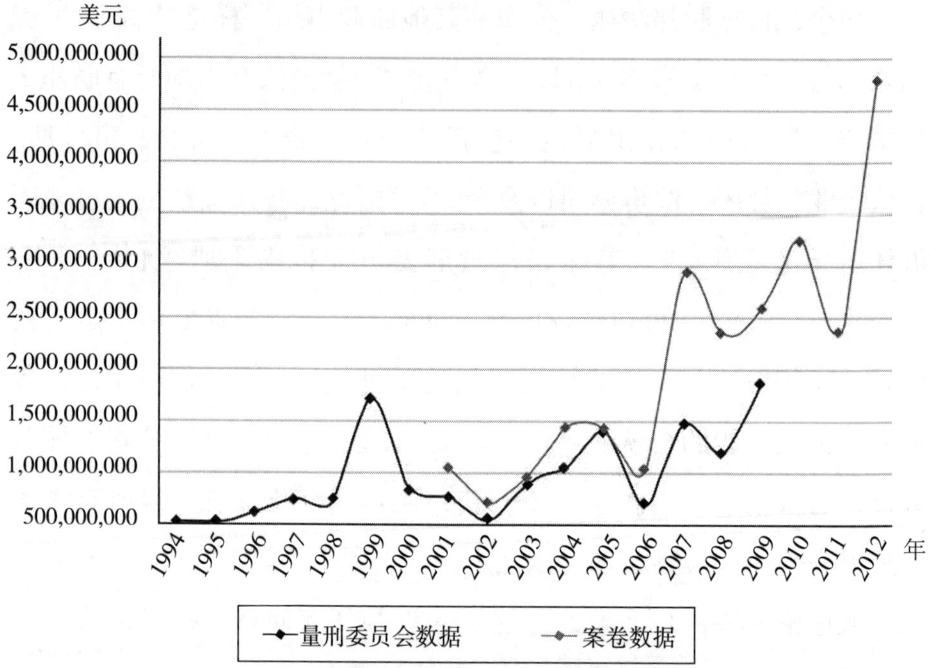

图 1.1 1994 年至 2012 年公司刑事罚金总额

过去，鉴于对公司的量刑很轻，通常不值得起诉。[11] 在 1991 年，国会组成一个专为犯罪制定量刑规则的机构——美国联邦量刑委员会（the U. S. Sentencing Commission），并首次通过专门适用于公司犯罪的量刑指南后，公司罚金不断增加。21 世纪初，为应对震惊美国的安然（Enron）和其他公司丑闻案，更多的司法资源投入到公司起诉中，这促使美国司法部（DOJ）成立安然公司专案组，之后成立公司欺诈专案组（现称为金融欺诈执法专案组）。[12]图1.1中，1994年至2009年，美国量刑委员会提供的早期数据，列明了约3500家公司的罚金总额。我们从2250多份法院案卷和公司起诉协议中人工收集的从2001年至2012年的数据，表明罚金数额大幅增加。

为弄清该变化的原因，我们需要研究图1.1数据背后的实际情况。事实上，绝大多数公司罚金来自少数轰动一时的案件（如西门子案）。例如，2009年罚金大幅增加是因为制药巨头辉瑞（Pfizer）公司缴纳了当时创纪录的近12亿美元罚金。这笔罚金约占当年罚金总数的一半。其他大规模的反垄断案件、海外贿赂案件和非法销售药品案件也涉及数亿美元罚金。还有许多公司被起诉，但罚金总额并没有反映出来。刑事罚金只是公司所付代价的一小部分。例如，作为刑事和解的组成部分，公司需要向欺诈被害人支付数十亿美元。罚金中也没有体现出检察官要求公司采取的预防犯罪的结构性改造。

从检察官活动报道中可以清楚地看到，过去十年他们采用了一种新做法：暂缓起诉协议（DPA）。检察官签署协议，允许公司免遭定罪，但要处以罚金，同时重组公司治理结构并让独立的合规监督员进入董事会。如图1.1所示，这种暂缓起诉协议和不起诉协议（NPA）（甚至无刑案记录）的增多，官方量刑委员会统计的公司定罪数据，无法反映许多重大案件的真实情况。虽然公司罚金增加了，但21世纪的大趋势不是对公司罚款或定罪，而是检察官改变公司管理方式。如今，检察官正尝试重塑公司，协助建立发现和预防雇员犯罪机制，更广泛地说，培养内部道德与诚信文化。就像20世纪60

年代和70年代民权鼎盛时期的联邦法官监督学校废除种族歧视和监狱改革一样，联邦检察官推动重塑公司的政策文化，是一雄心壮志的治理新路径。

作为一名曾经的民事律师，惊讶地看到检察官承担起公司改造的艰巨工作，这是最初吸引我研究这些协议的初衷。我曾花了数年时间研究具体刑事案件中的定罪错误及因DNA获判无罪问题，出现这些错误意味着刑事司法系统存在缺陷。此后，我把注意力转向截然不同的公司起诉领域。起诉西门子这样的单个公司对美国及全球经济都会产生巨大影响，因为其他企业将会密切关注此案，担心自己是否会成为下一个目标。然而，在搜集公司会在什么情况下被起诉，以及如何被起诉的时候发现，相关材料极其匮乏。

官方未登记公司犯罪数据，联邦检察官对暂缓起诉和不起诉也未作出官方统计。多年来，在弗吉尼亚大学法律图书馆（the UVA Law Library）的鼎力帮助下，我们创建了一个数据库，包含联邦检察官与公司达成的每份暂缓起诉协议或不起诉协议信息。在一些地方，这些信息是公开的，但我们想把这些信息收集在一起，以便了解哪些公司涉嫌犯罪，实施了什么行为，被判了什么罪，以及他们如何受到惩罚。

过去十年，此类协议已有250多份。我们把这个数据库在网上公开，其至今仍是最权威和最全面的公共资源。[13]此后，我们创建了一个更大的数据库，也放到了网上，里面含有2000多个公司定罪案例，大部分公司认罪。[14]但这些数据有其现实局限性：尽管检察官成功起诉了巨企，但在其他诸多案件中却没有提出任何指控。除非达成不起诉协议，检察官们通常不会公开这些决定，所以我们无从知道检察官对公司不起诉的适用率。因为政府没有保存公司犯罪资料，公司犯罪数据很难被发现和界定，我们也无法得知公司犯罪的频次。

自 2001 年以来，联邦检察官起诉的 250 多起案件涉及大型上市公司。这些是能想象到的最大的刑事被告：包括美国国际集团（AIG）、百时美施贵宝（Bristol – Myers Squibb）公司（以下简称百时美）、英国石油公司（BP）、谷歌（Google）、南方健康（HealthSouth）、摩根大通（JPMorgan）银行、毕马威会计师事务所（KPMG）、美林证券（Merrill Lynch）、孟山都（Monsanto）和辉瑞。这些《财富》500 强企业确实可以调动惊人的辩护资源。西门子案说明联邦检察官起诉公司时拥有巨大权力，这使起诉公司与其他刑事案件显著不同。

三、定西门子之罪

起诉一家巨企的故事始于世界最小的国家——列支敦士登公国。2003 年年初，列支敦士登一家皇室银行正接受账目审计。银行审计员注意到一个异常现象：数百万欧元在巴拿马、列支敦士登和英属维尔京群岛之间反复来回。列支敦士登《银行保密法》与瑞士类似，列支敦士登银行成为一些人存钱的绝佳去处。审计员密切注意异常交易，防止《银行保密法》给恐怖分子或其他犯罪分子提供洗钱便利。他们注意到境外公司之间的异常交易，大笔资金汇入一家名为玛莎海外公司（Martha Overseas Corp.）的账户。这家公司在巴拿马注册，却由一名派驻希腊的西门子主管管理，而转进该公司账户的钱来自另一家境外公司——该公司总部位于英属维尔京群岛，并由西门子的另一位主管管理。

2004 年，银行将此问题告知西门子，并禁止转账。银行还通知了德国和瑞士的银行监管部门，并先后联系了奥地利和意大利的银行监管部门。两年后，德国警方出现在“银行家”位于慕尼黑的家门口，并扣押了 30 多家西门子办事处的资料。[15]

西门子案（以及位于阿根廷、委内瑞拉和孟加拉国的三家子公司）成为一场真正意义上的全球诉讼案。在 2002 年至 2007 年，西门子向亚洲、非洲、欧洲、中东和南美 65 个国家的政府官员行贿 14 亿多美元，涉及各种大型公共工程项目。在伊拉克“联合国石油换食品计划”中支付的贿金是美国的调查重点。西门子行贿 170 万美元，换取 42 份合同，收益 8000 万美元，利润超 3800 万美元。[16]

乍一看，西门子案似应由德国检方管辖而非美国检方。毕竟，一家德国公司向外国官员行贿，调查也在德国，需要麻烦美国检察官吗？但包括西门子在内的许多公司都在美国有业务，贿赂交易可能通过美国汇款完成。更重要的是，西门子是一家股份公司，股票在纽约证券交易所（the New York Stock Exchange）上市，这就赋予了美国检方管辖权。美国司法部和监管股票发行的美国证券交易委员会（SEC）都有权监管西门子这类上市公司。

美国检察官在这起跨国案件中占据主导地位，收缴大部分罚金。美国司法部和美国证券交易委员会都处理与海外贿赂有关的事务，他们开展搜查行动后即着手调查。诸如西门子这类公司与美国存在关联时，它即受《反海外腐败法》（FCPA）约束。《反海外腐败法》

将贿赂外国官员、保存不准确的账簿记录以及没有充足的内部程序防止贿赂，规定为违法行为。1977 年，在水门事件和公司经常贿赂政府官员的丑闻曝光后，这部法律颁布施行。20 世纪 70 年代中期，美国证券交易委员会发现，数百家美国公司将数百万美元巨额资金用于非法的海外行贿。[17]当时的美国证券交易委员会的执法部门负责人回忆起种种疑惑："海湾石油公司（Gulf Oil）如何记录一笔 5 万美元的现金交易？我想知道，他们做了什么记账凭证？他们有专门的'行贿'账户吗？"

在西门子案中，行贿账户的问题不大。检察官发现，西门子各地办公室里放着"现金台"——装满现金的办公桌——员工可以在那里拿取巨款，并以"有用支出"名义销账，实际上就是行贿金。美国证券交易委员会称这起贿赂"在规模和空间上都是史无前例的"，美国司法部则称为"规模绝对惊人的腐败"。[18]

几十年来，根据《反海外腐败法》的起诉非常罕见，但在过去十年里这类起诉激增。联邦检察官通常更积极地起诉外国公司，依据《反海外腐败法》的起诉变得更为常见的一个原因是回应 20 世纪 90 年代的打击腐败国际条约。该条约由包括德国在内的众多第一世界大国签署，德国自签署之日起率先禁止海外行贿。考虑到有些公司行为在双方国家都构成犯罪，美国检察官起诉一家德国公司会感到更自在。在西门子一案中，美国司法部和美国证券交易委员会都与慕尼黑检方有密切合作。

为应对美国联邦检察官的起诉，西门子董事会启动大规模的内部调查，为此耗资 5 亿多美元。西门子还聘请了一家纽约律师事务所的律师，支付了8亿美元律师费。律师们随后请来会计师审查4000万份银行资料和1.27亿份会计记录，仅在分析数据信息方面又多支出1亿美元。[19]调查人员发现西门子向阿根廷官员行贿1亿美元，可能这笔钱花得很值，因为西门子获得了一份标的为10亿美元的制作国民身份证合同。在孟加拉国，他们发现西门子行贿500万美元，获得手机合同。他们审查了发生在65个国家的交易，发现超过10亿美元的行贿款，而这些行贿没有被欧洲监管部门发现。[20]

为什么西门子这样的公司要调查自己的违法行为？谋杀嫌疑人承认所犯罪行后，如果继续承认自己所犯其他罪行，可能他能快速拿到死刑判决。然而，西门子不仅供认不讳，还花费数亿美元聘请顶尖律师调查其所犯罪行，这对公司反而是有利的。

与绝大多数大大小小的公司或自然人刑事被告人一样，西门子最终认罪。就像极少数的自然人刑事被告接受审判一样，每年只有一小部分的公司刑事被告进入审判程序。西门子在美国哥伦比亚特区地方法院达成控辩交易，向司法部支付4.5亿美元，向美国证券交易委员会支付3.5亿美元，向慕尼黑检方支付8亿美元。[21]

西门子为其行为支付了创纪录的16亿美元，这听起来似乎不公平。但与其他任何刑事被告人一样，西门子也为避免“判决惩罚”而协商。一旦进入审判，罚金可能要高很多；控辩协议援引了量刑指南，罚金为13.5亿美元至27亿美元。实际上，西门子多年来通过行贿在全球范围内获得了利润丰厚的政府合同，其获利可能是罚金的好几倍。

认罪除了少缴罚金外，公司还有其他好处。西门子只承认曾大范围违反《反海外腐败法》的会计账目条款，而不承认非法行贿。非法行贿是《反海外腐败法》所禁止的。因此，西门子显然是为避免被美国政府暂停或禁止签约，如那样将会对其长期发展产生巨大影响，即可能比任何罚金都严重。[22]

与简单的惩罚相比，控辩协议的效果较好。西门子需通过系列结构性改革来重塑自己。公司同意承担合规义务，主要包括专门用来发现和防止外国行贿和其他腐败行为的职业道德规划。此外，西门子承诺“不再犯罪”，并配合美国政府继续调查，特别是针对其雇员的调查。

最重要的是，西门子同意接受一名公司合规监督员持续四年的审查，该监督员有权审查文件、与雇员交谈、监督合规，还能提出建议改进西门子公司治理和预防腐败。能力出众的原德国财政部部长西奥·威格尔（Theo Waigel）博士被选为监督员。他也是联邦检察机关任命的第一位非美国籍监督员。选择一名德国监督员来监督德国公司的合规性，代表了一种新型的跨国协作诉讼。西门子还聘请了一名独立的美国律师来协助监督遵守《反海外腐败法》。

这些诉讼导致西门子时任首席执行官（CEO）辞职，他在自己的回忆录《高层风暴》（Summit Storms）中否认知悉行贿计划。[23]其他定罪部分，西门子阿根廷公司、西门子孟加拉国公司和西门子委内瑞拉公司均认罪，并同意支付 50 万美元的罚金。[24]除这名“银行家”外，慕尼黑检察官还认定两名前西门子雇员有罪。[25]联邦检察官宣布对另外 6 名原西门子高管进行大陪审团起诉。西门子如果揭发前公司雇员，“他”就是合作人——公司线人。作为回报，检方称赞西门子提供了“鼎力”帮助。

“银行家”的担心成为现实。他的判断是对的，像他这样的底层员工会被当作替罪羊起诉，而那些高层人士则会被释放。但是，这场诉讼或许会改变西门子的经营方式。也就是说，虽然其原首席执行官可能不受牵连，但该公司确实有机会重塑自我。

在法国小说家奥诺雷·德·巴尔扎克（Honoré Balzac）的小说《高老头》（Le Père Goriot）中，一名疲惫的巴黎人建议一名年轻学生：“诚实会让你一无所有……如果没有解释清楚，巨额财富的秘密总是一些被遗忘的罪行——注意，遗忘是因为事情得到妥善处理。”[26]如今，正如19世纪30年代的巴黎，重大的商业犯罪可以不被查获也可以不受惩罚。在上次金融危机后，许多人都质问检察官是否竭尽全力将公司绳之以法。检察官一直在探索打击商业犯罪的新策略，这种策略不仅针对贪婪的自然人，还针对公司。新方法代表着崭新的突破，它是迷人的，因为还有许多问题需要研究。本书每章都提出不同问题，从多角度分析目前的公司起诉。

（一）公司如何被起诉？

2002年对五大会计师事务所之一的安达信会计师事务所（Arthur Andersen）（以下简称安达信）的审判，可谓世纪审判。该案件的稀奇之处在于案件被提交至陪审团。安达信因妨碍调查其在安然破产案中的作用而被起诉。安达信销毁的档案规模惊人——需要卡车日夜不停地将档案运走粉碎。但雇员是否有意违法？安达信动用了媒体资源，动员了抗议者，开展了公关活动，并委托了顶级律师团队。

联邦检察官将该案作为一个典型，表明他们对公司犯罪的严肃态度。在最后时刻，安达信拒绝了检察官提出的辩诉交易，案件提交陪审团审判。这是一场危险的赌博：如果安达信被判有罪，它将被禁止为上市公司提供会计审查业务。这起案件最终给公司和检察官带来了双重尴尬：即将摧毁公司的有罪判决被联邦最高法院驳回。

（二）检察官如何与公司协商？

检察官需要妥协。安达信案之后，联邦检察官吸取了教训，探索出一种更新更妙的方式：暂缓起诉。这种方法最初源自 20 世纪 30 年代不起眼的布鲁克林计划，即对初涉毒品犯罪的人从轻处理——立案、暂缓或搁置，给被告人一个保持清白的机会；如果他这样做了，法官就会驳回起诉。之后，对毕马威会计师事务所（以下简称毕马威）（与安达信一样的大型会计师事务所）的起诉，其结局与其竞争者大不相同。毕马威签署了暂缓起诉协议，从而避免了大陪审团的起诉和定罪。暂缓起诉协议要求毕马威支付巨额罚金，关闭部分业务，并聘请一名合规监督员监督新的合规计划。这是过去十年里最显著的一个变化。如今，许多大型公司都接受暂缓起诉协议或不起诉协议。从 2001 年至 2012 年，接受这些协议的公司，过半（255 家中有 148 家，占比 58%）是上市公司或其子公司。这些协议表面上鼓励企业自我变革，但通常并不明确需要什么样的改革，也不清楚改革是否有效。

（三）谁会去坐牢？

通常没有人会入狱。涉及上市公司和暂缓起诉或不起诉协议的案件中，约2/3的公司受到惩处，但没有雇员被起诉。这是令人惊讶的。公司是最合适的告密者。毕马威不仅签署了协议，还同意将资料交给检察官，解雇涉案员工，并拒绝为他们支付律师费。雇员们陷入窘境——他们可能因为不配合调查问题而被解雇，雇主又可能出卖他们，将他们连同资料、电子邮件一起交出，与检察官达成交易。法官驳回检方对毕马威原雇员的起诉，认为检察官迫使毕马威对雇员采取法律手段。与西门子案一样，最终定罪的员工寥寥无几。对首席执行官和高级管理人员的定罪案例值得关注，但不多。在多人参与决策的复杂案件中，很难认定雇员责任。但对检察官来说，至关重要的是让公司真正负起责任。

（四）被害人扮演什么角色？

被害人不能轻易参与公司刑事案件。2005年，得克萨斯炼油厂（the Texas City Refinery）发生了一起原本可以避免的悲惨的爆炸事故，被害人试图发出声音并说服法官确保英国石油公司不再如此鲁莽行事，但未能如愿。其他被害人胜者寥寥。做为公司可以向被害人作出巨额赔偿，少数人甚至能获赔数百万美元，但大多数人没有如此幸运。此外，做为公司还可以选择所承担的社区服务：不是清理垃圾或粉刷涂鸦，而是捐资给环境保护、健康医疗及投资培训等公益事业。长期以来，法官忽视被害人反对从宽处理公司的意见。英国石油公司带来一个教训，那就是法官要更好地考虑公司起诉过程中涉及的公共利益。

（五）公司如何受到惩罚？

与自然人犯罪适用严格且狭隘的量刑指南不同，公司犯罪需要适用更灵活的量刑指南，以实现最好效果。每年，被定罪的大型上市公司越来越少，他们通常会得到宽大处理。然而，每年都有许多小公司认罪，而它们的名字表明它们离《财富》500 强遥不可及：安迪兰花（Andy's Orchids）、乔斯卡琼海鲜（Joe's Cajun Seafood）、罗德岛比格俱乐部（Little Rhody Beagle Club）、俄亥俄州鲜鸡蛋（Ohio Fresh Eggs）。这类公司大多无力缴纳罚金，有些还因此倒闭，这相当于公司被判“死刑”。相比之下，大公司往往更易签署暂缓起诉协议，即使要缴纳罚金，罚金数额也较少。比如，签署暂缓起诉或不起诉协议的公司中，47% 的公司没有支付罚金。检察官总是以量刑指南建议的最低幅度计算罚金。如果检察官不打算充分改造公司，那么就理应按照法律要求对公司收缴全额罚金。

（六）谁监督公司诉讼协议？

公司合规监督员是一新型角色，他在监督被起诉公司重塑自我的过程中发挥了至关重要的作用。监督员权力广泛，代表刑事司法的新角色。被任命监督百时美的监督员，所做的不只是合规监督，他还要求董事会开除首席执行官，并彻底调查新的违法行为。有 25% 的暂缓起诉协议和不起诉协议对监督员做了规定，即 255 份协议中有 65 份如此规定。其余的 75% 的协议为什么没有如此规定？而且监督员行为都不公开。这些高薪监督员的遴选也不透明，会产生徇私舞弊和任人唯亲方面的争议。相当多协议（31%）甚至不涉及合规计划。人们不禁要问，检察官改革公司的态度是否严肃？

（七）公司享有哪些刑事诉讼权利？

公司与自然人一样，享有许多《宪法》规定的刑事诉讼权利。在刑事案件中，这些诉讼权利能否经常得到保障？经常不能。有一家公司虽出庭受审，但未被认定有罪。在“骇然听闻”的检察官不当行为曝光后，林得赛制造公司（Lindsay Manufacturing）被撤销有罪判决。专门从事白领犯罪和公司辩护的律师在美国顶级律师事务所中地位越来越重要，我们可能会看到更多公司提起宪法性诉讼，以在刑事案件中寻求更宽大的处理结果。

（八）如何起诉外国公司？

外国公司越来越成为重要目标，通常缴纳更多罚金：国内公司缴纳 470 万美元，外国公司则缴纳 3500 万美元。以总部位于英国的跨国国防承包商英国航空航天公司（BAE）为例，英国当局长期以来拒绝以大规模贿赂罪起诉该公司，但美国最终起诉，并以控辩协议结案。虽然很少国家严格追究外国公司刑事责任，但他们现在必须考虑美国检察官无与伦比的影响力。事实上，为回应英国航空航天公司案，英国参照《反海外腐败法》通过了一项新的反行贿法案。起诉公司正越来越全球化。

（九）起诉公司能否有效预防犯罪？

正如我们在第十章中详述的那样，起诉公司可以发挥更大效力。

然而，有一些根本性问题无法回答，因为检察官对待公司的方式非常不透明。公司犯罪率是多少？不仅参考数据很少，而且犯罪构成要件也难以确定。有多少公司免予处罚？是否有些公司被发现犯罪却没有被调查或者起诉：虽然我们提供了介绍公司起诉结果的数据，但这些数据仍不能告诉我们检察官行使自由裁量权的情况，因为多数是私下进行的。

鉴于公司“无灵魂可谴责，无身体可惩罚”，多年来，众多学者主张公司根本不应该被起诉。他们认为，既然只有自然人才能因犯罪行为承担道德责任，起诉一家公司就像起诉一块石头一样毫无意义。批评人士还指出，考虑到美国证券交易委员会在行业实践和监管方面更有经验，更有利于监督结构性改革，因而可以对公司提起民事诉讼，也可以要求公司缴纳罚款。我们认为，对最严重的公司违法者进行刑事处罚是合理的，因为公司本身可能会助长一种只有在公司层面才能补救的违法文化。公司不担心民事诉讼。但刑事诉讼不同，会带来更严重的后果，包括潜在的重建资金、声誉受损以及附带后果，如暂停营业和禁止经营。

多数公司违法行为不会受到刑事处理，对公司起诉决定不应轻易作出。但是，社会关于什么应受到刑事处罚的观念可以且应该与时俱进。美国国会敢于界定新型商业犯罪行为。过去十年里，在起诉实践中，在量刑中，或许在我们的文化中，追究企业刑事责任理念越发根深蒂固。西门子这样的公司可能在十年前对《反海外腐败法》没太当回事，可如今他们意识到严重违法可能意味着被起诉。十年或十五年前，人们可能会问后金融危机时代为什么大银行没有被起诉？如今，公司本身有时应该被追究责任，已成为社会共识。

无论如何，人们还是担心起诉是否正确、罪刑是否相适应。检察官认为，他们惩处的是最严重的违法公司。然而，通常情况下，这些公司只要接受部分监督，就可以换取大幅减少的罚金。如果起诉一家公司的首要理由之一是合规项目太糟糕，人们不禁要问，为什么很少有人采取措施来阻止或纠正这种行为？这些起诉真的有助于改造公司？哪些合规计划能够发挥效能？我们根本不知道答案。尽管这些棘手的问题没有行之有效的解决办法，但有具体的路径来改进问题，包括坚持更严厉的罚款、实行持续的司法审查监管和强制透明化。

起诉公司使我们校正了刑事司法系统中倾向起诉的观点。令人钦佩的是，检察官在起诉大型公司时扮演了大卫的角色，但如果他们没有击中巨人，罪行严重的公司将继续逍遥法外。大规模起诉企业表明，联邦检察官创造性地防止了企业在国内外违法，但企业文化实质性变革依赖经营管理方面的持续监督、强有力的监管机构和健全的法令法规。美国国会颁布了旨在加强监管的新刑法，但一直不愿意为许多机关提供足够资源来执行这些法规。这就是为什么检察官可以填补重要空白之所在，当他们起诉一个公司时，他们可以采取最有力的举措。如果要求公司承担更大责任的政治运动日益盛行，加上更强有力的监管和执法，那么起诉的必要性大大降低。但如果我们考虑经济和政治体制的更大作用，适度改革也许可以提升刑事案件在其中的作用。

起诉公司刑事犯罪有明确目的，即惩罚严重违法行为和严重不合规行为。如果公司被不起诉之后只是实行形式上的变革，那么就事与愿违了。公司定罪应是一种常态，在检察官暂缓起诉的特殊情况下，公司应该缴纳威慑性的罚金并实施严格的合规要求。法官应审慎监督所有公司协议，以确保其有效执行。同时，我们需要重新检视量刑指南和有关司法实践做法，检察官可以通过制定一套新的量刑指南来严惩最严重的公司犯罪。

虽然我们主张改革，但本书的主要目的是介绍起诉公司过程中的幕后故事。公司犯罪值得更多公众关注。可怕的是，公司的复杂性不仅可能导致大规模犯罪，而且会使这类犯罪难以被发现、预防和起诉。我们需要了解更多。当我们质疑公司是否被认定为“大到不能倒”时，单单去质疑公司对经济发展过于重要因而不能被起诉是远远不够的，还需要了解有关个人是否被追究责任。我们需要评估起诉公司是否有效，我们需要通过夺人眼球的涉罚金新闻稿，去关注刑事处罚是否确切执行以及结构性改革是否有效。

“银行家”担忧的是，西门子受到惩罚，但许多其他公司仍然逍遥法外。他的担心可能是对的。毕竟，不仅检察官通常会宽大处理公司犯罪，而且我们不知道有多少公司犯罪未被发现或未被起诉。正如这位“银行家”所说：“第十一诫就是‘不要被擒获’。”[27]

第二章　法庭上的公司

2002 年 5 月 13 日，安达信会计师事务所原资深合伙人大卫·邓肯（David Duncan）在联邦法院作证时承认："我妨碍了司法公正。"

安达信是全球五大会计师事务所之一，邓肯曾带领一支庞大的团队为安然公司休斯敦（安然公司的创立地）总部和全球各地的安然公司提供会计服务。[1]作为一家提供能源、商品和服务的公司，安然公司投资领域涵盖电力、天然气、通信甚至水利等领域，它连续几年被《财富》杂志评为"全美最具创新精神的公司"，是美国最大的公司之一。

检察官单刀直入地发问："2001 年秋天你有没有犯罪？"

"犯罪了。"

"你做了什么？"

"我指示团队遵守文件保存政策，并知道这意味着资料将被销毁。"邓肯回答。[2]

本次庭审前约一个月，邓肯承认妨碍司法公正。他面临最高 10 年监禁，但他在判刑前获得保释。[3]如果他合作，检察官可以从轻量刑。庭审中，邓肯积极合作，但没有对他的原搭档安然公司首席执行官肯尼斯·雷（Kenneth Lay）以及安然公司的其他人作不利证言。相反，他对他工作了20年的原雇主安达信作出不利证言，该事务所目前正接受审判。[4]

庭审第六天，邓肯出庭作证。他回忆起几个月前，当时他还是安达信“表现卓越”的合伙人。合伙人根据“评分等级”计酬，得益于邓肯在安然公司的业务表现，他的分数进入前10%。[5] 2001年年底，在安达信倒闭前不久，他甚至成为首席执行官咨询委员会委员。4个月前，即2002年1月，邓肯被解雇，因为安达信认为他是销毁文件的关键人物。现在形势发生了根本变化，在这场漫长且复杂的审判中，他是政府的主要证人。如果邓肯犯了罪，安达信势必承担责任，故而安达信辩称邓肯没有犯罪。

一、安达信与安然公司

亚瑟·安达信（Arthur Andersen）确有其人，他在1913年创立了与他同名的会计师事务所。他是商业道德典范，座右铭是“真实思考，真诚发言”。只要任何潜在客户的会计方法存在瑕疵，无论支付多少钱，安达信都会拒绝提供服务。他体现了诚信精神，提升了创始人与同名事务所的信誉。安达信是现代五大会计师事务所之一，在全球各地设有办事处，客户均为大型企业。安达信被员工称为“事务所”，总部位于伊利诺伊州的芝加哥，在美国有近3万名雇员，全球雇员总数超过8.5万人。安达信因教育培训新雇员的文化、标准和程序而出名，雇员称其为“机器人”。[6]但随着重视咨询业务的合伙人在公司权力越来越大，这种文化发生变化。20世纪80年代末，安达信创建了安达信咨询公司（Andersen Consulting），其收益超过了安达信本身。[7]20 世纪 90 年代末，安达信咨询公司与安达信审计部门产生分歧，并于 1997 年倒闭。随着审计业务萎缩和咨询业务亏损，留住客户和增加收益的压力越来越大。[8]

安达信在 20 世纪 90 年代末亮点之一是为安然提供服务的团队（被称为安然团队）业绩良好。庭审中，邓肯说安然是一家“非常大”的客户。有多大呢？它每年费用在 5000 万美元至 5500 万美元，且逐年增长，在 2000 年达到 5800 万美元。在邓肯领导下，约 100 名雇员专职处理安然事务，包括在该公司现场办公。他们的做法不同寻常，安达信不仅审计安然财务报表，还对安然“综合审计”，即对合规性和内部控制提出意见。他们希望这能成为为其他公司客户提供咨询服务的典范。[9]

最终，安然和安达信之间的关系由正向变为负向。2001 年 8 月 14 日，安然首席执行官杰弗里·斯基林（Jeffrey Skilling）突然辞职，拥有巨额资产的安然显得脆弱不堪。安然股票节节下跌，一位曾在安达信工作的安然会计师警告称，将会出现“会计丑闻风暴”。[10]这位吹哨人告诉安然首席执行官肯尼斯·雷，公司财务报表存在严重问题。因为安达信多年来一直在审核安然公司账目，所以也高度关注事态发展。8 月 28 日，《华尔街日报》报道安然可能存在不当行为，美国证券交易委员会随即开展非正式问询。[11]安达信内部调查后意识到，除了其他问题，还存在一个严重的错误。安然承认，因财务报表重述，其收益比众所周知的数据少 12 亿美元。财务报表重述会损害公司声誉，根据《证券法》，股东可以因受不准确财务报表误导而起诉。事实上，诉讼迫在眉睫。

安然谎报利润，并用复杂名目剔除资产负债表中的亏损项。其中一家名为Chewco（以电影《星球大战》中毛茸茸的怪物丘巴卡命名）的空壳公司，既没有自己的生意，也没有员工，只是用来掩盖另一家以《星球大战》中一组角色命名的安然公司联合能源开发投资有限公司（Joint Energy Development Investment Limited）的亏损。尽管这些空壳公司名字稀奇古怪，但下场却不好。

2001 年 10 月，安然发布一份收益报表，指出一些问题，但同时说明其不具普遍性。邓肯以备忘录方式回应称，这是误导行为，安然应调整其报表。安达信决定不采纳邓肯的建议。当时，安达信在芝加哥总部的律师南希·坦普尔（Nancy Temple）写信建议一名外部律师调整邓肯备忘录用语，使其看起来安达信无追查义务。她还要求从备忘录中删除她的名字和律师团咨询意见。[12]这些修改后来给安达信带来麻烦。

作为惯犯，安达信已经很危险了。监管上市公司的美国证券交易委员会针对安达信的民事诉讼，开出了创纪录的 700 万美元罚款和永久禁令，要求安达信不得违反《证券法》。在那起案件中，审计人员对一家主要客户——废物管理公司（Waste Management）使用的记账流程提出疑问，但上级却要求不采取任何措施。数年后，废物管理公司的财务报表重述其收益为 17 亿美元，这是当时历史上最大的一笔调整金额（后来 Rite Aid 破纪录）。[13]如果安达信违反美国证券交易委员会法令、违反《证券法》，那么美国证券交易委员会可以禁止安达信从事上市公司的任何生意。这意味着安达信的终结，因为上市公司生意是它的命脉。除安然外，还有更多理由让美国证券交易委员会开展这类行动。美国证券交易委员会也开始调查安达信其他客户的会计违法行为，其中包括波士顿炸鸡（Boston Chicken）、环球电讯（Global Crossing）、阳光公司（Sunbeam）和世界通信公司（WorldCom）。

二、公司类型

刑事诉讼可能对不同类型公司产生截然不同影响。公司可能在联邦法院被起诉，但所有公司都根据州法律成立。在美国，每年约有 200 万家公司通过向州政府提交申请成立文件并支付申请费方式创建。特拉华州长期以来因方便和宽松的法律，而成为公司成立方面的领先州。在该州注册的企业法人超过居民人数 5 万多。[14]成立公司的一个关键理由是“有限责任”，即如果公司破产，公司所有人对其债务不承担责任。同样的概念也适用于“有限责任公司”（或者 LLC），这是当今最流行的商业实体类型。

一些最重要的刑事诉讼针对大型上市公司，大约有 5000 家公司在美国主要证券交易所挂牌上市。[15]对上市公司提起刑事诉讼可能会影响公司股价，进而损害众多股东利益。虽然这些股东是公司所有者，但他们通常都无法知晓这些罪行。股东们并不经营公司，他们选举董事会，并由董事会聘请首席执行官等，负责公司日常运营。在美国，数百万家公司大多数都是私人所有，而对私人公司起诉主要影响公司所有人。有些公司是家族企业，规模很小；有些是如 Chewco 一样的空壳公司，它们没有任何实际运营。虽然成立空壳公司有着正当理由，比如，自然保护组织利用一个虚拟的公司购买土地加以保护，但它们也可以用于逃税、洗钱和诈骗等不法用途。

安达信会计师事务所是一种有限责任合伙企业，属于一种不太常见的公司类型，由合伙人共同拥有、共同经营。律师事务所和会计师事务所等专业机构通常是有限合伙性质。对这种合伙企业起诉会引起特定问题。如果安达信倒闭，合伙人可能同时失去工作和份额，即他们成为合伙人后支付的金额。然而，合伙人不会对安达信产生的所有债务负责，如安然公司受害人提起诉讼而导致的债务。

联邦法律规定公司和其他类型组织需为犯罪行为承担责任。当然，联邦法律还规定了监管公司的各种方法。像安然公司这样的上市公司必须准确地向监管证券市场的美国证券交易委员会详细报告，而像安达信这样的私人合伙企业则无需提交财务报表。但是与此同时，安达信又是一家审计公司，其会计师有义务确保像安然之类的公司妥善保管账目，它对客户财务报表的准确性向美国证券交易委员会负责。根据证券交易委员会的规定，这类机构可以禁止会计师等被定罪的专业人士为上市公司服务或者取消其资格。[16]安达信如果被取消资格，它将失去主要客户，并可能因破产或停业而“死亡”。

三、安达信的危机应对团队

为避免定罪后的可怕后果，安达信的合伙人成立了一个包括律师、会计师、经理和其他人在内的危机应对团队。团队几乎每天都开会，回应证券交易委员会的文件要求，并向雇员发出邮件提示文件保存或销毁的重大问题。讽刺的是，该团队成立目的是解决法律问题，却为安达信制造了更多的法律问题。

律师们可能从一开始就知道美国证券交易委员会将介入此事。2001年10月12日，安达信芝加哥总部的律师南希·坦普尔在他们的内部跟踪系统中添加了一个“政府/监管机构调查”的新标签。这很重要，因为这表明她清楚这个问题需要政府审查。

同一天，坦普尔发了一封电子邮件，提醒整个安然公司审计业务小组注意安达信的“文件管理和保存”政策。该政策规定，“对客户资料予以保密和妥善管理至关重要”。并不是所有的文件都需要保留，事务所雇员也不必因此成为收藏家。安达信处理了大量机密信息，并非常恰当地完善了政策，确保多余的文件不被散发，不必要的文件将会例行销毁。该政策异常详细，基本上说每个项目应有一个中心文件，不必要的文档应被销毁。该政策还明确规定，如果面临起诉，所有材料都应保留，美国证券交易委员会的调查可以延迟销毁文件。

对坦普尔的邮件有不同理解。该邮件是想简单重申一个显而易见的事实，即安达信和其他公司一样，都有文件管理和保存政策，还是想鼓励销毁文件？也许，安达信的雇员不需要电子邮件提醒。两天前，在一次培训会议上，其中一位合伙人说，每个人都应该遵守这项政策，如果文件“被例行销毁，而第二天遭遇诉讼，那就太妙了”。

2001年10月16日，安然公司宣布了数十亿美元的会计错误。第二天，美国证券交易委员会向安达信发出一份“调查信”，正式宣布调查安然公司。[17]问题严重了。安达信的一位高级合伙人发来电子邮件说，“问题刚刚开始，我们将面临麻烦。市场将继续在这方面施加压力，迫使美国证券交易委员会采取强硬措施”。[18]10月23日，雷在与安然公司投资人的电话中承认，除美国证券交易委员会的调查外，还将面临多重诉讼。[19]

同一天，大卫·邓肯召集由安达信管理层和合伙人参加的紧急会议。在接下来的一周，大量与安然有关的文件被销毁。仅在10月25日，就有2380磅材料被粉碎。虽然大型会计师事务所有大量机密文件要粉碎，但通常情况下每天只有70—90磅。[20]成千上万封邮件也被删除。安达信公司销毁文件工作一直持续到11月初，当时美国证券交易委员会正式发出书面传票，要求安达信提供与安然有关的文件。

四、谈判破裂

安达信的审判程序本可以避免。安达信的管理合伙人兼首席执行官乔·伯拉迪诺（Joe Bernardino）在《华尔街日报》一篇专栏文章中宣布，安达信将与调查人员充分合作。他保证承认所有错误，并表示愿意推动更大规模的变革。[21]2001年12月，安然申请美国史上最大的破产案。2002年1月，美国司法部证实联邦检察官已开始调查安达信。安达信向安然提出的非法建议，则不在检察官指控范围。虽然如果安达信提出建议的文件还在，检察官本应提出指控，但事实上，案件焦点聚焦于安达信的销毁文件。

安达信被控妨碍司法公正。《美国联邦法典》第18篇规定了包括如妨碍司法公正等的核心罪行，扣留或销毁证据也位列其中。根据该法，安达信被控构成犯罪，主要理由是："明知、故意且不当说服"他人扣留或篡改任何行政、刑事或调查程序需要的证据文件。[22]根据该法，要有两人才能构成妨碍司法公正。[23]定罪后可能被判缴纳罚金或被监禁十年以上，或者并罚。很明显，事务所不能被监禁，但雇员可以，事务所面临罚金和其他处罚。

即使到这个节点，安达信还是可以避免进入审判程序。只要接受控辩交易并认罪，绝大多数刑事被告人将不会受审。公司被告人亦如此。美国联邦量刑委员会公布的联邦量刑资料中，每年被定罪的公司中，只有约 200 家公司进入刑事审判程序。[24]

2002 年 1 月 15 日，安达信解雇了邓肯，并暂停了其他三名为安然服务的雇员工作。显然，安达信想给人一种印象，那就是清理门户，配合调查。安达信还发出有关南希·坦普尔在法律团队中作用的电子邮件。美国众议院举行了听证会，议员们询问了坦普尔 2001 年 10 月 12 日电子邮件中所提文件保存政策的相关问题，坦普尔还被问到修改邓肯备忘录的问题。[25]在听证会上，邓肯行使美国宪法第五修正案权利，拒绝作证。一位国会议员问道："邓肯今早在这里成了替罪羊？"[26]

检察官向安达信提供了一个策略：事务所可以通过与检察官签署协议来免遭起诉和定罪，根据这项有效期三年的协议，安达信将承认并配合调查自己的不法行为，但不认罪。显然，安达信得到了一些确切消息保证：美国证券交易委员会不会采取进一步行动，禁止其为上市公司服务，但美国证券交易委员会并未作出此决定。[27]此外，州监管机构可以禁止安达信从事会计业务；州检察官开始调查安达信，但联邦检察官无法阻止他们。[28]

安达信决定接受审判，而不是签署暂缓起诉协议。[29]事务所采取一种激进的态度，称起诉是“严重滥用政府权力”。因此，2002 年 3 月 7 日，在得克萨斯州联邦法院南区，安达信被大陪审团指控妨害司法公正。根据一份报告，安达信最终将花费 5000 万美元辩护费，甚至可能更多。[30]

与此同时，曾否认高层下令销毁文件的安达信首席执行官于 2002 年 3 月 26 日辞职。2002 年 5 月，大卫·邓肯承认妨碍司法公正。

五、审判开启

庭审将在位于休斯敦的联邦法院进行，离安然全球总部所在地只有七个街区。因是联邦检察官起诉的典型刑事案件，庭审前，检察官提供给辩方的信息很少。在挑选陪审团时，检察官没有将拟传唤的证人名单提供给辩方。[31]然而，辩方并非毫无头绪。毕竟，他们有最好的机会接触安达信尚未销毁的文件和电子邮件。事实上，辩方估计，从 1997 年至 2001 年，有关安达信与安然合作的文件有 780 亿页。[32]这与一般刑事案件完全不同，后者一般只有几十页的笔录、记录或侦查实验结论。

在公司作被告人时，如何挑选陪审员？候选陪审员除了要回答本人或家庭成员是否被定罪或是不是执业律师等常规问题，还要回答本人或家庭成员是不是安然的会计师或雇员等问题。检察官告知候选陪审员，安达信不是通常的被告人，而是一种公司类型——合伙制企业。该类型公司不是依靠铅笔、账本或办公桌运行，而是依靠其员工运行，因为最终一个法律实体就是人的集合。检察官问陪审员能否处理这种情况："一个合伙企业可以因……极少数甚至一个雇员的行为被判有罪，一个数千人的合伙企业因几个害群之马的行为而被定罪，有没有人认为这听起来很不公平？你们有人认为不公平吗？有吗？"[33]

一旦被选中，法官提醒陪审员："不看《新闻周刊》，不看《时代周刊》，不读新闻报道类的杂志或报纸。不管怎样，都要远离媒体报道。"[34]这是一个大案子，媒体可以在任何地方报道："可能出现在《生活周刊》栏目，也可能出现在商业版或头版，也可能出现在某个访谈中，Katie Couric 可能还会对某人进行特别报道。"[35]法官直言不讳地说："我不想让你们看任何电视新闻，收听任何新闻或访谈节目，看任何报纸"。[36]法官还提醒陪审员，这个案子可能会持续一个月之久，必须全力以赴。

安达信试图在法庭内外摆出一副人性化的姿态。也许陪审员会听取法官提议，远离新闻媒体，但安达信却认为公众舆论很重要。一家大型公司拥有普通刑事被告人所没有的媒体资源。安达信在报纸上打出整版广告，并在公司网页上详细列明政府的"法律错误"。起诉当天，雇员们穿着印有"我是亚瑟·安达信"字样的衬衫在法庭外抗议，他们还高呼口号，打着"我没有粉碎文件，我的孩子需要抚养"之类的标语。

这种策略并不新鲜，公司经常试图传达出他们的人性化。一个多世纪前，美国电信公司（AT&T）就使用接线员这一真实雇员形象在全国范围内宣传它是如何成为“朋友和邻居”，故而声名远播。[37]公司通过广告来传达他们如何像一个家庭，甚至顾客如何成为大家庭的一部分。有关公司的一切，从标志、口号到广告、使命宣言及网站，都在试图传达公司文化；公司是一个社区，非常关心它的雇员和客户。

在自然人刑事案件中，被告人希望表达让人同情的形象。在公司刑事案件中，被告人也希望这样做，也许还首先试图通过公众压力和影响力来阻止起诉。然而，这种压力无助于安达信。尽管乔治·W. 布什（George W. Bush）总统在得克萨斯州期间与肯尼思·雷和安然有过联系，但他很快就试图使他的政府与丑闻保持距离。审判之前，布什总统表达了他的“愤怒”，并命令所有联邦机构重新审查他们与安达信每年达 6000 万美元的合同。[38]

审判开始时，政府告诉陪审团：“亚瑟·安达信是一家庞大的合伙型会计企业，价值数十亿美元，在世界各地都设有办事处。”[39]检察官通过一个故事，指责这种管理文化和做法：一个小型“管理团队”齐心协力应对这场危机，知道美国证券交易委员会反应缓慢，试图借此掩盖自己的罪证。邓肯已经承认妨碍司法公正，检察官说，“只凭这一点就足以定罪”。南希·坦普尔在写下监管者将如何介入此事几分钟后就发出一封关于文件保存的邮件。安达信的合伙人“聪明、经验丰富、谨慎”，他们从来不承认自己试图妨碍司法公正，但他们知道起诉即将到来，他们的言行表明，他们为“悄悄帮助他们的公司”而故意大规模销毁文件。[40]

相反，首席辩护律师告诉陪审团：“安达信是谁？安达信是所有雇员。”[41]律师告诉陪审团，“你们将看到证据，我相信呈交给你们的证据将显示这是这个国家刑事司法史上最大的悲剧之一！”律师认为检察官因安然不法行为而不公正地指责这家“有28，000名雇员、让人自豪的公司”，会产生“严重后果”。[42]安达信的律师希望陪审员“帮助我们继续寻找”任何妨碍司法公正的人。“在这28，000名雇员和1700名合伙人中，谁是害群之马？就像《威利在哪里》的无聊游戏”，律师补充道。[43]“你知道威利在哪？”“威利在哪里？他们是谁？”

律师在对陪审团开场白中的最后一句话是：“当一切结束时，你们仍然不知道威利在哪里，仍然找不到腐败的引诱者，只会摧毁一家公司。”[44]

辩方声称，安达信的员工可能完全陷入混乱，因为他们的客户安然正处于一个危险境地，却没有一致的计划来隐瞒证据。对检察官来说，将责任归咎于某个特定的“威利”，可能很难。作为关键证人的安达信的雇员或前雇员，仍然同情他们的公司。而且确凿的证明文件可能已经被销毁了。

六、指控与辩护

起诉一开始就强调，安达信的员工早就知道美国证券交易委员会很快就会开展调查。第一个证人是美国证券交易委员会的一名官员，他说他不记得别的五大会计师事务所在收到美国证券交易委员会传票之前存在销毁文件的情形。[45]检察官们聚焦于南希·坦普尔于2001年10月12日发给另一位危机应对小组成员的电子邮件：

提醒团队注意我们的文件管理和保存政策可能会很有用。

我们严格遵守该政策。

如有任何问题请与我联系。

大约就在那一天，为运送待销毁的文件，安达信休斯敦办事处使用的相关快递服务开始激增。以往几星期运送的待销毁文件不到500磅，但在那一周，投递量猛增至近2500磅。[46]类似的文件销毁也发生在波特兰、芝加哥，甚至伦敦办事处。

2001年11月8日，美国证券交易委员会的正式文件送达后，“不再销毁”通知才发出。[47]第二天早上邓肯上班时，他看到美国证券交易委员会的传票。邓肯的助理听说了美国证券交易委员会的要求，她再次核实销毁文件的事。她在庭审中回忆说，“他大声责备我，我们不应再粉碎文件了，谁要求你粉碎文件的？”他要她确保雇员们知道他们不应该再粉碎文件了。[48]她给安然小组发了一封邮件，邮件的主题是“不要再粉碎文件了”，邮件内容是：“邓肯要求不要再粉碎文件……官方已通知我们提供文件。”[49]

构成联邦法律规定的犯罪，需要证明：邓肯不仅自己销毁文件（这一点他已经承认），邓肯“明知”且“诱使”他人销毁文件，而且这样做的目的是防止这些文件被用于如美国证券交易委员调查等官方程序。大卫·邓肯是教唆者吗？

在审判中，邓肯回忆说，安然公司被认为是一个“高风险”客户。[50]邓肯被问及2001年10月12日，也就是南希·坦普尔发送电子邮件的日子，提醒注意文件管理和保存政策。[51]其他人也反复提及这一提醒。

邓肯谈到本月晚些时候，也就是2001年10月23日，管理者和合伙人一起召开“不寻常”的大型会议，会上邓肯向整个团队发表讲话。邓肯不记得这次会议是否为提醒文件管理和保存政策。他还说，他在2001年10月19日了解到，美国证券交易委员会即将开始进行调查，随后他召开了一个会议讨论如何应对。[52]检察官问：“有人说过政策是否要求销毁文件?”他回答说：“不，我相信大家都理解了”。会议提供政策副本，而在那次会议之后开始大规模粉碎文件。[53]邓肯还承认，他亲自销毁了文件，他希望其他人也这么做，也看到别人这么做了。[54]他说南希·坦普尔曾告诉他，多余的文件在诉讼中通常不利于公司，但他补充说，当时他认为销毁文件不是犯罪行为，除非美国证券交易委员会发出传票禁止销毁文件。[55]

第二天，安达信的律师交叉询问邓肯。正如律师对法官所说，辩方目的是探究政府对“腐败教唆者”所持的“心态”。[56]2002年1月，安达信解雇了邓肯，并将其他安然团队成员停职，邓肯最初同意由安达信的律师共同辩护，但后来他改变立场，同意与检察官合作。[57]安达信解释说，邓肯被解雇是因为他在2001年10月23日召集了“紧急会议”，而且似乎是文件销毁的幕后黑手。安达信坚持认为，事务所其他成员不应受到指控，由于销毁文件是“在没有与事务所其他人商量的情况下进行，而且当时团队应该提出质疑”。不过，在审判中，安达信辩称邓肯和其他任何人都没有错。[58]

邓肯承认，直到他被解雇，他才开始思考销毁文件是否违法。[59]他做了“很多触及灵魂的探索”。[60]尽管邓肯与检察官合作，但他并不完全是一名告密者。他不认为安达信要对安然所有不当会计行为负责。他说，有些内容是安达信隐瞒的，而另一些问题，如12亿美元的重述，属于善意错误，或者“会计标准没有明确”。[61]安达信的律师暗示，一定意义上邓肯曾说服自己、或曾被说服，因而相信自己犯了罪。[62]辩方带来21箱文件来证明很多文件没被销毁。[63]

交叉询问持续了两天，有一次，法官评论说，“你反复问他同样的问题……我觉得毫无意义”。[64]

当辩方完成询问后，政府最后一次问邓肯：“你认罪是因为你有罪吗?”

他回答：“是的。”[65]

邓肯这位控方主要证人有时感到困惑和不情愿，安达信的律师很有技巧地问媒体：“他怎么可能是一个腐败教唆者?”[66]辩方称大卫·邓肯“被说服认罪”，是因为检察官的施压。[67]邓肯也不认为他为安然公司提供服务过程中做了什么错事：“我不认为我实施了会计欺骗罪”。[68]他与政府合作，但他不太认罪，也不指证别人。

控方还有另一位腐败教唆者证人：安达信危机应对团队的律师南希·坦普尔。虽然邓肯在美国众议院听证会上声称自己有宪法第五修正案赋予的权利，即有不自证其罪的权利，但坦普尔选择了作证。在审判中，情况恰恰相反，坦普尔提及宪法第五修正案却拒绝作证。这可能意味着检察官在自说自话，追责那些无法以亲自回应的人。

检方有文件记录。坦普尔在2001年10月12日的一次电脑记录中指出，政府或监管部门可能在调查。[69]她的手写笔记表明，她担心美国证券交易委员会可能进行调查。另一位合伙人（提及宪法第五修正案，但也拒绝作证）的一份书面记录对控方也有利，该记录显示，他会用“文件保存政策”这个委婉语代称销毁文件。

陪审员了解情况吗？据报道，两名陪审员在庭审的头两周内睡着了。安达信的辩护团队有充分的理由让证据看起来尽可能复杂、无聊和技术化。这一策略差不多起效了。

辩方的主要目的是证明不存在“威利”这样的角色：安达信任何人都没有犯罪意图，雇员们并没有试图向美国证券交易委员会隐瞒证据。辩方询问了雇员们对文件保存政策的看法。有些人认为，这只意味着文件需妥善整理而已。[70]收到坦普尔电子邮件的人说，这封电子邮件是对之前不知道该政策的回应，并没有因此销毁任何文件。[71]邓肯的助理作证说，她无意做任何错事，邓肯也从未说过任何有关美国证券交易委员会的事情。只是安然公司的文件被忽视了，这些文件是一个“烂摊子”，需要理顺。[72]

其他人证实，邓肯“有某种焦虑症”，简单说，“不明白其行为的后果”。[73]尽管邓肯承认自己有犯罪行为，但辩方辩称，该犯罪需要说服他人妨碍司法，而邓肯不可能非法说服他人妨碍司法，因为没有人听命于他，或者只是疏忽大意而不是“腐败”。

经历了漫长的六个星期，案子即将结束。陪审团会怎么做？他们会认为安达信的员工坚持忠诚而犯错？还是认为安然是“真正的恶棍”，而安达信是受害者？[74]这项决定关系公司何时可以因雇员行为定罪，在这一点上，检察官有一个有力的武器，即联邦公司刑事责任标准。

七、新旧学说

一个多世纪前，最高法院在纽约中央及哈德逊河铁路公司

（New York Central Hudson River Railroad）案中确认了一个规则，即公司因雇员犯罪而被追究责任应严格把握。[75]当时，铁路行业代表了美国工业，如安然代表着20世纪90年代高科技和能源兴衰史一样。纽约中央及哈德逊河铁路公司及两名雇员因向一家糖业公司收取低于公布的运费而被起诉。这违反了旨在防止铁路公司进行附带交易和偏袒的联邦法律《艾尔金斯法》。文件显示，该公司确实给了回扣，对这个事实没有人提出异议。

然而，铁路公司认为《艾尔金斯法》有关公司对雇员行为承担刑事责任的原则违反了宪法。铁路公司辩称，惩罚公司实际上是惩罚无辜的股东，剥夺他们的财产而没有辩驳的机会，因此缺乏正当的法律程序。虽然所有的刑事被告人在被证明有罪之前都被推定无罪，但根据犯罪定义，公司不可能有罪，因为“董事会不能合法地允许犯罪，股东们也没有做任何错事”。

最高法院回应，起诉公司有历史判例。英国权威人士威廉·布莱克斯通（William Blackstone）曾表示，一家公司“不能以其公司身份犯下叛国罪、重罪或其他罪行”。但正如历史学家保罗·哈利迪（Paul Halliday）所言，公司（通常是市政公司）犯罪历史悠久，因英国国王吊销其执照而被追究责任。在最著名的事件中，伦敦金融城（the City of London）（作为一个公司）被解散，其权利后来由议会恢复。[76]公司作为国家创造的概念而存在。爱德华·库克（Edward Coke）爵士说：“公司是无形的，不朽的，只存在于法律的意图和考虑之中。”[77]另外，正如布莱克斯通指出的那样，如果公司“违反成立条件”，那么“公司成立无效”。[78]

美国殖民地对公司权利和义务的不确定性有直接体验。其中，最富戏剧性的事件是，英国国王詹姆斯二世试图撤销康涅狄格州宪章，指派州长和士兵去接收。根据这些相当精彩但可能是经过修饰的叙述，康涅狄格州州议会在会议室里接待了新任州长，他们面前放着一个红木盒子，里面是宪章文件。议员们就什么是正确做法长时间地辩论，直到夜晚，突然所有的蜡烛都被神秘地吹灭了。当蜡烛重新点燃时，宪章不见了，有人带着宪章跑了，把它放在一棵大橡树的洞里。自此，这种树被称为“宪章橡树”，是康涅狄格州的州树。

美利坚合众国成立后，各州越来越多授予公司从事运输和其他服务的特许经营权。法院认为公司应为妨害公共利益行为（我们称为环境违法行为）承担责任。[79]法院越来越多地判决公司在民事案件中应承担责任。1860 年，纽约州上诉法院阐释说，如果放纵，它们就会变成“最恶作剧的怪物”。[80]19 世纪始，越来越多的法院认为应追究公司刑事责任。[81]各州追究公司刑事责任范围不同，大多数州禁止以袭击、殴打和杀人等暴力和故意犯罪，来追究公司的刑事责任。

因此，铁路公司案对最高法院来说，很容易。裁决是一致的，法院认为，这些雇员被铁路公司赋予特权，可以确定运输价格，因此“有义务尊重”联邦法律。正如法院引用当时一篇著名的刑法论著，“例如，如果我们认为无形、无体，可以夷平高山，填平山谷，铺设铁轨并在其上运行铁路车辆，它就可以有意为之，并据此从事恶毒或合适的事”。镀金时代的公司重塑了美国，这就是为什么公共政策中有各种理由追究公司刑事责任。如果只起诉员工，对铁路监管根本就不会有效，因为这些行为毕竟是个人作为公司工具为公司牟利。现代绝大多数商业交易通过这些机构进行，法院对此视而不见。公司无法犯罪是一个过时的理论，其实际上剥夺了防止公司“滥用权力”的“唯一有效手段”。

联邦法院对其他联邦罪行也确立了同样的规则。1918 年，莱昂内德（Learned Hand）法官写道：“从意图或非法目的角度考虑，公司民事责任与刑事责任没有实质区别。”[82]有些州对公司承担刑事责任问题采用具体标准，许多州适用《示范刑法典》，要求雇员行为须得到公司允许或容许。[83]但是，联邦标准仍比世界上其他地方的公司责任标准更宽泛，只要雇员在受雇范围内为公司利益实施犯罪行为，公司就要承担责任。

八、完善联邦刑法

公司承担刑责的标准很宽泛，最根本的联邦法律界定的标准也较宽广。安达信案中有争议的妨碍司法法令，这项法令适用于任何“明知”和“教唆”诱使他人在官方调查时隐瞒信息的人，对其他犯罪行为使用诸如“蓄意的”的说法，对犯罪意图的证明标准往往很低。

还有不计其数的联邦刑事法规。事实上，没有人知道到底有多少部法律。20 世纪 80 年代，一位退休的司法部官员想统计确切的数字，但失败了，他说，“你即使死三次又复活三次”，仍无法统计清楚。[84]有些法律是模糊的不重要的，例如，一项法律将滥用护林熊形象定为犯罪。这取决于你如何考量他们，因为有些条款有些措辞，法官可以解释为不同罪名。[85]当一个行政机构被要求监管证券或食品药品安全时，国会也常常将故意违反该机构制定的法规的行为规定为犯罪；随着时间的推移，这些法规可能达到成百数千条。[86]另外，很多晦涩难懂的法律很少适用。公司常因诈骗、环境犯罪、垄断活动、食品和药品违规以及其他罪行被定罪。

一些联邦刑法是公司丑闻的产物。《证券欺诈法》起源于大萧条时期以及 1933 年和 1934 年颁布的《证券法》。制定《反勒索及受贿组织法》是 19 世纪 60 年代揭露有组织犯罪的产物。《反海外腐败法》源于水门事件特别检察组，该检察组发现，公司有专门用于美国非法政治献金和海外贿赂的行贿资金。[87]20 世纪 80 年代，更多的丑闻相继发生，包括储蓄和贷款失败、内幕交易案件和滥用政府合同。为应对这些丑闻，通过了新的刑事法规，包括 1988 年的《洗钱起诉改进法》、《重大欺诈法》和 1990 年的《反垄断修正案》。在安然公司和安达信案件之后，国会通过了《萨班斯—奥克斯利法案》(Sarbanes - Oxley Act)，并对刑法进行了一系列修正。全球金融危机催生了《多德—弗兰克法案》(Dodd - Frank Act)，鼓励告密者站出来举报。针对白领犯罪，联邦刑法仍在持续调整。

九、案件初审结果

联邦法律如何适用于公司犯罪，体现在安达信案陪审团说明中。法官告诉陪审团：“本案的被告人是合伙企业而不是个人。根据法律，合伙企业是人，可能因违反刑法而承担刑事责任。”然而，这样的实体只能“依法对其代理人或受雇范围内的行为和声明负责”。[88]

只要代理人处理的是“一般委托”或“符合”其职责的事项，公司就有连带责任。即使雇员违反了公司规定，公司也可以被定罪。法官解释：

合伙企业代理人在其职责范围内行事，该代理人必须以使合伙企业受益为目的。然而，政府无必要证明代理人唯一甚至主要动机是为了使合伙企业受益。此外，政府无需证明合伙企业实际上受益于代理人行为。[89]

只要一个犯罪代理人就够了。毫无疑问，雇员在工作范围内行事没有问题。但是，教唆他人妨碍司法公正，是什么意思？

这份陪审团说明很关键、很复杂，也许太复杂了，因为它是由律师辩论而产生的。陪审员们被告知，犯罪目的必须达到“一定意义上推翻、破坏或阻碍官方的事实调查”程度。[90]法官告诉陪审团，“在妨碍司法公正行为发生时，政府无必要证明某项官方程序是否正在进行，甚至也无必要证明该程序是否启动”。控辩双方就安达信员工销毁文件时必须做什么这一关键问题与法官进行了长时间争论。[91]检察官要求在大陪审团说明中加入“推翻、破坏或阻碍”的表述。辩方则辩称“阻碍可以表示任何含义”，这是含混不清的。检方反驳说，雇员一定妨碍了官方正式调查。[92]辩方希望加入“不诚实”一词，强调善意行为不足以定罪。事实上，第五巡回法院的标准陪审团说明将此定义为“明知而不诚实，有特定企图推翻或破坏行政程序的完整性”。辩护律师辩称，法官正在处于“法庭从未去过的地方”，律师补充说道，“《星际迷航》中提到过”。[93]

最后，法官没有在陪审团说明中加上“不诚实”一词，而使用了词语“推翻、破坏或阻碍”，也没有说明销毁特定官方程序文件的具体意图。法官提醒陪审团：“大卫·邓肯认罪，并不意味着安达信有罪，但你可以在评估大卫·邓肯的证词时加以考虑。”[94]法官还提醒陪审团不要考虑坦普尔和其他几个人“无法出庭作证”，也不要考虑某些人没有被指控为被告人的事实。[95]陪审团能否正确理解这些指示，并能从大量证据中梳理出头绪？

在陪审团听取了法官的指示后，控辩双方都发表了他们的结案陈词——这是他们留下最后印象并试图使这一复杂案件变得简单明了的机会。控方没把主要责任推到大卫·邓肯身上，而是认为责任主要在南希·坦普尔和法律团队身上，认为“安达信的法律部门是幕后推手”。他们强调安达信的合伙人和律师有意如此。检察官说：“安达信知道这个把戏，他们知道美国证券交易委员会的利害关系。他们知道安然公司与废物管理公司及阳光公司完全是认识的，这两家公司涉及之前两起安达信会计调查案件。”[96]安达信的律师们如果不担心被美国证券交易委员会起诉，那他们就“疯了”。不然，他们为何要发出信息强调文件保存政策，这只是为了确保每个人的文件不乱七八糟吗？检察官强调：“你不会在大楼着火时考虑拖地。”[97]

辩方愤怒地回应。首席辩护律师在检察官最后陈述时一直反对，联邦执法官几乎要制止（他说，“执法官刚刚请我坐下，请予以记录”）。[98]也许，这是有意表达律师对受审公司的深切感情。这名律师发表结案陈词时说：“他们没有证据证明有人这样做是出于不正当的目的……但这看起来可疑吗？当然很可疑。”[99]他认为整个案件是“最令人难以置信的悲剧和轻率的判决”，每个人都推定这家公司有罪。[100]甚至从审判一开始，他就向法官抱怨说："我不相信这是公正审判。"[101]之后，这位律师强调，"毁掉"这样一家大公司是"错误的"，这次审判是"重振安达信精神和名誉的唯一机会"。[102]最后，辩方试图将该公司描绘成一个"自然人"般的受害人。也许这像死刑案件，被告人在定罪后将无法存活，所以需要诉诸怜悯。

控方最后予以反驳（尽管辩方一再插嘴，法官称其行为"绝对失控"）。如果安达信像"自然人"一样，那和普通罪犯没什么两样。任何罪犯都不能走进犯罪现场说"警察快来了，我们把枪扔掉"。每个人都必须"依法负责"，即使"五大会计师事务所"也不例外。[103]

陪审团由 3 名女性和 9 名男性组成，大多数是黑人或拉丁美洲裔。陪审团讨论了 10 天，开始是 6∶6，但随着时间推移，更多人认为有罪。[104]在此期间，他们为了澄清事实多次向法官提问，要查看陪审团说明、办公用品和大卫·邓肯的所有证词，[105]还请求翻阅字典。法官几乎拒绝了陪审员的所有请求，"如果你有单词要查阅字典，请明确指出这个词。"[106]陪审团在第七天初步投票，3 名陪审员仍然坚持无罪："我们无法形成一致决定。"法官给陪审团下达了"爆炸性"的指令以破解僵局，告诉他们要更仔细地考虑，能否作出裁决。随着时间推移，被告人要求作无效审判，但法官说："我们在等待。让陪审团考虑一下，看看结果如何。"[107]

陪审团接着提出一个很好的问题："如果我们每个人都认为安达信代理人有故意腐败的意图，那么我们所有人都必须相信这是同一个代理人吗？"[108]这个问题触及到案件的核心：谁是教唆者？可能不止一个？政府的用语曾使人想到，也许不止一名雇员是教唆者，但最终取消了该说法。[109]辩方辩称，“从我们的角度来看，12人一致同意的唯一问题显然是邓肯或坦普尔有罪。”[110]辩方希望陪审团给出更多指示，要求陪审团明确指出只能是特定的人有罪。法官说：“我理解你的立场，但我不会再发出指示。”[111]

在一家旅馆闭门讨论10天后，2002年6月15日，陪审团投票决定定罪。显然，有一个坚持自己意见的陪审员一开始不相信教唆者只有一个人，但最终得出结论：根据2001年10月12日的电子邮件，坦普尔就是“教唆者”。庭审结束后，陪审员对记者说，这封邮件是“关键证据”。[112]大卫·邓肯的认罪证词显然不是决定性因素，至少对那名不认为有罪的陪审员来说是这样。

现在安达信面临最高5年缓刑和50万美元罚款。检察官谈到此案传达出什么样的信息：“不要毁灭证据。”首席检察官则评论道：“我们和安达信还没完。”安达信在判决前就已经受到严重损失，解雇了7000名员工，出售了许多在美国业务，失去了1/4的客户。[113]根据美国证券交易委员会的规定，一旦安达信被定罪，它就不能为上市公司提供会计服务。安达信通知美国证券交易委员会，它将在2002年8月31日之前停止上市公司审计业务，并在那一天放弃执照。[114]安达信的圣路易斯办公室在一次公开拍卖会上卖掉了三层楼的所有东西；显然设计师赫尔曼·米勒（Herman Miller）的椅子是最先被拍卖的。安达信原雇员允许进行特殊的预售，或购买自己的办公家具。许多合伙人和雇员都到其他会计师事务所工作。数千名与安然案无关的雇员现仍然处于失业中。[115]

十、改判与结论

此案缓慢地上诉至美国最高法院。第五巡回上诉法院全体一致确认有罪，[116]称“每一步都很清楚”，“美国证券交易委员会是诉讼程序令人畏惧的对手和发起人，而不是其他影子对手”。然后最高法院受理此案。代表安达信提交“法庭之友”简报的人中包括“世界上最大的商业联合会”美国商会（the U. S. Chamber of Commerce），该协会撰文反对文件保存政策的“潜在刑事化”，称其可能会“瘫痪”企业。[117]它还批评检察官起诉“公司机构”而非个人。

当最高法院进行口头辩论时，法官们似乎怀疑安达信的行为。大法官斯卡利亚（Antonin Scalia）指出：“我们都知道，文件保存政策是委婉的说法，实际上是文件销毁政策。”[118]大法官肯尼迪（Anthony Kennedy）补充道：“这就像军队里的旧规则一样，把你扔掉的东西复制两份。”这句台词赢得了观众的笑声。有人对政府宽泛解释妨碍司法公正法规的方式表示怀疑。大法官桑德奥康纳（Sandra Day O’Connor）指出，虽然邓肯认罪，但他自己销毁文件是合法的，绝对没问题。问题是，他是否曾教唆其他人销毁文件？

2005 年 5 月，大法官一致同意推翻判决。他们说，问题在于主观心态。法令规定某人必须“明知地”和“教唆地”劝说。在审判时，双方都没有重视两者的关联性，但大法官们认为，这两个词连在一起，需要检察官证明行为人有意隐瞒证据的具体意图。陪审团被告知“即使上诉人坚信其行为合法，仍可以定罪”。法官们感到不安的是，陪审团说明并没有真正地使用“有意地”这个词，而是包含了有关“推翻、破坏或阻碍”程序的语言。这项说明没有明确告诉陪审团，他们必须有直接的、明知和欺骗的意图以说服他人销毁与特定官方程序有关的文件。这就是说，法官们对“教唆”一词在法规中的确切含义仍存在分歧意见，因为法院从未向陪审团说明什么是正确的解释。[119]与此同时，陪审团主席告诉媒体，他认为最高法院犯了一个严重的错误。[120]

辩护律师们庆祝道：“尽管公司已被摧毁，雇员们四下流失，但这却是美国司法制度的巨大胜利。”[121]这个结果显示两个伴生的问题：公司定罪会对无辜的人——员工、股东和公众——产生可怕的连带影响；然而，如果不起诉这家公司，它可能继续犯罪而不受惩罚。早在安然案发之前，安达信即涉及几起民事案件。

很多人认为，联邦检察官应为安达信的毁灭负责，尽管他们并不真正应受到指责或赞扬，至少不完全如此。[122]安达信已经处于危机边缘，员工和客户骤减，美国证券交易委员会、其他检察官和监管机构也在等待。如果你已经奄奄一息，也许你不介意被判死刑。不过，检察官需要研究对公司起诉的策略。正如一位法官所说，起诉公司关系公司的生死，好比检察官拿着枪对准公司的头。[123]然而，每年有许多公司被定罪，却没有遭受安达信的悲惨命运。会计师事务所的声誉可能会受指控的严重影响，但那些拥有众多客户群的西门子等公司呢？购买咖啡机时，是否关心阿根廷公共交通项目中的贿赂问题？如果监管机关不暂停或禁止公司业务，那么定罪的附带后果可能很小。

安然和安达信的倒闭如泡沫破裂，揭露了更多大企业丑闻。超过 10% 的上市公司存在重述行为。[124] 美联储主席格林斯潘（Alan Greenspan）说："贪婪具有传染性，几乎控制了多数企业。"[125] 作为回应，国会颁布了新的立法，即《萨班斯—奥克斯利法案》，增加了新罪名、公司披露要求、对会计师的新监管、减少利益冲突的公司审计委员会规章，以及其他执法资源。[126]

国会还修正了《刑法》，颁布了更宽泛的妨碍司法公正法规，安达信根据此法也会被起诉。[127]《欺诈法》加大了处罚力度，而在重大金融案件中处罚力度更是空前。[128] 国会新设立两个罪名，共谋进行证券犯罪[129] 和报复告密者[130]。国会基于重大诈骗案件层出不穷和震慑、预防、惩罚犯罪[131] 的考虑，要求美国联邦量刑委员会适用更严厉的刑罚。该委员会加强了系列白领犯罪行为的惩罚力度，包括对受害者造成数百万美元损失和妨碍司法公正的行为。[132] 最近，美国国会在 2010 年颁布了《多德—弗兰克法案》，为美国证券交易委员会提供更多执法资源，加大了举报重大公司犯罪的奖励力度。[133]

严厉的法律真能阻止公司犯罪吗？近期的白领犯罪很少被执行。公司已经找到适应新规则的方法，只有少数公司步安达信的后尘。法学教授斯凯尔（David A. Skeel）和斯特伦茨（William J. Stunts）认为，这种强硬的立法，尽管带有道德说教语气，但在实践中却极不道德，因为它"很少且罕见地"被执行。[134] 问题是，在绝大多数公司和高管逍遥法外时，少数不幸的个人——如斯图尔特（Martha Stewart）或者臭名昭著的麦道夫（Bernard Madoff）——是否应首当其冲地受到刑法处罚。法学教授卡纳（Vikramaditya Khanna）认为，看似严厉的公司犯罪立法对公司来说是件好事：它让国会看起来是在回应公众的呼声，但实际上，无论在监管方式、承担民事责任，还是公司主管责任方面，都鲜有创新。[135]检察官与美国证券交易委员会相比，后者可以发布全面适用的规则，前者资源有限，企业有多害怕检察官呢？

虽然官员们都在谈论一种起诉公司的强硬手段，但是2001年的“9·11”袭击事件，使联邦政府的执法资源重点投向国家安全领域，而非金融诈骗调查。结果，安达信案成就了一种公司起诉新方式，这也是本书的主题。在下一章中，我将介绍检察官如何越来越强调改造公司而非定罪，重点放在刑事和解与结构性改革上。

直到今天，安达信的外壳仍然存在。它从未宣布破产，仍在芝加哥郊外经营一个会议中心。随着它的地位一落千丈，许多合伙人和雇员在其他会计师事务所开始成功的职业生涯。审判前分拆的咨询部门，成了一家名为埃森哲（Accenture）的大型跨国公司，已抹去安达信的污点。股东和其他人，而不是检察官，以安达信的劣质审计损害了安然和其他公司为由提起了诉讼，其他安达信部门仍需要在法庭上作辩护。美国司法部本可以在最高法院推翻判决后再次起诉安达信，也许，如果陪审团说明得到纠正，它可能会再次获胜，但显然毫无意义。当时一位匿名的司法部官员说：“你何必要控告一家已经停止运营的公司呢？”[136]

第三章　暂缓起诉后如何处理

谷歌公司著名的非官方座右铭——“不要作恶”，内涵不仅仅是尽心服务客户。[1]谷歌公司阐释：公司内部员工之间“彼此信任”和“相互尊重”是成功的关键，就像维持“廉洁商业行为的最高标准”一样重要。2011 年，谷歌公司因在网站上刊登了加拿大非法药品广告，在罗得岛州与检方签订了不起诉协议，接受了 5 亿美元罚款。这是否意味着谷歌公司违反了自己的信条，做了“邪恶”的事情呢？检察官开始调查时，谷歌公司迅速出台新举措，要求对谷歌公司网站刊登广告的网上药店进行审核和认证。[2]检察官还要求谷歌公司聘请独立第三方公司筛选广告，并向食品药品监督管理局（FDA）报告筛选结果。检察官是否仅凭追究谷歌公司的刑事责任，就能提升公司的合规水平呢？对公司追责的目的在于重塑企业文化。安达信案之后，检方倾向于采用不同做法，他们向公司提出交易条件，以避免公司被刑事追诉或者定罪。这种做法在早期最大的尝试，运用于另一家大型会计公司毕马威的案件上。

2003 年，负责毕马威个人理财规划业务的合伙人在美国参议院调查小组委员会面前，解释毕马威的行为没有违法。他说，毕马威向客户推销的避税方案虽然“激进”“复杂并带有技术性”，但也“符合当时的法律”，并经受了“严格”审查。[3]

大约在安达信接受审查的同时，美国国家税务局（IRS）也宣称，毕马威向富人销售避税产品，导致政府数十亿美元的税收损失，正在接受调查。很多律师事务所、大型银行和其他会计师事务所，都在为富人推销避税方案，毕马威并非个例。2003 年 11 月，参议院委员会开始调查毕马威，并举行了听证会。在参议员卡尔·莱文（Carl Levin）的尖锐提问下，毕马威合伙人坚持否认避税方案设立的初衷是为了协助客户偷税漏税。

“最初这些避税方案是作为减税策略进行设计和营销的吗？”参议员莱文问。

“参议员，我不同意你的说法，”合伙人回答。

莱文称：“好吧。那让我们看看涉及交易的其他人怎么说。”

然后，他像庭审律师一样盘问证人，大声朗读参议院获取的文件。文件显示一家投资咨询公司曾要求毕马威“为其取得满意的减税效果”。

“这其中看不到任何与投资有关的内容吧？”莱文问。

“参议员先生，我的证词是，这些投资策略是呈给那些对此感兴趣的纳税人阅览的。”

参议员莱文一直在问，这些避税方案是否“专门”为了帮助个人逃税而设计。

合伙人说：“参议员，我不知道如何改变回答——”

“那就诚实回答。”参议员莱文打断他。

事实上，毕马威不仅从贩卖这些避税方案中收取佣金，还可以从帮助客户减免的税款中抽成。当被问及这一点时，合伙人承认这只是“非常间接”的获利。[4]

参议院听证会的两个月后，毕马威宣布，这名发表公开声明、负责避税方案营销的合伙人留薪停职。另一位负责税务规划的高级合伙人也将退休——不是因其有任何违法行为，而是因为税收业务的“未来考量”。[5]之后，毕马威才在给检察官的一项情况说明中承认，他们的员工在参议院提供了“虚假的”、“误导性的”和“企图规避性的”证词。[6]

在与少数员工的不当行为撇清关系方面，毕马威也许算是“好”公司。但事实上公司能够单纯以“好”、“坏”甚至“恶”来评价吗？我很惊讶检察官对公司持有这样的观点。我们原以为那些将罪犯绳之以法的检察官，会以严厉、强硬的态度追究公司的刑事责任。毕竟，联邦法律规定，各种形式的企业均可为犯罪主体。检察官可按照铁面无私的联邦法律的规定，将企业作为单位犯罪的主体，要求它们为员工犯下的罪行承担刑事责任。

但与此相反，联邦检察官采取了一种微妙而“温和”的方式对待企业。截至2003年，追诉公司的首要目标是重塑公司文化，而非惩罚公司。在安然和安达信被调查时，美国总统乔治·W. 布什呼吁建立一种有“企业责任感”的“新文化”。[7]此后不久，随着欺诈丑闻蔓延到阿德尔菲亚（Adelphia）、世界通信公司（以下简称世通）、南方健康和其他大型公司时，副总检察长表示企业文化是“趋于复制和延续自身的一套态度和做法”，并谈到了检察官如何有所作为才能“改变助长犯罪的企业文化”。[8]公司犯罪案件办理中，新刑事政策应运而生。

我们的刑事司法系统一向忽视对罪犯的改造，监狱人满为患；刑罚的主要目的是惩罚，而非让罪犯转变为更好的人。然而，追诉企业却是个引人注目的例外。检察官表示，办理此类案件的核心目标是改造企业，努力帮助企业变得更好、更合规。当暂缓起诉协议和不起诉协议开始普及时，我们原以为会有广阔的应用前景。这些协议可能会对企业进行结构性改革，让违法者承担责任，并预防犯罪。然而，越去研究实践中检察官是如何运用新的刑事政策的，我们就越困惑。检察官帮助许多大公司免予起诉或定罪，很大程度上致使它们免受司法审查。从 2001 年到 2012 年签订暂缓起诉或不起诉协议的公司中，58% 是在美国证券交易所上市的公司（255 家中有 148 家），而在没有达成此类协议的公司中，只有约 6% 是上市公司（2000 多家公司中有 125 家）。

检察官与一系列家喻户晓的公司达成了暂缓起诉或不起诉协议：美国国际集团、美国在线（America Online）、巴克莱（Barclays）银行、波音（Boeing）、百时美、CVS 制药（CVS Pharmacy）、通用电气（General Electric）、葛兰素史克（GlaxoSmith-Kline）、南方健康、摩根大通银行、强生（Johnson & Johnson）、美林公司（Merrill Lynch & Co.）、孟山都和西尔斯（Sears）。但对一些全球性大公司宽大处理后，我们并不确定检察官能得到什么。这些协议的条款往往缺乏严格的结构性改革方案。大多数协议确实要求公司开展某些合规举措（255 份协议中的 160 份，约占比 63%），但仅有 1/4 的协议要求由独立第三方监督合规整改情况，要求评估合规效果的协议更少。更为典型的情况是，检察官要求公司雇用新的合规员工（255份协议中的88份，约占比35%），但近1/3的协议根本没有提及执行合规计划（255份协议中的78份，约占比31%）。这些协议的期限都很短，平均持续时间只有两年多一点。能否在如此短的时间内重塑大公司的文化，令人怀疑。尽管新刑事政策肯定有着明确目标，但仔细阅读这些协议条款、了解大公司犯罪案件实际如何办理后，我们倍感不安。

一、屹立不倒的“第四大”

安达信倒闭后，美国原本在会计领域的五大会计师事务所骤减为“四大”。安然的倒闭和一系列公司的欺诈丑闻的曝光，促使政府进一步调查可疑的会计行为。[9]参议院在调查期间发现四大会计师事务所之一的毕马威没有完全遵守法令，美国国家税务局向它发出了传票。问题来了：毕马威会步安达信的后尘吗？“四大”会变成“三大”吗？看起来似乎有可能。检方将很快对毕马威立案，该案会成为“有史以来最大的涉税刑事案件”[10]。

作为一家全球性的会计公司，毕马威原先由三家会计师事务所组成：皮特·克里恩菲德（Piet Klynveld）于1917年在阿姆斯特丹创立，威廉·巴克莱·匹特（William Barclay Peat）在伦敦创立，詹姆士·马威克（James Marwick）于1897年在纽约创立。这三家公司在20世纪80年代合并，公司名称中的G来自帮助公司合并的会计师：莱因哈德·格德勒博士（Dr. Reinhard Goerdeler）。[11]毕马威在瑞士注册，在世界各地提供税务和会计服务，而毕马威美国分公司是在特拉华州注册的合伙企业。

与服务于个人和小企业的会计师事务所相比，四大会计师事务所的规模要大得多，它们可以承担大型上市公司的会计工作。在安达信一案中，安然因风险财务和违规会计行为被起诉，其中一些做法可能已得到安达信的首肯。但毕马威案和随后发生的其他因避税措施引发的案件相比，情况恰恰相反。毕马威系由税务顾问、会计师和律师自己提出违法方案。

毕马威的工作场所究竟如何呢？很难从外部判断。但毕马威在工作环境方面的排名一直靠前。该公司的网站称公司推崇“信任、协作、灵活和多元的文化”，并强调“客户是如何谈论我们的高度职业道德、忠诚度和我们的亲和力”。[12]它的口号是“去繁就简”，不像谷歌公司的口号“不要作恶”那样吸引人，它针对的是解决商业问题，而非逃避税法，[13]毕马威的文化并不激进；该公司未试图“推销”其服务，而是更倾向于以一种更体面的方式向大公司和千万富翁客户提供服务。

对于这群会计师事务所合伙人来说，这种受约束的文化在20世纪90年代末发生了转变。经济高速增长后，财富新贵们向大型会计师事务所、律师事务所和税务顾问寻求帮助，以保护他们的收入免受联邦征税。逃税不仅仅是少缴纳个人所得税，背后涉及的是一揽子逃税计划。毕马威的员工与其他会计师、律师和银行一道，设计了一系列复杂的避税方案，并将其推销给富有的私人客户。毕马威不仅提供报税建议，还开始积极销售避税“产品”。他们的目标客户年资本得利在 2000 万美元以上，足以有动力为保护这些资产的方案埋单。

避税手段十分复杂且命名也令人困惑，比如，FLIPS、OPIS 和 BLIPS 这些简称。但主要原理很简单——新设小型公司供富有客户投资，让客户在承担很少的实际风险或实际损失的情况下，纳税时能扣除投资或账面损失。以 BLIPS 为例，其全称为债券溢价发行结构。这个避税产品拟通过人为制造损失，使收入免被征税。但实施债券溢价结构需要另外的公司配合，该公司通常被称为“促进者”。债券溢价结构的推广者之一是普雷西迪奥咨询服务公司（Presidio Advisory Services），该公司由两名前毕马威员工创立。纳税人将按照其试图逃避税款的一定比例向空壳公司注入资金。这家空壳公司向德意志银行（后被起诉）等银行贷取较高额度的贷款，数年间空壳公司须向银行支付巨额利息，因此这样可以让客户看起来一直亏损。[14]然而，银行精心设计了贷款条件，确保资金基本上都会留在自己的金库中，因此银行并无资金风险。空壳公司的商业投资规模非常小，基本只用纳税人的钱，而不是银行的贷款。空壳公司可能对外币进行小额投资——可能是港币或阿根廷比索——但这些投资仅仅是“遮羞布”，非常短暂。[15]普雷西迪奥的一名员工后来作证说，空壳公司要想从投资中真正赚钱，除非有“难以置信的奇迹”：“鉴于投资公司仅存续 60 天，根本没有机会获利。”[16]当空壳公司解散时（通常是在计划的第 60 天）所有的合伙人都能收回他们的钱。[17]纳税人试图利用合伙人税法中的漏洞，将这笔巨额贷款中数百万美元的到期利息当作“损失”。与此同时，银行、律师、毕马威和“推广方”都获得了佣金。除了政府，其他各方都是赢家。

其他的避税方案更为复杂。FLIPS 和 OPIS 避税措施涉及开设公司——还有其他地方吗——在开曼群岛的离岸公司，正如毕马威的一位合伙人后来坦率说的那样，这些“避税方案”就像“疼痛的脚趾”，“任何一名头脑正常的人都不会为这个选项支付如此高昂的费用”。[18]另一个 SOS 避税措施在公司内部运用广泛，有 14 名毕马威合伙人自己使用了它。[19]在被关停之前，这些避税方案一直是毕马威的主要收入来源。1999 年，毕马威批准出售债券溢价发行结构（BLIPS），在 2000 年美国国家税务局将其列为潜在恶意避税行为之前，毕马威将其出售给了 186 人。仅仅一年时间，毕马威就凭此赚取了 5300 万美元，并导致政府遭受了数十亿美元的税收损失。[20]

毕马威公司内部对这些避税方案采取什么态度呢？通过参考调查此事的参议院委员会后来获悉的内部电子邮件，我们对这段时间的毕马威文化可以有一定的了解。该公司的报告里描述出一种“企业文化”，即对公司的税务专业人员“持续施加压力”，要求他们推售这些避税方案。[21]最初，毕马威的决策者也在反复考量各种避税措施是否合法，他们形成的最终意见是，这些措施“很可能”是被允许的。该公司税务部门和华盛顿特区办公室的高级合伙人亦有参与。内部文件显示，他们也发现一些纳税规定很模糊，但即使他们被当局抓住，罚金也只是他们利润的一小部分：每 10 万美元佣金的罚金不会超过 1.4 万美元。

在 2003 年的参议院听证会上，毕马威的一名前合伙人作证说，他对债券溢价结构的避税措施实际上会创造出一个“赚取合理税前利润的合理机会”感到“不放心”。他在一封电子邮件中表达了不安，称如果没有盈利的潜力，那么“我们的意见毫无价值”。他表示，“对于公司批准这项避税措施的决定感到失望”，但由于“有很多有丰富经验的聪明合伙人”批准了这项措施，“我真的没有什么可说的了”。[22]

电子邮件显示，毕马威内部就这些避税措施能否适用存在重大分歧。毕马威的一名员工通过电子邮件表示，“整件事都很龌龊”，而且“我认为，作为报税服务公司，我们正在提交具有误导性的，甚至可能是虚假的申报表。”[23]毕马威的内部讨论有时会很粗鲁；一名员工宣称：“我认为该是拉完屎离开茅坑的时候了。”结果收到税务服务业务助理的回复：“我认为正确说法是别占着茅坑不拉屎，我认为你还是赶紧完成任务才对。”[24]

毕马威的其他合伙人证实，虽然存在“激烈争论”和“不同观点”，但他们最终批准了这些避税措施。其中一名合伙人作证称，“钱不是考虑因素”，1999 年，他们频繁参加“密集会议”，经过数月审查，才决定继续推进相关避税方案[25]。为了安全起见，毕马威还要求客户签署协议，声明本人审查过避税方案适用的文件。然而，毕马威并没有向美国国家税务局登记这些避税方案。国家税务局有个程序，让规划避税方案的人自主申报，描述相关交易，使国家税务局了解该避税方案是否会引发潜在的问题。毕马威的律师指出，如果不去国家税务局登记这些避税方案，他们就会有被追诉的风险。但如果去履行了登记程序，那么公司就很难推销这些避税方案，毕马威将“无法”与其他税务顾问公司进行竞争。[26]

内部邮件显示，毕马威在营销方面并不保守。其中一封邮件写道："我们面对的是无情的处决、肉搏、攻击和防御。不管是什么混合的比喻，我们就这么干吧！"参议院报告的结论是，毕马威将其税务专业人员变成了销售人员，"迫使"他们"达到收入目标，使用电话营销来寻找客户，使用保密的客户税务数据来识别潜在买家，以及针对自己的审计客户进行推销"。[27]参议员莱文是这样描述其中的典型销售电话的：

"我们知道你赚了很多钱。你想要为这笔收入少缴些税吗？"那些应该纳税的人会问："这样做合法吗？是正确的吗？"他们说，"是的，我们得到的法律意见说这样做是合法的"。

毕马威创建了一个完整的电话营销中心，试图向千万富翁推销避税方案。电子邮件还揭示了团队的文化："卖、卖、卖！"还有句话用来警告合伙人："看最后一个合伙人的记分卡。这不像高尔夫，低分可不是件好事……我们中的很多人需要大幅提高业绩。"[28]

与普通会计师不同，毕马威不按时计费，不收取固定费用，也不根据这些所谓的投资回报提成。相反，毕马威、银行和参与设立避税措施的其他各方分得了一定比例的免缴税款——通常是5%至7%，其中毕马威分取的份额通常是1%。[29]尽管不少州规定，向会计师按比例付费系非法的。[30]

二、美国国家税务局的介入

2000年3月，毕马威的另两名税务合伙人表示，这些避税方案"轻率"，会在法庭上"败诉"，但毕马威税务部门的领导决定继续出售这些避税措施。[31]美国国家税务局开始担心这些避税方案并非具有“经济实质”的真正投资。2000 年 8 月，国家税务局发布通知，声明不允许使用没有经济实质的避税手段，并称会处罚此类行为[32]。此前，没有一家法院判定避税行为是非法的，因为制定规定过程烦琐、时间较长，国家税务局也未曾发布规定宣布它们是非法的。为更快对这些所谓的“创造性”新避税措施做出回应，美国国家税务局发布通知，将其视为非法避税措施列入“清单”。后来，国会修改了国家税务局的行为准则，并通过了将债券溢价结构规定为非法的有关规定。[33]

美国国家税务局等行政机构在开展调查方面拥有广泛的权力，包括传唤、调取文件、询问证人甚至要求证人提交宣誓证词。最高法院（Supreme Court）有一著名论断：一个机构“有权盘问”，“在仅怀疑有违法行为，甚至为确保没有违法时，有权开展调查”。[34]早在 1864 年，美国国家税务局就有权向涉嫌错误报税的纳税人发出传票，现在国家税务局可以对“任何与管理或执行内部税收法有关的违法行为”进行调查。[35]

国家税务局发出传票后，毕马威虽然提供了数百箱文件，但“基于特权”隐瞒了一些避税方案的重要文件。2002 年，国家税务局请求法官责令毕马威提供这些重要文件；法官判定毕马威将这些“避税营销活动”“歪曲”为特权，而事实是他们显然不是。[36]毕马威后来承认，它谎称已向国家税务局提供了它被要求提供的所有文件。[37]美国国家税务局要求毕马威提供购买其避税措施的客户名单，还要求四大会计师事务所中另外两家：安永会计师事务所和普华永道会计师事务所（Pricewaterhouse Coopers，以下简称普华永道），以及另一家非四大会计师事务所的德豪曼会计师事务所，也同样将这样的客户名单交出来。

与此同时，参议院开展了自行调查。毕马威没有交出参议院所要求的有关 SOS 避税项目及其合伙人使用的避税方案的所有文件。[38] 2003 年 11 月的听证会上，参议员莱文不仅尖锐地盘问了证人，而且还要求公司停止这种做法：“欺骗和贪婪的引擎需要关闭、拆除，并被扔进它应该属于的垃圾场。”彼时，美国国家税务局估算，这些清单上的避税方案给政府造成了 330 亿美元的税收损失，其他可疑的避税手段另外造成了 520 亿美元的税收损失。[39]

国家税务局将会怎么做呢？大多数监管机构在问题出现之前都采取放手态度，他们缺少调查大多数公司的资源，哪怕是面对大量的抽查工作都捉襟见肘。美国国家税务局每年要处理数百万份公司纳税申报单和数亿份个人纳税申报单，其中最复杂的事项甚至难以描述。国家税务局的执法预算已经缩水；成千上万的雇员离职，国家税务局几乎无力对大公司进行审计。[40]美国国家税务局等监管机构为企业制定了详细的行为标准，承诺严惩违规企业，进而鼓励企业进行报告和自我监管。正如美国证券交易委员会主席、后来的美国最高法院法官威廉·道格拉斯（William O. Douglas）所说，“自律总是比自上而下的惩戒更受欢迎。”[41]这就是为什么监管机构越来越强调监管透明度——向监管者和公众披露准确信息，这样不当行为就不会轻易发生，即便发生也会马上被披露。如果监管机构获知某公司违反了规则或法律，它有几种选择：可能会给公司警告和自行改正的机会；可能会通过向行政法官或通过更正式程序向联邦法官，提起民事诉讼来补救或请求法官发布停止非法活动的禁令。

然而，如果监管机构认为个人或公司拒不遵守规定或以其他恶劣方式违反规定，则可能认定其涉嫌刑事犯罪。各机构在作出这一决定时会经过不同程序，做法也不大相同，但没有哪个机关会将大批量的案件提交刑事调查。美国国家税务局“强烈倾向于”起诉实施税务欺诈的个人而非公司。[42]但国家税务局认定毕马威一案达到刑事追诉标准，并在 2003 年 12 月将此案移交刑事调查。

在美国参议院召开听证会之后，国家税务局将此案转交给纽约南区联邦检察官，来审查有无起诉的必要性。[43]与此同时，美国国家税务局给使用这些避税方案的纳税人大约六周的时间，让他们主动补缴税款，换取零惩罚。若不按时补缴，将面临“更严重的后果”。[44]美国国家税务局最终与约 1200 名纳税人达成了和解协议，从中收回了 37 亿美元的应缴税款。[45]

三、布鲁克林计划

既然案件已移交检方，他们将如何处理毕马威一案呢？2002 年，乔治·W. 布什总统成立了企业欺诈特别工作组（Corporate Fraud Task Force），由检察官组成，负责协调对企业的调查和起诉。2009 年，该工作组更名为金融欺诈执法特别工作组[46]。该工作组办公中心位于华盛顿特区的司法部办公室，同时它也与美国各地的检察官办公室、美国证监会和美国国家税务局等监管机构以及一些州检察官联合开展工作。一个新的刑事政策出现了，相关程序可以追溯到 20

世纪30年代在纽约布鲁克林处理首次犯罪的未成年犯计划。[47]这个所谓的布鲁克林计划始于一名检察官提出的向法庭立案但推迟起诉的想法，这一程序被称为暂缓起诉。如果该未成年犯在一年左右的时间里不惹麻烦，检察官会撤销指控。目前，审前分流在全国使用，旨在将此类案件分流出刑事司法系统，给犯罪情节轻微的违法者一个机会，并将重心放在更严重犯罪的违法者身上。新的刑事政策表明，公司更像青少年——不是完全无辜的，但主要是需要指导、改造和监督。

现代企业文化革命可以追溯到1991年美国量刑指导方针的实施。指导方针强调，如果公司努力“促进一种鼓励道德行为和遵守法律的组织文化”，就应当给予肯定。[48]在此之前，合规计划只在一些法规明令要求的行业中是重要的。还有一些自愿要求适用的情形，比如，在20世纪80年代的军事采购丑闻之后的国防行业。[49]如今，合规项目遍及美国经济的各个领域。有由合规人员组成的完整的专业组织。公司通常有专门的道德和合规官员，他们独立于法律部门或总法律顾问，监督合规工作。[50]

在美国国家税务局将毕马威一案提交给检察官的前不久，司法部已将一种新的企业起诉理论付诸书面，该理论的重点是关注企业文化和合规。此前，与公司达成的暂缓起诉协议不多。我们发现的第一份协议是在1992年检方与所罗门兄弟（Salomon Brothers）签订的。在20世纪90年代，这样的协议总共有十几份。1999年，在司法部副部长埃里克·霍尔德（Eric Holder）的领导下，司法部发布了首份为公司起诉提供指导方针的备忘录[51]。2003年，美国司法部的一套修订后的指导原则更坚定地规定了暂缓起诉的政策。联邦检察官使用的《美国检察官手册》中包含了这些起诉组织原则，通常为“汤普森备忘录”——以修改这些原则的司法部副部长拉里·汤普森命名。[52]尽管司法部多次修改指导原则［2006 年公布的麦克纳尔蒂备忘录（McNulty Memo）中包含了时任司法部副部长保罗·J. 麦克纳尔蒂（Paul J. McNulty）的修改，2008 年公布的菲利普备忘录（Filip Memo）中也包含了时任司法部副部长马克·R. 菲利普（Mark R. Filip）的修改］，但基本原则仍然保持不变。

该政策的核心是围绕九个要素考虑是否起诉一家公司，从对检察官最重要的因素开始分别是：（1）犯罪的严重性。（2）公司内部不法行为的普遍性。（3）公司类似行为。接下来的三个因素有关合作和合规：（4）公司对不法行为的及时和自愿披露。（5）公司的合规程序。（6）相关补救措施，如解雇违法者和与检察官合作。最后三个因素有关刑事起诉的必要性：（7）起诉会造成的损害，包括对股东的损害。（8）对个人的起诉是否足够。（9）是否足以实施民事或监管救济。律师们紧紧抓住准则中的每一个字展开辩论，力求他们的当事人能够得到宽大处理。

就像法学教授、经济学家詹妮弗·阿伦（Jennifer Arlen）在研究中所探讨的那样，如果公司通过自我披露和重塑合规不能换取到真正的宽大处理，那它就没有什么动力去披露自己的罪行，或者实施可能揭发更多罪行的合规措施。[53]为了准许公司改进合规程序并与检方合作，新刑事政策鼓励检察官暂缓起诉。司法部称，这将使检察官成为“推动企业文化、企业行为良性发展，预防、发现和惩罚白领犯罪的力量。”[54]正如一位检察官早些时候所说，这些协议提供了“一种更快获得更好结果的方式……我们得到了对公司的重大改革，这种改革可能是审判和定罪后无法得到的。”[55]新政策将会促使与目标公司进行各式的谈判，但其中目标是达成一项能够重塑公司文化的交易。但这些指导方针并没有提到如何真正实现这一目标。

四、企业文化研究

处于公司之外的检察官，能促进公司内部形成良好的合规氛围吗？企业文化或亚文化有不同分类。我们都知道，在不同企业工作的感触是非常不同的，即使他们是相同行业的相似公司。在一经典论述中，特伦斯·迪尔（Terrence Deal）和艾伦·肯尼迪（Allan Kennedy）谈到了“努力工作、尽情享受型”文化、“硬汉型”文化、“过程型”文化以及“赌注型”文化。[56]程序和道德规范也可以帮助定义文化，监督和约束员工。有多种竞争性的企业文化的诊断评估工具：其中比较著名的是由金·S. 卡梅隆（Kim S. Cameron）和罗伯特·E. 奎因（Robert E. Quinn）设计的。他们基于对员工的问卷调查，提出“竞争价值模型”，将公司文化划分为四个维度：层级文化，自由决策的灵活文化，关注内部的“团队”文化，关注外部的市场文化。[57]卡梅隆和奎因承认，不同公司最合适的文化类型可能不同。但没有哪种文化会容忍公司不道德的行为或犯罪行为，检察官也不会使用任何此类工具来试图评估一家公司文化。

如果一个公司的文化有问题，管理者应该如何改变呢？[58]一些研究公司犯罪的学者，如布伦特·费塞（Brent Fisse）和约翰·布莱特怀特（John Braithwaite），建议使用内部控制手段和程序。[59]其他学者认为，合规程序和道德规范可能会传递这样一个信息：比起为己之利做正确的事情，遵守规则才是价值导向。正如一位学者所言，“创建新的组织文化并无捷径。”[60]有关如何改变组织的论著很多，作者包括商业、公司治理、管理、组织理论和社会学等领域的学者。大家一致认为这项工作不容易。提高合规水平所需的可能不仅仅是重新制定规则，进而持续影响员工思维和行为的过程。当法律正如大多联邦刑法规定不够清楚时，合规计划可能是最难实施的。[61]也就是说，检察官并不是在试图改变公司文化的方方面面，而仅仅是改变公司对刑法的遵守方面。

五、与检察官谈判

毕马威与联邦检察官的谈判始于最高层，公司高管直接与联邦检察官会面。普通刑事案件没有此类会谈，而且通常在达成暂缓起诉前，谈判工作一直是保密的。但毕马威一案不同：一个由 6 名或更多检察官组成的团队参与了谈判，联邦检察官本人也在其中。毕马威方的律师数量更多，包括毕马威前雇员从不同律所聘请的律师。2200 万页的案件文件和有关谈判过程的细节将在纽约南区法官刘易斯·卡普兰（Lewis Kaplan）面前公开。

毕马威聘请的新律师团队“提出了一种新的合作方式”，领导该团队的是前检察官，曾代理过安然和其他大客户的一名律师。他向检察官承诺，毕马威现在将“尽可能合作”。之后双方举行了多次会议，联邦检察官对毕马威的律师表示，毕马威缺乏合作的诚意，“这么说吧，我与其他大公司的合作远胜于此。”[62]

毕马威随后向位于华盛顿特区的联邦检察官的上级提起申诉。实际上，毕马威试图越过负责此案的检察官，甚至是联邦检察官，以争取更宽大的处理。这在一般的刑事案件中是闻所未闻的，但在重大的公司诉讼中却并不罕见。大公司大都会聘请有门路的律师，而毕马威通过律师争取到与司法部副部长会面的机会，并辩称自己“完全符合”新的公司起诉指导原则的规定。[63]

与此同时，起诉的时间越来越紧迫。检方召集了大陪审团，很少有大陪审团会决定不起诉。在决定起诉之后，刑事程序将迅速进入审判阶段。在谈判的最后一刻，安达信选择拒绝辩诉交易，案件进入庭审阶段。但毕马威做了不同的决定。也许是华盛顿举行的会谈取得了成果，毕马威的律师们得以强调他们在合作方面的巨大努力。[64]2005 年 8 月 29 日，司法部和国家税务局同时宣布，将暂不起诉毕马威公司，但会起诉员工个人。毕马威将会签订暂缓起诉协议。

回想一下司法部起诉组织时考量的九个因素。为什么毕马威躲过了起诉呢？对于因素一，即犯罪的严重性。以及因素二，即不法行为的普遍性，毕马威可能表现得并不好。也许因素三，即该公司类似行为，毕马威得分更高。但在因素四上，毕马威不能辩称及时和自愿披露了违规行为；它甚至扣留了应交给国家税务局和美国参议院的文件。或许它可以引用因素五，它们有个合规项目。但无论这个项目内容如何，其并没能阻止针对这些避税手段的激进营销。而因素六，毕马威可以辩解其采取了补救行动，比如，解雇违法者和与检方合作，并以安达信的结局为例。对于因素七，强调起诉可能对公司和社会造成的危害。根据因素八，毕马威可能辩解起诉员工就足够了。而根据因素九，它可能会被要求支付民事罚款。

联邦总检察长阿尔贝托·冈萨雷斯（Alberto Gonzales）在新闻发布会上宣布了这项协议。仅凭这点，就足以表明这个和解非常引人注目。在新闻发布会上，联邦总检察长强调“一个公司的定罪可能会影响无辜的工人和其他与该组织有关联的人，甚至可能对国民经济产生影响。”[65]毕马威公司太大而不能倒闭——也不能被判刑。

虽然“太大而不能倒”的担忧是真实存在的，但需要强调的是，检察官试图避免公司定罪后的连带后果是绝对正确的。毕马威案就是个重要例证。特别是在安达信破产后，大型会计公司所剩无几。定罪并摧毁毕马威可能会削弱会计行业，而该行业通过审计企业有利于发现和预防企业欺诈。检察官以一种旨在避免这些负面后果、与毕马威和解的方式结案。我们不应仅将该和解协议贴上“太大而不能倒”嫌疑的标签，而更应该关注协议的内容，以及毕马威是否实际承担责任。

事实证明，大陪审团程序中，毕马威不一定会被定罪，也不一定会被起诉。大陪审团是特别组建的，功能简单：决定是否起诉涉嫌犯罪的被告。他们判断是否有足够的证据提出指控、法院是否有管辖权、检方指控的事实是否构成犯罪等事项。大陪审团并不纯粹是一种形式，因为它有时并不签署起诉书（尽管检察官可以再行提起）。它还为检察官提供获取文件和传唤证人的机会。大陪审团程序保密，但是政府可以依靠获得的相同材料来提起其他刑事或民事诉讼。[66]此外，刑事起诉本身可能会对公司的声誉造成打击，暂缓起诉避免了大陪审团程序可能给毕马威带来的所有不良后果。

法官会允许暂缓起诉吗？法官或许可以告诉检察官，鉴于刑事诉讼的目的，该协议有失公允、过于宽大或不合时宜。然而，在2005年8月29日的一场听证会上，毕马威提出无罪抗辩后，法官批准了该协议，也没有对条款做出任何修改。[67]这并不奇怪：在此之前和之后，也没有过联邦法官否定暂缓起诉协议。

六、公司的忏悔

在我读过的300多份协议中，检方与毕马威达成的协议极具强制性。它首先以"接受承担违法责任"为标题，详细描述了毕马威承认的不法行为。协议记载，毕马威"通过开发、推广和实施未经登记的欺诈性避税手段，帮助美国高收入公民偷逃数十亿美元资本利得和收入所需缴纳的个人所得税。"[68]毕马威承认，"一些毕马威税务合伙人参与了非法欺诈的行为。"另外一份长达10页、以单倍行距描述了相关行为的事实陈述声明，证实这些行为是毕马威"从最高层蓄意批准并实施的"。

为什么要求公司认罪呢？就像自然人认罪一样，公司可能会被要求承认犯罪事实，包括行为细节，才属于量刑指导原则规定的"积极承担责任"，得到从轻判决。[69]通常，检察官会要求那些签署暂缓起诉协议或不起诉协议的公司承认他们的违法行为并承担责任。在达成的协议中，89%的公司认罪认罚（232份协议中的206份）。[70]相比之下，监管机构并不总是要求公司认罪。美国证券交易委员会长期有一备受争议的政策，即允许公司在解决民事案件时"既不承认也不否认”违法行为。一名联邦法官否决了与花旗银行签订的、无承认违法行为条款的民事和解协议，称这既不“公平”，也不符合“公共利益”。[71]其他一些联邦法官也提出了类似问题。如今美国证券交易委员会表示，以后将避免使用这种措辞。[72]

联邦检察官表示，他们总是“要求被告完全承认其违法行为”。2013 年，一名司法部官员在国会作证时解释说，无论检方和公司达成了何种协议，“该公司均必须充分承认自己的犯罪行为，且不能撤回认罪。”[73]但事实并不完全如此。在暂缓起诉和不起诉协议中，有略高于 10% 的协议中没有公司认罪认罚的条款。但在这些案例中，对于为何缺少公司必须认罪的要求，却没有作出解释。其中的许多协议可以追溯到 21 世纪初，司法实践可能已有改变。更让人困扰的是，约有 1/5 的案件，认罪并未涉及任何细节。

绝大多数协议确实包括事实陈述（232 份协议中的 186 份，占比 80%）。大多数事实陈述中都包含了详细的有罪供述，就像毕马威的案例一样。但有些公司能够避免让公众得知相关违法犯罪事实。[74]罗杰·威廉姆斯医疗中心（Roger Williams Medical Center）只承认政府有“足够的证据”来证明犯罪事实。[75]同样，2012 年检方与巴克莱银行达成的不起诉协议，详细描述了雇员操纵关键基准利率的行为。巴克莱银行承认、接受并知晓这种行为的责任。但在协议中，巴克莱银行并未明确承认构成某种特定犯罪或因此而承担责任。[76]

公司的认罪必须通过雇员的坦白来实现。暂缓起诉和不起诉协议是由公司的律师或管理人员签署的，来证明他们是自愿而为。有时会由公司董事会批准协议文件；在英格索兰（Ingersoll - Rand）

暂缓起诉协议中，首席执行官签署了一份文书，声明他“已得到英格索兰正式授权，代表英格索兰及协议所列的所有子公司执行本协议。”他补充说，这项协议是自愿的，“没有任何人威胁或强迫我签署协议……也没有人强迫我以何种方式接受该协议”。[77]

公司也同意认罪后不翻供。与辉瑞达成的协议约定，公司“明确清楚”承认公司犯下了检方所指控的罪行，且“不会发表任何与指控内容相矛盾的公开声明”。[78]一家公司曾因违反这些规定而受到批评。2013 年，渣打银行（Standard Chartered Bank）在达成暂缓起诉协议后，发表声明，称自己的违规行为是“笔误”。结果，检方和该行高管召开了会议，并公开撤回了那份声明。[79]

未来的刑事案件中，公司仍会受协议中认罪条款的约束。未来的民事案件中，公司也不能反驳其认罪事实。但认罪所涉事实的范围是个复杂问题，且可能影响未来诉讼结果，公司会挖空心思找理由。审查认罪的范围需要更多的工作。目前，在检控企业犯罪的案件中，何种情况下可以认定为认罪，尚无统一的政策和实践。

这些协议通常表明，合作是公司受到宽大处理的主要原因之一。即使协议履行完毕，公司仍有义务继续合作。毕马威签署的协议要求毕马威与司法部持续合作，包括支持对毕马威员工的起诉工作，从这方面来讲协议是“永久的”。

七、新制度

公司与检方达成了一系列协议，公司必须遵守聚焦改变企业文化战略的条款位列其中。达成协议的公司有近 2/3 在美国证券交易所上市（255 家公司中有 148 家，占比 58%），而其他公司，如毕马威，虽为私有，但规模非常大。许多公司都是美国或世界上最大的公司之一。在接受暂缓起诉协议的企业中，22% 是位居财富 500 强的本土企业，20% 是位居全球 500 强的外资企业（其中一些是全球 500 强外资企业设在本土的子公司）。甚至在他们与检方达成协议的当年，大约有 31% 的企业位居财富 500 强或全球 500 强。[80]最高级别的公司包括雪佛龙（Chevron）（当时的财富 500 强第 4 和全球 500 强第 7）、波音（排名第 26）和美国国际集团（2006 年排名第 9——它之前在财富 500 强排名第 10，自 2004 年被起诉以来，排名有所上升）。

在 2001 年之前，这类的暂缓起诉或不起诉协议只有少量。我找到了 14 份协议。传统的做法是不管起诉还是不起诉，尽可能地提供宽大处理以换取合作。即使继续起诉，仍可达成协议。公司表示认罪，认罪协议也可以包括以下条款，比如，要求公司聘请一名监督员，提高合规水平。由于无须法官的参与，暂缓起诉或不起诉协议则更为宽松，同时公司还能避免被起诉和定罪。

在大多数的联邦监管机构和公司签订的暂缓起诉或不起诉协议中，检察官会对不起诉决定进行说理。通常会有一段或一节内容来阐释检方“相关的考虑”。一个典型的解释是“重大补救”，以及该公司“自愿和及时披露”不当行为是公司“非凡”合作的一部分。[81]这些描述通常非常简明扼要，往往没有解释公司实际上有多愿意参与到合规整改中来，也没有对报告和合作的情况进行详细阐述。即使一家公司“及时披露”了不当行为，这是主动坦白，还是该公司只是在被举报之后才不得不承认？人们希望真诚的如实供述才能获得处罚上的奖励。然而，这些协议中的表述通常不能提供任何依据，来证明检察官真正对企业的真诚、及时认罪行为和愿意参与有价值的合作或其他因素进行奖励。

在某些案例中，检察官将起诉可能导致的附带后果作为采用起诉之外替代方法的理由。在毕泽房屋公司（Beazer Homes mortgage）欺诈案中，检察官指出，他们担心采取更严厉的刑事处罚将“危及公司的偿付能力”，并威胁到与不法行为无关的1.5万名员工和承包商的利益。[82]很少有公司愿意倒闭或面临破产，[83]承诺合作和改过自新就足以避免定罪。

关于暂缓起诉或不起诉协议的资料十分匮乏。联邦量刑委员会虽然保留了被告量刑的案例记录，但不起诉的交易并不涉及正式的判决。暂缓起诉协议被提交给法院，并留在法官的备审案件目录表中，直到协议履行完毕，案子被撤销。不起诉协议的案子根本到不了法官那里。协议也约定，一旦公司遵守协议，检察官也不留档。[84]直到近期，检察官才开始着手对这些协议进行跟踪，一些协议可能已经从公共记录中消失了，其中就包括2001年以来签订的至少27份协议。我们不知道缺失了这些具体协定的原因。到目前为止，我的学生按照《信息自由法》提起信息公开诉讼后，有关部门仅披露了一个此类协议。人们根本不清楚为什么这个协议从一开始就对公众保密。[85]这种保密令人不安，因为起诉企业的一个核心目标是向所有企业传递这样一个信息：绝不容忍企业的违规行为。事实上，2011年，有司法部官员曾在参议院就其与一家银行达成的保密和解协议受到严厉质询，作为回应，他们后来向社会公布了该份协议。[86]

尽管出现了一连串的公司丑闻，但有了这一新的暂缓起诉工具，对公司的起诉并没有变得更加频繁。暂缓起诉和不起诉协议适用率从 2003 年开始上升，企业实际定罪率开始下降。对小公司和非上市公司的定罪率保持稳定，但对于大公司和上市公司来说，通过协议避免被定罪的比率却越来越高。

公司都会因为哪些罪名被起诉呢？在暂缓起诉协议中，最多的犯罪类别是欺诈（255 份协议中的 92 份，占比 36%），其次是违反《反海外腐败法》（255 份协议中的 63 份，占比 25%）。其他案件包括收受回扣，通常发生在医疗和药品销售领域（16 份协议），违反防止洗钱的银行保密法条款（13 份协议），违反移民规定（10 份协议），违反《国际紧急经济权力法》（9 份协议），违反反托拉斯规定（7 份协议）以及一系列的其他罪行。联邦法律对每一项罪行都有详细规定，执行方式也不同。虽然我们不可能将大量的联邦犯罪一一列举出来，但在本书的其余部分，我们将以一些重要的案件为例，详细讨论一些常见犯罪。

毕马威被控欺诈和税务犯罪。欺诈是达成暂缓起诉协议的公司中最常见的犯罪类型。检察官称，毕马威的犯罪行为包括帮助准备虚假和欺诈性的报税表和报税文件，以掩盖有问题的实质性避税行为。联邦法律关于欺诈罪的规定很灵活，包括蓄意实施的“欺诈计划”、意图剥夺他人财产或“真诚服务”的“重大”虚假陈述，作案手段包括使用邮件或电报。[87]《邮件欺诈法》颁布于 19 世纪晚期，“以防止在大城市逐渐抬头的欺诈行为……通常是小偷、伪造者和流氓所为，目的是欺骗和敲诈这个国家的无辜人民。”[88]1952 年，美国国会颁布了一项网络领域防范电信欺诈的法规，之前只包括电信领域，现已覆盖互联网。该法律禁止医疗欺诈、银行欺诈、证券和商品欺诈、外国劳工欺诈以及“诚信服务”欺诈，其中也包括很复杂的公共腐败问题。[89]密谋欺骗美国政府的罪名（毕马威被指控的罪名）也细分很多种。[90]证券欺诈案件（255 份协议中的 23 份）将导致巨额罚款。另外，欺诈也是针对个人的常见指控罪名，每年有 8000 多起案件，约占联邦刑事案件总数的 10%。

毕马威从暂缓起诉协议中受益，但大多数公司未能如此。在 2001 年至 2012 年，只有 255 家公司签订了暂缓起诉或不起诉协议，另 2000 多家公司被定罪。他们的企业文化是否不可救药？我收集了 2001 年以来、被判有罪的 2000 多家公司的详细数据。这些公司——几乎都认罪——其中 501 家公司因破坏环境被起诉，403 家公司因欺诈被起诉，167 家公司因违反反垄断法被起诉，107 家因虚假陈述被起诉，34 家因违反《反海外腐败法》被起诉，68 家因食品和药品违规被起诉，112 家因违反进出口规定被起诉。这些数据反映出公司最常被追诉的几项“导向性”罪名。例如，被指控破坏环境或违反《反海外腐败法》，常常还有更普遍的欺诈或虚假陈述指控。被判证券欺诈罪的仅有三家公司，还是以延期起诉或不起诉协议的形式结案。一般来说，银行和其他金融机构大概率会被作暂缓起诉或不起诉协议处理，而非被起诉和定罪。

虽然办理金融渎职犯罪的检察官对公司采取了宽大处理的方式，但其他案件中的检察官却没有这样做。例如，很少有因环境犯罪而被起诉的公司能达成暂缓起诉协议。为什么呢？美国司法部环境和自然资源局（ENRD）认为，即使一家公司不受刑事处罚，那它也应该承担民事赔偿责任。反垄断部门办理公司犯罪案件方面也有自己独特的做法，对第一个承认反垄断包括操纵价格、操纵投标或其他非法划分市场行为的公司给予特赦。

这一过程在2010年出现了一个罕见的窗口期，当时检察官宣布美国银行将支付1.373亿美元的赔偿金，但没有要求其支付罚金。因为该银行是第一个也是唯一一个站出来承认具有操纵市政债券衍生品市场报价行为的公司。[91]这类集团可能会通过隐蔽协议来提高价格，这被视为性质极其严重的恶意行为。检察官通常会对这些协议保密。因此，我的数据中未能包括《反托拉斯法》特赦交易。首家配合调查的公司可能仍需支付高额的罚款，作为特赦交易的部分条件，检方会隐藏其身份，从而更好地利用其提供的信息来追查其他集团成员，但其真实身份可能随着调查和将集团的其他公司定罪的进程而越趋明显。采取这种办案方式的结果是，少数违反《反托拉斯法》的案件有暂缓起诉协议（7份）。办案重点不在于文化改造或改善公司合规，而是在惩罚价格垄断。不如实供述的公司通常会被判有罪。

一些被定罪的公司是上市公司或其子公司，有些是大型私营企业。然而，大多数被定罪的公司规模都很小，也没有多少可以改造的企业文化。因此，定罪或许是合理的。有些公司是少数人持股，只有几个股东，又或者是小型合伙企业。这些小的夫妻式公司与毕马威这类公司有很大的不同，它们往往无法支付高额的罚款，也没有复杂的组织架构或企业文化。对公司实际经营负责人或合伙人定罪，可能是最切实可行的惩罚措施。

暂缓起诉的做法引来一波来自右翼和左翼的争议浪潮。参众两院的议员、美国律师协会（ABA）和商业团体均质疑司法部使用该策略的正当性。美国政府问责局（GAO）引入联邦法律，调查公司起诉策略的特点，司法部也在试图平息这些批评。白领犯罪领域的辩护律师抱怨说，联邦检察官“利用其几乎不受制约的权力，迫使他们做出更大的让步。”[92]法学教授理查德·爱泼斯坦（Richard Epstein）评论说，暂缓起诉协议“常常读起来像斯大林主义清洗审判中的招供”。[93]对司法部策略的其他批评者则提出了相反的观点：拉尔夫·纳德（Ralph Nader）称，未能给组织定罪是给司法部寻求正义职责带来“令人震惊的”和“系统性的损害”。[94]美国政府问责局对由检察官决定协议是延期起诉还是不起诉的方式也提出了批评。[95]

八、追回损失

2011年，只有36家公司被判欺诈罪，它们被迫支付超过1亿美元。[96]仅毕马威签署的协议中就包含了一笔4.56亿美元的巨额款项，远远超过当年其他所有欺诈案件。然而，大部分钱款并非罚款，而是退还费用（1.28亿美元），并将国家税务局损失的2.28亿美元税款返还给财政部。国家税务局可以从纳税人那里收回一大笔税款，但因税款追缴期限时效是3年，所以可能无法收回所有损失的税款。毕马威同意不从其本身的联邦税额中扣除应缴纳的罚款数额；但其利用保险追回的款项，一半收益需上交美国政府。

也许，对毕马威施加的惩罚微不足道，正如它在决定是否出售避税产品时所考量的那样。那么如何促使它改过自新呢——这些检察官真的能改变毕马威的文化吗？毕马威同意在2006年2月26日之前完全永久关闭其私人税务服务。它将不再向富有的私人客户推销任何避税措施或产品，也不会寻找任何新客户。虽然毕马威永远不得涉足对私税收业务，但它躲过了另一种倒闭。

回想一下，安达信如此害怕被美国证券交易委员会禁止从业的原因。它被判处有罪后，被禁止从事上市公司的审计工作。但毕马威仍能为联邦政府进行审计——事实上，雇用毕马威去审计的不是别人，正是司法部！根据暂缓起诉协议，司法部的勒令停业官员决定无须让毕马威停业或被除名，毕马威仍是合作并签署该协议的“负责任的合同一方主体”。[97]在毕马威签订暂缓起诉协议的次年，即2006年3月，毕马威对美国司法部的会计核算进行了审计，发现有关司法部监督项目拨款中，与上一年度重复的“四种报告情形”。[98]讽刺的是，在毕马威被司法部要求执行新合规计划时，它却报告了司法部的内控不严。

毕马威案的罚款是否具有代表性？罚款的目的并不是要直接修复企业文化，因为罚款给企业和其他行业带来的首要目的是惩罚，其次才是传递的信息。正如联邦量刑委员会所说，“组织不能被监禁，但可以被罚款。”刑事罚款旨在惩罚公司、赔偿受害者，公司可以通过多种方式支付。检察官或监管者可能对该公司提起民事诉讼，受害者本人也可能提起民事诉讼。

涉企诉讼的趋势表现在针对规模较大的企业、适用更高的平均罚款，尤其是有关毕马威这样的大公司的案件。[99]反垄断案件、制药案件、《反海外腐败法》案件以及那些涉及国际行为和外国公司的案件，都导致了罚款数额的增加——虽然更多案件没有被起诉，但实际上大案件的数目更多。就暂缓起诉协议而言，2010 年是创纪录的一年，罚款总额近 13 亿美元。在接下来的一年里，政府征收了近 5 亿美元的罚款。自 2001 年以来，暂缓起诉和不起诉收取的刑事罚款共达 40 亿美元。加上支付给受害者的赔偿金、利润的返还和罚没款，款项总额超过 75 亿美元。[100]

公司还向监管机构支付了民事罚款。在 91% 的暂缓起诉或不起诉协议（255 份中的 233 份）中，监管机构也参与其中，最常见的是美国证券交易委员会（69 份）、卫生与公共服务部（the Department of Health and Human Services）监察长办公室（HHS – OIG）（25 份），美国邮政局（27 份）和美国国家税务局（24 份）。在近 2/3 的案件中，公司面临监管机构提起的民事强制诉讼（255 起案件中的 165 起，占比 65%），尤其是美国证券交易委员会（88 起）。监管机构开出的罚款有时会让刑事罚款相形见绌。自 2001 年以来的暂缓起诉和不起诉协议，除了检察官单独要求的约 115 亿美元罚款和赔偿金之外，公司向监管机构支付了约 120 亿美元，二者总额超过 230 亿美元。被起诉的公司还面临着私人诉讼，在民事判决中向对方支付了至少 60 亿美元。同时还可以人为增加遵守协议所付出的改革成本。

考虑到这些数字，你可能会认为犯下更大罪行的大型上市公司会受到极其严厉的惩罚。然而，与支付给受害者或监管机构的款项相比，惩罚性罚款常常是小巫见大巫。图 3. 1 列出了签订暂缓起诉协议和不起诉协议公司的不同支付款情况。

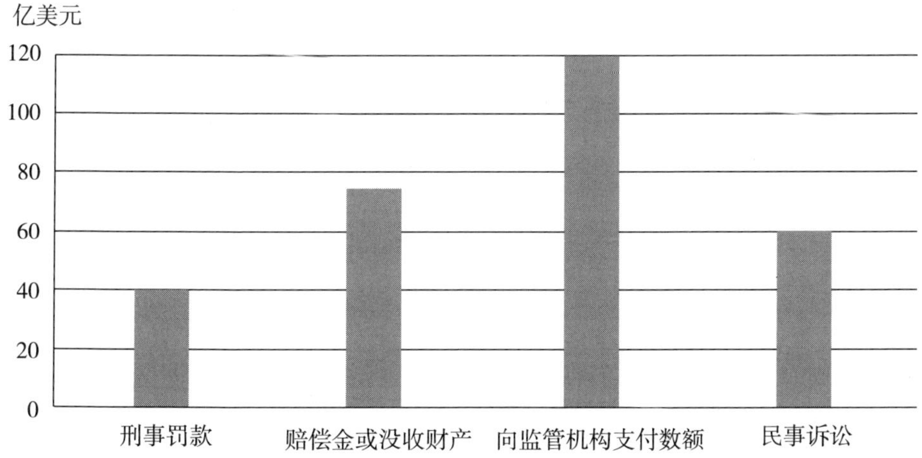

图 3. 1　2001 年至 2012 年签订暂缓起诉协议和不起诉协议公司支付的罚款总额

公司诉讼协议的实际内容要比图 3. 1 显示的更为宽容。对不同公司施加的罚款差别巨大，几乎一半的协议根本没有处以刑事罚款（255 份协议中的 119 份，占比 47%）。其中只有几家公司面临倒闭或无力支付，而检察官没有解释为何未对其他公司处以刑事罚款。

毕马威案及其高额罚款是个例外，在所有暂缓起诉协议中，该案的罚款金额位居第 10。在暂缓起诉协议和不起诉协议中，前 10 案例的罚款总计 17 亿美元——几乎占了所有此类协议罚款总金额的一半。[101] 相比法院对有罪公司所判处的罚款数额，暂缓起诉和不起诉协议中最高的罚款数额不值一提。所涉金额最大的暂缓起诉协议是与瑞士银行（以下简称瑞银）达成的，该案中罚金数额为 4 亿美元，但还是比不上被定罪的前 10 名公司被判处的罚款数额。英国石油公司因“深水地平线（Deepwater Horizon）”钻井平台泄漏事件支付了创纪录的近13亿美元罚款，辉瑞子公司支付了近12亿美元罚款。20起最高额的企业刑事罚款金额约从2.5亿美元到12亿美元，其中包括8起医药案件、7起反垄断案件、3起《反海外腐败法》案件和2起欺诈案件。近年来，此类重罚案件不断增加：前20起案件的罚款中，有6起案件发生在2012年，有14起案件发生在2006年至2012年。

这些罚款听起来数额巨大，但对这种规模的公司有多大损害呢？以辉瑞公司为例，支付的12亿美元仅为当时公司市值即公司已发行股票总价值的0.6%。一般来说，罚款金额平均为公司市值的0.04%，上市公司的罚款金额相对较大，平均为此支付的总金额也只占市值的0.09%。

九、重塑毕马威

检方也会试图通过结构性改革来重振企业。事实上，如果起诉一家公司的目的是挑出重大的系统性违规行为，那么检方应将关注点集中于公司合规的改革上面。然而，在试图完善公司时，检察官使用的策略与公司管理层的策略截然不同。检方的量刑指导原则没有规定该如何处理那些被暂缓起诉或签订不起诉协议的公司。前述的九个因素为何时起诉提供了依据，但对如何具体重建公司并没有指导意义。因此，检察官在实践中享有很大的自由裁量权。

（一）监督合规计划实施

毕马威签署的暂缓起诉协议不仅仅是认罪和缴纳罚款那么简单。

该公司不得不聘请一名任期三年的外部人士担任独立监督官，以监督实施一项精心设计的合规计划。监督官由前证监会主席担任，选定前亦征询了毕马威的意见。监督官有权聘请律师、顾问、调查人员和专家来收集信息、提出建议和监督新的合规项目。[102]

每个公司都在内部强调遵守道德规范，并为员工提供必须遵守的法规培训。但员工真的会去认真阅读公司道德手册吗？越来越多的公司意识到，确保员工遵纪守法与确保他们做好本职工作同等重要。公司有多种手段：包括对员工进行测验，看看他们是否恰如其分地理解了规则，建立匿名热线，以及进行不定期稽查——就像对职业运动员那样，但不包括药物测试。公司老板可以对通话录音并对通话内容随机抽查，“为了保证质量，电话可能会被录音”。他们可以设置自动化系统，防止员工不当开立账单或无法及时呈报工作。公司可以创建新的文件需求，以便能更清晰地监督员工的书面记录。

如果毕马威关闭了整个对私税务业务，为什么还有必要实施合规计划呢？新的合规计划将在全公司范围内实施，并将设立一条新的举报热线，允许匿名投诉。计划将“特别关注高风险领域”，将新设立永久性合规办公室，对员工开展道德培训。所有这些都有一个元维度：合规重建工作本身将被审计，以衡量其有效性。联邦总检察长称这是该协议中“最重要的”部分，对“防止日后公司再犯罪”至关重要。[103]

检察官没有充足的资源来监督整个公司的改革。相反，检察官为公司创造激励机制，让其自行整改。出于这个原因，从检察官到美国证券交易委员会、美国环保署到美国卫生与公共服务部的监管人员，都把重点放在建立企业自我监督的激励机制上，盛赞良好的合规行为，在企业缺乏完善整改机制时要求企业改良。[104]2010 年的《患者保护和平价医疗法案》（俗称“奥巴马医改”）要求医疗服务提供者和个人执业医生执行有效的合规和道德项目。[105]合规的做法开始国际化——经济合作与发展组织（OECD）提出了打击贿赂外国官员的方法，并详细指导了如何实施完善的合规方案。[106]

联邦检察官认为，改变企业文化的关键之一是践行有效的合规计划。毕竟，起诉这家公司的主要原因可能是企业存在合规问题。毕马威签署的协议具有典型性，正如绝大多数合规整改协议要求的一样，公司创建或完善合规项目，以提示和预防刑事违法行为。大多数协议要求进行合规改革（255 份协议中的 160 份，占比 63%）或逐步采取措施提高合规水平（255 份协议中的 162 份，占比 64%），而其他协议则引用了监管机构要求的合规改革（255 份协议中的 71 份，占比 28%）。协议要求高层认可新的政策、新的员工培训制度、新的员工监管机制，并定期报告员工的工作进展。协议还规定了要解雇或惩处实施犯罪的员工。

然而，合规项目多半描述得太过笼统。他们提到“适当的尽职调查”和“有效的合规”，但没有加以明确定义。有些协议要求随着时间的推移而更新合规项目——例如，某些协议要求每年根据《反海外腐败法》领域“不断演变的国际和行业标准”进行审查。[107]协议规定，公司必须对合规项目进行定期评估和检验。

少数协议（255 份协议中的 23 份，占比 9%）旨在通过改进合规之外的方法改变企业治理。毕马威签署的协议终止了该公司的所有对私税务业务。毕泽房屋公司已经关闭了整个涉嫌欺诈性抵押贷款业务的违规子公司。其他的变化包括改变员工薪酬；两起涉银行案件改变了高管的薪酬发放方式，允许银行收回之前发给高管的奖金，这些高管“故意造成企业合规失败”。[108]几起制药案件最终达成的认罪协议，改变了销售代表获取的薪酬方式。例如，葛兰素史克的认罪协议规定，销售人员或经理将不再按“销售额”提成。[109]联合公司的协议规定，任何发现并向政府报告“重大”账册错误的员工都将当场获得 100 美元的奖励。[110]

超过 1/3 的协议要求雇用新员工（255 份协议中的 88 份，占比 35%）。百时美的协议也许是最具侵入性的，它详细规定了公司必须如何区分首席执行官和董事长的职位，公司必须任命新的外部董事，以及向美国证监会提交超出其正常规定的更多信息。大多数协议都没如此详细，不过有些协议要求增设新合规官员或在董事会中增加一位合规委员。[111]一些协议要求由检察官批准人事任命。爱贝尔集团（Aibel Group）在任用新的董事会执行主席、合规委员会多数成员和合规顾问之前，必须获得检察官的“事先批准”。如果 7 日内，检察官和公司无法就人选达成一致，检察官有最终决定权。[112]奥罗拉食品公司（Aurora Foods）不得不就与合规项目有关的所有人事决定与检察官进行磋商。[113]最特别的是，一家因发送“占星家的呼吁”而被控传统型邮件欺诈的公司，被要求员工确保这类邮件已经得到“书面审查和批准”。[114]有些公司会自清门户。检察官注意到黑水国际公司（Academic LLC）“更换了所有的行政领导”，包括其首席执行官和总法律顾问以及几位副总裁；它还聘请了新的合规主管，并在董事会中增加了独立董事。[115]检方经常将“补救措施”作为允许该公司免于定罪的理由，并指出此前大多数协议（其中的162份协议）都对企业进行了合规重建。

在协议中添加字句，声明公司必须采用更好的合规项目比较容易，但实际改造公司却困难重重。企业会经常提及它们在修复企业文化方面取得的进展，但检察官可能只有在真正发生问题时才会适时介入。举例来说，梅西能源（Massey Energy）的上大支煤矿（Upper Big Branch）爆炸，造成29名矿工死亡。此后，联邦调查发现违反安全标准的行为如此猖獗，他们“违反安全标准的情况非常普遍，因为在这种文化背景下，人们往往对不法行为睁一只眼闭一只眼，违规成为常态”。[116]然而，尽管此前有过几次严重违法的糟糕记录，以及导致这些死亡的严重安全漏洞，公司的新掌权者还是收到了一份不起诉协议。司法部环境犯罪部门前负责人戴维·乌尔曼（David Uhlmann）称，这种处理是懦弱的，是对法治的亵渎，他得出的结论是，“司法部同意不追究梅西公司的刑事责任的决定，乃是在自毁名声。”[117]

（二）何时开始及是否有效？

一个挥之不去的问题是，合规项目何时开始以及是否行之有效？这个问题直指起诉公司的理论核心。那些只是粉饰门面的合规项目有个贬义词叫“粉饰合规”，指的是那些表达崇高道德价值观，却被员工所忽视的政策。[118]无论合规项目是否奏效，它们都是为改善合规项目而聘请的律师和其他顾问的福音。关注合规也可能会分散管理者的精力。[119]人们不禁要问，公司能否获取两全其美的解决方案：良好的合规项目会让检察官确信无起诉必要，而糟糕的合规项目会让公司获得一份旨在解决问题的从宽协议。如果这是真的，那么被起诉的公司的不法行为，或者被起诉的后果，就没有什么特别严重的了。图 3.2 显示 255 份暂缓起诉协议及不起诉协议的各项条款内容分布情况。

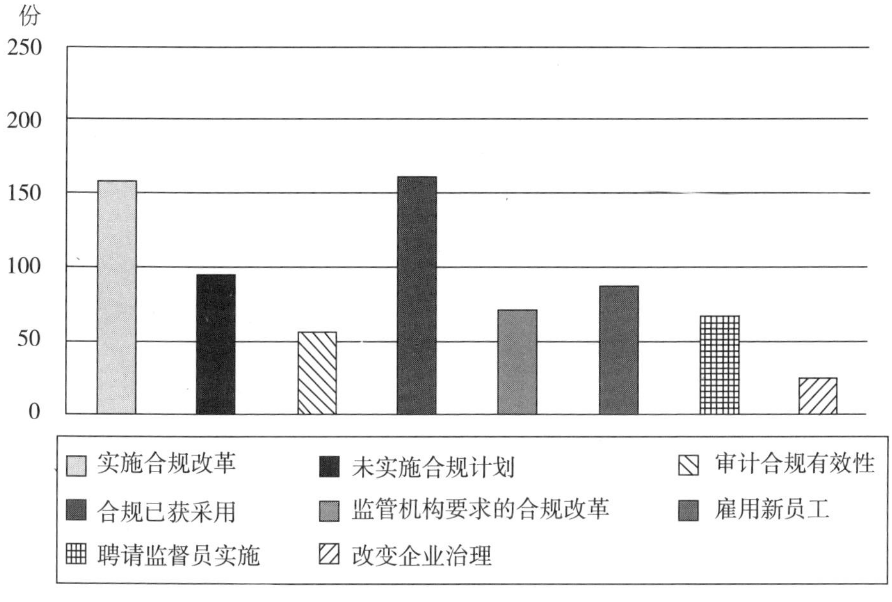

图 3.2　暂缓起诉协议及不起诉协议的各项条款内容分布情况

相当数量的协议（近 1/3）甚至没有要求公司实施合规计划（255 份协议中的 78 份，占比 31%）。如果暂缓起诉协议的核心目的是确保公司进行自我改革，那么一项协议怎么可能没有任何合规要求呢？一些公司通过与监管机构的单独协议（255 份协议中的 71 份）实施了合规改革，而据说近 2/3 的协议（255 份协议中的 162 份）所涉公司已经自行实施了合规重建——但为什么不要求公司实施这些改革并在放行之前对其评估呢?

如图 3.2 所示，很少有协议要求公司评估其合规程序的有效性，以确定其是否真的有效（255 份协议中的 55 份，占比 22%）。协议通常说明，合规程序必须“清晰地表达”、“严格”和“有效”，但对这些术语没有定义。量刑指导原则规定，如果不对公司“定期评估”，没有一个合规项目能称得上“有效”。[120]不过，检察官一般不会坚持要求公司这么做——通常只有《反海外腐败法》协议中有简单内容，规定公司必须进行某种定期的合规测试和合规审查。

围绕企业起诉的争议颇多，但没有一家公司会抱怨合规条款过于宽松。这些协议的期限也相当短，平均为两年零三个月。只有两项协议持续了三年多。很少有协议被延期，只有在极少数的案件中，检察官说需要更多时间来继续审查公司表现。[121]检察官能否在短短两年多的时间内有效地监督一家大公司的改革，特别是如果不要求对其改革的有效性进行评估的话？数据表明，检方没有把合规改革当回事。

（三）法官的作用

法官在暂缓起诉中发挥着一定的作用，尽管其作用有限。联邦法律规定，如果有书面协议允许被告“证明其良好行为”，法院可以批准暂缓起诉。[122]然而，没有哪位法官驳回过公司暂缓起诉协议。美国政府问责局询问了 12 位批准此类协议的法官，发现其中 9 位甚至没有举行听证会来审查协议及其条款。[123]在毕马威一案中，法官确实举行了听证会，但协议还是被全盘接受了。正如我将在第十章中讨论的，只有少数法官坚持对暂缓起诉协议进行持续监督。

如果毕马威不遵守协议，会怎么样呢？检察官将全权决定该怎么做。他们可以延长协议期限，或者延长监督官执行职务的时间。最具威胁的是，如果检察官认定毕马威违反了协议，他们可能会使协议作废，并以违反联邦刑事法律为由起诉毕马威。协议载明，毕马威向检察官和国家税务局作出的一切陈述——包括详细的认罪内容，均可用作对其不利的证据。

尽管有这些严格的条款，在某些案件中，法官仍基于正当程序原则裁定禁止政府“单方面判定”被告违反了不起诉协议，而检察官“必须获得对被告违约的法院判决”。[124]在一个备受关注的案件中，斯托尔特·尼尔森（Stolt – Nielsen）公司诉请法院禁止检察官对公司的起诉，该起诉因司法部认定该公司违反了在反垄断部门的企业宽大处理计划下进行合作的协议。联邦法官认定检察官的行为是武断的，但上诉法院推翻了这一判决，裁定法官无权在检察官提出起诉之前禁止检察官起诉。[125]只有在该公司被起诉后，法官才能驳回起诉。[126]

检察官甚至可以通过签订不起诉协议来规避法官在批准暂缓起诉时所能发挥的有限作用。只要公司遵守协议条款，检察官无须向法院提交任何文件。在 2001 年以来签订的协议中，约有一半（255 份协议中的 122 份，占比 48%）是不起诉协议，131 份是暂缓起诉协议（另外，还有两份协议检察官未曾公布，情况不明）。

（四）附加的问题

协议中的一些条款与改善企业文化毫无关系。作为协议的一部分，检察官曾要求纽约赛车协会（NYRA）在水道赛马场老虎机上安装影像乐透投注机。[127]纽约赛车协会剥夺公众使用老虎机的权利是否违法？这些机器与这起骗税和共谋欺骗美国政府的案件没有任何关系。老虎机的安装因为其他原因已经被延迟了长达十年，现在能进入谈判环节，是因为政府官员担心起诉可能会进一步推迟老虎机的安装计划。如果没有这笔收入，纽约州将无法执行另一项要求为学校提供额外资金的法院裁决。这些赌博机估计能带来 5 亿美元的收入，官员们“指望赌场帮助平衡州预算”。[128]

在罗杰·威廉姆斯医疗中心（Roger Williams Medical Center）的协议中，政府担心起诉一家非营利性医院的公共腐败行为会危及罗得岛州普罗维登斯市贫困居民的医疗服务。暂缓起诉协议要求医院向没有保险的低收入居民额外提供 400 万美元的免费医疗，这是一项社区服务。[129]在检方与百时美达成的暂缓起诉协议中，要求该公司在西顿霍尔法学院（Seton Hall Law School）出资聘请一位新的伦理学教授，这位新教授每年都会教授一堂商业道德课，公司员工均可以参加。[130]美国检察官称，在西顿霍尔法学院设立伦理课教职是应百时美的要求加入协议的。[131]然而，西顿霍尔法学院却是这位联邦检察官曾就读的法学院，这使一些人批评该事项并不特别符合道德规范。[132]作为回应，司法部新设了一项规定，即此类协议不应包括要求向“非犯罪活动受害者或未提供服务以纠正被告犯罪行为所造成损害”的个人或组织支付款项的条款。[133]

还有一个挥之不去的问题是，是否带来更多的隐匿型附加交易？2010 年，美国运通国际银行（American Express Bank International）

的一名前雇员得知该行与检察官达成的暂缓起诉协议中有一份未公开的“附加条款”，规定了须解雇该员工，后其向法院起诉。后该雇员与司法部达成和解。事实证明，司法部的监管者并不知道这项附加条款。[134]也许还存在其他这样的附带协议。如果检察官发现某些人没有不法行为，也不想损害这些人的名誉，那么他们可能会找寻合适的理由施加影响。如果不更多地了解任何这类附带协议的存在或性质，就不可能对它们作出合理评价。

一些协议要求公司聘请监督员来重建企业文化，并确保合规改革的落实（255 份协议中的 65 份，占比 25%）。毕马威必须允许司法部任命一名任职三年的“独立监督员”。监督员任期结束后，国家税务局将对毕马威再行监管两年。此外，毕马威将支付监督员和其他雇用的人员的薪水以及其他费用。

监督员有权“采取任何其他必要的行动来履行其监督和监督职责。”如果监督员提出了不合理的要求，或者只是超额收费——或者，如果监督员几乎无所作为，那该怎么办？或许有能者居此位，几无风险。但结果究竟如何，我们无从所知。与其他暂缓起诉协议一样，毕马威监督员提交的报告和监督员的行动都没有对外公布。在第七章中，我们将更多地阐释这些监管者是如何尽责的。

与毕马威的协议于 2006 年 12 月 31 日悄悄履行完毕。美国司法部同意驳回此案，只是对外声明“监督……是全面和有效的。”[135]没有提供其他的信息来说明他们做了什么。毕马威是否会有一种新的企业道德文化？合规改革是否有效？

这些都不是一些仍处于被起诉状态的毕马威前雇员提出的担忧；

他们认为法官应该废除整个协议。一名前雇员辩称，该协议过于宽大，鉴于毕马威的行为，终止起诉违反公共政策。另一群持相反的观点的前雇员表示：应当废除该协议，且返还罚金，因为协议赋予了检察官违宪的广泛权力。[136]

从理论上讲，直到协议结束的那天，毕马威都处于压力之下。按照美国司法部的自由裁量权，它可以认定毕马威违反了协议，也可以充分利用所有的声明和招认，对毕马威定罪。但在指控被撤销后，国家税务局对毕马威的监管又持续了两年，到期后也终止了监管。除了极少的例外，其他的公司暂缓起诉和不起诉协议也都悄无声息地结束了。事实上，即使是那些似乎参与了其他犯罪行为的公司，也避免了违反协议的后果。在百时美与检察官达成一项暂缓起诉协议后，新的犯罪行为虽被揭露，但该公司并未被认定为违反协议，我们将在第七章中详述。另一家公司莱特医疗技术公司（Wright Medical Technology）签署的暂缓起诉协议的期限被延长了一年，却不是认定其违反了协议。只有一例，检察官宣布一家公司违反了暂缓起诉协议，以公司认罪告终。[137]

十、蛇与狼群

仅起诉毕马威，并不足以改变该行业的风气。其他被告公司被处理的方式，多半取决于检察官如何审视该公司的企业文化。接下来的案件生动地说明，在新的暂缓起诉制度下，检察裁量权是如何发挥作用的。

推销俗称为“蛇”的避税方案公司，得到了比毕马威更宽容的优待。四大会计师事务所之一的安永被美国国家税务局罚款1500万美元。安永的四名合伙人，是来自某个自称为“毒蛇”（VIPER，意为“价值理念产生非凡成果”）的组织成员，因在一个名为眼镜蛇（CO－BRA）的避税方案的营销中起重要作用而被起诉。[138]检察官得出结论，追究这些合伙人的个人责任就足够了，起诉该公司则没有任何意义。

詹金斯与吉尔克瑞斯特（Jenkins & Gilchrist）是当时美国最大的律师事务所之一，他们面临的后果要严重得多。这家公司提出书面意见批准了避税措施。美国国家税务局寻求并收到了1000多名税务客户的姓名。詹金斯与吉尔克瑞斯特最终向一些前客户支付了8100万美元，向美国国家税务局支付了7600万美元。2007年，它签署了一份不起诉协议，但公司在遭受了巨大的损失和大批律师的离职后，实际已不再执业。[139]盛德律师事务所（Sidley Austin）则相反，该事务所向国家税务局支付了3940万美元，但没有被起诉，部分原因是检察官认为只有一位合伙人涉案。[140]

在另一家公司德豪曼，销售避税产品的合伙人称自己为“狼群”。[141]数年后的2012年6月，其母公司德豪曼美国（BDO USA）签署了一项暂缓起诉协议。它不得不雇用一名合规监督员，并同意不再推销国家税务局“清单明列”的避税产品。[142]该公司向美国国家税务局支付了3400万美元的罚款，另外还支付了大约1600万美元（或许，检察官认为有必要提醒德豪曼的税务专业人士，对其刑事处罚的任何部分都不能申报为可抵扣税款）。[143]德豪曼的一名前首席执行官和其他六人被判有罪。一些人认罪并进行合作，其他人和詹金斯与吉尔克瑞斯特的两名前合伙人和德意志银行两名前雇员一起出庭受审。[144]由于陪审员的不当行为，三项判决后来被推翻，在重审中一名被告被定罪，一名被无罪释放。[145]

2010年，德意志银行还与检察官和美国国家税务局达成了和解，但没有支付罚款，仅被没收了5.53亿美元。其他类似案件情形类似。德国第二大银行——德国联合抵押银行（HVB Bank），因2006年其在推广避税产品中的作用，与检方达成和解协议，为此支付了近3000万美元的罚款和恢复原状赔偿。该公司的一名前会计师承认犯税务欺诈罪名。[146]

所有这些起诉都对销售避税产品和为富有客户提供税务咨询的业务产生了显著影响。毕马威具体发生了什么变化？毕马威关闭了推广避税产品的整个部门后，没有再受到调查或起诉。但必须强调的是，这项协议包含极其详细的结构改革，看起来与我在本章中描述的大多数协议非常不同。对毕马威的处理只是个例外，而不是普遍做法。如果检方不认真对待结构性改革，我们会感到非常不安，因为这是起诉企业的核心理由。只有那些严重的企业违规者才会被视为起诉目标——那些缺乏有效的服从者，那些实施不当行为被管理层包庇者，或者那些惯犯却不坦白罪行者。这样的案件中要求对这类人员施加严厉的刑事处罚，而不仅仅是获取其表面上的服从。

检察官能够用不起诉的方式换取公司降低罚款和合规重建，但假设企业能帮助检察官成功起诉个别违法者，那么人们还是会认为这是一笔不错的交易。不幸的是，即使有公司的配合，要起诉白领罪犯也不容易。在下一章，我们将描述当检察官转向起诉毕马威员工时发生了什么，以及为什么接受暂缓起诉和不起诉协议的公司，通常没有员工被起诉。对毕马威前雇员的起诉没能圆满结束，这些案例将改变对公司的追诉模式。

第四章　鸵鸟策略

古罗马作家、自然学家老普林尼（Pliny the Elder）称鸵鸟为最好的鸟，其速度、高度和力度都绝佳。然而，老普林尼也认为鸵鸟蠢到家了。对此，他曾有一个著名的观点："鸵鸟觉得，头和脖子与身体其他部位一样高。只要头藏好，全身都看不见。"[1]事实上，鸵鸟并不会真的把头埋进沙子里，它们会通过有力的嘴部和四肢来自我保护。遇到天敌时，它们还能以超 40 英里/小时的速度逃跑。[2]正如理查德·波斯纳法官所说的那样，人们脑海中所谓"鸵鸟笨拙地把头埋进沙子"的经典画面，仅仅是"纯粹的道听途说以及对鸵鸟的抹黑"。[3]

与鸵鸟不同，有些罪犯真的会把头埋进沙子里，并试图逃脱法律王国里最大的天敌——检察官。涉案公司也许会对犯罪行为作出辩解，声称高层对个别"坏雇员""老鼠屎"的非法行为并不知情。通常来说，这种"鸵鸟式"的辩解无法奏效。根据严格的雇主责任原则，认定公司行为非法，并不以公司知情为要件。然而，有些情况下，公司可抗辩管理层对非法行为不知情，说服检察官对其宽大处理，甚至不起诉。在那种情形下，公司否认知悉非法行为就非常重要。此外，为了强调高层对非法行为零容忍，公司会以辞退来要挟不配合的雇员，还会向检察官提供文件、邮件及谈话笔录，配合开展刑事调查。从刑事调查开始的那一刻起，雇员就在检察官和雇主之间进退维谷。

公司高管可能会试图把头埋进沙子里，联邦刑事法官也可以向陪审团进行“鸵鸟指示”，即被告人如果刻意回避真相，即使其对犯罪事实并不完全知情，也可定罪。正如一家上诉法院所称：“通过‘鸵鸟指示’，陪审团知晓刻意回避真相等同于对犯罪知情。”[4]“鸵鸟指示”旨在惩罚刻意回避真相的被告人，通常被描述为故意的无知，有意识地逃避，或是主动地忽视。但也可能导致陪审团对罪行了解不多、不应受罚的被告人定罪。[5]

“鸵鸟式辩解”在白领犯罪案件中尤其重要。鸵鸟通常指辩称并不知晓下属行为的高管。正如某企业律师所说：“组织运行中有一条基本定律，那就是坏事不上达。”[6]一些公司犯罪是公司高管自我交易，犯罪学家威廉·K. 布莱克所称的“管理欺诈”即在此列。[7]还有一些公司犯罪可能让公司受益，但却是公司政策与文化的产物，难以将其归咎于某个人。问题在于，公司高管更易声称对下属行为不知情，也拥有更多辩护资源。然而，针对公司高管的犯罪指控往往效果更好。低级雇员违法所得要少得多，起诉他们可能无助于遏制白领犯罪。

每年，数千人因白领犯罪被起诉，而涉诉公司仅约 200 家。对比之下，公司起诉数显得微不足道。例如，在 2012 财年，8500 多人被联邦法院判处欺诈罪。[8]在绝大多数情况下，公司如想要与检方达成暂缓起诉协议，就必须配合检察官调查涉案雇员。简言之，检察官办案需要把人关进监狱。一名司法部官员更直言：“不关人不足以扬刑威。”[9]

然而，我很意外地发现：很多情况下（尤其是涉及暂缓起诉协议和上市公司的重大案件），当公司被起诉的时候，雇员却并未被起诉。具体来说，约2/3的案件中，高管与雇员都未因相关犯罪被起诉，而仅有1/3（实际为255件中有89件，占比35%）案件追诉雇员。这一情况并未随着时间改变。如图4.1所示，随着暂缓起诉和不起诉协议数量的上升，此类案件中对雇员起诉占比却保持相当稳定。

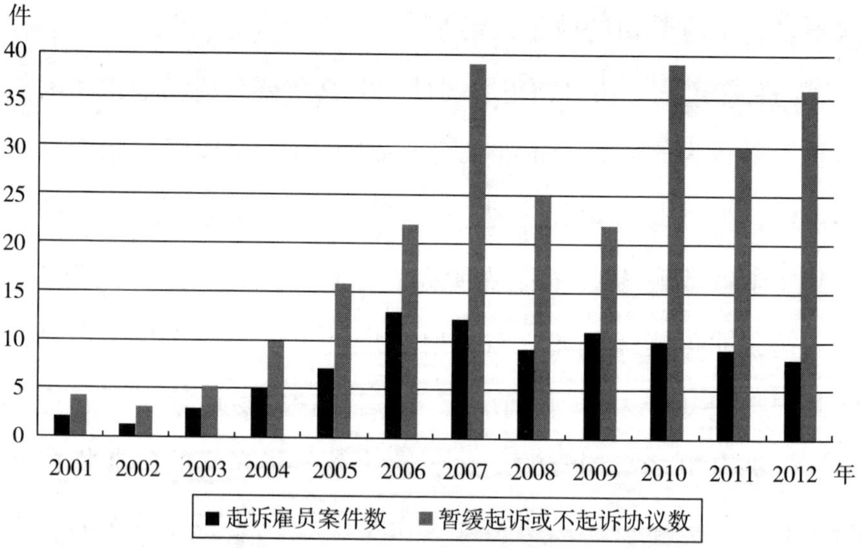

图4.1 2001年至2012年，公司与检方达成暂缓起诉或不起诉协议的案件中对雇员起诉的案件数

如图4.2所示，在起诉雇员案件中，涉及欺诈类罪名的最多，包括证券欺诈（16起）和诈骗类（38起）。在反垄断类案件中，公司与检方达成暂缓起诉协议的案件较少，3/4 的案件中有雇员被起诉。与此同时，洗钱类案件中，无雇员被起诉。类似情况也适用于上市公司，在涉及上市公司或其子公司的案件中，大约 25%（125 件中有 31 件）的高管和雇员被起诉。

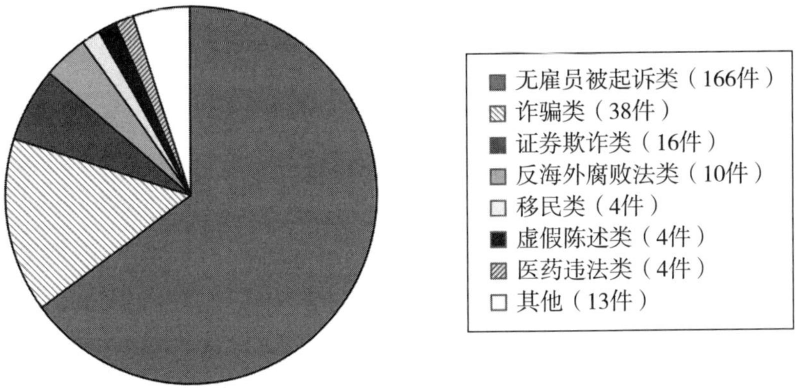

图 4.2　2001 年至 2012 年，公司与检方达成暂缓起诉或不起诉协议案件中对高管和雇员起诉的案件种类及数量

老奸巨猾的恶棍很少落网。检察官的愿望很美好，他们总想抓到犯了罪却不进行“鸵鸟式辩解”的大鱼。但现实很残酷。尽管司法部反垄断局会在公司起诉协议中给予雇员宽大处理，但绝大多数情况下，雇员根本不会被起诉。恰如安达信案所示，“寻找沃尔多”式难题棘手，检察官很难锁定知情的公司高管和雇员，也可能是因为案件牵涉太多底层雇员，起诉所有人既毫无意义又毫无可能。检察官只能集中资源对付公司。

此种方式的目的之一是将公司作为证人，帮助检察官起诉雇员。然而，这种试图与公司达成协议的做法收效甚微。此外，公司中层替代性较强，起诉他们并不能改造滋生犯罪的企业文化。要想彻底改造企业文化，变更行业惯例，必须起诉公司高管。然而，这很难做到，有时可能会花上几年时间。公司高管很少被起诉的现状令人沮丧，检察官调查白领犯罪案件的资源确实有限。除非情况变化，否则仅起诉公司似较合适。这一切的前提是：起诉公司能够保证企业层面的改革。遗憾的是，实际效果并非如此。

一、安达信案再现

20 世纪 80 年代，时任纽约南区联邦检察官的鲁道夫·朱利安尼逮捕了华尔街银行家，随后押着他们在镁光灯下示众，堪称媒体奇观。2002 年，安然公司丑闻后，“嫌疑人当街示众”的举措在全国各地盛行，泰科国际公司前首席执行官 L. 丹尼斯·科兹洛夫斯基、阿德尔菲通讯公司前首席执行官约翰·里加斯，以及英克隆公司的前首席执行官塞缪尔·瓦克萨尔等尽数被示众。[10]即使有些人（如约翰·里加斯）主动自首，检察官仍要求他们戴着手铐出来示众。[11]正如联邦上诉法院所称，“嫌犯戴上手铐带进警局，是对犯罪强有力的震慑”。[12]“当街示众”传达一个信息，白领犯罪分子将会与歹徒或街头犯罪分子一样被严厉打击。

2002 年，大卫·邓肯认罪并配合检方工作，被免予当街示众。安达信案庭审过程中，检察官提出：“无论安达信处理结果如何，大卫·邓肯已经认罪了，这会给他带来刑事与民事处罚，他将面临最多十年的监禁。”[13]检察官仅以妨碍司法公正一罪起诉邓肯，其所在公司也被判犯处同样罪行。邓肯认罪时，法官要求他起誓。邓肯告诉法官，他对律师建议很满意。他通读了书面认罪协议，与律师进行了交流，理解了相关条款。从认罪细节种种看来，大卫·邓肯明知犯罪，确为“鸵鸟”。法官让邓肯交代其在犯罪中的具体作用，他说道：

“我指示审计小组遵守安达信的文件政策。我这样做，是因为我知道并希望他们会把那些文件给销毁，不让美国证券交易委员会和其他第三方机构得到。”

他补充道：“为了不让上述机构看到，我自己也销毁了部分文件。”最后，他总结称：“我承认违反了联邦法律，我对自己的行为承担全部责任。”[14]

认罪后，邓肯可能被判处最多 10 年监禁和 25 万美元的罚金。然而，因为他认罪态度良好及合作真诚，他也能获得检察官的减刑建议，甚至完全避免牢狱之灾。接着，缓刑监督官员会对案件进行调查并撰写报告，最终由法官量刑。

认罪后，邓肯以 1000 美元保释金被保释。由于公司提出上诉，直到 2005 年年末，他的判决仍未有定论。最高法院推翻对安达信的定罪后，检察官决定不再重启此案，邓肯也撤回了认罪答辩。撤回认罪答辩并不容易，除非出于公平公正，法官才可能同意。[15]邓肯的律师辩称，邓肯从未承认自己知晓自身行为非法。而法院只有在被告人“认识到自身非法行为”的情况下，才能判决其妨碍司法。[16]邓肯在认罪时声称自己“知晓并希望”相关文件被销毁，但他从未承认自己故意行违法之事。对行为违法性的认识问题，与对雇员行为故意视而不见的“鸵鸟式”问题截然不同，但二者都引申出一个更大的问题——在一个复杂的组织架构中，如何查明公司高管究竟知晓多少事情？

法官批准邓肯撤回认罪答辩，检察官对此也未表示反对。邓肯逃脱了指控，再也不需要入狱服刑了。[17]美国证券交易委员会也对邓肯提出控告，但在2008年年初被联邦法官驳回。[18]除此之外，其他安达信雇员未被起诉。

究竟谁应当接受惩罚？是安达信公司，还是像邓肯一样的雇员？安达信的雇员们究竟是善良纯洁的，还是“损害公司诚信的罪犯”？白领罪犯的犯罪动机和心态与暴力犯罪明显不同。在正规机构工作的人们，也许认为自己的行为不仅合法，而且对企业甚至社会作出了贡献。这种想法可能会驱使他们曲解或违反规则，造成远大于街头犯罪的经济损失。

多数安达信雇员随着公司刑案推进而离职。2001年，安达信有85，000多名雇员，但到2002年年末，只剩3000人。[19]许多前合伙人和高管跳槽去了其他大型会计事务所，继续着他们的光明前途。而那些罪责较轻的底层雇员们则被迫失业。有些雇员牢骚满腹，虽然高管们曾说：“我们希望你留下，公司将会照顾你们。”但当刑案结束时，大家都清楚“大船将沉没”——合伙人们早已弃船而逃。[20]

二、白领犯罪

安达信这样的案件很好地说明了白领犯罪与其他犯罪的区别。20世纪40年代，社会学教授埃德温·萨瑟兰在其探究商业犯罪原因和性质的著作里创造了“白领犯罪”这个术语。[21]该术语涵盖范围远不止偷窃和各种欺诈，还包含雇员为公司利益而触犯的非金融犯罪，例如，违反环境保护标准。尽管白领犯罪也可能因违反工作场所安全规定或生产缺陷产品致人死伤，但仍被认为与街头或暴力犯罪性质不同。[22]白领犯罪方面，合法与非法行为之间的界限有时相当模糊。而批评人士强调正是正当且合法的商业背景使白领犯罪更让人不安。作家兼哲学家 C. S. 刘易斯指责白领犯罪“是由那些衣着光鲜、仪表堂堂、温文尔雅的人们，在整洁、舒适、光线充足的办公室里谋划出来的”。[23]

1939 年，萨瑟兰曾抱怨政府对公司犯罪的数据统计少之又少。之后，虽然政府依旧没有改善该项工作，但学者们开始自发研究白领犯罪的成因和类型。他们钻研案例，进行访问研究并开展实验。研究显示，虽然从高层传递的信息可能定了调，但却是中层、底层雇员最有犯罪的压力。[24]此外，研究并没有发现公司规模与违法可能性之间的关联性。[25]

白领犯罪案发原因可能在刑事案件解决时依旧无法查明。指控安然公司前雇员所花时间比安达信案本身还要长。直到 2006 年，安然公司前首席执行官杰弗里·斯基林才被判刑。斯基林在其量刑听证会上声称自己对所有指控均不认罪。[26]上诉持续了数年，最终在 2013 年，斯基林获得减刑。[27]在白领犯罪中（例如，斯基林案和安达信案），争议焦点并非被告人是否从事了某行为，而是被告人的行为是否构成犯罪。

对于大型公司来说，将头埋入沙中，掩耳盗铃假扮不知情的借口有很多。由于缺少单一的犯罪主谋，大型公司能够犯下具有实质破坏性的严重犯罪。[28]组织（尤其是大型组织）的目的之一，是让雇员从事专业化且分工明确的工作。这种方式使工作更有效率，也使违法行为难以归于个体。研究公司诈骗的犯罪学家认为，公司犯罪通常是“团队运动”“群体思维”的产物，也是雇员之间串通实施的产物。[29]有学者认为，在“麻木效应”下，主管将陷入群体思维，无力打破等级的樊篱，也无力改变现状。[30]这种犯罪通常不易被发现，风险不大。其他雇员可能忙于实施，并互相掩护。他们会迫于压力，只能服从安排、伪造数字、瞒报失误、隐瞒违规行为。

宽松的商业环境也可能滋生犯罪。经济状况不好的公司可能会有更大动力去违规操作。如果法律法规不明确、不具强制性或实施不力，公司可能不会太当回事。有些参与公司犯罪的人也许有着足够的正当理由——为了帮助公司，而非“诡计多端”或是“自私自利”地想要中饱私囊。[31]像大卫·邓肯这样的雇员，不太可能认为自己的公司腐败无能。他声称不确定自己的行为是否属于犯罪，这恰好符合白领犯罪的一贯模式。

三、毕马威的雇员们

一桩公司丑闻可能会演变成另一桩。即便检察官从个案中吸取了教训，下一个案子也会遇到许多新的挑战。在安达信案之后，检察官瞄准了推销避税方案的毕马威及雇员。最后有 19 名雇员被起诉，人数比一般公司犯罪案件都要多。检察官一般从愿意配合且想反水的底层“小鱼”证人入手，去对抗“大鱼”。[32]毕马威案件中，检察官有一个强大的盟友——毕马威自己。检察官是否借助“大鱼”来捕获“小鱼”？或是以起诉为由，给公司施加巨大的经济压力，从而使公司拿雇员开刀？毕马威想避免成为下一个安达信，于是它意识到最好的防御措施便是配合检察官对自己的雇员出手。

线人有好有坏。众所周知，监狱里的线人常常把狱友透露的有关案件情况上报给检察官，以此换取减刑。有的线人会提供假情报，陪审团可能会相信他们，使清白之人锒铛入狱，而有时 DNA 和其他证据却证明线人说谎。[33]犯罪组织中值得信赖的内部人士往往是更重要的线人——他们可能是黑手党中的变节者，是共同犯罪的合谋者，是愿意佩戴窃听器并记录对话的公司人员。在白领案件中，告密者有时能为检察官提供独一无二的情报。

公司自己也可以成为一名终极线人，而且还不需要佩戴窃听器。它可以交出所有雇员的电邮及文件。它可以派律师与雇员谈话，调查事情经过。雇员要想保住工作，就不能拒绝企业律师的谈话。在毕马威与检察官达成暂缓起诉协议后，公司对雇员的权力压制可谓达到了极点。一位法官梳理了检察官与毕马威之间的协商过程。由此，我们得以对毕马威如何达成协议有着前所未有的了解。检察官提起了一个极其复杂的起诉——他们提交了超过 2200 万页的文件，涵盖近 70 名证人、2000 余件证物的材料即超过 15 万页。检察官准备花费 6 个月至 8 个月时间，起诉 19 人。[34]然而，庭审开始时，仅剩 4 人被起诉。究竟发生了什么？

检察官一直对毕马威和其雇员很感兴趣。办案过程中，他们会见了国家税务局调查员，以及曾在毕马威工作过的秘密线人。检察官指控 19 人参与实施复杂的避税行为，其中包括 17 名毕马威现任或前任雇员，只有 2 人认罪。

与许多雇主一样，毕马威有一项长期坚持的政策：为被调查或被起诉的雇员支付或预支法律费用。上述17名雇员中的一人在被起诉前刚好签过一份合同，其中包括由公司为其支付“因履职所致的所有法律程序或行为……”产生的费用然而，检察官与毕马威律师首次会面时，便重点询问了“为雇员支付法律费用”的问题。毕马威提出，不为雇员支付法律费用将会成为一个“大问题”。[35]他们一开始就宣称，毕马威支付任何出庭的前任或现任雇员所需的律师费。[36] 2004年2月25日的一次会议上，检察官强调，雇员“非法行为”不应当也不可以被“奖励”，任何法律费用的支付情况都将被缜密调查。检察官“愤怒”地表示，对于毕马威来说，如果想避免被起诉，少不了一场“旷日持久的战役”。检察官严正警告，无人拥有免罪金牌。[37]

在2004年3月2日的第二次会议上，毕马威似乎学乖了。公司律师改口称，公司可能会给法律费用支付设定“上限”，或只为那些配合调查的雇员支付费用。2004年3月11日，毕马威向雇员发出公开信，宣布将为雇员支付最高40万美元的法律费用，前提是雇员“迅速、全面、真实地配合政府”。同时，如果雇员被指控犯罪，公司将立即停止支付法律费用。

为什么毕马威决定削减雇员法律费用支出？自然不是因为金额过多。在相关民事诉讼中，毕马威总花费超过300万美元，大多是同一雇员的律师费。检察官后来透露，在2004年之前，“毕马威一直都自愿为雇员支付民事与刑事法律费用，并且未设定费用上限或与政府合作的条件”。毕马威新任首席法务官是前联邦法官。他在证词中表示：他希望能在正确的时间，在正确的听众面前，说明毕马威完全遵守了司法部办案规定。一位检察官后来提道：“当时毕马威正穷尽一切来配合调查。”[38]毕马威律师认为，被起诉会是一个“大问题”。毕竟，毕马威对安达信的命运一清二楚。

除了告知毕马威，其为雇员支付的所有法律费用都会被“缜密审查”之外，检察官还“特别提出公司应当仔细考虑‘汤普森备忘录’的规定”。[39]在此我们回想一下，在起诉完安达信之后，司法部修改办案规则，并开始鼓励适用暂缓起诉和不起诉协议。2003 年，这份文件以主持修订的司法部副部长命名，普遍称为“汤普森备忘录”。[40]备忘录规定，公司是否配合调查是决定公司能否获宽大处理的重要因素，其目的是避免公司刻意妨碍调查。公司需要主动找出内部的罪魁祸首，其中包括高管。备忘录还规定，公司若为“有罪雇员预付律师费”或“对其不进行内部处罚”，检察官会认定公司妨碍调查。除此之外，公司应当“主动提供证人”、“公开内部调查结果”并“放弃与律师的保密协议”。[41]最后一项要求争议最大，因为要求公司交出罪魁祸首不过是照章办事，而要求其放弃文件的隐私权，就如同要求其放弃基本权利一般。

在刑事调查中，公司享有一些重要权利，从而能凌驾于雇员之上。当律师们提及特权，特指律师与当事人之间的保密协议，该协议是为了保护客户的隐私权。另一种特权叫工作信息特权，包括律师的笔记和备忘录。如果律师的工作思路被检察官窥探，那辩护策略则无法保密。公司所“拥有”的这两个特权，对刑事案件调查和诉讼产生巨大影响。1981 年，联邦最高法院在厄普约翰公司诉美国案中判定，公司有权就律师工作信息及律师对话的保密性决定是否援引特权。[42]这让雇员陷于困境。如果雇员拒绝配合公司律师开展非法行为调查，则公司有权解雇他们。许多公司都有“不说就滚蛋”的政策。[43]但如果雇员配合公司律师的调查，承认存在非法行为，可能会在庭审中对他们不利。

雇员可能并没有意识到公司律师并非他们的私人律师。公司律师会告知雇员：他们只维护公司利益。如有必要，雇员应当咨询私人律师。[44]然而，无论雇员对此是否知情，配合调查的风险依旧存在。如果公司决定放弃隐私权，那律师与雇员间的对话记录就可以移交给检察官与其他监管机构。这种规则对公司大有裨益，却不利于雇员。[45]公司由此有了换取检察官宽大处理的资本：一是放弃律师与当事人之间的保密协议；二是保证检察官能够获取据以指控雇员的证据材料。[46]如果雇员假装对非法行为不知情，检察官可以从公司获取其实施非法行为的相关信息。

毕马威处于水深火热中。法官发现：2002 年，国家税务局对毕马威进行税务调查时，公司曾擅自隐匿部分文件。[47]这种蓄意阻挠调查的行为使检察官采取强硬姿态，毕马威最终放弃主张。双方达成了暂缓起诉协议，这也凸显毕马威全盘配合调查的重要性。在调查时，毕马威同意向检察官交出所有文件，并未主张任何特权。[48]

针对“汤普森备忘录”有关公司特权豁免的规定，辩方与企业界发出了不少抗议。[49]实际上，大多数公司并没有放弃特权豁免，[50]仍然提出了强烈抗议。美国商会抱怨称“这项规定在没有造成经济损失情况下，严重打击了雇员维护自身合法权益的能力”。[51] 2005 年，司法部对这条规定作了微调，要求检察官办公室对检察官勒令公司放弃特权的行为进行审核，确认其必要性。[52]抗议仍在持续，公司声称司法部的规定创造出了一种“弃权文化”。[53]而实际上，大多数协议并未要求公司放弃特权豁免。2001 年至 2012 年，19% 的暂缓起诉协议和不起诉协议（255 份协议中的 49 份）含有要求公司放弃特权豁免内容，其中 18 起案件有雇员被起诉。[54]然而，公司亦可以在未正式放弃特权豁免的情况下，主动提交相关材料。

如果雇员不愿意配合调查员或联邦检察官怎么办？美国宪法第五修正案赋予不自证其罪的权利，但最高法院认为像公司这样的组织并不享有沉默权。公司可以向检察官提供大量信息，与此同时，最高法院也意识到，“证明公司或其代表人不法行为的大部分证据都能够在官方记录和文件中找到”。[55]这些记录还包含内部调查结果。公司可以雇员拒绝配合调查或其他非歧视性原因为由，要挟解雇雇员。而解雇可能有不法行为的雇员，对公司来说也许是件好事。

如果政府勒令公司解雇所有不愿开口的雇员怎么办？[56]这是否同警探在审讯室审讯嫌犯的情形类似？联邦最高法院在加里蒂诉新泽西州政府一案中认为，以不放弃个人权利就威胁解雇政府雇员（非私企雇员），违反美国宪法第五修正案。在加里蒂案中，新泽西州有一条法律规定：警察需同意就不法行为接受调查，否则将面临失去工作的风险，即“不自证其罪就滚蛋”。上述违反美国宪法第五修正案而获取的证言不得用于庭审。[57]然而，在毕马威案中，公司雇员都不属于政府雇员，自然不享受上述待遇。

上文说过，毕马威曾向接受调查的雇员发出公开信，宣布将为雇员支付最高 40 万美元的法律费用，前提是雇员“及时、全面、诚实配合政府”。几乎所有雇员都接受了检察官的询问，同时签署了标准的配合执法协议。有 2 名雇员拒绝谈话及签署协议，其中 1 人拒绝接受检察官询问；另 1 人则在一次谈话后，提出满足其相应要求后再接受询问。2004 年 5 月 28 日，这 2 名雇员的私人律师均收到一封信，信上写着：

若你的客户未在十个工作日内配合政府签署标准的配合执法协议，毕马威将不再为其支付法律费用。最后，请注意，毕马威将持续不合作行为视为纪律处分的依据，处分结果包括解雇。[58]

2 名雇员的态度发生改变。检察官向毕马威通报了其中 1 人拒绝配合的情况，公司“含蓄但又明确地威胁称不配合调查就解雇”。为保住工作，该雇员“拒绝了私人律师的建议，同意接受询问”。[59]另 1 人也同意接受询问，但最后毕马威还是以不配合为由，拒绝支付法律费用，解雇了该雇员。

2006 年 7 月，联邦法官刘易斯·卡普兰认定检方逼迫毕马威勒令雇员配合谈话，侵犯了美国宪法第五修正案规定的不自证其罪的权利。[60]这样的认定并不常见。我们曾研究过数十件通过 DNA 比对而改判无罪的案件，原审法官们审查这些后来被证实为无辜者的供述时，并未考虑冗长、高压审讯产生的影响。[61]在毕马威案中，这些证言并非由警方审讯得来，毕马威并非政府机构，检察官本应是毕马威的对家。卡普兰法官认定检察官“逼迫毕马威向 2 名雇员施压，勒令他们放弃不自证其罪的权利”。因此，检察官无法将上述 2 名雇员的陈述及引申证言列为证据。该案起诉工作由此遭遇重创，但检察官仍努力让案件走向庭审。

法官显然对毕马威案的一切都感到困惑。接下来，他把矛头转向毕马威停止支付雇员法律费用的行为。2006 年 7 月，法官认定检察官实际上逼迫毕马威削减雇员法律费用支出的行为，剥夺了雇员享有美国宪法第六修正案规定的权利。[62]当然，大多数刑案被告人都请不起律师，更别说请优秀律师了。检察官指出，如果被告人经济状况符合相关规定，联邦法庭将为其指派律师。但宪法权利无法保证给被告人指派优秀律师。被告人有时会申诉称，因为法庭指派律师的资金、能力不足，导致自己遭受不公正审判。法官通常会驳回此类申诉，即便发现被指派的律师公然在法庭上睡觉或存在其他不称职行为。

卡普兰法官强调，法庭指派的律师最多能拿到 7000 美元的代理费，工时费是 94 美元/小时。整个联邦法院一年支付的指派律师代理费不到 2000 万美元。而在毕马威案中，律师代理费最少为 50 万美元，最多则高达 360 万美元，而这还没算上旷日持久的庭审费用。政府确认，单次辩护费用可能达到 330 万美元。同时，辩护律师预计总费用可能超过 1000 万美元。在这起复杂的税务诈骗案庭审中，公司支付的律师费可能会超过 5000 万美元。在白领犯罪领域，这样的费用支出并不罕见。安然公司分别为肯尼斯·雷和杰弗里·斯基林支付了 2500 万美元和 7000 万美元的律师代理费。无论被告人有多少身家，要想由法庭指派律师，必须先被认定为“破产”。[63]法官认为，政府怂恿毕马威解雇代理律师，已直接干涉毕马威为雇员提供法律代理。毕马威通常会为雇员支付法律费用，仅因为遭到检方施压才作出调整。虽然检察官再度受挫，但法官仍未决定是否要驳回起诉。

四、更大的涟漪：谁会进监狱

在毕马威案中，律师和雇员在公司犯罪中所扮演的角色引人注目。参议员阿伦·斯佩克特提出议案，提请立法禁止联邦官员强迫公司放弃特权、停止支付雇员律师费及逼迫雇员配合调查。[64]虽然立法事宜未能取得进展，但律师协会和其他商业团体持续推动着这个提案。正如上文所述，大多数获得宽大处理的公司并未放弃特权。与此同时，公司随意开除雇员的问题也未能得到改善。无论如何，毕马威案能帮助解决些许问题。

实践中，检察官似乎无论如何都会遭国会批评。当检察官对公司雇员采取较为激进的办案手段时，他们面临律师协会、商会，甚至法官的猛烈抨击。若检察官手段温和，又会被质疑为何公司得到宽大处理，而没有雇员被追责。2010 年，在参议院举行的《反海外腐败法》听证会上，参议员斯佩克特要求检方解释为何鲜有雇员被起诉。参议员特别指出了一些焦点案件，如瑞士泛亚班拿国际运输公司案。该公司被处以 2.36 亿美元的罚金，却没有任何雇员被起诉。又如西门子案，处罚金额达创纪录的 16 亿美元，当时却同样没有任何雇员被起诉。司法部称相关案件仍在调查之中，并且已在涉及违反《反海外腐败法》的案件中罚款逾 10 亿美元。

参议员斯佩克特指出："公司罚款并不能折抵个人罪行。"参议员直截了当地问："我的问题很简单，究竟谁会坐牢？"[65] 2011 年，司法部宣布对西门子 8 名原高管提起指控，这可能是对上文问题的回应。据称，这些高管被指控行贿 1 亿美元，以换取价值 10 亿美元的制造阿根廷国民身份证合同。[66]司法部宣称："这是我们首次对《财富》榜前 50 名的公司高管以违反《反海外腐败法》起诉。"然而，上述高管均不在美国居住，要想引渡并逮捕他们几乎不可能。然而，斯佩克特对此仍颇为赞赏："提起刑事指控本身已然是一种令人满意的进步。"[67]此后，部分西门子集团原高管与美国证券交易委员在民事诉讼中达成和解，无人被定罪。[68]

雇员成为被告人的机会有多大？毕马威案以其众多雇员被起诉而闻名。纵览所有达成暂缓起诉或不起诉协议的公司犯罪案件，大多数未包含对雇员的起诉。针对参议员斯佩克特的问题，司法部称其依据《反海外腐败法》起诉了 50 人。但这个数字远少于被起诉的公司数（超过 90 家）。此外，上面所说的 50 人中，只有几个人遭遇牢狱之灾，最长的刑期也仅有 87 个月。过去十年，在近 100 件海外腐败案中，仅有不到 30 起案件有雇员被起诉。与检方达成暂缓或不起诉协议的公司里，仅有 10 家有高管或雇员被起诉。《反海外腐败法》确实为检察官带来了特殊挑战，因为逮捕外国雇员可能比较困难。引渡需要得到他国政府的配合，而有的国家与美国之间并没有签署引渡条约。这就意味着，会有一些人处于美国当局的掌控范围之外，除非他们前往美国或其他与美国签署引渡条约的国家。

那些最大最严重的公司犯罪案件并没有包含对个人的指控。如前文所述，仅有约 1/3 达成暂缓起诉或不起诉协议的公司有雇员或高管被起诉。此外，2001 年至 2012 年，在所有涉及犯罪的上市公司及其子公司中，仅有约25%（125家公司有31家）存在雇员或高管被起诉的情况。一般情况下不存在任何正式协议（至少不是公开协议）确保雇员不被起诉。反垄断豁免协议则是一个例外，它对首先配合调查的公司给予豁免。豁免范围包括了公司本身及其高管、雇员。该规定旨在通过一个公司的配合，强力地打击其他公司及其雇员组建的价格垄断壁垒。反垄断协议通常载明不起诉配合调查的雇员，但检察官也可以对协议进行“分拆”，对不配合的雇员，尤其是高管进行起诉。[69]在反垄断案件领域外，我们发现公司暂缓起诉或不起诉协议鲜有规定如何对雇员进行处理。然而，美南银行（AmSouth Bancorp）案件则是一个例外。该案的协议上记载：假如公司认罪，则联邦政府将不会对任何美南银行现任或前任雇员以任何行为定罪。[70]该案中，银行未提交任何旨在发现洗钱行为的“可疑交易活动报告”。[71]协议包括雇员的具体原因我们无从得知，也许是因为银行的系统流程设计有缺陷，并非雇员有非法行为。检方关于此案的调查结果已经被法庭封存，无法查阅。

公司与雇员都被起诉的大多是美国本土企业（89家公司有80家），原因可能是起诉外国公司及其雇员相对较难。而雇员被起诉与否同公司缴纳的罚款数并不相关。在上述案件中，有54起包含诈骗行为，仅有10起属于违反《反海外腐败法》。违反银行业或汇率报告规定，或是违反出口规定的案件都没有对雇员起诉。有些涉案高管和雇员会被美国证券交易委员会等机构追究民事责任，禁止其为上市公司工作，或处以巨额的罚款。在这些案件中，检察官可能认为追究民事责任对他们来说已然足够，便不再进行刑事追责。

在 89 家签署暂缓起诉或不起诉协议的公司里，共有 385 位高管或雇员被起诉。几家公司有大量雇员被起诉，因为公司用工违反了移民规定，且底层雇员使用了伪造签证。但其他案件则并不如此，高管和底层雇员均大量被起诉。纽约赛马协会案有 23 名雇员被起诉，其中包括主席与一名副主席；毕马威案有 17 名雇员与 2 名非雇员被起诉；南方保健公司案有 18 名高管和雇员被起诉，其中包括首席执行官、首席财务官（CFO）、财务主管和若干副总裁。这些被起诉的个人最后结局如何？大多数人和普通刑事犯罪的被告人一样认罪，但也有一些案件进入庭审。部分焦点案件（如南方保健公司首席执行官案）的被告人被无罪释放。

我们很难知晓过去有多少公司雇员被起诉。20 世纪 70 年代中期，马绍尔·克林纳德和彼得·耶格尔研究发现，仅有 1.5% 的联邦执法行动导致公司高管定罪。[72]小型公司雇员被起诉的数量或许比大型公司多得多，因为小型公司的老板或高管往往与犯罪密切相关。20 世纪 80 年代末，马克·科恩研究发现，除去反垄断案件，有 65% 的联邦案件中有雇员被起诉。[73]上述数据引发担忧：是否诸如大公司高管的精英化可以高薪聘请律师，否认知悉下属实施的非法行为，避免被起诉？

检察官认为，有时仅起诉雇员就足够了。环保公益组织绿色和平会的 11 名成员曾私闯并攀爬了总统山，遭检方起诉。在法庭上，1 名徒步者解释说："我们之所以想攀爬总统山，是为了向奥巴马总统传达一个讯息：环境问题对我们、对将面临全球变暖日益加剧的后代们来说都很重要。"[74]这些徒步者均认罪，并被判处 50 小时至

100 小时的社区服务（其中包括在总统山公园的服务）。检察官认为这样的判罚已然足够，就撤销了对绿色和平会的指控。绿色和平会后来又被处以 3 万美元的罚款。

摩根士丹利披露其在中国房地产业务违反《反海外腐败法》后，司法部与美国证券交易委员会对摩根士丹利中国区域经理提起指控，却公开宣称将不会起诉公司：

综合考虑各种因素——包括摩根士丹利开发并运行了一套内部控制系统，从而确保雇员无法贿赂政府官员，司法部决定不对摩根士丹利因雇员行为采取任何执法行动。公司主动披露了相关情况，并全程配合司法部的相关调查。[75]

司法部与美国证券交易委员会解释称，公司一名恶劣雇员利用“网络诈骗”来“积极逃避”公司管理，其目的是与其朋友和同伙一起控制上海一座价值数百万美元的大楼。[76]

2008 年 5 月，一次史上最大规模之一的移民搜查行动发生在艾奥瓦州波斯特维尔市的一家犹太肉类加工厂。超过 300 名雇员被逮捕，均为移民。在数日之内，超 250 人因非法移民被起诉并认罪。检察官给了这些嫌疑人“即时性”的认罪协议——该宽大协议是有截止期限的。嫌疑人需要立即承认自己犯重罪。这些嫌疑人在没有移民律师的情况下接受了讯问。[77]检察官以起诉严重盗窃罪相威胁，并且拒绝了嫌疑人的保释申请。嫌疑人如果不接受这个“即时性”的协议，则面临 6 个月至 8 个月的审前羁押。反之则大多只要服刑 5 个月的时间。后来，国会就此案召开了听证会。[78]

波斯特维尔当地官员抱怨道：“他们从不对老板下手，从来不把首席执行官关进监狱。”[79]然而，本案中，政府其实也起诉了部分高管，其中包括首席执行官，并起诉了涉案的 Agriprocessors 公司。与非法移民案件相反，针对该公司及高管的案件进展缓慢且讨论激烈。2009 年年末，公司首席执行官在庭审中被定罪。最后，政府撤回了对 Agriprocessors 公司的所有指控。理由显得很充分——公司已经破产，“停止了所有业务”，且“名下实际无任何财产”。[80]公司“形如空壳”，无法支付任何罚款。还有一些公司因为被起诉或被诈骗而破产，公司雇员成了检察官的唯一目标。这样的情况往往发生在规模相对较小的公司案件中。例如，一名承包商因违反《清洁空气法案》而被罚款 4400 美元，公司已经基本解体，但老板被判支付 30. 3 万美元的赔偿金，并被判处 6 年监禁。[81]

是否应当有更多的雇员被起诉？检察官本应优先追究自然人的责任，而非公司法人。2008 年，美国司法部反欺诈部门相关人员称：“个人起诉数已经上升，这并不是偶然现象……为了形成有效威慑效果，必须有人进监狱。”[82]然而，大多数暂缓起诉的公司犯罪案件都没有雇员被起诉。所谓的“威慑效果”肯定是指起诉公司。

五、系统性故障

在某些类型的案件中，检察官并不注重分析谁知道公司内部发生什么。相反，他们注重结构性改造来预防犯罪，尤其是在违反《银行保密法》的案件中。美国《银行保密法》于 20 世纪 70 年代由国会发布，涉及其他国家的银行保密法律法规，要求银行追踪大额现金存款以防止洗钱。[83]银行必须就 1 万美元以上的交易提交报告，尤其是跨境交易。由此，美国银行每年需提交超过1500万份报告。

美国针对洗钱也制定了许多严苛的法律：若明知某金融交易涉及诈骗等特定犯罪，那么将资金转进或转出美国，或是隐瞒、掩饰这些非法收益的来源，均为违法。[84]联邦法律禁止通过变相交易来规避申报要求，[85]或进行价值超过1万美元的“犯罪所得财产”的货币交易。[86]此外，如2001年出台的《美国爱国者法案》要求银行采取措施来识别疑似恐怖分子或恐怖组织的交易。[87]

违反《银行保密法》等法律必将导致违反合规问题，因为法律要求银行通过建立适当的系统，标记并上报可疑交易。[88]然而，美国银行从未以洗钱罪被定罪。[89]如果一家银行被判洗钱罪，联邦法律规定由货币监理署（OCC）吊销其银行执照。[90]该规定意味着银行被判洗钱罪等于被判死刑。实践中，银行通常会被指控违反《银行保密法》。而货币监理署审计长可以根据银行是否配合调查并采取“内控措施”，来决定是否吊销银行执照。[91]几乎所有违反《银行保密法》的银行都被暂缓起诉或不起诉，仅有个别银行被定罪。银行通常被指控反洗钱项目未有效运行——性质为未充分遵守法律的行为。[92]

最广为人知的案例是汇丰银行（HCBC）案，该案是美国历史上规模最大的洗钱案。汇丰银行曾被称为香港上海汇丰银行有限公司，现在总部位于伦敦，在80多个国家运营，拥有近9000万名客户，资产达2.5万亿美元。汇丰银行美国分公司由于内部反洗钱系统运行不力，成为美国参议院委员会的调查对象。[93]委员会调查发现，有数十亿美元曾被转给墨西哥贩毒集团、位于伊朗和叙利亚的组织及其他与恐怖主义有关的组织。汇丰银行内部显然有上报可疑交易的系统，但雇员却被告知应无视该警告。此外，汇丰银行未依照法律要求，对其外国分行在美国开设的账户“尽必要注意义务”。[94]

墨西哥贩毒集团是银行管控不严的受益者之一，他们把毒品从墨西哥运进美国，换成美金，再运回墨西哥。[95]资金电汇虽然容易，但美国银行都有严格的反洗钱管控，贩毒集团只能把钱运过美墨边境，存至管控力度较小的墨西哥银行里，其中就包括汇丰银行墨西哥分行。该分行每年向美国分部转入数十亿美元。美国与墨西哥政府向汇丰银行发出警告，称如此庞大的金额只可能来自非法毒品交易。汇丰银行早就应当意识到问题了。他们于 2002 年收购墨西哥某银行时，就发现该银行“实际上并没有合规部门”。20 世纪 90 年代后期，这家墨西哥银行被卷入“卡萨布兰卡”行动——一个美国开展的反洗钱行动。[96]

检察官对其他银行的指控也可以视为警戒。例如，银星速汇是一家提供向中南美洲电汇服务的公司。该公司也因为未对洗钱行为实施足够管控而被起诉。银星速汇与检方达成了暂缓起诉协议，部分原因是公司已经花了数千万美元来加强对洗钱行为的内部管控。当协议达成时，银星速汇的律师称：“值得注意的是，问题发生在 2003 年 11 月至 2005 年 3 月，当时银星速汇公司由一个相对较小的独立代理团体来提供转账服务。相关问题并不涉及银星速汇的高管及雇员。”[97]

银行还应该对最敏感地区的各类交易进行监控，例如，缅甸、朝鲜、苏丹。

多部联邦法律将违反对这些国家经济制裁政策的交易定为犯罪，但汇丰银行显然篡改了交易信息，掩盖与伊朗之间的联系（以规避对此类交易的严格监管）。汇丰银行在亚洲、非洲、中东都很常见，尤其是在沙特阿拉伯。虽然存在“恐怖势力金融隐患”，汇丰银行仍然和若干与恐怖组织有潜在关联的沙特银行重新开展业务。[98]一名雇员在邮件中写道：“最近几个月，投资者就中东特别是巴勒斯坦的项目联系了我……似乎大多数投资者并不了解巴勒斯坦政府是由恐怖组织哈马斯控制的。”（哈马斯自从 1995 年便被认定为恐怖组织。）但是上级愤怒地回应称：“你脑袋坏掉了吗？我应该马上开除你！”[99]

这些交易浮出水面后，参议院发表了一份报告，称汇丰银行的企业文化已经被“普遍污染”。参议员卡尔·莱文称：“在一个国际恐怖主义盛行，街头和边境毒品暴力泛滥，有组织犯罪猖獗的时代，制止支持暴行的非法资金流动是国家安全的当务之急。”2012 年 7 月，汇丰银行合规部主管在参议院听证会上宣布辞职。他补充道：“我很高兴地宣布，汇丰银行已经吸取了过去的教训，变得更优秀、更强大。”[100]

其中一个简单的问题是人手紧缺。汇丰银行虽然是世界上最大的银行之一，却仅有 200 名雇员在合规部全职工作，而负责反洗钱合规的则更少。这些雇员需要审核海量被反洗钱系统提示的交易行为，苦不堪言，他们抱怨称处于“被待办事项压垮的边缘”。银行为了降低成本而减少雇员人数。合规部门主管曾在公司董事会上提出雇员短缺的问题及解决方案，自己却被解雇。她的意见被认为是“不妥当”。[101]

汇丰银行被起诉后，是否会对合规系统进行整改？汇丰银行虽未因洗钱罪被指控（正如前文所述，银行若被指控犯洗钱罪，将会导致经营执照被吊销），但仍然缴纳了 19.2 亿美元的罚没款。[102]汇丰银行还因未履行尽职调查义务、反洗钱行为系统运行不力，被暂缓起诉。[103]虽然银行同意配合所有调查，但并无雇员被起诉。究竟是什么变了？汇丰银行对其高层进行了大换血，上至首席执行官，下至合规与反洗钱部门主管。银行还没收了高管的奖金。2011 年，汇丰银行在反洗钱行为系统上花了 2.44 亿美元，这个数字是 2009 年花费的 9 倍。同时，在反洗钱部门全职工作的雇员从 92 人变成了 880 人。汇丰银行花费 7 亿美元对所有客户进行了评估，并采用了新的全自动系统对电汇等交易进行监控。高管的奖金将基于其工作“合乎合规标准与价值的程度”。[104]类似地，速汇金国际有限公司（Money Gram International Inc.）于 2012 年签署了一项暂缓起诉协议，同意根据合规政策对所有高管进行评估。[105]这些都是大型银行工作方式的重大变化。

另一件案子牵涉巴克莱银行。法官在批准暂缓起诉协议前召开听证会，并愤怒地表示：“就我看见的内容而言，没有人会去坐牢，没有人被起诉，在协议中没有任何个人被提到……根本没有人对此负责。”[106]

检察官解释道：“每个案件……我们试图……去调查是否有自然人或法人实施犯罪。但本案中，无法……在排除合理怀疑情况下，向法庭确证某个个人……实施了犯罪。”

法官对此表示怀疑，问道：“难道没有 5 亿美元被非法转移到其他国家的书面证据吗？我认为高管……应当知道谁对此事负责。这些交易并不是电脑自动操作的，有人在策划一切。”

检察官回应称：“我们当然进行了调查……但到目前为止……我们并未找到任何可以起诉的对象。”

法官不依不饶地说：“难道就没有任何证据证实高管应当承担刑事责任？”

检察官回答称，巴克莱银行在内部调查上就花费了2.5亿美元，但法官仍然不以为意地说：“他们花了2.5亿美元都找不到罪魁祸首，真是太令人震惊了，不是吗？”[107]

巴克莱银行和汇丰银行无一雇员被起诉。我们通过暂缓起诉协议的事实陈述部分可以了解到，汇丰银行合规部门有部分工作人员曾感觉自身陷入困境，并要求获得更多的帮助。也许检察官可以通过“鸵鸟指示”来证明公司高层至少是故意忽视问题的。然而，本案正如大多数违反《银行保密法》的案件一样，银行把案件处理了，没有任何雇员或高管被追究责任。

六、大型制药公司及其企业文化

针对大型制药公司（包括几个有史以来最大的公司犯罪案件）的起诉也涉及许多合规问题，同时也极少对雇员起诉。这些大型制药公司旗下可能有数千名销售精英。他们之中有的是雇员，有的则是负责向医生推销药品的顾问。《食品、药品和化妆品法案》（FDCA）规定，在州际贸易中，任何对食品、药品、化妆品或设备进行掺假或“仿冒”的行为，均构成轻罪。[108]医生有凭借自身医学判断来开处方的自由，但制药公司绝对不可向医生销售未经食品药品监督管理局测试、批准的药品，或是将药品用于“批准用途范围”之外。[109]此外，药品销售代表向医生提供开药回扣也是违法的。[110]其他法律规定，谎报药品或医疗器械价格为犯罪。据估计，医疗领域诈骗每年要耗费政府上百亿美元。[111]

辉瑞是最大的制药公司。2009 年，辉瑞及其子公司因为一种止痛药和抗精神病药物超范围使用，支出了 23 亿美元。这个数目包括因犯罪被罚款约 12 亿美元，创下了当时的纪录。该案与同类案件相似，始于举报。辉瑞公司最为广泛使用的处方药之一，是一种叫伐地考昔（Bextra）的止痛药。（2005 年，因研究表明伐地考昔可能导致心脏病风险，辉瑞公司曾考虑将该药品下架。）销售代表每次说服医生将伐地考昔加入术后标准用药流程，都能得到 50 美元的奖励。[112]一名所属团队名为“鲨鱼”的销售代表回忆道：“如果你不疯狂地推销自己的产品……你将会被定义为一名害群之马。”2003 年，这名销售代表因向上级抱怨，称伐地考昔被用于批准范围之外的用途，而被辉瑞公司辞退。这位销售代表同时也是一名海湾战争的退役军人。他失去了年薪 12.5 万美元的工作，被迫接受了一份薪水低得多的职业。后来他说道：“我的家庭承受了巨大的压力。我几乎耗尽了我所有的 401K 养老计划[113]（401K 养老计划也称 401K 条款，401K 计划始于 20 世纪 80 年代初，是一种由雇员、雇主共同缴费建立起来的完全基金式的养老保险制度。按该计划，企业为雇员设立专门的 401K 账户，雇员每月从其工资中拿出一定比例的资金存入养老金账户。企业一般也按一定的比例往这一账户存入相应资金，但不能超过雇员存入的数额。与此同时，企业向雇员提供3种到4种不同的证券组合投资计划。雇员可任选一种进行投资。雇员退休时，可以选择一次性领取、分期领取和转为存款等方式使用。——译者注）。在军队里，我的任务是拼尽一切保护人民。而在辉瑞公司，我的任务却是无论是否危害健康，都要拼命卖药。”[114]

他站出来举报公司，并提起了“公私共分罚款”诉讼（qui tam suit），即由个人提起的有关企业欺诈联邦政府的诉讼。提起“公私共分罚款”诉讼的人可能是为了钱，因为他们能够拿到政府部分追偿资金。卫生与公共服务部监察长办公室下属机构可能会与司法部律师一起就欺诈行为对公司起诉。该类案件还可能涉及刑事诉讼。司法部成立了联合工作组来追查卫生保健欺诈，已追偿数十亿美元。[115]

2009年，辉瑞公司案达成和解。前文提到的前销售代表得到了5150万美元的赔偿，还有各州政府追回的部分资金。其他三位举报者也获得了超过1000万美元的赔偿。然而，实际被定罪的是辉瑞旗下的子公司，并非辉瑞本身。原因是卫生与公共服务部监察长办公室使用了另一个威力强大的武器——将公司产品排除在全民医疗补助及医疗保险之外，而这很可能是一家大型制药公司的丧钟。如果制药公司被判犯重罪，将会被强制排除在联邦医保计划之外。[116]然而，卫生与公共服务部亦可不处以该种严厉处罚，[117]前提是大型制药公司所生产药品临床不可或缺。[118]大型制药公司违反联邦刑事法律而遭受的罚款金额可能比任何联邦刑事案件都高，但被定罪的往往都是子公司，或是公司仅被判处轻罪而不从重罪。

对比美国人在医疗保障的支出数额，制药公司的罚款数额也并非天文数字。例如，美国人每年在抗精神病药物上要花 150 亿美元。2012 年，雅培制药（Abbot Labs）因超范围使用抗精神病药物被罚 15 亿美元，[119] 其中一半为刑事罚款。2010 年，阿斯利康公司（AstraZeneca）与联邦政府就其公司超范围使用抗精神病药物的指控再次达成协议（2003 年该公司曾支付过 3.55 亿美元）。这一次，阿斯利康公司支付了高达 5.2 亿美元用于民事赔偿，而未受到刑事指控。礼来制药公司（Eli Lily）因超范围使用抗精神病药物支付了 14 亿美元的罚款，其中 1/3 是刑事罚款。百时美及其子公司也因销售另一种抗精神病药物支付了 5.15 亿美元的罚款。[120]

也许行业惯例最终会改变。以葛兰素史克为例，2012 年，该公司因“全球”多起非法行为指控而支付了 30 亿美元，其中近 10 亿美元是刑事罚款。[121] 其中一项指控涉及一种名为安非他酮 SR（Wellbutrin SR）的抗抑郁药物。该药物的促销行动被葛兰素史克称为“拉客行动”。销售代表被告知这种药物不仅仅用于抗抑郁，还对治疗各种情绪障碍都很有效。他们还将安非他酮 SR 作为一种“附加”药物进行推广。在抗抑郁效果的同时，还能帮助减肥和提高性生活质量。于是，安非他酮 SR 销量猛增，成为“治疗性生活障碍或能力减退的神药”。[122] 检察官称，销售员们把安非他酮 SR 称为“使人快乐、饥渴、消瘦的药丸”，来提醒医生们这种药的神奇功效。[123] 葛兰素史克根据药物销量奖励销售代表，甚至为销售冠军提供特殊福利，如去夏威夷度假等。

在这些非法行为被曝光后，葛兰素史克的发言人称，公司已经

“全面采取行动，使公司文化与核心价值观一致，并把病人放在第一位”。[124]认罪协议、与卫生与公共服务部监察长办公室签署的诚信协议一经签订，销售代表酬金支付方式得以改变。公司不再以“销量”，而是以“商业敏锐性、客户参与度及对产品的科学认知度”来决定酬金。认罪协议还规定，如果公司违反协议，将被处以每天2万美元的罚款。[125]其他公司的认罪协议也有类似的规定——雅培公司的协议中有每日处罚1000美元至5000美元的规定。[126] 2013年，强生（Johnson）及其子公司签署的认罪协议也包含类似内容，包含每日罚金及改变雇员薪酬发放方式等。2013年年末，葛兰素史克公司宣布，其与美国政府达成的协议内容将适用于全球业务：即不再根据医生开具处方量来决定雇员薪酬，并且不再向医生支付报酬来促销。[127]行业惯例能否真正转变仍有待持续观察。

为什么不对雇员起诉？通常情况下，制药公司雇员不会被起诉，而部分医生却会。[128]想要起诉成百上千的销售似乎不太现实，从中挑出一两名代表又显得不公平。或许，检察官决定只起诉公司，是因为只有公司能够缴纳罚款并阻止非法的药品销售与推广。

七、公司高管

有时，检察官会对“鸵鸟式辩解”发起攻势，克服重重困难，对高管提起指控。在89份包含对雇员起诉的暂缓起诉或不起诉协议中，有385人被起诉，其中包括10名董事会主席、20名首席执行官、27名首席财务官。2001年至2012年有雇员被起诉的31家上市公司案件中，包括1名董事长、4名首席执行官、1名首席财务官。

白领犯罪案件中，越来越多的雇员被起诉，而公司本身却逃过了制裁。然而，没有任何数据能够显示其中究竟有多少属于高层人员。司法部偶尔会发布将高管定罪的情况报告，但并未清楚解释数字来源。一份司法部的报告显示，2002 年至 2008 年，司法部下属公司欺诈专案组起诉了 200 名首席执行官，超过 120 名副董事长及 50 名首席财务官。[129]

或许历史上最著名的雇员被起诉的案例是前克洛格公司（Kellogg，Brown and Root）——现在是哈里伯顿（Halliburton）旗下子公司的首席执行官。他于 2008 年 9 月承认自己违反了包括《反海外腐败法》在内的若干联邦法律。他承认参与了“对尼日利亚政府官员的十年贿赂计划，以得到价值 6 亿美元的设计、采购、建筑合同”。贿赂总金额达上亿美元。[130]在认罪协议中，这位前任首席执行官承认曾雇佣顾问来支付贿赂。[131]他还承认自己曾多次与尼日利亚政府高层人员见面，商议贿赂名单。他还交代有一次在伦敦的酒店会面，讨论贿赂金额。据报道，克洛格公司向尼日利亚政府官员的总贿赂金额达 1. 8 亿美元左右。[132]

他承认自己参与了贿赂计划，使案件变得简单。他甚至承认自己具有不当动机——通过收受非法回扣获取超过 500 万美元。他聘请了一名前任雇员作为顾问，将公司发给这名顾问的部分奖金据为己有，并汇至其瑞银的秘密账户中。[133]然而，有的案件处理结果则截然相反。在泰森食品公司（Tyson Foods）案中，公司与检方达成了暂缓起诉协议，支付了 500 万美元的罚款，没有高管被起诉。后来，公司首席执行官决定退休。他拿到了一份优厚的补偿，其中包含 100

万美元的支票，一份价值360万美元的咨询合同，以及其他福利。[134]

也许最著名的“鸵鸟指示”的案例发生在世通公司的首席执行官伯纳德·埃伯斯（Bernard Ebbers）的庭审中。埃伯斯早年担任过篮球教练、仓库经理、汽车旅馆经理，后来在密西西比州投资了一家小型长途运输公司。20世纪80年代末至90年代，他通过一系列令人刮目相看的并购，将原本的小公司变成了世通公司——一家拥有9万名雇员，年营业额数十亿美元的全球电信巨头。然而，在2000年，世通公司的财务情况开始下滑。2000年第四季度，公司成本激增8亿美元，会计们却想方设法掩盖了这些成本。随着成本增加，实际收益持续降低，公司创建了一个名为“缩小差距”的项目，用来欺骗投资者和监管机构，掩饰隐瞒问题。公司时任首席财务官称这些举措为“饮鸩止渴的垃圾行为”。[135]

当世通公司的财务问题浮出水面后，公司破产了。2002年，联邦检察官指控公司首席财务官涉嫌证券诈骗，首席财务官承认了罪行。检察官还对埃伯斯提起指控，因为他会定期检查公司财务情况，命令首席财务官谎报公司盈利情况。检察官称埃伯斯有自利的动机——他持有大量公司股份，并背负许多债务。埃伯斯的律师们则辩称其对首席财务官和其他人的行为一无所知。

庭审中，公司首席财务官证实，埃伯斯为了让世通公司达到华尔街的预期，逼迫他对财务造假。埃伯斯也出庭作证了，他声称自己只参与公司交易，运营细节由首席财务官负责。他还称自己未阅读过预算报告，相关文件没有经过仔细审阅便签了字。这是否算刻意回避事实？在证人席上，埃伯斯彬彬有礼地否认对任何事情知情。

问：你是否认为那些公开文件中包含的陈述都是不真实的？

答：不，先生。

问：你是否认为世通公司曾上报过不应上报的收入？

答：不，先生。

问：你是否认为世通公司有义务公布公司财务变化情况而没有公布？

答：不，先生。

问：你是否认为世通公司在财务报表中以任何方式公布过糟糕的经济数字？

答：不，先生。[136]

法官对陪审团作出法律指示，称被告人刻意隐瞒或忽视真相也能够成为定罪依据。他说："你们可以思考一下被告人是否故意对显而易见的事实视而不见。"[137]陪审团可以将"被告人刻意回避事实视为了解事实"。[138]2005 年 3 月，经过 8 天审议，陪审团认定埃伯斯所有 9 项罪名均成立。埃伯斯被判处 25 年监禁。[139]陪审员显然认为埃伯斯声称所谓的事物并不成立。[140]二审法官认为一审法官的"鸵鸟指示"是正确的。他说："综合考虑所有证据，一位理性的陪审员可以判定埃伯斯是在故意否认对财务报告知情。"[141]以上事实证明，即使高管采取"鸵鸟战术"，一样可能被定罪。

除"鸵鸟指示"外，还有另一种方法能将高管定罪，即"公司管理人员负责原则"。有法律规定，一些有"严格责任要求"的轻罪并不需要被告人对非法行为知情。只要被告人负责管理该项工作，便可将其定罪。然而，这种方法很少被用到。

该规定主要用在违反医药法律规定的案件中。根据《药品管理法》的规定，药品标签不实就属于有严格责任要求的罪行。即使无法证实公司高管对非法行为知情，也能将其定罪。然而，实践中，食品药品监督管理局仍倾向于起诉那些公司高管对非法行为知情或疏忽大意的案件。[142]例如，普渡药业公司（Purdue Frederick Corporation）就其在说明书中故意隐瞒奥施康定（OxyContin）的上瘾性而认罪，3 名高管也基于自身职责认罪。3 名高管被判以 400 小时社区服务、5000 美元罚金以及 5 年缓刑。说到底，该罪还是属于轻罪。此外，他们还要支出大约 3450 万美元的赔偿金。对于一个轻罪来说，上述惩罚并不轻，因为检察官无须证实高管们对非法行为知情或刻意回避事实。[143]

其他监管机构也可以追究个人责任。有些雇员遭遇民事纠纷，而有些高管则被禁止从业。森林实验室公司（Forest Labs）是一家制药公司，卫生与公共服务部监察长办公室曾告知公司首席执行官和董事会主席，考虑禁止其从事与联邦医疗保障项目相关的工作。公司总法律顾问称这项决定“不正当”，这样做“会为整个行业带来不确定性，阻碍监管机构与其他公司达成和解”。卫生与公共服务部的首席顾问称，从业禁止，是为了“扭转公司高管对成本效益的计算方式”。然而，这个案件最终还是半途而废了。[144]森林实验室公司与普渡药业公司的涉案高管都对民事制裁措施提出了抗辩。他们声称卫生与公共服务部作出的 20 年从业禁止处罚过于严苛，等同于直接毁了他们的职业生涯。上诉后，禁令期被缩短至 12 年，而高管们则继续起诉要求恢复原有职位。最后，由 3 名法官组成的合议庭完全扭转了判决结果。他们认为无须证实被告人对非法行为有主观意图的轻罪，不可附加额外的从业禁令。[145]

没有什么比起诉底层雇员而高管逃脱处罚更糟糕的了。西弗吉尼亚州上大支煤矿发生爆炸，29 名工人丧生，梅西能源因此被起诉。该公司在被收购后，与检方达成了暂缓起诉协议，未被定罪。受害者家属忧心忡忡地控诉，称没有任何公司高管被处罚，其中包括那位在公司被收购前离职，并得到数百万美元奖励的首席执行官。要办理一件能够对抗被告人进行“鸵鸟式辩解”的案件，需要大量的时间与资源。本案中，一名主管以及子公司的董事会主席已经认罪并且与检方开展合作。但至今为止，上文所述的前任首席执行官仍未被起诉。[146]

八、其他方式：公司共谋论及公司受害者论

公司可能会被指控与其雇员共谋犯罪。这其实是一个奇怪的概念，因为公司只能够通过雇员来运行。法官判定，共谋罪只适用于多家公司之间，而非一家公司与其单独所有者或经营者之间。[147]最常见的指控之一便是欺诈联邦政府。[148]即便雇员被无罪释放，公司仍然可能被定罪。法官根据共谋罪的一般法律规则进行判断，认为即使其他人都被判无罪，仍可以仅对单独个人定罪。[149]多个公司也可以共谋，如联手操纵价格等。然而，一家公司只有宣布放弃共谋行为，并与检方合作，才能摆脱共谋罪的指控。[150]

部分公司犯罪案件还涉及公司与雇员组成联合战线，即公司与雇员攻守同盟、沆瀣一气，所有人都像巨大的鸵鸟一样，对所有非

法行为都否认知情。这往往发生在公司高层可能卷入犯罪，或是反垄断案件中公司可能因操纵价格而面临巨额罚款的情况。如果联合战线崩溃了，那公司和雇员很有可能会互相甩锅——公司把责任推给部分坏雇员，而雇员则声称自己只是在服从命令。如果公司和雇员都面临庭审，那统一战线可能对公司不利。然而，公司可以辩称只有一名雇员实施了非法行为，且不应当仅因为一名雇员的非法行为而被惩处。毕竟，公司不太可能“聘请警察监视所有人”。[151]

在一项针对陪审团的研究中，一组模拟陪审员参与了一个既包含公司也包含雇员的审判案例。所有的模拟陪审员了解的案件事实均一致，但听到的律师辩词却不尽相同。在一个版本中，律师声称该雇员是“公司试图逃避责任的受害者”。陪审员们给出的结果相当戏剧性：提出“公司受害者论”辩护律师所得到的无罪比例是未提出律师的两倍。[152]这个结果显示，在白领犯罪案件庭审中，公司的角色定位相当关键。

九、毕马威：判决结果

2007 年 7 月，卡普兰法官最终将大多数毕马威雇员的案件驳回。16 名被告人声称毕马威拒绝支付他们的法律费用，随后法官发现检察官侵犯了大多数被告人的宪法权利。法官正义凛然地说：“公司被起诉与否关乎其生死。如果政府以起诉相挟，逼迫公司剥夺前任与现任雇员庭审辩护权，正义将无法得到伸张。”[153]法官认为检察官“并未查清案件事实”。他补充道：“检察官利用公司来逼迫雇员开口，并且强迫公司不再为雇员提供法律援助，导致雇员们丧失辩护权。”[154]

法官还谴责政府的“无耻行为令人痛心”，并认为“汤普森备忘录”可能违反了《宪法》规定的正当程序条款。上述“令人痛心”的评价极少被作出，且仅出现在恶性案件中。法官认为检察官“利用毕马威公司来欺压雇员，剥夺了被告人所有可能的辩护手段”。法官承认大多数刑案被告人都请不起律师，但认为政府阻挠了公司已聘请律师的辩护工作。13 名被告人的案件被驳回，并且得到了上诉法庭认可。[155]另两名毕马威公司雇员主动认罪，还有 4 名雇员的案件进行了庭审。

即使对那些进入庭审的案件而言，这起“美国历史上最大的税务类刑事案件”结局仍是不温不火。[156]剩下的 4 名被告人证明了在公司犯罪中向个人追责有多么不容易。这 4 人中，有两人在被起诉前已经离开毕马威，并成立了自己的公司；另有一人在“紧张形势”下离开了公司，法官认为毕马威无论如何都不会为该名雇员支付法律费用；剩余一人则在一家法律机构中工作，为避税者提供法律意见。

陪审团必须对避税行为究竟是否有“获利可能性”作出认定。[157]争议焦点是这些人究竟是恶意逃避联邦税收，还是共谋提交虚假报税表。[158]法官认为，逃税法规广泛适用于“任何”试图“逃避或对抗”联邦税务的人。规定一笔交易究竟属于虚假还是可能盈利的法律并不多。然而，庭审中，几个参与策划的人声称这些投资盈利的可能性“几乎为零”。[159]本案中有一名证人令人注目，这位证人曾是一起逃税案件的策划者之一。他曾面临 195 年监禁的指控，但在其认罪及配合调查之后，只被判处 5 年监禁。[160]该证人作证称，这些计划能盈利的可能“远小于1%”，并称这个计划要想实现，可能需要一个“难以置信的奇迹”。[161]

最后，4人中，毕马威前任税务合伙人被判无罪，其他三人则因为逃税各被判处约10年监禁。法官评论道：“犯罪和糟糕的纳税行为之间有一条界线。当一个逃税计划是如此赤裸裸，如此厚颜无耻时，就已跨越这条界线。”法官又进行了通俗化的解释：“任何想到这些点子的人，都应该是抽大麻抽坏了脑子。”法官就判决结果补充道：“我个人认为这个判决充满智慧与深思熟虑。”[162]被告人上诉后，上诉法庭维持原判。[163]毕马威的雇员都未被定罪，但两名属于独立的“推广公司”的雇员却被定罪。其他涉及逃税的案件也有类似结果，包括法律机构、会计师事务所和大型银行在内的许多公司被起诉，并与政府达成和解，有部分雇员被起诉并定罪。然而，在安永会计师事务所（Ernst & Young）案中，上诉法院认定一审证据不足，更改了两名合伙人的判决结果。[164]这一切都在不断强调着：将雇员定罪有多难。

法官驳回了大多数针对毕马威雇员的起诉，而所依据的司法部备忘录究竟在其中起了多大的作用？

其他法官称该备忘录“绝对令人憎恶”。[165]司法部分别于2006年国会听证会召开前夕和2008年修订了上述饱受争议的规定，并认真考虑了批评者提出的若干“重要政策建议”。上述修订将检察官强制公司放弃特权的范围进一步限制：仅适用于有“合法”需要的案件，并需经司法部长办公室书面审批。[166]司法部还强调，公司按照规定为雇员支付法律费用的行为“不得视为不配合调查”。此外，检察官们

“通常不应当”对法律费用支付进行审查。[167]

在遭受“各方批评”之后，司法部于2008年对“公司放弃特权”的规则进一步简化：检察官不应当对公司是否预付或偿还律师费，或为被调查或起诉的雇员及高管提供律师服务进行审查。该规则允许公司主动放弃特权，但条件是公司“自愿如此”。检察官“被告知”无权要求公司主动放弃特权。[168]

规则修订后的若干年里，与检方达成暂缓起诉或不起诉协议的公司里，放弃特权的数量减少了。检方要求公司放弃特权的实践操作从来都不算多，但这种操作一直存在。在49份包含要求公司放弃特权的暂缓起诉或不起诉协议中，有19份是在2006年12月，即司法部第一次修改该规则之后签订的。自那之后，又有8起案件结果显示：公司根据特权不提交文件可能被认定为不配合调查。联邦检察系统在其他任何领域中，都没有为检察官如何行使自由裁量权提供如此详细的指导规范，尤其是如何严格限制自由裁量权的规定。

有关政府“在2008年华尔街金融风暴中仅起诉了少数个人”的批评声层出不穷，这些批评来自著名的政客、法官和评论家。[169]我们已经阐述过将个人定罪有多困难，因此，公司达成的暂缓起诉或不起诉协议中鲜有包含对个人或雇员的起诉。在特定领域（例如，银行违法领域），对个人的起诉尤其少。虽然在公司犯罪案件中，犯罪情节的一个重要考量是公司有能力找到违法雇员并移交给检方。但正如毕马威案中的情况，公司即使全面配合，雇员依然很难被定罪。

诸如“鸵鸟式辩解”这样的各类难题也是造成白领犯罪案件中公司高管或雇员难以被起诉的原因之一。这些案件的办理需要耗费大量资源，遭遇许多对抗。在互联网泡沫破裂与安然等大公司发生丑闻后，一些昔日风光无限的首席执行官被起诉与定罪，包括世通公司的伯纳德·埃伯斯、安然公司的肯尼斯·雷和杰弗里·斯基林以及泰科公司的丹尼斯·科兹洛夫斯基（L. Dennis Kozlowski）。然而，在最引人注目的几起白领犯罪案件中，例如，2009 年针对贝尔斯登银行（Bear Stearns）两名对冲基金经理的起诉，最后法院判决被告人无罪。[170]

在白领犯罪领域，针对个人的起诉并没有减少，但这不足以平息人们对于该类案件数量过少的批评。白领犯罪并未作为单独的类别进行统计，如何定义白领犯罪也存在一定的争议。与此同时，欺诈犯罪作为单独类别拥有相应统计数据。虽然欺诈犯罪包含了各类金融犯罪，并不与白领犯罪一一对应，但至少它的统计为政府如何办理白领犯罪案件提供了粗略概念。1996 年至 2012 年，美国联邦对欺诈罪的定罪数从每年约 6000 件增长至超过 8000 件，但在总案件数中的占比却在下降。与此同时，欺诈罪所判刑期几乎翻倍，但法官实际上通常会作出比量刑指南更轻的判决。[171] 也许有的法官对白领犯罪这种非暴力犯罪感到同情。20 年的刑期对于年长的被告人来说可能意味着终身监禁。而即使是很短的刑期也足以结束一个人的职业生涯，防止该人再次实施公司欺诈。

当一家公司交代了非法行为细节，却仍然没有雇员被起诉时，人们应当对此关注。如果公司文化是导致犯罪的原因，只起诉公司本身肯定比谁都不起诉要好。然而，这种只起诉公司的办案策略，只在检察官严格要求对公司进行刑事处罚，并推动公司改革的情况下，才会奏效。对雇员起诉的数量太少了，以至于人们不得不担忧，是否检察官并未要求公司严格遵守法律，并提供了定罪以外的其他选项。实践中，在起诉公司高管时遇到的诸如“鸵鸟式辩解”类的法律困难，促使检察官需要更有效地对公司进行起诉。在罪行严重的案件中，公司和雇员都应当被起诉，但往往两者都逃脱了惩罚。

第五章 被害人

事故发生在2005年3月23日的凌晨，得州得克萨斯城的一名工头正在复合炼油厂内驾驶着叉车。这家复合炼油厂归英国石油公司所有，全称是英国跨国石油和天然气公司。而距离这个叉车大概100码的地方，有个宽大的拖车办公室，里面坐着这个工头的妻子和岳父。这两人和他一样，也在这家工厂工作，此刻他们正在开会。突然，工头听到背后传来爆炸声，爆炸声正源自那辆拖车所在方向。工头回忆道：

“当我转身环顾四周时，又发生了两次爆炸，声音比第一次爆炸大得多。当时现场有一个巨大的火球射向了天空，碎片残骸一路燃烧”。[1]

工头看到那辆拖车，包括拖车里面的妻子、岳父、朋友和同事“都被爆炸力冲击到一边并压扁，从他眼前消失”。他立刻朝爆炸方向冲去。

“当时整个世界仿佛充斥着浓烟和火焰；天空中飘落着燃烧的碎片，到处都是又黑又浓又刺鼻的油烟。我冲到爆炸现场时，只看到一大片被烧毁的拖车残骸。我立刻跳上拖车残骸，准备开始挖掘”。

在工头刚开始挖掘时，现场又发生了一次爆炸，将他掀倒。他起身后找来一台叉车，将被炸到此处并压在拖车残骸上的一辆卡车搬走，当时卡车仍在燃烧。与此同时，据工头回忆："现场不停地有燃烧着的东西从天而降，这种惊悚场景持续了很长时间"。按照工头的印象，他"大约从拖车的顶部移开了六辆车，其中大部分的车都在被移开时发生了爆炸"。之后工头终于进入拖车残骸，然后在废墟中穿梭寻找。他发誓，找不到他的妻子就不离开。[2]

一、高辛烷值爆炸灾难

得克萨斯城的这家炼油厂是美国的第三大炼油厂。它占地 1200 英亩，每天能炼制 475，000 桶原油。它在 2005 年炼制的汽油量几乎占到了美国汽油用量的 3%，这使它成为美国最重要的能源设施之一。[3]然而，就这家炼油厂而言，2005 年 3 月 23 日的这一天，将是它历史上最糟糕的一天。

任何开车经过炼油厂的人，都会看到一个纵横交错的综合体，里面有烟囱、储油罐、发焰筒和其他复杂的工业设施。虽然每个炼油厂的设施都不一样，但万变不离其宗，使用的设备都是为了将原油转化为可被人们使用的产品，包括汽油、喷气式燃料和柴油。一个复合炼油厂是由许多生产这些产品的小型炼油厂组成。而上文提到的得克萨斯城炼油厂在本地区有 30 多个独立的小型炼油厂，有 2000 多名工人。其中有家单位专门生产高辛烷值的汽油。[4]

高辛烷值汽油的爆燃速度相对较慢，能抵抗汽车制造商所称的过早点火或发动机爆震。这使它对于高性能发动机来说非常有价值，因为对于高性能发动机来说，发动机内的活塞精确计时非常重要。高辛烷值汽油是通过蒸馏高辛烷值的液体，并将其掺入普通汽油中制成。用来制造高辛烷值液体的综合工业基地被称为异构化装置（isomerization unit），简称异构装置（isom unit），它是一个宽12.5英尺、高170英尺的萃余液金属塔。塔的底部有一个大型熔炉，用来煮沸低品级的碳氢化合物，使高辛烷值的液体以蒸气形式上升到塔顶，然后在那里被收集起来。

事故发生的那天清晨，这个萃余液金属塔已经停炉数周，当天正是它重新开炉之日。就大型工厂而言，金属塔的启动是一项重大工业事项，然而工厂的安全早会上却没有提到和讨论这个问题。[5]为什么会这样呢？因为本来当天金属塔是不应该被重新开启的，而且不知为何，工厂主管从来没有警示工人们要远离闲置的金属塔，同时现场的许多工人也不知道当天金属塔要被重启。再加上在异构化装置工作的工人们已经身心俱疲，因为他们每人每天轮班工作12小时，已持续了近一个月。[6]

英国石油公司从未确保金属塔的安全措施处于良好状态。要知道，如果金属塔内部的压力过大，溢出的燃料就会通过管道分流到角落里的一个容器里，这个容器被称为“排污罐”。然而，这个特定的排污罐已经投入使用多年，始建于20世纪50年代，并且这个排污罐曾有过起火、释放易燃蒸汽和被腐蚀等种种问题，但即便如此，英国石油公司也从未想过要维修它。[7]并且，英国石油公司也应该在这个排污罐烟囱的顶部安装一个发焰筒，通过发焰筒发出的火焰虽然看起来很恐怖，但是却能安全地将多余液体燃烧掉，防止爆炸发生。工程师和监管人员多年来一直在建议英国石油公司应该在排污罐上安装一个发焰筒，但包括这个在内的其他请求，都因为成本问题而被否决。正因为以上这些原因，再加上排污罐体积小，随着燃料的不断涌出，这些高温高压燃料开始从排污罐 113 英尺高的烟囱中喷发出来。

工头回忆说，当时他和其他在办公拖车上的同事离排污罐只有 121 英尺远，最初他们并没有注意到发生了什么。毕竟，他们不是在异构化装置上工作，也不会关心这些事情。实际上，出于对工人们的安全考虑，排污罐本应该被放在工厂的偏僻处。工头接着回忆："我们的拖车离这些装置近得反常。当时我的岳父就对工作的位置很不满意，但是我们又不得不听从公司的安排"。由此可见，拖车上的工人根本不知道当天上午这个装置要重新启动，也不知道装置存在危险。

极易爆炸的燃料犹如喷泉一般，立刻从排污罐的烟囱里喷射入空中。这些燃料在空中停留片刻后，落回地面开始蒸发。随后形成越来越大的蒸汽云，随时有爆炸的可能。有毒的烟雾也从现场蔓延开来，但是附近正在拖车里工作的工人根本没有意识到危险的来临。因为警笛和警报器都出现了故障，所以现场没有报警提醒。

终于，有些员工注意到了发生的事情，开始准备逃跑，但此刻逃跑为时太晚。现场有辆柴油卡车停放错误，它被停在离排污罐约 25 英尺的地方。很不幸，它发生了汽车回火 ，卡车上的火花落到了蔓延开来的热液燃料中，引发了巨大的爆炸。[8]

工头在这次爆炸中幸存了下来，他爬上被压扁的拖车顶，清除了被炸到拖车顶上的车辆。然后他在残骸中仔细寻找，终于，他找到了他的岳父，不幸的是他的岳父已经当场死亡。工头回忆道："那时候我脑中一片空白，之后我抱着他的尸体，开始祈祷"。皇天不负有心人，他之后终于在残骸中找到了他妻子所在的办公室：

"当时她就倒在拖车内的办公桌旁边，一个书架压在她的上方，我猜，应该是书架帮她抵挡了一些伤害。那时候她已经被烧伤并且失去了知觉，身边都是火焰和烟雾。我很害怕她会死……就用肩膀把书柜抬起，然后把她抱了出来……之后她被抬到一架救生直升机上，我目送着直升飞机离开了现场"。

这次事故造成 170 多人受伤，15 人死亡，死者都是办公拖车内和附近的员工。事故发生时，因爆炸而产生的碎片如雨点般落在得克萨斯城周边，即使远在市区工作的人也能明显感觉到地面在摇晃，犹如发生了地震。离爆炸中心"四分之三英里远"的房屋都有不同程度的损坏。[9]这次事故一共造成了高达数十亿美元的损失。

工头的妻子幸运得活了下来。她"昏迷了大约 90 天，醒来后就一直住在重症监护室烧烫伤科里"。爆炸产生的有毒气体对她的肺部造成了永久性损伤。导致她"经常呼吸急促；肺部长期积液，而且不停咳嗽"。[10]

二、可预见的灾难

多年来，工厂员工们一直在要求炼油厂增强安全措施，包括修复烟囱和增加发焰筒。这个厂是 1999 年被英国石油公司收购的，因此可以肯定，安全隐患是长期存在的问题了。在 2002 年，英国石油公司的主管曾经查看了这家炼油厂的安全报告，当时就意识到了安全问题的严重性，他认为炼油厂的设施已经“完全失灵”，未来很有可能会发生重大事故。然而，由于修复炼油厂的设施需要花费更多经费，所以英国石油公司不愿意支付这些费用。[11]

我认为，英国石油公司的企业文化多少也影响了这次事故的发生。因为英国石油公司曾经有一个“维护健康、安全和环境”的计划项目，虽然听起来十分有良心，但是通过2003年的一次审计，人们发现这个公司存在一种“爱开空头支票的现象”，因为当时公司的预算根本不足以实现所有的承诺和目标。[12]负责员工安全的联邦机构，美国职业安全与健康管理局（OSHA）曾因类似的烟囱不安全状况而向该厂发出警告，但之后该厂仍未进行维修。这次爆炸事故发生后，美国化学安全委员会对该厂的安全问题进行了审查，他们发现“有大量证据可以证明，这场灾难是可以预见的”。

与此同时，英国石油公司却一直在将自己重新塑造成一个环保的石油公司形象，比如，把公司标志改为绿黄相间的花朵和有太阳光芒的底纹，并提出“不仅仅贡献石油”的口号。公司的首席执行官约翰·布朗（John Browne）在爆炸发生后的第二天，就在得克萨斯城的市政厅发表声明，他告诉记者们，这是“英国石油公司历史上最黑暗的一天”。他在英国石油公司已经工作了38年，表示：“这也是我参加工作以来，所知道的最惨烈的悲剧”。他在声明中向遇难者家属保证，英国石油公司将“尽公司的一切力量向他们提供帮助，减轻他们的痛苦，希望家属们相信，明天会更好”。[13]

三、官司不断

这场爆炸给炼油厂带来的，是接踵而至的诉讼纠纷。为回应此次悲剧的发生，英国石油公司立即开除了事故涉及的6名操作工和普通员工。英国石油公司的一份内部调查报告显示，当时公司将这场事故的发生归咎于这6名员工，认为是他们误用设备且没有及时采取紧急措施才导致了这场爆炸灾难。之后这6名员工将公司诉至法院，最终双方达成了和解。[14]与此同时，与工头类似的被害人向公司提起了数千起诉讼。于是，英国石油公司开始秘密解决这些案件，并与被害人达成和解。因为像英国石油公司这样的大公司，非常顾及公司形象，出现这样的负面状况，公司更希望私下解决，所以这类民事诉讼的和解通常是保密的。

工头哭诉道："我和我的妻子很早就与英国石油公司达成了和解，我们并不想参加庭审，我们就只是想把事情解决掉，重新开始我们的生活"。虽然和解时，英国石油公司承诺支付他妻子的全部医疗费用，但在和解之后，公司没有兑现任何允诺。经过多次信件和电话催要后依然无果，最后逼得工头和妻子再次起诉。工头说："花了一年多的时间才使公司真正有所行动，但在医院减免了相关费用后，他们却只愿意支付一半的费用"。[15]

与私密的民事和解不同，刑事案件通常是公开审理。其目的是惩罚罪犯，使他们遭受社会最严重的制裁，从而产生耻辱感。根据此次爆炸情况，美国联邦检察官决定根据《清洁空气法案》第112条第r项对英国石油公司发起指控，该法案又被称为"博帕尔法案"

（Bhopal Provisions）。这个昵称源自一个发生在 1983 年的灾难，那年在印度的博帕尔地区，当地有个杀虫剂工厂发生了有毒气体泄漏事故，最终导致了数万人死亡。该法案旨在确保类似事件不会在美国发生，将“明知检测和处理有毒气体的措施却不遵守的行为定为犯罪”，防止企业将有害物质释放到空气中。[16]在违反“博帕尔法案”而被指控涉嫌犯罪的公司中，英国石油公司是全美第一家。负责执行联邦环境法的环境保护局（EPA）的一位官员这样评论道：“此案将释放一个信息，即在美国如果实施此类行为，将因涉嫌犯罪而被指控”。[17]至于这起爆炸事故中的被害人，他们在这场重大刑事诉讼中扮演的是什么角色呢？

四、涉企犯罪的被害人

被害人在刑事司法体系中担任着十分重要的角色。他们不再被期望“表现得像维多利亚时代的好孩子安安静静地待在一旁”。[18]在构成美国法律基础的英国普通法体系中，一开始并没有设定检察官这一角色，因此被害人通常得请求法官逮捕不法分子，甚至不得不自己提起诉讼，以惩罚罪犯和获得赔偿。当然从殖民时代开始，情况就不一样了，法律体系中出现了专门的警察部门和检察机关，诉讼中将由他们代替被害人提起诉讼。不过相比帮助被害人获得赔偿，检察官似乎更注重的是监禁罪犯。[19]

说完司法机关，现在让我们将视线转到立法者这来，他们在立法时已经将被害人的利益考虑在内，并为被害人在刑事案件中发表意见创造了越来越多的空间。在过去的几十年中，许多州都颁布了被害人权利法案，这些法案赋予了被害人或者其家属许多权利，比如，针对量刑发表意见，以及阐述犯罪行为给他们带来了什么样的影响。法案还注重保护被害人的隐私，以防止他们受到恐吓，同时根据案情和被害人的请求，允许让被害人参与刑事案件办理过程。为弥补被害人的损失，法案规定被害人有在刑事案件中获得赔偿的权利，但立法者并不满足于此，在过去几十年中，立法者通过设置更多的强制性赔偿，扩大了被害人受到赔偿的范围，从而使被害人更加容易获得赔偿。

虽然仍有关于被害人参与刑事案件的作用是否适当的争论，但这些争论并没有考虑被害人真正应该发挥的作用，特别是现在越来越多的企业利用协议来避免受到审判。其实被害人的权利在涉企诉讼中含有特殊的意义，当然也不清楚立法者在立法时是否考虑过，在涉企诉讼这种大规模案件中，让被害人扮演重要角色，到底会出现什么样的结果。我们都知道，企业犯罪与普通犯罪完全不同，普通刑事案件中，是一个人伤害了另一个人。而就涉企诉讼而言，企业是因员工的行为而被起诉；企业是虚拟的人，法律创制的存在，它被起诉的行为是通过雇员完成的。那么问题来了，被害人是否真的可以通过在涉企诉讼中发表意见来获得安慰或者解脱呢？在涉企诉讼中，可能有数千或数十万名被害人，这些人都因企业的罪行而受到影响，如何找寻并且联系到这些被害人，是一个大难题。

如本书前几章所述，检察官通过不起诉和减少罚金的方式，换取企业的结构性改革，但是我认为，这种结构性改革的必要性仍然值得怀疑。理论上，被害人在向企业问责方面，可以发挥重要作用，如果检察官允许企业缴纳较少的罚金，那么被害人可以转而要求企业支付更多的赔偿金。我很想知道，在这种复杂的金融犯罪中，被害人的权利将如何体现，或者说大部分的被害人是否真的能够提供有意义的意见。正如我将在下文描述的那样，被害人确实在涉企诉讼中扮演着越来越重要的角色，据不完全统计，全美每年支付给这些被害人的赔偿费用已经高达数亿美元。然而，在涉企诉讼中，被害人明明可以代表公众利益要求公司承担责任，但事实上他们很少发声。

被害人除了有参与权之外，美国联邦法律还规定了企业对被害人采取的赔偿方式，也就是所谓的赔偿金。被害人可以获得独立于罚金刑以外的货币赔偿，尽量使他们的伤害得到补偿。目前，在许多涉企的联邦诉讼中，赔偿金都是强制性的，这主要归功于两部法案：第一部是 1982 年颁布的《被害人和证人保护法案》（Victim and Witness Protection Act of 1982），该法案规定，法官在对某些触犯联邦法律的被告人进行判决时，“可以命令”被告人向被害人支付赔偿金；还有一部是 1996 年颁布的《被害人强制性受偿法案》（Mandatory Victims Restitution Act of 1996），该法案规定，法官“应当命令”被告人向某些联邦罪行（包括暴力罪、欺诈罪和财产罪）的被害人支付赔偿金。[20]根据量刑指南，只要有“明确的被害人”，赔偿金肯定是必选项。[21]同时法律没有要求被害人需主动提出赔偿请求，而是由检察官确认是否存在被害人，之后再由法官确保被害人获得赔偿，而且无论被告人在审判时是否有能力支付，法官肯定会将赔偿金纳入判决中。

赔偿属于刑事处罚，可构成判处缓刑的条件之一。倘若被告人无法一次性支付赔偿金，法官可以让被告人根据支付能力分期支付赔偿金。[22]当然赔偿金的分配也是有先后次序的，例如，个体被害人优先于政府机构受偿，直接被害人优先于保险公司或者其他第三方。[23]法案还规定，被害人不能二次追偿：其通过民事诉讼或者从保险公司那获得的任何款项都将折抵赔偿金额度。[24]

除了赔偿金，联邦刑事案件里还为被害人提供了第二种受偿方式，即没收财产。罪犯的汽车、艺术品、珠宝和其他资产都可以没收和拍卖。根据该法案规定，没收财产既可以发生在刑事案件中，也可以发生在针对财产本身的单独民事诉讼或行政诉讼中。将被没收的资产和金钱给予被害人即为法律意义上的减免。但与上文所提到的赔偿金不同，没收财产的范围不包括被害人的收入损失、利润损失或身体伤害，被害人在提出请求后，只是获得其财产损失的市场价值。[25]目前这项事宜是由美国司法部的没收资产及反洗钱处负责处理，据统计，仅2008年一年，司法部就通过没收财产向被害人返还了4亿多美元。[26]此外，没收所得可纳入赔偿金专款里，此即返还程序。被没收的财产也可以被用来分发给执法部门，大部分交给州和地方的执法部门。[27]

在全美所有涉企诉讼里，最高额度的一次没收财产发生在2014年年初，那年美国摩根大通银行被没收了17亿美元。该案中，伯纳·马多夫（Bernard Madoff）使用该银行设计庞氏骗局，银行未依法上报“可疑活动”。倘若依照惯例，摩根大通银行支付的是刑事罚款，那么这笔钱将流入美国财政部的口袋。而该案的检察官却做出了另一种选择，他所追求的是将“源自庞氏骗局”的 17 亿美元进行没收，这样这笔钱就会进入一个专门为该骗局被害人而设立的赔偿专款里。[28]

众所周知，涉企诉讼其本身就具有冗杂性，因此常常导致此类案件的被害人参与方式和赔偿金缴纳变得尤为复杂。因此，无法判定赔偿金的情况时有发生，例如，“因为能够确定的被害人人数太多，导致支付赔偿金变得不切实际”，或者在计算赔偿金时还需要解决“其他的复杂问题”，这些情况都会过度拖延量刑程序。[29]然而，办法总比问题多，面对被害人众多、事实复杂的案件，法官有许多办法解决上述问题，比如，指定一名受托人帮助管理赔偿程序。[30]

我们通常认为在刑事案件中，罚金是一种惩罚方式，而不是对被害人进行赔偿，因为被害人可以提起民事诉讼，从而获得赔偿。不过让我没有想到的是，在收集涉企诉讼数据的时候，我们发现对被害人的赔偿是此类案件中最重要的部分。因此，在一些涉及大型企业的诉讼中，检察官有时会与民事诉讼代理人和监管机构合作，设立巨大的赔偿金专款来赔偿被害人。所以，在涉企诉讼中，相比巨额赔偿金，罚金反而显得微不足道。

图 5. 1 和图 5. 2 是从 1994 年至 2012 年，全美所有的罚金、赔偿金和没收财产的总额图。其中黑色表示美国量刑委员会公布的数据，而浅灰色表示从联邦案卷记录中手工收集的数据。从图里我们可以看到，涉企诉讼中的罚金总量每年都在增加，而且多达数亿（甚至数十亿）美元。虽然赔偿金和没收财产的线条较为平稳，但数额也很大，通常每年的金额也能达到数亿美元，而且有几笔金额相当庞大。

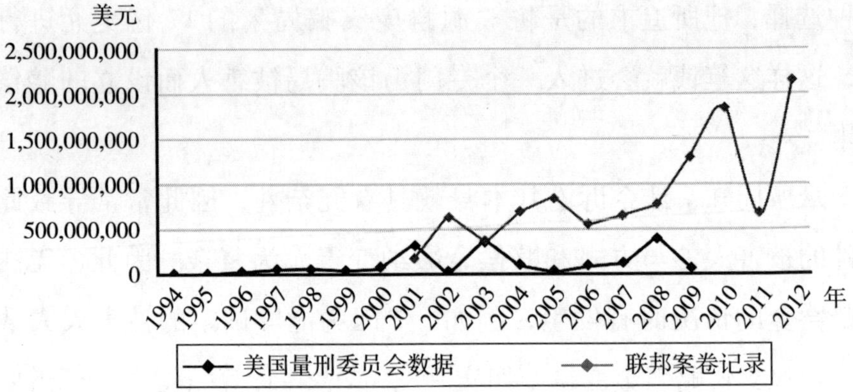

图 5.1

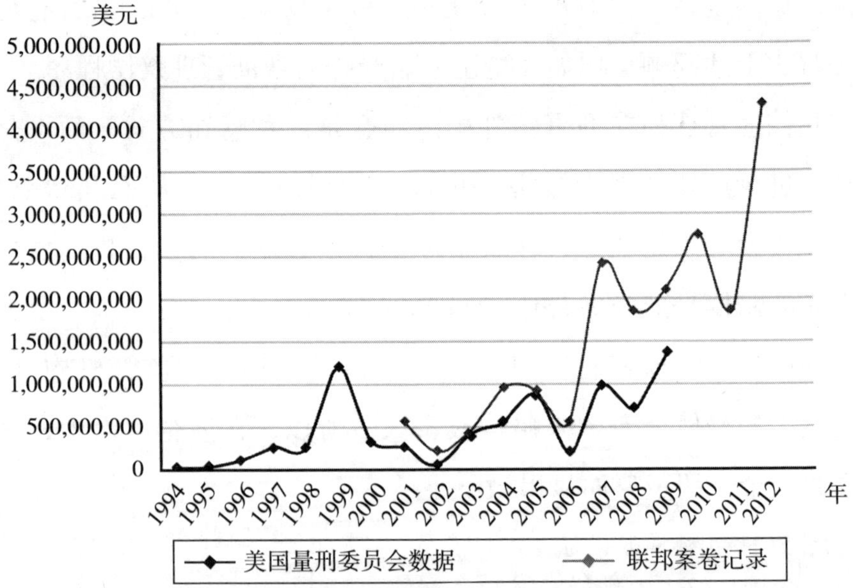

图 5.2 被起诉公司在 1994 年至 2012 年所支付的罚金、赔偿金和没收财产的总额

从图中我们不难发现，从法院案卷中收集到的数据与量刑委员会发布的数据之间存在惊人的差异。我们认为量刑委员会公布的数据中缺少了一笔赔偿金，这笔赔偿金也是迄今为止刑事案件中最大的一笔赔偿金，即跨国集团汇丰银行的子公司——共和国证券（Republic Securities）在2002年支付的6.06亿美元赔偿金。[31]委员会没有收集暂缓起诉协议的数据，这些协议实际上增加了更多的罚金、赔偿金和没收财产，这些后增加的金额很可能发生在单独的民事诉讼中，因此也不会向量刑委员会报告，自然也无法反映在量刑委员会的数据中。据不完全统计，那些被宣判有罪的企业平均支付的赔偿金大多都低于300万美元，而那些被暂缓起诉的企业，平均支付赔偿金和被没收财产的金额为9400万美元。[32]因此，从2001年至2012年，在涉企诉讼的暂缓起诉和不起诉案件里，涉案企业支付的赔偿金、退出非法所得财产和被没收财产的总金额已经超过了75亿美元。

正如大部分的罚金来自少数涉企诉讼一样，绝大部分的赔偿金其实都是来自一些大要案。事实上，这些暂缓起诉案件中，也只有少数案件需要赔偿被害人（255起中只有80起需支付赔偿金或没收财产，占比31%），但这些案件中公司需要支付的金额往往特别巨大，比如，摩根大通银行被没收了17亿美元，汇丰银行被没收了12.56亿美元，荷兰国际集团银行（ING Bank，N. V.）支付了3.1亿美元赔偿金，国际科学应用公司（Science Applications International Corp.）支付了3.7亿美元赔偿金。而被定罪量刑的企业中，也只有少数企业真正支付了赔偿金，大多数公司根本没有支付。例如，量刑委员会在2008年的报告中称，涉企诉讼中涉案企业一共支付了3.9亿美元的赔偿金，而实际上只有不到1/3的涉案公司支付了这一数额，其余企业则没有支付任何款项。虽然在2008年有如此庞大的赔偿金，但其实只涉及几个案件，赔偿金中接近 1 亿美元是来自健康视觉公司（Health Visions Corp.）的邮件欺诈案，另外三起案件的赔偿金额各为 7840 万美元。

赔偿金的巨额数字看起来似乎很美好，但实际上在这些巨额赔偿金背后，充斥着被害人追索钱款的艰辛。量刑委员会在 2008 年的报告中称，上文所提到的三家涉案公司，需要支付 7840 万美元的赔偿金。其中一个案件，是三人共同控股了一家假对冲基金，骗取了投资者近 2 亿美元。[33]这近 2 亿美元根本没有被追回。然而，根据法律规定，无论被告人是否有实际支付能力，都必须下令强制归还。最后虽然法官判处被告人需要支付巨额赔偿金，但不能代表被害人真的可以收回这些金额。事实上，该案被害人提出的索赔请求已经超过了 1.3 亿美元。尽管受托人卖掉了豪宅、国家俱乐部会员资格、珠宝和汽车，也只追回了约 660 万美元的资产。这些钱中只有 280 万美元可以向被害人分配，因为还需要支付超过 300 万美元的法律和行政诉讼费用，然而支付的这 300 万美元，实际上还没有超过此类案件平均诉讼费用的三成。[34]显然，被告人可能在被抓之前就已经把钱花光了，几乎没有留给被害人任何追偿机会。

以美国贝尔斯登银行案为例，正是这家银行的倒闭，引发了 2007 年的全球经济危机。在该案中，美国证券交易委员会与这家银行两个对冲基金的主管们达成了和解，即他们对 16 亿美元的亏损负有责任。之后摩根大通银行收购了贝尔斯登银行，原贝尔斯登银行的主管们也在刑事审判中被免除责任，但他们与美国证券交易委员会之间的民事诉讼仍在继续。而这个和解协议涉及的金额只有 100

多万美元，与投资者的16亿美元损失相比，法官称为“九牛一毛”。因此，法官要求双方重新制定和解协议，但最终他只能批准和解，法官说：“难怪许多人认为美国证券交易委员会根本无法胜任执行证券法的任务”。[35]虽然该案的被告人存在资金短缺的情况，并且也无法弥补被害人的大部分损失，但这个法官能够站出来询问这个和解是否符合公众利益，这种行为值得鼓励。

五、密封的案件

在上文提到的英国石油公司案中，法官起初并没有告诉被害人案件正在进行辩诉协商。事实上，大多数被害人已经与英国石油公司达成和解并获得赔偿，但他们仍然希望自己能参与刑事案件，以确保英国石油公司被追究刑事责任。根据2004年颁布的《犯罪被害人权利法案》（Crime Victims’ Rights Act），刑事被害人即使无权获得赔偿，依然有权获知案件情况、参与刑事案件。[36]但是在现实中，向这么一大批被害人发出通告十分复杂，花费成本也很高，因此法官可以决定告知被害人的形式，并命令被告人支付告知的费用。[37]在《犯罪被害人权利法案》中，将“刑事被害人”定义为“因被告人的犯罪行为而受到直接伤害的人”。[38]正因如此，有的案件无法轻易确定被害人，法官会审视具体犯罪行为是什么，并询问所谓的被害人是否真的受到了犯罪的伤害。[39]

根据惯例，涉企类案件很少会被要求将诉讼情况告知被害人。[40]再加上为了不向社会大众公布案情，本次得克萨斯城炼油厂案是密封的刑事案件。两天后，公司已经签署了辩诉交易，检察官很快就公开宣布辩诉交易已经完成，而此时被害人几乎没有任何形式的参与。

其实，本案中的被害人并不难找。他们及家属已经对英国石油公司提出了4000多起民事诉讼。[41]当然，在这么多起民事诉讼中，有些提起诉讼的人并没有在这次爆炸中受伤，也不是遇难者的家属，而是遭受了间接的财产损失。不过，最直接受损的被害人还是很容易联系到的。虽然本案的检察官要求诉讼程序以不公开的方式进行，但是法案又赋予了被害人参与和知情的权利，司法部自己的指导方针也曾提道："联邦检察官应该就案件的重大决定与被害人进行协商，例如，辩诉协商。"[42]然而，本案的检察官显然没有让被害人了解诉讼中的具体情况。[43]

直到辩诉交易完成，被告人公开表示认罪之后，检察官才终于向被害人发出通知，告知被害人可以参加诉讼。面对已经完成的辩诉交易，被害人表示对这样的局面并不满意。但法官还是站在了检察官这边，理由是因为案件的被害人数量庞大，大量人员的参与可能会给案件带来"媒体的过分关注"，从而使英国石油公司的声誉受损，导致整个案件带有人为因素的"偏见"。[44]法官认为，被害人实际上可以提交书面申请去参加量刑听证会，可以对辩诉交易当场提出反对意见。法官还表示，被害人可以在调查期间与检察官联系，从而参与到诉讼程序中。

后来在量刑听证会上，被害人的律师果然针对辩诉交易提出了反对意见，并质疑为什么被害人被排除在辩诉交易过程之外。在这之后，有134名被害人向法官提交了被害人陈述，描述了这场爆炸给他们的生活造成了什么样的影响。被害人陈述中也包含了那名工头的陈述，他除了描述他家人的遭遇和损失外，还表示出“难以言喻的愤怒”，因为“在爆炸后，被害人在医院、医生和护士们的辛苦抢救下存活了下来，之后却要因为英国石油公司而为自己医疗账单烦恼”。他表示：“这件事情告诉我们，英国石油公司不值得信任，因为这个公司不能信守承诺”。他还说：“如果英国石油公司还有脸向法官强调他们已经支付了所有的损害赔偿，那么法官就应该考虑，英国石油公司对已发生的并没有真正承担起责任”。[45]

六、环境诉讼

在涉企诉讼中，有关环境类的诉讼在数量上十分惊人。通过研究自 2001 年至 2012 年的涉企案件，有 1/4 的案件是环境诉讼（2016 起中的 502 起，占比 25%）。而现实中，所谓的环境违规行为可能涉及空气或水的污染、废弃物处理以及对鱼类等野生动物的保护问题。而这其中的每个领域都有详细的规定，一旦违反这些规定，那么随之而来的就可能是刑事处罚。例如，因过失而排放污染物，并且没有采取合理措施来防止污染，这就是一种刑事犯罪行为，而对那些主观上是“故意”的违法行为，法律将会加重刑罚。[46]

环境法案的专业技术性要求很高，所以美国司法部专门设立了一个环境和自然资源局，这个部门与环境保护局合作，专门处理涉及环境的案件。[47]环境案件中很少有暂缓起诉案件（255 起案件中只有 6 起），因为长期负责此类案件的检察官认为，环境案件要么由环境保护局以民事诉讼处理，要么就应以刑事案件定罪量刑。[48]此类刑事案件通常会以辩诉交易的方式来解决，而刑事定罪后处罚的严厉程度将取决于公司达成的辩诉交易。

那么话说回来，上文讨论的案件中，英国石油公司签订的辩诉交易协议具体内容是什么呢？这一切是否已成定局？协议要求英国石油公司承认自己有罪，支付5000万美元的罚金，并接受三年的暂缓起诉期限。关于公司犯罪的暂缓起诉，我们将在下一章具体讨论。所谓犯罪的暂缓起诉，即意味着这个公司必须向缓刑办公室提交书面报告，且任何新的违法行为都可能违反缓刑规定。虽然如此，被害人认为对于公司而言，这是一个有利协议。被害人向法官表示，应该在进行辩诉交易时允许他们提供意见，他们不满意如今的协议内容。然而，尽管联邦法官拥有相当大的权力，但对于刑事案件中双方达成的辩诉交易，他却没有什么作为余地。[49]虽然法官无权改写辩诉交易内容，不过在一些特殊情况下，法官可以驳回整个辩诉交易。事实上，曾经就有因为给予被告人“不当从宽”或者“违背公众利益”协议的案例，导致法官完全驳回了辩诉交易协议。[50]本案的被害人就可以针对他们的诉讼参与权受损这一问题，请求法官驳回。

2007年10月25日，英国石油公司在法庭上正式认罪。庭审中，被害人及其律师终于获准发言，他们要求法官驳回整个辩诉交易协议。被害人表示，他们不是为了钱；他们不需要刑事赔偿，因为大多数人已经向法院提起了民事赔偿诉讼。相比较赔偿，他们更希望能够阻止英国石油公司危及更多的生命。他们指出，该协议并没有强制规定公司必须设立公司监管员来监督公司的合规程序，确保今后不会再有工人受到伤害。此外，他们认为协议中规定的罚金太低了，并称整个协议“宽松得令人震惊”。[51]当月晚些时候，法官还是驳回了被害人的反对意见，并且在没有任何书面解释的情况下批准了辩诉交易协议，于是被害人提出了紧急上诉。

七、难道又是一次福特平托案

英国石油公司对其违反环境法案细则的行为表示认罪，但该公司是否会因更严重的事情而被指控，比如，事故中的人员伤亡？被害人律师说：“事实上，英国石油公司就是一个连环杀手”。[52]

早在 20 世纪初，联邦法院就指出：“企业如果因其不法行为造成人员伤亡，需承担对相关人员伤亡的刑事责任”。[53]但此后各州裁断却各行其是。直到 20 世纪 70 年代，才有几个州的法律规定企业在事故中需要对人员伤亡承担刑事责任，并且产生了一系列有参考价值的刑事判例。[54]但大多数州都与纽约州类似，即在法律条文中将非预谋杀人罪定义为：“一个人被……另一个人杀死”，而不包括类似企业这样的单位。[55]

最著名的企业杀人案就是福特平托（Ford Pinto）案。1977 年，媒体曾经报道称，由于油箱位置的设计问题，即使在相当轻微的追尾碰撞下，福特平托这类车也很容易起火。[56]根据福特公司的内部报告，面对石油危机的到来，福特公司的高管们急于出售一款小型节能汽车，这款汽车就是后来的福特平托。高管们其实知道这款车的油箱位置存在问题，却因为成本问题，放弃了修改方案。在这篇报道之后，美国国家公路交通安全管理局（The National Highway Traffic Safety Administration）立刻启动了联邦调查，许多因此受伤的被害人也提起了民事诉讼，他们当中的有些人获得了数百万美元的赔偿。[57]之后，福特公司对外公布，政府在一次撞车事故中发现，此款汽车存在“不合理的燃油泄漏风险”，福特公司最终下令召回此款汽车，要求经销商为该款车型的油箱添加新的防护罩。但在召回令发出之前的1978年，不幸的事情还是发生了，一辆福特平托在印第安纳州公路上，由于车尾被撞导致油箱爆炸，车上的三个女孩当场死亡。[58]

当地的检察官决定起诉福特公司——这也是全美第一次尝试因为生产不安全产品，追究一家公司的刑事责任。虽然是第一次尝试，但是州法院还是开了绿灯，让这个案件进入了审判程序。审理中，检察官认为福特公司有“向公众充分告知的义务”，因此检察官以福特公司涉嫌“过失杀人罪”向法院指控。[59]审判持续了大约一个月，在庭审中检察官向法庭出示了福特平托的具体设计细节，并且有数十名证人到庭作证。

在庭审几乎陷入僵局后，陪审团最终宣判福特公司无罪。之所以是这样的结果，可能由于陪审团成员认为，发生这样的事故是因为涉案汽车的车速太快，即使是一辆更安全的汽车也可能在撞车时发生类似的事故。[60]法官在判决后说：“我不会对这个正确的判决提出异议。”[61]而此时的福特公司，正在准备公司总裁——亨利福特二世（Henry Ford Ⅱ）的退休仪式，公司董事会成员都集合到了公司总部，当他们听说公司被宣判无罪时，当场鼓掌欢呼起来。[62]

现如今，法官在审理涉企案件时，都不愿意让公司因为非预谋故意杀人或过失杀人，而承担刑事责任。[63]而本案的检察官是以英国石油公司违反环境法并造成人员伤亡而向法院提出指控，这种指控看似保护了被害人权益，但这并不意味着之后检察官与公司达成的辩诉交易就一定适当。[64]

八、被害人陈述

正如上文所述，根据美国联邦法律规定，被害人的主要权利之一就是发表意见。受到爆炸或环境灾害影响的人会因为受到人身伤害而发表意见，那么如果是金融犯罪呢，被害人该怎么做？我想到一起金融犯罪案件，即世通公司案，该公司前首席执行官伯纳德·埃伯斯在该案中被判欺诈罪。一位被害人在庭审中做了陈述，他是世通公司的前员工和股东。他在陈述中诉说了他作为公司员工，因为公司涉诉而遭受“无法形容的创伤”。他不得不面对客户的“谩骂和猜疑”，这些客户在听到世通公司高层的不当行为后不再信任他。随着世通公司的倒闭，他失去了工作，也失去了自己的储蓄、医疗便利和退休福利，他希望他的陈述能反映出与他类似员工的经历，他们这些被害人“在这场灾难之后，生活变得破碎不堪，唯一能做的就是努力将生活回归正常”。[65]类似的书面陈述最后都会被送到缓刑办公室，为法官作出判决提供参考。

被害人也可以在量刑听证会上亲自发言，尽管他们也知道这不一定能够影响最终的判决。世通公司案中的被害人陈述，将有助于对抗伯纳德·埃伯斯的律师寻求宽大处理的辩护，也有助于对抗包括 150 多封来自伯纳德·埃伯斯朋友和家人的信件，这些信件中提到他曾经致力于慈善捐赠，由于涉诉导致他目前健康状况有所下降。

最后，法官认为，埃伯斯的律师寻求宽大处理的辩护理由不足以对抗欺诈行为的严重性，最终判处伯纳德·埃伯斯15年监禁。[66]

回到英国石油公司案，本案的被害人是否真正发表了意见呢？在被害人向第五巡回上诉法院提出紧急上诉后，上诉法官很快作出裁定，认为本案中辩诉交易所谓的保密违反了《犯罪被害人权利法案》，因为本案的被害人不到200人，而且很容易联系到他们。在作出裁定之后，上诉法院法官表示，他们确信之后“有良知”的地区法官将会花时间“充分考虑被害人的意见和担忧”。[67]

裁定作出后，法官终于允许被害人在2008年10月的一次听证会上发言——这次听证被安排在辩诉交易最终确定之前。[68]在听证会上，检察官们游走在表达对被害人的同情和捍卫自己的职责之间。他们说：“案件中死去的15条人命是无法挽回的，但是辩诉交易依然有效”。检察官承认，该公司没有遵守职业安全与健康管理局的要求（2007年他们曾告知过英国石油公司存在“重大问题”），但这种情况现在最终得到了解决。检察官强调有两个机构将作为监督机构（职业安全与健康管理局和得克萨斯州环境监管机构），后续监督并确保炼油厂得到修复。[69]如果英国石油公司未能遵守规定修复工厂，那么缓刑考验期将会延长。之后检察官并没有试图为罚款数额进行辩驳，只是称数额“足够的”。[70]

被害人反映，监管人员在修复英国石油公司的安全方面做得并不够。被害人暗示职业安全与健康管理总署与英国石油公司之间“存在私下交易，并且职业安全与健康管理局没有充足的资源来有效监督英国石油公司”。[71]主要问题仍然没有得到解决，设备的机械完整性也还没有经过测试，职业安全与健康管理局没有确保工人能够知晓整个炼油厂设备的基本安全情况，并且在这之后也一直没有记载具体改进的情况，后来直到 2012 年才有所记录。被害人还反映，职业安全与健康管理局早在爆炸案发生前几年，就已经对炼油厂进行了检查，以应对该厂先前发生的工人死亡事故，但依然未注意到“发生灾难性案件的可能性”。[72]自爆炸案发生后已经过去了三年多，英国石油公司告知他们改进工作仍然还需要几年时间。

因此，被害人要求设立一个独立监督员来监督公司是否真正在履行协议情况，英国石油公司的律师则反驳说，目前在升级设备方面已经取得了“良好进展”。[73]法官认为，英国石油公司和检察官的说法更具有说服力。职业安全与健康管理局也将此案作为“典型案例”来宣传其工作方法。[74]如上文所述，法官无权“改写辩诉交易协议”，只能“以协议有缺陷，从而驳回协议”。[75]所以当被害人提议法官可以先接受协议，然后再规定特殊的缓刑条件，如设立独立监督员或特殊专家，以确保公司履行协议时，法官拒绝了这样的提议。

最终法官维持了辩诉交易协议，其中包括 5000 万美元的罚金和三年的缓刑考验期，但不包括被害人提出的特殊缓刑或监督。可以肯定的是，英国石油公司必须遵守得克萨斯州环境监管机构和职业安全与健康管理局达成的协议，以改善炼油厂的安全条件。[76]到 2007 年年末，英国石油公司已向被害人支付了 16 亿美元的赔偿金，并向职业安全与健康管理局支付了 2140 万美元。[77]英国石油公司还花费了 10 亿美元用来改善炼油厂的安全状况，并且未来还将花费数十亿美元。[78]

实际上，英国石油公司所支付的罚金应该不止5000万美元。主要是因为英国石油公司被定罪所依据的刑法规定存在最高限额，这项规定的最高罚款额度只有5000万美元，但根据一项名为《替代性罚款法案》（Alternative Fines Act），法院可以责令公司支付高达两倍的“总损益”。[79]计算的基础可以是爆炸发生前几个月或前几年炼油厂的利润，也可以是对人身和财产造成的损失。当时英国石油公司在全球财富500强企业中排名第2，市值达2250亿美元，年利润超过200亿美元，它绝对能够支付更多的费用。[80]

被害人指出，英国石油公司基于“经济形势不好（和经营的工种属于高危产业）的情况”，已经获得了每年1200万美元的地方政府财产税减免，“但是协议中要求支付的罚金比工厂两年要缴纳的财产税还要少”。[81]经过数据搜集，我发现，这5000万美元罚金并不是涉及环境案件中最大的一笔罚金。阿拉斯加州（Alaska）的瓦尔迪兹（Valdez）漏油事故发生后，埃克森（Exxon）公司支付的刑事罚金就比本案要多，高达1.25亿美元，而该事故中无人员伤亡。有趣的是，在瓦尔迪兹案中，法官拒绝了最初的1亿美元辩诉交易协议，法官认为漏油事故的严重性“超乎寻常”，并说：“我担心较低的罚金会发出错误信息，即暗示石油泄漏而产生的罚金是可以被吸收的商业成本”。[82]可惜得克萨斯城炼油厂爆炸案的法官采取的是不同做法。[83]

九、一犯再犯

在英国石油公司最后一次辩诉交易听证会前一个月，又有一名工人在得克萨斯城炼油厂死亡。英国石油公司辩称，工厂之前只发生过两次这样的安全事故；但被害人指出，这样的事故“起码”有30次。他们指出，那些负责安全措施的关键员工和爆炸前一样，没有受到惩罚，仍在安全工作岗位上，或已升职或退休，并享受着优厚的福利。[84]工头在他的被害人陈述声明中称：“这份辩诉交易协议只是让公司从他们赚取的数十亿美元中拿出几块钱，然后就原谅公司，让公司继续违规生产。这不是正义，也不是惩罚，更不公平”。[85]

被害人还指出：依据过去的“安全事故记录”，本应加重对公司的惩罚，但英国石油公司作为一个惯犯，却只被要求提供“改过自新、缴纳罚金、在缓刑考验期予以监管，承诺做得更好”。[86]2006年3月，阿拉斯加州输油管道的漏油事故导致美国最大的油田关闭，[87]英国石油公司因为违反《清洁水法案》（Clean Water Act），支付了1200万美元的罚金，外加向当地社区支付800万美元，以资助环境研究，并被判处三年缓刑。英国石油公司在2007年10月宣布认罪，几乎是在因得克萨斯城炼油厂爆炸案而被起诉后认罪的同时。[88]巧合的是，英国石油公司在2007年10月还有第三起案件：它的北美分公司因为卷入得州丙烷市场的商品和电信诈骗案而达成了一项暂缓起诉协议，所以需要支付1亿美元的刑事罚金和2亿美元的民事罚金和赔偿金。[89]

被害人认为：“英国石油公司依然我行我素”。[90]即使在爆炸案发生后，“也没有采取任何有意义的行动，使该厂能够严格遵守联邦法律”。被害人的结论是：“只有通过审判系统的严格监督，才会使该公司发生有意义的改变”。消费者权益倡导者也对这一辩诉交易表示愤怒:“这些看似宽容的检察官走进法庭后，所做的事情就是告诉所有人，在他们看来人命比不过英国石油公司一天的利润”。非盈利公民组织（Public Citizen）负责人说:“一个民主国家不能容忍双重标准的司法正义，即一套针对街头犯罪，另一套针对公司犯罪”。[91]

被害人的抗议被驳回，辩诉交易获批准，英国石油公司并没有真正对炼油厂进行修复。职业安全与健康管理局终于反应过来，它认为在爆炸发生后，英国石油公司“无视危险，仍然让数百种潜在危险继续存在，并且潜在危险有增无减”。[92]这种状况和被害人之前所陈述的几乎一样。美国职业安全与健康管理局在2009年向英国石油公司发出了数百份消除危险的通知函，又发出了数百份没有遵守行业安全控制的“故意违规”公告，处罚金额超过8700万美元。[93]然而，这并不能减少炼油厂工人死亡的数量。2006年7月22日，一名劳务派遣工被压死在“高空作业升降机和管架”之间。2007年6月5日，一名劳务派遣工“因照明线路事故触电身亡”。2008年1月14日，一名工人因压力容器顶端爆炸身亡。2008年10月9日，一名劳务派遣工被一台前端装载机撞倒，最后伤重身亡。

上述事故中有两起事故仅仅是在爆炸案发生后的几个月内，于是环境保护局与英国石油公司在2010年12月达成了一项民事和解协议，其中包括对英国石油公司处以1500万美元的罚款，并要求其在三年内定期报告炼油厂发生的泄漏和火灾事故。[94]虽然人们可能认为刑事案件比民事案件更需要法官的监督，但事实上法官在民事案件中能够发挥更大的作用。法官可以根据最终的结果是否“公平，合理，符合法律或法规目的”，从而决定是否批准民事和解协议。[95]

法官虽然一般会遵从主管机构的和解协议，但可以审查其条款，举行听证会并考虑公众的意见。即使最终签订了和解协议，法官的作用也不会就此终止，因为法官还将监督协议的执行情况，以及所引发的纠纷是否被解决。我们认为这种更加广泛的司法监督机制，也应该用在涉企刑事和解中。

在解决此案时，环境保护局引用了英国石油公司改善炼油厂的计划，预计需要花费近 20 亿美元。[96]该机构指出，由于英国石油公司在 2005 年违反了与职业安全与健康管理局签订的协议，因此在 2010 年花费了 5 亿美元进行改善。[97]环境保护局宣称："协议中的 1500 万美元的罚款是如此之大，可以对英国石油公司的子公司和其所在的社区带来强大威慑力，以防止在未来继续发生违反合规行为"。[98]但是该署没有提到相比在炼油厂爆炸后支付的 5000 万美元，这 1500 万美元罚款实在太少，这个和解显然不具有"强大的威慑力"。

这次英国石油公司依然没有被提起指控。被害人再次四处宣告，声称他们的主张一直都是对的，既然英国石油公司违反了暂缓起诉协议，就应该立即被提起指控。然而，此刻重新提出刑事指控或者寻找英国石油公司违反哪些暂缓起诉规定，都已经无济于事。司法部确实曾考虑采取更强硬的措施，比如，在 2010 年年初通知英国石油公司："如果它不能解决违规问题，并使得职业安全与健康管理局满意，那么政府很可能会撤销暂缓起诉和（或）延长考验期"。然而，司法部最终还是以"时机不对"为由，未采取这些措施。这样一来，相当于延长了英国石油公司修复炼油厂的时间。[99]一位原环境保护局调查员向媒体抱怨说，环境保护局和司法部都屈服于英国石油公司的金钱压力，他形容道："当时我仿佛能闻到了炼油厂水里的血腥味，但这些人想的却是把水抽干"。[100]相较过去，现在的被害人可能有更大的权利，能在法庭上发表意见，但即使如此可能还是不会改变检察官对案件的看法。

十、谁是被害人

被害人应该有发言权，但界定谁是被害人并不总是像英国石油公司案那样简单。2004年颁布的《犯罪被害人权利法案》规定，检察官有义务通知被害人参与诉讼，并允许被害人在法庭上发表意见。但是法案明确规定了享有这些权利的被害人范围，必须是因犯罪行为而"直接"受到伤害的人。[101]现实生活中，有些涉企案件可能没有明确可识别的单个被害人（如跨国公司的贿赂行为）；还有些案件中，公司损害的是美国财政部的利益（如税务诈骗）或破坏了环境（如污染案件），或者是公司虽然帮助了犯罪分子，但根本没有明确的被害人（如洗钱案件）。

即使是有直接被害人的案件，认定特定的人是否受到了伤害也是难题。比如，在得克萨斯州的另一家炼油厂的环境诉讼案中，希戈公司在2007年因排放有毒物质被定罪。在宣判时，检察官认为，附近社区的300多名居民一直暴露在含苯这种有毒物质排放的环境中，这些人员应该作为被害人获得赔偿。希戈公司向法庭提出动议，要求排除这些"所谓的"被害人。最初，法官裁定这些人不具备被害人资格，因为没有证据能够证明炼油厂排放物损害其健康。这些人中大多数都是老年人，有吸烟史或有其他疾病，所以他们的伤痛有可能是由于其他因素造成。[102]一年之后，这些人试图提出新的论点，但原审法官说已经太迟了。之后，这些人提出上诉，上诉法院认为，《犯罪被害人权利法案》并未规定“时间限制”，推翻了原审法院的裁定，要求法官进一步审理。[103]

之后，法官逐渐被这300名居民的证词所感动，他们说：“他们的症状包括眼睛灼热、口中有异味、鼻子灼热、喉咙痛、皮疹、呼吸急促、呕吐、头晕、恶心、疲劳和头痛”，因此法官裁定这些人有做为被害人的资格，有权在量刑阶段向法庭提供被害人陈述、请求获得赔偿和对他们的健康进行医学监测。[104]虽然希戈公司在2007年就已经被定罪，但在近7年后，法官终于完成了对800多份被害人陈述的审查。政府要求公司支付2500万美元赔偿金，但法官认为计算赔偿金太复杂，没有裁定公司需要向被害人支付赔偿金。[105]直到本书撰写之时，该案的被害人仍在上诉中。

十一、民事诉讼

当被害人无力聘请律师，无法获得民事诉讼赔偿时，要求企业支付赔偿金就显得尤为重要。但是在许多涉企案件中，被害人还会单独向法院提起民事诉讼，而企业知道，一旦它与检察官签订辩诉交易协议，可能就意味着承认自己存在不当行为，这种自认相当于给在民事诉讼中的被害人提供了反击的弹药。[106]这种同时面对多种类型诉讼的情况，律师将之称为“平行诉讼”（Parallel Litigation），这些诉讼可能包括刑事诉讼和民事诉讼，甚至可能包括各州和联邦的刑事诉讼和民事诉讼。对于检察官来说，从来没有哪个案件需要赔偿这么大批被害人，对于监管机构来说，也是第一次收取如此庞大的金额。[107]为防止再次发生类似安然公司丑闻而通过的《萨班斯—奥克斯利法案》，赋予美国证券交易委员会权力，让它有权为证券欺诈被害人募集资金，目前美国证券交易委员会正管理着数百万美元的资金，专门用来补偿受害股东。[108]

直至目前，官方从未公布到底有多少家企业在起诉时面临“平行诉讼”。通过收集全美自 2001 年至 2012 年共 255 起涉及暂缓起诉或不起诉协议的涉企诉讼数据，发现面临平行诉讼的案件有 93 起，占总数的 36%。虽然并非所有民事和解方案都是公开的，但在这些案例中，可以确定 61 亿美元的民事和解金额，该金额远远超过了检察官提出的 40 亿美元刑事罚金。即便如此，虽然行政执法和民事诉讼的赔偿要求比刑事罚金多，但是刑事罚金却可以弥补民事赔偿或行政执法的不足。

这些大型企业的民事诉讼中，有一部分存在集体诉讼。在我们收集的这 255 份涉企诉讼数据中，至少有 35 起案件存在集体诉讼。所谓集体诉讼，即一个人代表整个被害人集体而提起的诉讼，而被代表的集体人数可以达到数千甚至上百万人。采取集体诉讼的一个主要目的就是效率。如果一群人在同一个案件里受到损害，那么就没有必要要求每个人雇用律师并分别提起诉讼。如果有 100 万名股东由于证券欺诈而每个股东只损失了 15 美元，那么没有人会费尽心力为了 15 美元而单独提起诉讼。但是如果他们提起集体诉讼，那么涉案公司可能一下子需要赔偿共计 1500 万美元金额，没有哪个律师愿意错过涉案金额多达 1500 万美元的案件，律师们将会尽心尽力地处理此案。

法律也明确规定了法官批准集体诉讼的标准。例如，参与案件的律师和被害人代表必须是集体的公平代表，并且所有被害人都必须具有共同的利益主张。例如，在计算机协会案（Computer Associates）中，被害人在证券欺诈刑事诉讼期间提起了民事集体诉讼。这场刑事诉讼帮助从 1998 年年初至 2002 年年初购买该协会股票（或股票期权）的股东们拿到了 2.25 亿美元的赔偿金。检察官因此要求设立专业人员确定如何分配资金，而负责此次分配计划的就是赫赫有名的肯尼思·费恩伯格（Kenneth Feinberg）。他以擅长管理复杂的集体诉讼基金和政府赔偿基金（包括“9·11”事件中的被害人基金）而闻名。[109]可是在检察官征求这些股东们关于如何分配这些基金的意见时，没有得到任何人的回应。[110]于是费恩伯格提出了具体的资金分配计划，后来也得到了法官的批准。[111]这项计划要求设立一名专家担任顾问，用以计算计算机协会的股票因证券欺诈的涨幅。同时，想要拿到这笔赔偿金的被害人必须提出索赔证明，表明他们确实在这个时间段内购买了股票，这项计划一公布，立马就有近 10 万名被害人做出了回应。这项计划同时要求聘请另一家公司专门负责分发这笔钱，如果发生因人为失误而导致被害人获得不正当赔偿时，还会找来会计师进行核对。[112]就在这项计划公布后不久，与刑事诉讼并行的民事集体诉讼也迎来了尾声，双方最终以数百万美元的价格和解。被害人当然无法获得双倍的赔偿，因此他们必须在集体诉讼赔偿和刑事诉讼赔偿中作出选择。[113]

如果企业因为管理不善而受到损害，那么企业也有可能成为被害单位，股东能以某种方式提起诉讼，从而使企业自身受偿，而不是如上文所说的个人受偿。这种形式叫作股东代表诉讼，目前至少有20起暂缓起诉案件中的企业面临股东代表诉讼。之所以称股东代表诉讼，是因为提起诉讼的个体虽然是股东，但名义上代表公司，诉请损害企业的管理人员对公司给予赔偿。例如，在百时美案中，美国制药业巨头百时美与美国证券交易委员会签订了暂缓起诉协议与和解协议，公司需要缴纳1亿美元的民事罚款，并向股东赔偿5000万美元。与此同时，股东还以公司名义提起了8名股东代表诉讼，这些诉讼最后全部被合并在纽约南区法院审理，并最终达成和解。还有一系列的诉讼是股东以公司名义，向普华永道提起了股东代表诉讼，仅仅因为普华永道曾经审计了公司的账簿。[114]在这些股东代表诉讼中，有些通过和解得以解决，而有些则被法院驳回。[115]股东为什么愿意提起这种诉讼呢？因为股东可以通过这种方式，聘请律师帮助企业获得赔偿，间接帮助股东获益。

那么问题来了，检察官或者法官们该如何处理这些同时存在的平行和交叉诉讼呢？事实上，法律没有明确的规定该如何处理。目前看来，处理这类问题的一种方法是让一位法官合并处理相关诉讼。例如，在美国礼来制药公司案中，当礼来制药公司因为公司研制的再普乐（Zyprexa）药品存在成瘾性而被指控时，案件被害人已经与公司达成了10亿美元民事赔偿的和解协议。[116]检察官在刑事诉讼里又要求公司支付10亿美元赔偿金。[117]纽约东部地区的一名法官被要求合并处理所有针对礼来制药公司的案件，以确保所有被害人获得赔偿的同时，不会有人获双重赔偿。相较于合并处理，有些法院则认为，在一些特定的案件中，这种做法太过于麻烦反而无法真正赔偿到位。比如，在一个案件中，《新闻日报》（Newsday）和《今日》报业（Hoy）同意向美国上交 1500 万美元的没收财产数额，法官驳回了让他们向 30，724 个商业广告商提供每人约 25 美元——总额为 596. 6 万美元的赔偿金提议。[118]法官认为，这样的赔偿金虽是法律要求强制支付，但将干扰甚至延长审判程序。[119]而且这些被害人在一年内有机会进行索赔，一年后如果无人索赔，那么这 1500 万美元将直接被分发给执法部门。[120]（与没收财产不同，那些无人认领的罚金不是归入执法部门，而是归入美国财政部）[121]当人们在庞氏骗局中损失大量金钱时，他们很快就会提起诉讼并积极参与。相反，如果按照那个被驳回的提议做法，即发邮件给这些被害人，告诉他们通过填写表格，他们将从诉讼中获得 25 美元，那么大多数人都会觉得麻烦。

在民事集体诉讼中，律师代表被害人参与诉讼，并且根据联邦法规向被害人告知相关事项。此时法官必须履行监督职责，对全过程进行监督，作出任何决定之前都必须再次告知被害人。然而，这些保护措施在刑事案件中根本不存在。涉企刑事诉讼往往存在巨额赔偿金，相比刑事赔偿金，民事罚款的数额相形见绌。在刑事案件中，如果有多名被害人难以找到或者到场，法官完全可以任命一名特殊专家从旁协助，也可以“遵循合理、正当的诉讼程序”，可惜的是对于此，目前没有任何明确的规定。[122]司法制度应该确保被害人得到充分的告知，并且保证被害人被充分代表以及协调好与刑事案件并行的民事案件。法学教授戴维·贾罗斯（David Jaros）和亚当·

齐默曼（Adam Zimmerman）也对司法现状颇有微词，他们认为涉及刑事赔偿金的诉讼就像是“刑事集体诉讼”，应得到与民事集体诉讼相同的保护。[123]同时也应该针对“烦琐的刑事赔偿金问题”制定与民事集体诉讼一样的告知程序，这样操作起来才既有保障，又清楚明了。

十二、被害人在暂缓起诉中扮演什么样的角色

上文我们提到，法官一般应当批准辩诉交易协议，联邦法律规定被害人在刑事案件中有一定的诉讼权利，但是这些诉讼权利能否干预或者反对暂缓起诉协议呢？众所周知，暂缓起诉协议是在法庭上达成的，但法官对此的监督有限；而不起诉协议根本不会在法庭上达成，被害人也没有机会参与其中。因此，当被害人遇到损害自身权益的协议时，即便他们想反对，也根本没有办法提出反对意见。

然而，总有第一个吃螃蟹的人。哥斯达黎加国有电力公司（Instituto Costarricense de Electricidad）在一起案件中，有人针对暂缓起诉协议提出反对意见，他们称公司是阿尔卡特朗讯受贿案（Alcatel-Lucent）的被害人。当时阿尔卡特朗讯因为旗下三家在哥斯达黎加的子公司违反了美国《反海外腐败法》，已经达成了一项暂缓起诉协议并表示认罪。但案件承办检察官却认为，哥斯达黎加国有电力公司的员工和董事都接受了阿尔卡特朗讯的贿赂，从而使阿尔卡特朗讯获得电信合同，现在电力公司却要求作为被害人获取赔偿，有些不妥。即便如此，检察官还是将哥斯达黎加国有电力公司列为被害人之一，给予了向其通报案件进展的权利。

在2011年的听证会上，哥斯达黎加国有电力公司辩称“此案涉及全球范围内的腐败”，但美国司法部拒绝将赔偿金支付给公司。[124]他们说，哥斯达黎加国有电力公司仅有少数雇员参与贿赂，已经“移交法办”。[125]并且还宣称，主要电信线路采购由于贿赂丑闻从未交付，之后也与哥斯达黎加政府达成了1000万美元的和解协议。[126]检察官在听证会上强调：“我们此刻讨论的不是和解协议，而是涉及1.47亿美元的判决。这也是自《反海外腐败法》公布以来涉案金额最大的判决之一”。[127]

面对此案，法官提出疑问——案件被害人到底是谁?[128]是哥斯达黎加国有电力公司还是公司员工？证据表明，甚至连哥斯达黎加国有电力公司的高层也接受了贿赂，“基本上就是‘全员受贿’”。[129]法官得出结论，认为没有必要弄清楚受贿的人是谁。之后案件上诉至第十一巡回法院，法院维持原判并裁定：“凡参与贿赂者皆不是被害人，无权获得赔偿”。[130]

当然也有外国被害人得到赔偿的案件。比如，在一起案件中，检察官同意不起诉美国雪佛龙公司（Chevron），因为该公司违反了联合国之伊拉克“石油换食品计划”。即使该行为是在萨达姆·侯赛因控制伊拉克时实施的，该公司还是同意向伊拉克发展基金（The Development Fund of Iraq）支付2000万美元，用于赔偿伊拉克人民。[131]

十三、企业的社区服务

企业在诉讼后愿意履行社区服务义务的数量不多，并且相比派出员工去社区清理涂鸦或捡垃圾而言，这些公司宁愿向社区汇款。在环境类案件中，企业会向一些环境清洁组织或团体捐款；或者赞助国家渔业和野生动物基金会（National Fish and Wildlife Fund）。据统计，企业向社区平均捐款金额为160，500美元，但是经我调查发现，只有12%的被诉企业向社区汇款（2262家公司中有262家）。汇款最多的是英国石油公司（创下纪录的27.5亿美元），排名第2的是阿尔法自然资源公司（Alpha Natural Resources）（4800万美元），第3是美国国际集团（2500万美元），第4还是英国石油公司（2500万美元），第5是罗得岛州蓝十字蓝盾协会（Blue Cross Blue Shield of Rhode Island）（2000万美元）和通用再保险公司（General Reinsurance Corp.）（1950万美元）。其中一个创新做法是国际电话电报公司（International Telephone and Telegraph Corporation），它被弗吉尼亚州西区联邦检察官办公室指控未经许可出口机密的夜视技术，损害了美国军方的技术优势。于是该公司达成协议，允许将部分罚金用于改善美国夜视技术研究。

除了汇款，企业有时候还会向特定的社区道歉。比如，风格工艺家具公司（Style Craft Furniture）承认其违背了国际条约，公司生产的婴儿床产品原材料是来自印度尼西亚进口的保育材料，公司愿意在中国采用汉语、在美国采用英语刊登广告，承诺之后公司所有的木材供应都会采取合法渠道，同时敦促其他制造商也这样做，在兼顾自己商业利益的同时，也要为后辈子孙保护好森林资源。[132]

企业也会从事传统的社区服务。比如，在一起非法出口的案件中，公制设备销售公司（Metric Equipment Sales，Inc.）被要求由其员工提供250小时的社区服务。再如，在一起案件中，罗德岛州的罗杰·威廉姆斯医疗中心（The Roger Williams Medical Center）被要求为穷人提供医疗服务。[133]正因为检察官有时候无法判断什么样的社区服务更有益于社区，所以司法部发布最新政策，要求停止在社区服务中执行“新奇做法”。[134]但这并不意味着社区服务失去其作为量刑一部分的重要地位，而是社区服务内容必须要与弥补被害人所遭受的伤害有关。

十四、公共利益

和解协议是否能够被法官批准的前提，就是看这个协议是否符合公共利益。默克公司（Merck）作为美国一家大型制药公司，曾因为研发一种名叫万络（Vioxx）的止痛药而面临着大量诉讼，该药增加了心脏病发作和中风的危险，最终于2004年撤出市场。基于被害人提出大量的反对意见，法官不得不推迟了公司提出的和解程序，尽管默克公司已经设立了8.5亿美元的和解金赔偿被害人，并且在诉讼中已经花费了19亿美元的诉讼费用。[135]最终，法官于2012年4月批准了这个和解协议，并指出：“我之所以会批准这项协议，是因为目前这项协议符合公共利益”。[136]

相较民事案件，刑事案件中的法官面对辩诉交易时，也会将公共利益纳入考虑。在一起医疗保险诈骗案件中，外固定支架医疗设备国际公司（Orthofix International N. V.）申请批准一项暂缓起诉协议，并由旗下的一家子公司承担责任。主审法官提出：“在这种情况下，法院的双手似乎不应该被束缚……我非常不愿意将公司的刑事犯罪行为像民事案件一样对待”。[137]六个月后，法官驳回了认罪协议。这个协议内容是，公司承担近800万美元的罚金和5年缓刑。法官驳回的理由是，这个协议未能体现对公共利益的维护。[138]

我们应该重新考虑被害人参与涉企诉讼的方式，因为被害人一方代表的是公共利益，即使法官没有考虑他们的意见，但有时候被害人的意见真的会对案件产生影响。当被害人可以通过民事诉讼获得赔偿时，他们几乎就不再需要参与刑事赔偿部分，但是在目前的法律框架下，被害人对辩诉交易条件的影响力依然是无可替代的。法学教授理查德·A. 比施巴赫（Richard A. Bierschbach）和斯蒂芬诺斯·比巴斯（Stephanos Bibas）认为，在改善量刑程序方面，公众参与可以发挥更大的作用。[139]在涉企诉讼中，这一作用尤为突出。如前所述，在民事判决中，法官必须考虑公共利益，公众意见与和解协议的公平性。一旦达成和解协议，法官需监督协议的执行。所以我认为，在刑事案件中，法官也应仔细考虑公共利益，对暂缓起诉协议的签订起到监督作用。所以在本书第十章，着重讨论了对辩诉交易协议和暂缓起诉协议进行司法监督的可行性。应制定相关规则，确保被害人能够真正参与其中，确保协议的公平性。同时，大众或公共利益团体也应该获得机会参与其中，发表观点。

十五、马贡多案

马贡多（Macondo）是加夫列尔·加西亚·马尔克斯（Gabriel García Márquez）的小说《百年孤独》中描述的一座虚构城镇，位于哥伦比亚。书中这个虚构城镇原本是个沿河而建的小镇，后来因为栽种香蕉致富发展成为大都市。结果仅仅过了七个世纪，一场飓风摧毁了这个城镇，一切又回到了原点（如有“剧透”，在此致歉）。

美国的墨西哥湾有一口油井，位于路易斯安那州海平面以下5000英尺，巧的是这油井就叫马贡多石油勘探井（Macondo Prospect），命名油井的人可能没有想到这个虚构小镇的悲惨结局。后来通过调查才知道，这口油井也是上文提到发生爆炸案件的英国石油公司的财产。[140]选择这个名字，要么是公司没有读过马尔克斯的这本书，要么就是公司存心开玩笑。

这个名字只是有不好的征兆，并不代表这个油井也会和书中小镇一样发生问题，但是得克萨斯城炼油厂发生爆炸后，英国石油公司员工就曾多次劝告公司：“如果再不修正错误，公司未来可能还会再发生灾难性事故”。果然，在得克萨斯城炼油厂爆炸案发生后几年，2010年4月20日晚上，大量的水、石油和天然气从“深水地平线”钻井管道中喷涌而出。“深水地平线”是英国石油公司的一个巨大移动式近海钻井平台，当时正在马贡多油井钻探。

在几次爆炸后，油井的大火燃烧了一天半，“深水地平线”平台随后也沉入了墨西哥湾。这次事故一共造成了11人死亡，其他员工则通过救生艇撤离或跳入水中求生，附近的船只也努力帮助营救了许多人。爆炸后，数英里外都能看到事故现场的燃烧火球，直到涉事油井被加盖密封前，油井已经持续漏了几个月的油。[141]据初步反馈：“爆炸发生的原因是出现了无法检测到高压，警报也出现了故障等问题”，这些问题与之前导致得克萨斯城炼油厂爆炸的系统性问题非常相似。

随后，总统委员会发现，“管理和沟通的潜在问题”导致了这场灾难。这些“系统性问题”非常严重，以至于“整个工业的安全文化都受到质疑”。[142]总统委员会强调，本次事故中“企业文化起到了重要作用”，并指出英国石油公司“缺乏安全意识的企业文化”，之前的得克萨斯城炼油厂爆炸案也可归咎于此。[143]总统委员会在另一项报告中指出，英国石油公司的“企业文化”已深陷“无视风险、削减成本”泥淖之中，一旦发现“有机会节省成本从而获取利益时，公司肯定会倾向于节省成本”。[144]所以说，这不是不可预测的事故，而是根植于企业文化中的系统性问题。事故发生前，被害人曾一再呼吁，如没有独立的监督员或外部人员来确保公司改革进行，类似的意外还是会发生。

这次石油事故的被害人提起了诉讼，英国石油公司为此设立了数十亿美元的赔偿资金。检察官也开始对英国石油公司的员工进行调查，逐步向真相迈进。2012 年 4 月，英国石油公司的一名工程师被控妨碍司法公正，因为他事后删除了泄漏初期发送的数百条短信，这些短信讨论了泄漏石油的具体含量。[145]由此产生的刑事指控表明，泄漏的石油含量可能不止公布的那么点。通过从工程师苹果手机中恢复的短信来看，英国石油公司高层显然也知道这件事，但是公司从未公开承认过。其中一些被删除的短信显示，工程师和其他人都知道在 2010 年 5 月尝试的第一次阻止措施“封顶法”（Top Kill）是行不通的。[146]但是英国石油公司却在向公众保证这种阻止手段的成功性很高。

与此同时，英国石油公司的麻烦接踵而至。该公司在美国印第安纳州怀亭市（Whiting, Indiana）的一家炼油厂因排放违规而被起诉。尽管英国石油公司再次违反了事先与环境保护局达成的和解协议，但仅仅支付了800万美元的罚款。[147]通常来说，惯犯受到的惩罚应该是越来越重，但是英国石油公司这次的违法行为却没有遭到刑事指控。

这起“深水地平线”案最终于2012年11月结案，英国石油公司与联邦检察官达成了辩诉交易，公司认罪并支付了有史以来最多的刑事罚金——12.56亿美元。英国石油公司承认自己多个行为违法，其中包括违反《清洁水法案》、妨碍国会调查，以及过失致船员死亡（和福特平托案很像）。[148]同时英国石油公司还同意支付有史以来最大的社区服务汇款金额：向国家渔业和野生动物基金会支付24亿美元，以及向国家科学院支付3.5亿美元。

英国石油公司还因误导投资者受到指控，最终需要向证券管理委员会支付约5亿美元。[149]与此同时，被害人提起的集体诉讼可能导致公司需要支付近80亿美元的和解费用。不过相比公司还需向监管机构支付超过170亿美元的环境民事罚款，刑事案件中支付的一切费用犹如九牛一毛。正是这些因素导致该案审判尤为冗长，各方都在争议公司是否需要因为“严重疏忽”而支付更高的罚款。与其他罚款相比，刑事罚金真的显得微不足道。

在得克萨斯城炼油厂爆炸案中，被害人当时要求法官给予英国石油公司更多的制裁和监督，五年后，这起案件的承办检察官也提出了同样要求。最终，英国石油公司被处以五年缓刑，并被要求雇用两名合规监督员，任期四年：一名负责监督安全程序，另一名负责确保公司行为的道德和合规性。事实上，英国石油公司需要做的还有很多，包括在60天内修正漏油应急计划，以后每年都需要进行漏油应急演习，创建新的合规计划，聘请外部审计师，以及在网上发布与事故有关的经验教训，公开年度报告和安全事故的信息。政府也明确在一年内暂时不与该公司与签订任何新合同。[150]这些措施是否能够真正改变英国石油公司无视风险、削减成本的企业文化，还有待进一步观察。

综上所述，英国石油公司案例告诉我们，在涉企诉讼中，被害人往往是局外人。相比刑事罚金，主管机关的执法和民事诉讼赔偿，可以为被害人提供更多的赔偿。作为公共利益的代表，被害人有权发声，但他们的意见一直遭忽视。除非公司作出根本性改变，被害人无力使公司承担其责任。下一章我们将把重心转向法官，探讨法官是否可以通过量刑指南，更好地让公司负责。根据上文所述，现实中，法官可能会忽略被害人意见，不愿审查检察官与公司之间的辩诉交易。不幸的是，正如下一章讨论的那样，造成这种司法矛盾的主要原因之一就是量刑指南，因为现实中几乎没有关于如何正确裁判企业犯罪的量刑指南。

在写这本书时，得克萨斯城的居民仍在起诉英国石油公司。因为在墨西哥湾发生“深水地平线”泄漏的同时，得克萨斯城的那家炼油厂违规排放了50万磅有毒化学物质，其中包括一氧化碳和苯。当地超过5万名居民提出了单独或者集体诉讼，在这些诉讼中，他们都提到排放物使他们感到不舒服。[151]据报道，目前英国石油公司正在出售得克萨斯城炼油厂。[152]

令我记忆深刻的是，“深水地平线”灾难发生后，媒体又去采访得克萨斯城炼油厂爆炸案中的那位工头，被问及他对这次漏油事故的反应时，工头的观点很简单：“公司以后还是会这么做。如果有人受伤，他们只会花一点钱解决，然后一切照旧。”[153]

第六章　赏罚并举

“我们无罪，誓死不改。”安达信案量刑前听证会上，该公司代理律师掷地有声，“这不是挑衅……我们坚信团队清白。”2002 年 10 月，安达信劫数已定。一年前，它还位列全球五大会计师事务所，如今，安达信徒剩空壳一副，只留员工千余，上市公司审计业务也画上句号。“终结安达信的并非政府，而是管理不善”[1]，检察官建议缓刑 5 年，并处 50 万美元罚金。

公司被判处有罪意味着什么？公司如何被处罚？量刑指南当属联邦法官回应这一问题的首选。根据最高法院判例，刑罚宽严悉由法官自由裁量，但尺度大小归量刑指南统筹，实务中也确实如此。[2] 量刑指南 1987 年施行，规定了自然人犯罪的量刑，采网格式体例：横向 6 行，依被告人的犯罪前科逐一排序；纵向 43 列，严格依法对犯罪恶性予以评级，[3] 列明量刑基准点。若额外命中几个基准点，量刑可能翻番。由于很多规定并不适用于公司，法官会依据量刑指南中的组织量刑专章作出裁判，不过量刑基准点仍具参考意义。[4] 检察官可依据组织量刑指南，与公司和解。在公司犯罪案件中，和解结案抑或庭审裁判，从宽处理精神一脉相承，这一做法在量刑指南的架构中也能得到呼应。

法官以妨碍司法公正罪对安达信处以50万美元的法定最高额罚金。[5]根据量刑指南，法官应基于犯罪轻重及公司实情确定罚金数额。公司若能认罚、自首或建立有效合规，即可获从轻处理。安达信则咬定无辜，拒不认罪。法官认为，安达信违反美国证券交易委员会认可令在先，已构成累犯。除判处罚金刑，法官还指令安达信保留全部文件，退出审计业务，披露犯罪记录。安达信风光不再，罪名缠身。2005年，最高法院推翻原审判决，还其清白。[6]彼时，安达信已然破产，翻案亦无力回天。

一、公司犯罪赏与罚

要想规训公司，“胡萝卜”（赏）和“大棒”（罚）是否缺一不可？惩罚犯罪分子的“大棒”多是长期服刑。对于青少年、初犯，刑法会网开一面，给他们悔过自新的机会。在某种意义上，公司可类比儿童，因二者都不会坐牢。法官可判令公司缴纳罚金或作出整改。公司若能主动举报犯罪、积极配合，也会得到“胡萝卜”，减少罚金，而这一奖励措施也可起到预防犯罪作用。

检方恩威并施政策一旦就位，自由裁量的行使路径便几乎无章可循。以2011年强生公司案为例，该案中，检方认为强生公司合规计划“卓有成效”。即便确可基于此酌情考虑，该计划也未能阻止犯罪，谈何奏效？检方罗列出11大项、5小项“酌情考虑”因素，构建企业合规、配合交代罪行赫然在列，但各因素之作用却略过不表。[7]在涉企案件中，合规评价标准语焉不详，若追诉雇员，公司大多消极应付。尽管如此，检方仍从宽办理，不予起诉。即便被害人不依不饶，和解协议一般难以撼动。

检察官重在全盘考虑，法官则更关注刑罚的震慑效力，慎用赏罚。判决既出，起码逻辑上足以自圆其说，更何况被告人有权提出上诉。然而，在决定对公司的判罚时，法官所考虑的因素大同小异，概莫如量刑指南的规定，以下将详述。本章聚焦组织犯罪刑罚流程，力求还原检法惩治公司实貌。一言以蔽之，实务中，公司刑罚，“轻”字当头。

以上结论并非空穴来风，从数据可以看出，惩罚公司犯罪之“大棒”首推罚金。据统计，2001 年至 2012 年，联邦检察官起诉了 2262 家公司，其中，罚金标准之乱，尺度之宽，令人咋舌。众所周知，联邦刑罚从不手软。事实上，量刑指南之所以出台，源自国会想借此严惩犯罪，以雷霆手段打击白领犯罪。近年来，白领犯罪刑罚力度亦不断加码。

大量涉案公司根本无需交纳罚金。近半数（255 件中有 119 件，占比 47%）公司达成暂缓起诉协议。公司定罪案件中，23% 未判处罚金刑（2008 家公司中有 455 家）。其中，有破产倒闭者，有无力支付者，也有向监管部门交纳罚款者。有时，企业主有支付能力，罚金义务转由其承担。有时，公司被处以没收资产、赔偿损失或社区服务。与此形成鲜明对比的则是英国石油公司 12 亿美元天价罚金。不过，即便商业巨头卷入罪案，检方也很少透露罚金计算方式。暂缓起诉及不起诉案件无须法官审核量刑，自无裁判理由。检方显然也未持主动解释姿态。仅有一小部分暂缓起诉及不起诉案件中，检方说明了罚金计算依据（255 件中有 30 件，占比 12%）。以上案件中，罚金几乎都不高于量刑指南规定的罚金下限，涉大型上市公司案也不例外，对此，检方几乎未做任何解释。仅有 3 起案件罚金达量刑指南所定上限。即便案件交付庭审、定罪量刑也是换汤不换药，只不过被定罪的更多为小公司，无力支付罚金。

哪种公司易面临高额罚金？我们曾推测，高额罚金与公司类型、犯罪类型密切相关，并以回归分析法得出结论，列于附录。剔除犯罪类型、特殊案情等因素，上市公司平均罚金达其他公司的 4 倍。大型上市公司更易构成犯实体罪，倒也符合情理。外国公司所受处罚更为严厉，平均罚金已超 7 倍。

反垄断、海外行贿及医药领域刑事诉讼案件可谓罚金大户，其数额都曾各创新高，但即便排除是否上市等变量，这些案件罚金仍呈异军突起之势。较其他类似性质公司刑事诉讼案件，反垄断案平均罚金数额超 102 倍之多，反海外腐败案平均罚金数额超 76 倍，医药领域案件罚金数额超 53 倍。而欺诈、洗钱等普通联邦案件罚金数额则相形见绌。

罚金并非惩罚犯罪的不二法门。自然人犯罪可被处以缓刑，并向缓刑官报到，公司犯罪同样可适用缓刑。但相比之下，公司缓刑缺乏有效监督。经统计，公司缓刑期或暂缓起诉协议平均期限仅逾两年，只达法定下限。此外，定罪附带后果往往非常严重，公司犯罪却不在此列。以安达信案为例，50 万美元罚金对安达信并非致命一击，美国证券交易委员会所作市场禁入决定才是真正意义上的宣判“死刑”。不过，暂停授权及市场禁入决定极少作出。检察官严惩累犯看似天经地义，但现实并非如此。

二、西门子认罪答辩

公司刑事案件审判中，法官可能态度谦抑，作为有限。旁听一场量刑听证会后，答案不言自明。当年，西门子卷入史上最大海外贿赂案，该案量刑听证会倒似高朋满座，气氛融洽。西门子及其三家子公司供认不讳，法官开门见山，盛赞西门子代理律师及检察官："本案难得一见，控辩双方各尽其责，合力推动案件圆满办结，维护了国家及各方利益。"[8]

谁有资格代表大型跨国公司认罪？律师庭上开场道："本人谨代表西门子管理层及法务部。"法官问："西门子是否授权你代表其出庭参与诉讼？""已授权。"他答道。[9]另一名律师代表西门子阿根廷、孟加拉国、委内瑞拉子公司出庭应诉。公司签署的授权委托书一并提交法官。法官就细节追问："公司董事会是否委托你们就起诉书所列控罪代表其作认罪答辩？"律师均回答："已授权。"[10]

通常，被告人必须到庭参加首次传讯、庭审答辩或量刑听审，否则可逮捕到庭。不过，根据《联邦刑事诉讼规则》，被告人如系组织，一旦认罪，代理律师可代表其参与诉讼，组织无须到庭。[11]有时，若公司委托律师作认罪答辩，执行总裁未亲自到庭，法官可能心存芥蒂。不过西门子案承办法官对此并不介意。

接下来，法官又就自然人认罪时需回答的问题向辩方发问，尽管这些问题对公司而言意义不大。法官就被告人抗辩能力组织双方询问。如公司在刑法意义上系"精神错乱"，那么它有能力认知指控、出庭受审吗？新生概念横空出世，无章可循。法官又问他们是否“已与律师充分讨论案件”、是否“满意代理律师”。律师本人都到庭参加诉讼，答案自然都是满意。就公司是否清楚其放弃申请陪审团审判，以及有权交叉询问、举证、出庭及上诉，法官一一询问。法官当庭释明：“本案如开庭审理，庭审中一律推定无罪”，举证责任由控方承担，证明标准需达到“证据确实充分，足以排除合理怀疑。”公司表示清楚。[12]

法官抽丝剥茧，细梳控罪。西门子及其子公司（孟加拉国、委内瑞拉子公司均承认行贿）被控触犯《反海外腐败法》中关于内部控制及账簿记录的规定。法官询问公司是否“清楚控罪性质”，律师表示清楚。律师不等于被告人，检察官由此提出：“这几位律师对犯罪行为并未亲身经历，其认罪仅基于理性判断。”法官要求检察官对控罪予以说明。由于该案系有史以来最大跨国行贿案，法官特别提醒检方应“突出重点”，否则听证会可能绵延数日。西门子代理律师认为，该案说明“不偏不倚、精准明了”。法官强调：“各公司认罪均系确有其罪，是否属实？”“属实。”[13]律师均确认。

法官就该案可处罚金当庭释明。对于控辩协议中其他条件，他发问道：“公司是否清楚协议所定条件，且同意履行？”检察官逐一宣读了控辩协议具体条款。根据协议，西门子及其子公司需支付4.5亿美元罚金，设立企业监管人，继续配合美国证券交易委员会、美国国家税务局及美、德两国检察机关。“辩方达成控辩协议是否受外部威胁？”法官问。“没有。”[14]律师回答。

法官认为，4.5亿美元罚金虽然数额巨大，但仍远低于量刑指南所定的13.5亿美元至27亿美元的罚金额度。西门子仅承认触犯《反海外腐败法》中的账目条款，对行贿予以否认。西门子所受优待还不止于此。据调查，西门子全球行贿超10亿美元，而罚金计算基数仅涵盖联合国在伊拉克的“石油换食品计划”所涉行贿。[15]罚金数额依法可两倍于非法所得，即843,500,000.16美元。[16]试问全球范围之内西门子还有多少因贿赂非法所得未受追究？

控辩双方商定的罚金对法官并无约束力，检察官就降低罚金提出“尽管如此……本案性质特殊，如此判罚公平合理，充分维护了美国国家利益”，法院要求其就此作出解释。检察官表示，此案耗费了“大量人力”，且“遍览反海外腐败罪案史，该案牵涉之广、跨度之大，前所未见”。既是头号海外行贿案，为何大幅削减罚金？检方强调：“该案做了大量协调、补救工作”，并提交了一份正式文书，根据该文书，西门子提供了重要信息，涉案个人及公司情况因而一目了然。该公司罚金“远低于量刑指南所定下限”也正基于此。西门子已向慕尼黑检方缴纳了8.56亿美元罚金，向美国证券交易委员会上交了3.5亿美元非法所得，最终总处罚额达16亿美元。该案中，西门子虽算全面配合，但其确系知情不举，隐瞒数载。

西门子罚金已获减少，自然没有怨言。即便如前一章所述，被害人等提出异议，处罚结果也不会改变。法官盖棺定论：“本庭认为，控辩协议公平合理，应予支持。”[17]法官未照搬量刑指南，采纳了检方意见。其后，法官就公司上诉权进行释明，询问其是否还有补充，宣布庭审结束，西门子罪名成立。

三、处罚畸轻

在另一起案件中，公司所受处罚过轻，引发争议，此即佳腾公司案。作为医疗设备制造商，佳腾公司推出一款心脏除颤器，心脏病患者植入胸腔，心脏发生震颤时，通过电击心室，避免发病。超过两万名患者植入了该设备。根据控辩协议，该款除颤器存在设计缺陷，可能出现电线短路，导致设备失效。2002 年，佳腾公司已对该设备进行升级。事故发生后，佳腾公司未第一时间召回该款除颤器，而仅叫停发货。2004 年，西班牙一名病人因此去世，而此前已发生过 4 起短路事故。2005 年 3 月，佳腾公司进行了一次产品更新，对短路及死亡事故只字未提。案发后，佳腾公司服罪，承认其直到 2005 年 6 月才向美国食品药品监督管理局报告，而根据规定，佳腾公司应于事故发生后 10 日内主动上报。[18]依控辩协议，佳腾公司需上交 2. 54 亿美元罚金，政府亦对其罚款 4200 万美元。

量刑听证会上，法官指出，“具备法律约束力”的控辩协议一经提交，要么通过要么驳回。[19]然而，该案“性质特殊”，法官难以决断。控辩双方虽已达成协议，但法官仍听取了被害人代理律师的意见，律师提出，波士顿科学公司已于事发后并购了佳腾公司，但它未受处罚也未判缓刑。检方回应：“据官方了解，（佳腾公司）不再运营”，对不复存在的子公司判处缓刑“毫无意义”。[20]该案中，一名大学生因除颤器短路身故，其主治医生认为“本案关乎医疗设备使用者未来的安危”，专门去信建议法官就辩诉交易重新斟酌。[21]

法官认定，公司不能仅借“变更公司形式”以“逃避缓刑”，且本案中，检方提出指控“不足两周”后，并购即告完成。法官认为，可以依据量刑指南，强化公司合规和伦理体系，或处以社区服务。[22]最终，考虑到“问责层面的公共利益”，法官决定驳回“已商定的”控辩协议，告知双方有权重新磋商，新协议应包含缓刑及合规。[23]一年后，控辩协议再度达成，缓刑期限为三年，提交法官获准。[24]

四、量刑指南

过去，联邦法官仅对公司处以最低额罚金，如果罚金仅几千美元，起诉意义不大。[25]量刑指南改变了这一局面，它肩负多项使命，力求革除量刑方面的种族差异，督促法官合理量刑，并加大对白领犯罪的打击力度。作为量刑指南奠基人之一，联邦最高法院大法官斯蒂芬·布雷耶表示：“同案不同判现象严重。”[26]组织犯罪所处罚金数额极低，1984 年以前平均不足 5 万美元，且不同法官所判金额差异极大。[27]20 世纪 80 年代，国会提高了罚金额度，但公司犯罪专项罚则尚为空白。[28]

新组建的美国量刑委员会就公司罚金进行了专项调研，由此发现，与公司违法所得或所造成的损失相比，罚金数额奇低。[29]量刑指南组织量刑专章便应运而生，1991 年施行，一举提高公司罚金数额。[30]在 2005 年美国诉布克案中，最高法院一锤定音，宣告量刑指南仅具“参考”意义，而无强制约束力，不过，量刑指南自此成为判罚公司的首选，也引导着控辩协商。[31]

公司量刑指南酝酿之际，有人主张刑罚震慑力最大化，提议委员会加重罚金，令公司望而生畏。[32]最终，委员会认为，由法官裁量适额罚金，以避免公司再犯或隐瞒罪行，实务中并不现实，未予采纳。况且，即便足额罚金确有杀伤力，公司仍可将犯罪成本转嫁股东或消费者。委员会更看重企业预防、监督成效，并给予相应奖励。正如法学教授珍妮弗·阿伦及莱纳·克拉克曼所言，有效合规堪比防火墙，倒逼公司直面错误、主动上报、预防犯罪。[33]设置诱人奖赏势在必行。

合规也备受检察官青睐。目前，对于主动上报、积极配合、建立合规的公司，检方愿与其达成暂缓起诉、不起诉协议。这一做法已蔚然成风。1996 年，特拉华州衡平法院认为，公司如未能严格实行合规，公司董事应承担责任。[34]美国证券交易委员会宣布可对合规欠缺的公司提起民事诉讼。2010 年，美国证券交易委员会启动“合作倡议”，自此可会同签署暂缓起诉协议。其他联邦机构对合规也颇为倚重，如美国卫生与公共服务部监察长办公室早已与卫生服务单位达成“企业诚信协议”。

五、公司极刑

暂缓起诉方兴未艾，联邦法院依然保留公司极刑这一撒手锏。不过，被宣判“死刑”的公司可谓寥寥无几。量刑指南中有一项特别条款，规定了“以犯罪为目的或主要借犯罪手段运营”的公司，可罚没其“全部资产”，法官可据此判处高额罚金，罚到公司倾家荡产。[35]以尼克索斯科技公司案为例，该公司总部位于费城，从事出

2010 年，尼克索斯公司对违反《反海外腐败法》《联邦旅

行法》以及洗钱罪行供认不讳。为达成控辩协议，该公司同意全面停业。该案中，尼克索斯公司为换取与越南政府之间的设备买卖合同，十年间行贿达 70 万美元，卖出了“水下测绘设备、炸药储存容器、直升机部件、化学探测器、卫星通信部件和空中跟踪系统”等。[36]检方认为，“尼克索斯公司并非迫于竞争压力，逐渐走上行贿犯罪道路，而是借行贿运营”，此外，“该公司行贿面不仅覆盖了已拿下的合同，还囊括了仅参与投标的合同”，据此，对尼克索斯公司处以极刑合理合法。该案中，行贿损害了越南人民的利益，价格虚高的注水合同最终由人民埋单，腐败也将整个民族拖入“严重经济危机”，[37]促使越南官员与美国携手整治腐败。该案行贿额“相当于 200 多个越南居民年收入”。[38]法官认同检方观点，判令该公司“永久停业，没收全部净资产移交书记员”。[39]

该案纯属个例。据量刑委员会透露，2000 年至 2008 年，无一家公司被判处“极刑”。不过，委员会数据并不全面，我即发现了例外。如 2002 年，药盒医疗中心及 S&H 临床指导公司非法流通管制药物，得克萨斯州一名法官判令公司解散并没收全部资产。小公司往往无力支付全部罚金。法官如认定公司无法向被害人全额赔偿损失或支付全部罚金，可依据公司经济能力先行判令其支付相应罚金。[40]比如，2008 年，199 起公司犯罪案件中，48 家公司无力交纳全部罚金，63 家公司未被判处罚金（以上两项数据存在重合）。[41]有时，由于公司无力一次性交纳全部罚金，法官甚至可能判令其分期支付。

六、给公司开罚单

罚金未必会波及公司高管或犯罪实施人。如巴克莱银国际制裁规定，于2010年与检方达成暂缓起诉协议，在该案听证会上，法官就协议载明的2.98亿美元罚金发问："该罚金由谁承担？是否由股东分担？"[42]"该笔罚款从公司利润中拨付，相当于股东平摊。"巴克莱银行的代理律师回答。"公司是否还有其他资金可用于支付罚金？""没有。"律师回答。"原来是股东埋单。那么该支出等于是投资风险？""正是。"律师答道。

法官不解，"公司犯错，为何要由股东埋单？这一点难以理解。"[43]尽管法官无法左右罚金最终承担者，但罚金数额由其做主。如前章所述，确保被害人获得补偿才是法官裁判第一要务。[44]量刑指南虽非惩罚公司的金科玉律，但罚金刑系据此作出。而环境犯罪、妨碍司法公正、违法出口等犯罪所造成的危害无法以货币量化，因此适用专门法规。

根据联邦法律，公司犯罪最多可判处违法所得或所造成损失两倍的罚金，据此，组织犯罪可援引此条处以罚金。[45]"损失"和"所得"无法量化，不易作合理估算。为此，价格垄断案件可引入数学模型，评估消费者因高价超额支付的金额。证券欺诈案中，因违反信息披露规定，股票价格发生波动，若对该行为后果作货币化折算，计算过程极其复杂。金融犯罪大都依据量刑指南计算数额，饱受法官诟病，诸如"侮辱常识""嘲弄正义""生搬硬套"之类的批评不绝于耳。[46]假设案件系联邦人员钓鱼执法，顺此逻辑，无钓鱼执法则无损害后果。[47]

除损失或所得条款外，量刑指南还规定可比照自然人犯罪认定违法严重程度，计算罚金数额。犯罪等级与罚金数额成正比，6级及以下仅处5000美元罚金，38级以上罚金则超7000万美元。这一复杂计算模型也只是起步价（罚金基准）。假如犯罪所得高于该基准，法官应提高罚金（追缴），以免判罪后，公司依然因犯罪获益。[48]总而言之，各种因素牵涉甚广，公司罚金计算工作超越科学，近乎艺术。

七、严刑峻罚

根据量刑指南，具有下列情形，将加重对公司的处罚：（1）参与或包庇犯罪；（2）有违法前科；（3）违反指令；（4）妨碍司法公正。[49]以上四项因素会增加“犯罪点数”，提升罚金系数，大幅增加罚金。[50]如公司高层参与、默许或无视犯罪行为，可依据量刑指南判罚更高点数。这一撒手锏专司巨型公司，雇员超5000人的大公司可加满点数（5点），而对于雇员10人及以上的公司，如公司高层牵涉犯罪，则仅追加1点。[51]其他加重处罚情节则较少发生，比如，公然妨碍司法公正可追加3点。犯罪点数增加5点可使公司罚金翻倍，10点则可达四倍之多。

八、合规奖励

企业若表现良好，可降低犯罪点数，罚金减半甚至更低。[52]符合下述两项情形即可减少罚金：（1）公司合规和伦理体系行之有效；（2）主动告发、积极合作、认罪服法。第一项极少有公司做到，何谓合规行之有效也因而难以界定。据量刑委员会统计，2009财年至2012财年，无一家公司符合法定减轻情形，超3000起公司犯罪案件中也仅有5家符合减少罚金条件。[53]并非刑罚严苛，而是家庭式经营小商户及小公司未建立合规，大公司则多与检方达成暂缓起诉或不起诉协议，无须法官过问量刑。

当前，量刑委员会对合规之重视有增无减，合规条文也从评注移至正文。此外，还增设了培训、监管、匿名举报及评估等必要规定。[54]2010年，量刑委员会声明，如公司严格遵照合规，即便公司高层参与犯罪，仍可减刑。[55]至于该声明是否意味更多公司将因建立“良好”合规获减刑，尚有待观察。目前这一奖励政策仍无现实样本，在达成暂缓起诉及不起诉协议案件中，检方尚未适用该规定减少罚金额。不过，检方通常会概括认定公司已建立起完备合规（检方通常不会在此类协议中载明量刑指南中罚金计算规定）。[56]相比之下，倒是有公司因官方调查启动前主动上报犯罪而获减刑。[57]不过，此类案件数量有限，如2008年仅有4家公司。对于主动上报犯罪或建立良好合规的公司，量刑指南未做对应奖励，其后虽经修订，亦未改进。法学教授詹妮弗·阿伦更直指其为“败笔”。[58]

九、服法与合作

公司如能尽早认罪服法，及早上报罪行并充分配合，也可给予减刑奖励。[59]据量刑委员会统计，2012年，29%的涉案公司存在上述减刑情节，犯罪点数得以扣减5点。[60]案发后，如公司全面配合，认罪服法，则还可再予奖励（减2点）。[61]多数获罪公司都能配合（2012年配合率达51%），[62]但主动上报犯罪公司寥寥无几——2012年仅有3%的涉案公司因上报获减刑。[63]此外，公司若为其他调查提供“实质性帮助”，法官亦会给予奖励。[64]

有时，公司勉强配合，态度消极，行动滞后。以泛亚班拿案为例，涉案公司系瑞士物流供应商，其隐瞒行贿罪行，遭客户检举至司法部，该案启动调查后，泛亚班拿公司仍拒不配合。据检方透露，该公司“全球行贿，当时仍未收手。”[65]第二年，检方要求泛亚班拿公司提供文件，此时，该公司才决心合作。泛亚班拿公司的配合工作堪称“教科书级别”，其专门聘请了外部律师，开展全球范围内的调查，将涉案知情人、参与人“一网打尽”，据实上报。公司摇身一变，成为检方线人，助力司法部铺开“全行业”撒网式调查，三家公司因此落网。[66]基于此，检方建议对泛亚班拿公司处以 7056 万美元罚金，得到法庭认可。而依量刑指南，罚金额度为 7200 万美元至 1.44 亿美元。

涉案公司走投无路时，这一奖励措施自然充满诱惑。不过，该措施无力督促公司自首及尽早合作。在达成暂缓起诉及不起诉协议案件中，替代起诉理由往往欠缺，据统计，255 起达成控辩协议案件中，191 件未做释明。此类案件中，检方虽未阐述理由，但“合作”一词频频出现（191 起中有 133 起，占比 70%），而“自首”则鲜有提及（191 起中有 33 起，占比 17%），检方惯用“及时、自愿披露”之类模糊字眼，而就公司是否于案发前主动坦白只字不提。对建立有效合规、积极合作、自首的公司，检方应旗帜鲜明给予奖励，而对于合规乏力、不予配合、隐瞒罪行的公司，检方也应摆正严苛立场。

十、与自然人刑罚之比较

量刑指南如同纸老虎，法官有权避之不用，检察官有权选择认罪协商。辩诉交易如火如荼，检方最终会作过多让步，对公司从轻发落。从比较视角出发，以麦道夫案为例，这起史上最大的庞氏骗局被戳破后，伯纳德·麦道夫遭到严惩。根据量刑指南，欺诈罪依被害人经济损失数额量刑。[67]据“保守估计”，该案被害人20年间损失了约130亿美元，而实际损失可能数倍之巨。[68]麦道夫对欺诈、洗钱、伪证等11项罪名供认不讳，量刑前，被害人上书法庭、在听证会上作证，控诉麦道夫背信弃义、骗取被害人毕生积蓄，请求法庭给予最高量刑。[69]有一名被害人诅咒麦道夫死后下地狱，还引用了但丁的《神曲》一书中，欺诈者堕入比暴力犯罪更深的“地狱底层”。[70]麦道夫的律师承认其确有“过错”，但同时强调他“并未逃跑”或“隐匿资产”。[71]辩护律师提出，麦道夫已是71岁的老人，预期寿命不过约13年，请求判处12年刑期。

“我所犯罪行无可辩解”，麦道夫当庭认罪。他辩称自己并非故意，而是作为资本管理人判断失误，挪用新投资予以隐瞒。他又补充道：“我在错误里越陷越深。”他表示“痛不欲生”“余生寝食难安”。麦道夫向被害人忏悔：“我听候发落。虽然道歉于事无补，我还是要向你们赔罪。”[72]在公司量刑听证会上，个人认罪服法并不常见。麦道夫最后仍被处以150年监禁。[73]法官坦言，刑期远超麦道夫天年，此举“重在示范意义”，借以传递价值导向，让社会知悉此类犯罪“情节极其恶劣”，绝非“看不见摸不着、毫无血腥的金融犯罪而已”。[74]

过去的几十年间，欺诈罪平均量刑已翻番，究其原因，不外是量刑规定日趋严苛，抑或案情严重方提起公诉。[75]根据量刑指南，欺诈罪可判处较长刑期监禁乃至终身监禁，而实践中，仅处以几年刑罚的案件比比皆是。最近有一起内部交易刑事诉讼案件备受关注，该案中，对冲基金经理拉杰·拉贾拉特南因从事内幕交易获刑 11 年，创下此罪判罚史上最长刑期。法官认为，该类犯罪“侵蚀商业文化，亟须猛药去疴”。然而，检方虽不遗余力，11 年也不过量刑指南所定半数。[76]

十一、公司认罪

大众对公司犯罪案件定罪及认罪答辩知之甚少。暂缓起诉及不起诉协议历来面临来自国会、审计总署、司法部、法官、律师、学者及公司的多重审视。然而，实践中，定罪案件多来自有罪答辩，此类协议应予更多审查。如安达信这样的一些公司，上庭风险年年有。与自然人刑事诉讼案件类似，超九成公司刑事诉讼案件以认罪答辩结案。据量刑委员会统计，仅有 8% 的涉案公司交付庭审。[77]

与暂缓起诉协议不同，控辩协议需提交法官审批。控辩双方就达成协议展开磋商，检察官可能会提出量刑建议或列明量刑计算方式。[78]不过，双方即便达成了所谓的 C 类协议［该命名源自《联邦刑事诉讼规则》第 11 条（c）款（1）项（C）］，法官仍有权以协议显失公平、有悖正义或违反量刑指南宗旨为由予以驳回。在某案中，法官认为应由雇员而非公司承担刑责，遂驳回协议，雇员随后被起诉。[79]此外，法官还可因协议未考虑被害人利益予以驳回。三星公司案中，控辩协议已达成，法官却大为不满："这份协议真是漏洞百出"他宣称绝不"仓促了事"，并威胁要驳回协议。此后，虽然协议最终获准，但法官仍专门举行听证，了解被害人补偿情况。[80]

检方有权行使自由裁量权，与公司作辩诉交易，对此，司法部仅划定了大体框架。根据《美国检察官手册》，在严重刑事案件中，公司高层卷入犯罪，无论是民事诉讼、起诉个人或暂缓起诉协议均不足以实现罚当其罪，检方应促成控辩协议，协议中必须包括"足额罚金、强制性赔偿、建立有效合规。如有必要，还可启动司法跟进监督或设立专业监管员或公司监管人，推进合规建设"。与暂缓起诉相比，上述条款惩罚色彩浓重，罪名一旦成立，商誉自此蒙尘，附带损失接踵而至。由于公司只能认罪，起诉公司的私人或监管机构可借此获取诉讼优势。[81]

十二、公司缓刑及法庭指令合规

公司一旦被定罪，不仅需缴纳罚金，还可能服刑。超 2/3 定罪公司被处以缓刑。[82]公司缺乏有效合规，可能会被判处缓刑。为了确保"公司内部革新，降低未来犯罪可能性"，法庭还可科以"特定条件"，提高缓刑杀伤力。[83]与自然人犯罪一样，公司应承诺绝不再犯，缓刑判决也势必强调"在缓刑期间，公司不得实施联邦、州或地方法律所禁犯罪行为"。[84]然而，量刑指南曾于早期建议慎用缓刑。量刑委员会认为，司法实践中存在滥用缓刑之虞，法官会要求公司以慈善捐款等方式提供"社区服务"。[85]只有在极个别案件中，法庭才会指派监管人。

爱迪生电力公司案率先打破这一局面。1989 年的一个夏夜，曼哈顿格拉莫西蒸汽管道发生爆炸，[86]三人当场死亡，该人口稠密区碎屑横飞，满目狼藉。作为一家纽约公用事业公司，爱迪生电力公司对当地居民隐瞒了重要信息——碎屑中含有石棉。居民自发测试后，方发现实情。根据联邦法律，危险物质泄漏后必须第一时间上报，联邦检察官对爱迪生电力公司提起公诉，移送法院。[87]庭审阶段，爱迪生公司低头认罪。该公司就委任监督官持反对意见，法官未支持，仍指派了一名监督官，并作出释明：本案中，根据爱迪生电力公司员工庭审证言，他们明知石棉泄漏，本应奔走相告，却都守口如瓶。这点引人深思。显然，他们为扭曲的公司文化所规训，不敢声张，从庭审看来，该公司已然背离主流公司文化。

法官补充道："公司绝非法外之地，本庭希望通过该案，持续提升主流公司文化知晓度。"

经修订，量刑指南对缓刑改持鼓励态度。不过，这些新生权力不轻易动用。在严重刑事案件中，法庭虽有权指派监督员或托管人，其可能仍选择"委托专业人士"审查合规方案。[88]缓刑官或法庭委派专家可能对公司突击检查，上门审核公司账目、"审问"员工。[89]不过，通常情况下，缓刑不附加监督。

时移势易，法官逐渐倾向于指令公司建立合规或伦理体系。据量刑委员会统计，2012 财年，36% 的组织犯罪案件中，法庭指令合规，而 2008 年仅为 6% 。[90]不过，在未指令监管员或附加监督的缓刑案件中，法官如何追踪合规实效仍未可知。

刑罚种类尚有一项，所有公司均有能力履行，但判决却鲜有触及，此即公开道歉。以中西部纸业公司（the Midwest Sheet Company）案简要说明，该案中，公司触犯《清洁水法案》，法庭即判令其在印第安纳州蒂普顿郡当地报纸及某商业杂志上公开道歉。目前，这类措施通常不施加于大公司，今后，法检应将公开道歉纳入常规考量。

十三、公司累犯

白领犯罪累犯之多，出人意料。据量刑委员会统计，欺诈、盗窃累犯率整体水平较低，但超半数严重欺诈及盗窃案犯系累犯，这一概率几乎与抢劫及持枪犯罪持平，而贩毒案累犯率则远低，其中部分案件甚至刷下最低累犯率。[91]白领犯罪隐蔽性强，其累犯率可能也只是保守统计。

认定构成累犯的公司寥寥无几。过去十年间，仅有略多于1%的公司有同类犯罪前科。然而，在环境犯罪领域，未依量刑指南量刑及暂缓起诉案件未纳入累犯统计。[92]有些公司多次犯罪，有些在缓刑期间再犯他罪。[93]有公司数度达成暂缓起诉协议，还有公司虽与监管机构达成和解，承诺不再违法，却出尔反尔。

公司犯罪不适用“三振出局”原则，但可适用量刑指南对累犯加重处罚。依量刑指南，公司犯罪后，十年内再犯类似罪行或因类似违法行为两次以上卷入民事诉讼或行政诉讼案件，应加重量刑。如犯罪后五年内再触犯类似罪行，则应进一步加重处罚。[94]然而，何为“类似”则存在较大解释空间。暂缓起诉协议大多明确规定，公司如在协议期间犯罪，后果自负，此处犯罪特指类似罪行。一些公司可能几年间多次达成暂缓起诉或不起诉协议，但各罪未认定为“类似”。且公司犯罪案件很少会依量刑指南量刑，而是达成暂缓起诉或不起诉协议。

在办理公司累犯案件中，检方态度暧昧。某些协议载明涉案公司确有前科，却未照此严惩。英国石油公司、埃克森美孚石油公司（自2001年起已四次构成环境犯罪）、麦克瓦恩公司以及一干航运公司都数度触犯环境罪名。在其他犯罪领域，以辉瑞公司为代表的大型制药公司在一犯再犯方面也不遑多让。法玛西亚普强制药公司两度定罪，另有一次达成暂缓起诉协议。而后来收购其的辉瑞公司达成不起诉协议一次，旗下子公司则因违反《反海外腐败法》被暂缓起诉一次。艾西恩制药公司两度定罪，葛兰素史克制药公司定罪一次，达成不起诉协议一次。美国国际集团、巴克莱银行、汇丰银行、摩根大通银行、瑞银集团、美联银行等金融巨头数十年间相继卷入罪案，多次达成暂缓起诉、不起诉协议，案发后都曾引发公众热议。上述案件中，检方对公司累犯似未予严惩。检察机关如意在奖励合规及治理体系较好的公司，照理亦应对累犯加重处罚。

同一大公司不同雇员或子公司犯罪是否可认定该大公司构成累犯？曾有法官就此提出疑问。2004年，阿西亚·布朗·勃法瑞集团的维特科·格雷公司及一家英国关联公司向尼日利亚官员行贿数年，触犯《反海外腐败法》，案发后认罪，该案即牵涉关联公司集团。此两公司因罚金及追缴支付了1000万美元，并处缓刑五年。[95]两公司均隶属阿西亚·布朗·勃法瑞有限公司，该公司总部位于瑞士，旗下公司逾500家，主要经营范围覆盖石油和天然气勘探领域。[96]

三年后，即2007年，阿西亚·布朗·勃法瑞公司旗下三个子公司因深水石油勘探业务向尼日利亚官员行贿，触犯《反海外腐败法》，案发后均已认罪，共计缴纳了2600万美元罚金。其中之一的亚伯集团有限公司与检方达成暂缓起诉协议。[97]2008年，亚伯公司承认再度触犯《反海外腐败法》，违反了暂缓起诉协议义务，只能作认罪答辩。[98]该公司暂缓起诉遭取消，也许算是累犯加重处罚。

2010年，类似剧情四度上演。阿西亚·布朗·勃法瑞公司又发生一起违反《反海外腐败法》罪案。该公司与检方达成暂缓起诉协议，其在约旦的子公司也获暂缓起诉。阿西亚·布朗·勃法瑞公司旗下的一家美国股份有限子公司则作认罪答辩。[99]那么，公司如系累犯，处罚是否会相应加码？2010年9月，认罪答辩听证会召开。[100]根据控辩协议，阿西亚·布朗·勃法瑞有限公司需支付最低额罚金。[101]

然而，法官话锋一转，当庭询问："阿西亚·布朗·勃法瑞公司有多少员工？"代理律师回答："美国境内约有1万名雇员。"

"全球范围有多少？"法官追问。

"超过10万人。"律师答。

"公司运营范围覆盖多少国家？"

"100多个。"

"把阿西亚·布朗·勃法瑞公司当成累犯是否有矫枉过正之嫌？司法部有多少员工？"[102]

检察官估计大约有9000人（实际远超10万人）。[103]

法官开始声东击西："司法部员工也不全是守法公民吧？"随后

又补充道："20 万人于多国效力，有些国家主流价值推崇正义，有些则举国同流合污，尽管如此，总有人不愿打着公司的幌子自甘堕落，这点还是令人叹服的……"[104]

法官意犹未尽："人们不可能因为某个员工在澳大利亚杀人了，就把公司当杀人犯，对吧？"其实，公司虽不大可能被指控谋杀，但若其员工在履职范围内违反了《反海外腐败法》，公司应承担刑事责任。最高法院对此已有定论，法官仍提出质疑。

控辩协议未获首肯，法官认为公司未构成累犯，不应加重刑罚，主张大幅降低罚金，并拒绝处以缓刑。检察官表示："法官大人，该事项不可由双方协议约定"，并指出，根据量刑指南，即便再犯新罪的系公司分部，仍应认定母公司构成累犯。[105]量刑指南中"组织"一词涵盖"分立运营的商业机构。"[106]否则，分部认罪后，母公司大可一关了之或变更名称，借此脱胎换骨，佯装清白。量刑指南如此规定正是见招拆招。

法官表示反对，认为该公司"一直竭力避免此类问题发生。"检方提出，自 20 世纪 90 年代起至 2004 年，尼日利亚子公司持续行贿，而先前的 2004 年控辩协议已覆盖同一时期。[107]法官坚决反对适用量刑指南，甚至直言："你们拿我当应声虫？"[108]最后，法官认定该案不适用累犯加重处罚规定，将原本 2850 万美元罚金降至 1710 万美元。依照这名法官的逻辑，公司越大，数次犯罪后反而受到越多保护，着实令人匪夷所思。

十四、耻感效应

有观点指出，刑事诉讼令公司蒙羞，众目睽睽，商誉扫地。法学教授萨缪·比约提出，公司刑事责任具有重要的“谴责功能。”[109] 有研究表明，耻感能“造就奇迹”，倒逼公司“洗心革面”。[110] 不过，公司声名未必受损，实际后果视公司及犯罪各异。[111]

安达信公司案发后商誉尽毁，美国证券交易委员会在该案提起公诉后对其作出市场禁入决定。然而，西门子为争取第三世界建设项目行贿案见诸报端，消费者购买其厨房电器的热情却未见消退。起诉新闻曝出后，公司大可危机公关，化解丑闻。如德国电信公司当初和解结案，三名高层遭美国证券交易委员会起诉，公司当即宣布两项重大决策：其一，美国电话电报公司宣布放弃收购其子公司T移动通信公司；其二，公司拟竞购热门德甲足球联赛转播权。再如，上大支煤矿爆炸案以和解告终，梅西能源公司受到民事及刑事处罚，据媒体报道，该公司股价下跌1.1个百分点，但“股票评级为中性”。有评论员建议大胆入手该公司股票。[112]

即便刑事诉讼未能重创公司，高管难免脸上无光（出庭受诉更是雪上加霜）。正如法学教授丹·卡翰所言，公司高管往往“非常在意家人、同事、客户、邻居，乃至健身房熟人的看法。”[113] 此即量刑指南中公司总裁“无地自容”条款题中应有之义。法官有权要求认罪公司总裁到庭听候宣判，总裁可能还需亲自认罚，代表公司承诺今后恪守法律。[114] 对于出庭受审这份“苦差”，总裁唯恐避之不及，然而，在一些高关注度案件中，法官指令总裁或高层必须到庭。[115]

判罚缓刑可一并指令公司将定罪量刑公布于众。然而，正如公开道歉备受冷落，这一指令也不为法庭青睐。[116] 有时，检察官实际上扮演了公司声誉维护人的角色。如某公司控辩协议中载明，检方不得召开新闻发布会，也不得就定罪撰写新闻稿。[117]20 余起公司犯罪暂缓起诉或不起诉协议秘而不宣，这并非出于法院指令，而是检方承诺保密。

十五、母子公司

公司是超自然存在，没有肉身服刑，却能“长生不老”，分身无术。公司可以兼并、分立。若涉案小公司未能支付罚金，公司负责人可能会被认定藐视法庭。以一案为例，在该案中，卡车货运公司未能支付25，000 美元罚金及向被害人赔偿9000 美元，公司老板被判处6 个月监禁。[118]如果涉案公司结构复杂当如何处理？应由母公司还是子公司承担刑责？有时，母公司掌控了子公司，基于务实角度，会承担罚金。

母公司免予承担刑事定罪的某些后果。在辉瑞公司案中，以非法销售非专利药品罪受追诉的是法玛西亚普强集团股份有限公司而非辉瑞公司。记者深挖后发现，该子公司“只是张认罪招牌。”[119]“法玛西亚普强集团股份有限公司隶属于法玛西亚普强有限责任公司，法玛西亚普强有限责任公司则属于法玛西亚公司”，法玛西亚公司正是辉瑞旗下。本案获罪公司系“母公司的玄孙”。为何由玄孙承担罪过？由于该案罪行严重，法玛西亚普强集团股份有限公司此后不得涉足医疗保健行业。对此，有官员呼吁，卫生与公共服务部应“就发出行业禁令是否有损病人利益作出预判”。除了达成暂缓起诉或不起诉协议，检方可指控子公司，避免定罪后续效应波及病人。

十六、并购

公司可能需就下属公司行为担责，自然需谨慎收购、兼并，避免卷入刑事案件。[120]公司刑事案件日益增加，收购对象合规体系必然位列兼并决策考察重点。公司若存在不法行为，往往难逃细究。有时，收购对象有刑事违法之嫌，兼并计划便就此搁置。比如，洛克希德公司曾有意收购泰坦公司，后来发现该公司可能违反《反海外腐败法》，收购因而作罢。[121]

唯有公司可以生出二重身，一重清白无辜，一重犯罪服法。雅培制药公司曾在未获批准情况下，违法推广双丙戊酸钠在治疗精神分裂及其他精神失调症状的用途，面临指控及巨额罚金。2012 年 5 月，雅培公司认罪，支付了 5.6 亿美元罚金，并向州政府缴纳了 2.41 亿美元罚款。在其认罪前数周，该公司宣布分立为两个上市公司，其一系“多元化医疗用品公司”且“可保留雅培这一字号”，其二系制药公司。[122]根据协议，非法营销行为仅牵涉制药公司，另一公司全身而退。

控辩协议、暂缓起诉协议通常会载明，若公司资产全部或“大体”转让，买家继受协议义务。[123]如得州炼油厂爆炸案主审法官即裁判：在本庭所作判决及所处罚金完全履行或对英国石油公司继受者和受让人同样具有强制履行效力前，该公司不得解散、变更名称或营业字号。[124]

然而，我们经调研发现，涉案公司继受者和受让人基本置身事外。减轻罚金决定一经法官批准，必然损害公司刑责的司法权威。

公司被判处缓刑后，司法机关如不作干预，以缓刑倒逼公司脱胎换骨的机会稍纵即逝。此外，检方无意依据量刑指南，谋求最高限额罚金，大量案件罚金甚至低于下限。暂缓起诉及不起诉协议则直接绕开量刑指南。减少罚金的立法本意旨在奖励公司有效配合、主动上报及建立合规，但实务中是否运用得当无从考证。若公司是否主动上报罪行或建立有效合规与检方宽大处理或不起诉无关，那么激励倒错局面在所难免。

批评者指出，“刑不上大公司”这一政策理应废止，暂缓起诉及不起诉协议也不应成为公司逃避定罪的工具。定罪才是惩治犯罪行为的刑罚正道。不过，正如本章所述，罚金如减少过多，则定罪亦不足以实现罪罚相应。一犯再犯遭司法纵容，严重犯罪公司未获应有惩处，缺乏深层次改革动力。其实，检察机关可以设立公司监管人，督促公司整改，下章将围绕这一主题展开。

第七章　监督员的引入

希腊神话英雄忒修斯从雅典扬帆前往克里特岛，屠杀传说中人身牛头的怪物弥诺陶洛斯。希腊历史学家普卢塔克记载，忒修斯返回后，希腊人将他的船保存下来做成纪念碑："他们用坚固的新木材替换腐烂的旧木板。"于是有了忒休斯之船的经典哲学悖论："若随着时间推移，这条船的每块木板都换成新的了，那这艘船还是原来的那艘船吗?"雅典知名思想家们围绕该问题多次展开辩论。"这船成了哲学家们站队的例子……一派认为还是原来的那艘，另一派持否定态度。"[1]

如同船由一块块木板组成，公司是由一个个员工组成的。像"忒休斯之船"一样，公司有它的不变与变。公司可以更换领导层、员工、总部地址、商业模式和生产线。公司可以被并购、更名、收购新的子公司或遭遇破产。检察官并非试图改革公司的整体结构，但他们面临的问题远比哲学思考更实际：究竟何种程度的变革才足以防止公司再犯罪？检察官往往缺乏监管公司结构性改革的专业知识，但他们有权派驻一名专业人员，即合规监督员，监督公司结构性改革全过程。

一、西门子的重生

西门子是大型企业转型的典范。第一章曾提到，西门子是世界500强企业，业务遍及190多个国家。2008年，西门子被控在全球花费数十亿美元贿赂各国官员。最终西门子认罪，认罪协议要求西门子重建集团合规计划。检察官称赞西门子采取了“极其彻底的补救行动”，致力于成为“世界领先”的“作出转型举措的公司”。[2]那西门子是如何行动的？

西门子更换了大部分高层领导，其中包括首席执行官、董事会主席、总法律顾问、首席合规官。新任首席执行官称，其到任的两年内，集团排名前100名的经理人中有一半都被替换掉了。[3]西门子在全球聘用了500多名全职合规员工，聘请了新的首席审计官，旗下有450多名审计人员。西门子出台了新规定，印发了新手册，开展了新培训，[4]还聘请普华永道为其打造“反腐组合拳”。在审查结束前，西门子暂停签订相关新业务的咨询合同。

认罪协议规定了四年的考验期，检察官还要求西门子保留两名合规监督员。首席监督员是著名的西奥·威格尔博士，其曾任德国财政部部长，是联邦检察系统聘请的首位非美国籍监督员。另一位监督员是独立的美国律师，辅助威格尔工作。[5]威格尔博士和西门子将建立牢固的关系。但其他备受关注的案件表明，并非所有优秀监督员均能与被监管公司顺利开展合作。

二、百时美的监督员

百时美是世界最大的医药及保健品公司之一，年销售额达数十亿美元。2005 年，百时美承认为了使销售及盈利增长超过 15 亿美元,[6]其“填塞分销渠道”或要求批发商购买额外的产品。百时美医药总部位于新泽西州，其因共谋证券欺诈在该州被诉。百时美认罪并签订了暂缓起诉协议。

两年后，新泽西州联邦检察官称，这个企业巨头已改过自新，“我们坚信，联邦的监督将会推动百时美成为一个更好的企业。客观事实表明这个目标已经实现”。[7]暂缓起诉协议已接近尾声。

在暂缓起诉协议终止时，如何能确保百时美已经建立了完备的合规制度？改变企业文化不仅仅是对各项整改项目逐一简单机械地审查（培训——已完成；行为准则——已完成）。但无论是检察官，还是法官，均不可能在目标公司花几年时间进行实地评估。监督百时美协议履行的是退休的联邦地区法院法官弗雷德里克·B. 兰奇（Frederick B. Lancy）。作为监督员，兰奇法官宣称协议成功履行，百时美“已脱胎换骨”，如今“遵循着最高的诚信、道德和责任标准”。

但在同一份报告里，兰奇法官注明：“不能忽视的是”百时美刚承认了另一项罪行，即向联邦贸易委员会（Federal Trade Commission）虚假陈述。百时美因营销波立维（Plavix）被罚 100 万美元。这就是所谓的“脱胎换骨”！但不管其是否系累犯，联邦对于公司的监管依然如期终止。

三、何为监督员

奇怪的是，检察官很少要求公司聘请监督员来监督起诉协议的落实情况。正如上一章所述，检察官通常不会向公司处以最高额罚金，而是致力于公司合规。如果检察官和法官均不能对公司合规进行监管，那么要求公司聘请监督员合情合理。然而，在2001年至2012年所有暂缓起诉和不起诉协议中，要求公司聘请监督员的仅占25%（255件中的65件）。2004年至2007年，该比例有所提高，但近年又小幅下降，因此比例并无上升趋势（如图7.1所示）。

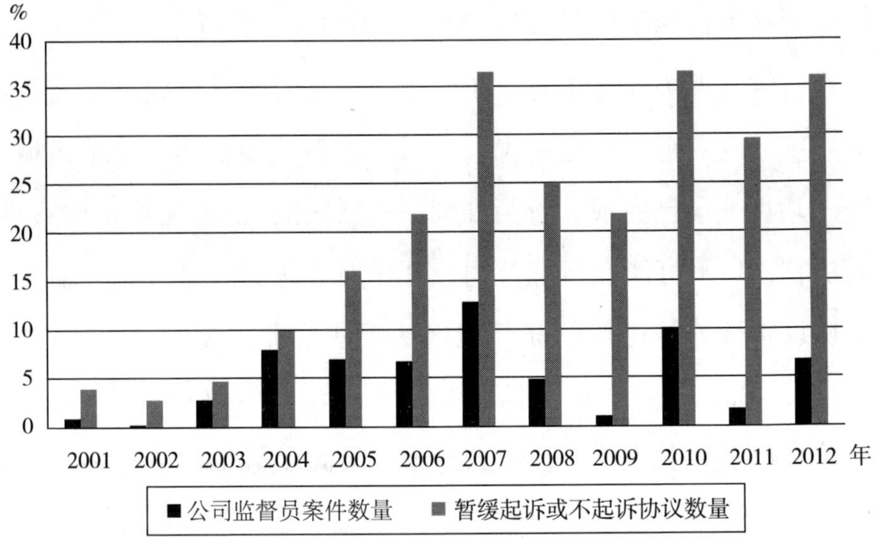

图7.1 公司监督员和暂缓起诉、不起诉协议

司法部称，判断公司是否需要聘请监督员，取决于公司是否缺乏“有效的内部合规项目或者需要建立必要的内控机制”。[8]由于几乎所有公司起诉协议都要求公司实施新的合规措施，人们可能会认为聘请监督员通常是必要和合适的。但现实是，公司合规常常缺少监管，公司仅向检察官或独立监管机构提交报告而已。

究竟何为监督员？控辩协议的称呼多样：独立监督员、独立审查员、独立顾问或公司合规监督员、合规顾问、特别合规官、外部顾问。他们的共同特点是，均不是公司员工，独立于公司之外，[9]受聘展开调查、提出建议、向检方及公司递交报告。

监督员角色定位是独立的第三方。[10]尽管监督员可能是律师，但公司并非聘请其提供法律咨询或代理服务。尽管是由公司付费，但监督员既非为公司亦非为检察官工作。监督员的职责是确保公司合规措施到位，预防公司再犯罪。在合规监督员使用量刑指南中，司法部称监督员须“评估和监督公司合规”。[11]已有有效合规措施或已停业的公司无须监督员。但一旦检察官认定公司需要提升合规水平，且公司无法独立完成，则会要求公司必须聘请监督员。因监督员的工作既不公开，也无须向法官汇报，所以我们对于这项复杂的工作所知甚少。但毫无疑问的是，监督员高薪，角色定位模糊，且缺少对监督员的选任程序的监督。

四、结构性改革诉讼

聘请独立监督员的理念由来已久。1994 年普鲁顿特证券公司案（Prudential Secutities）签订的首个暂缓起诉协议要求公司聘请监督员。在其他类型案件中，检察官有权提请法庭安排一名特别专家或受托人监督和解协议的履行。法学教授詹姆斯·雅各布斯（James Jacobs）称，20 世纪 80 年代开始，检察官开始运用《反敲诈勒索及腐败组织法案》（RICO）中的反敲诈勒索法条款，对被有组织犯罪渗透的工会进行改革。案件和解后，和解协议需受法官监督，而法官通常委派受托人暂时接管该工会。[12]在最大的那份工会和解协议中，联邦法院描述了三名特别专家是如何在数年间顶着对他们权威的

“不断攻击”，监督国际卡车司机兄弟会（International Brotherhood of Teamsters）实施改革的。[13]提起针对政府机构改革的民事诉讼时，检察官和其他政府机构也可聘请监督员。

结构性改革诉讼（strctural reform litigation）是律师用于描述某类案件的术语，这类案件通常是民事案件，旨在对存在系统性问题的组织实施改革。[14]这种类型的诉讼由来已久。在联邦最高法院布朗诉托皮卡教育局案（Brown v. Board of Education）判决后，结构性改革势在必行：联邦法院督促学校消除种族隔离措施。消除种族隔离的案件成为“司法部门新的监管角色的原型”。在 20 世纪 70 年代，多方提起针对医院、警察局、监狱、公共住房和特殊教育机构的诉讼。

在一篇知名文章中，法学教授亚伯兰·查耶斯（Abram Chayes）称，与传统的解决私权的民事诉讼相比，结构性改革诉讼中法官的角色完全不同。在该种诉讼中，“专家、学者、监督人员”监控着“一项复杂、持续的执行体制”，并由法官进行监督。[15]结构性改革诉讼可能需要长期的司法监管。毕竟，在监狱创造安全条件或在学校系统废除种族隔离或者在工会根除有组织犯罪影响都要耗费一定时间。传统模式中，法官服务于公共利益，在公民与政府谈判时充当公正的权力经纪人。法官任命专家（一般称为特别主事官）监督复杂案件，并要求专家持续数年向其汇报细节或最新进展。

结构性改革诉讼也可能备受争议。公众质疑减少监狱羁押率、用校车接送来解除学校种族隔离或命令警察改变行为习惯的成本及正当性。最高法院制定了一系列法律，规定当条件改变或出现未预见困难时，法官可以变更协议条款。[16]有观点认为，这些裁决过分限制了民事权利，但是结构性改革诉讼依然很普遍。

随着时间的推移，某些领域出现了一些成功做法，帮助法官确定一套有效的救济措施。[17]但是，在公司犯罪中，检察官忽视了这些沉痛的教训。合规监督员往往不向法官汇报，而仅向检察官汇报。他们的工作远离公众视野，鲜有监督报告被公开。[18]几年来，监督员们并未尝试测评出最佳工作方式。复杂的选任、监管监督员的模式可以被简化——由法官决定是否需要聘请监督员，批准监督员人选，并在各方提供信息的基础上进行监管。联邦检察官们一直不情愿让法官参与监督公司犯罪案件，但是该类型案件意义重大，需要法官的监督。

五、何时聘请监督员

上文提到，在审查的暂缓起诉和不起诉协议中，有 1/4 要求聘请合规监督员，其中涉及证券欺诈或违反《反海外腐败法》（分别有 23 名监督员）的案件最为普遍。这两类案件一般是由检察官与美国证券交易委员会联合办理。美国证券交易委员会在自己办理的民事案件中开创了选任监督员的先河。检察官选任监督员的数量因案件类型及地区而异。有些年份监督员的数量极少，但有些年份监督员的数量则上了两位数。这些数字变化可能取决于特定年份《反海外腐败法》和证券欺诈案件的数量，但是这不能解释为何在其他类型案件中，控辩协议并未要求聘请监督员。

相反，在大公司犯罪中，尤其在环境污染及海外贿赂案件中，法官通常会任命监督员或特别专家。[19]环境和自然资源局的检察官将聘请监督员作为标配。现有的认罪协议和媒体披露信息表明，2001年至2012年，超过2000起公司犯罪案件中，至少有110起案件中有监督员或特别专家向法官报告。接下来，我会对法官监管能够强化监督员制度进行阐述。

六、谁来选任监督员

合规监督员权力很大，包括对百时美之类的大公司的“广泛的监管责任”。这些高薪职位报酬颇丰，选任程序自然显得至关重要。不幸的是，选任并无标准程序。有些观点认为，最普遍的做法是允许公司共同参与选任，但检察官保有最终的决定权。有40起案件运用了该选任模式。在其他案件中，选任模式不尽相同：5起由公司选任，14起由检察官选任，1起由监管机构选任，4起由检察官与监管机构共同选任，仅有1起由法官选任（共选任了3人。）[20]监管部门以某种方式参与了8次监督员的选任。司法部称选任监督员“并无统一的办法”，数据表明的确如此。

上述情况毫无逻辑可言，在参与选任监督员时，检察官被批任人唯亲。11名监督员的名字未被公开，有些公司则拒绝披露监督员的身份。鉴于检察官要选任如此多的监督员，在已知的监督员中过半数是前检察官就并不令人意外了（至少38位）。虽然前检察官能够胜任监督员的工作，但是也有肥差被赐给前检察官“俱乐部”的隐忧。[21]在传统的结构性改革诉讼中，法官必须帮助选任和监管监督员。

七、律师们何在

在一起存贷丑闻案件中，联邦法官斯坦利·斯波金（Stanley Sporkin）有一著名发问："在这些交易完成时，这些法学教授在哪？律师们又在哪？"[22]如果彼时律师能及时介入，检察官和监督员或许就无需事后调查了。斯波金法官是指律师要举报他们的客户吗？律师一直将其角色定位于客户利益的捍卫者，必须全力保障客户利益，同时对其工作及与客户的对话保密。但律师们逐渐有了一个新的角色，即"守门人"——新问题来了，一旦律师发现了客户的不法行为，他们该怎么办？

公司倾向于在被起诉之前就聘请外部律师进行内部调查。律师的工作更多的是调查公司的违法行为，而非为公司辩护。[23]安然丑闻中，安然的会计师以及法务部门均未能发现违法行为，公司律师的角色受到质疑。正如乔恩·科齐恩（Jon Corzine）参议员指出的，"当公司管理人员和会计均参与违法行为时，犯罪现场往往还有其他同伙——通常是律师"。[24]管理人员和会计可能辩称他们不应被起诉，原因是他们曾咨询过律师意见，律师回复称他们的行为完全合法。公司犯罪案件中，律师咨询意见可能被用作辩护理由。也许此类案件中，律师想讨好和迎合客户，又或许是因为法律是模糊的，两种原因可能都有。

安然丑闻被曝光后，美国律师协会召集了一个特别工作组，建议通过重新界定客户这个概念，来改变律师必须为客户保密的传统做法。高管是不是客户？还是说为了防止公司利益受损，高管对股东是否有更广的责任？美国律师协会最新建议是为了防止公司欺诈发生，律师可上报保密记录。欺诈发生后，律师需“逐级”向高级管理层汇报不当行为。[25]国会修改了《萨班斯—奥克斯利法案》，同时要求美国证券交易委员会制定新规定，要求律师向首席执行官或法务主管汇报其所知情的不当行为。一旦以上人员未对所上报的不当行为作出回应，律师必须向独立审计委员会，独立董事所在的其他委员会或董事会汇报。[26]在应对不当行为时，审计委员会或独立董事扮演了新的角色。而律师作为守门人，有保护公司的责任。[27]

因此，公司常在被起诉前便自行开展内部调查。及时发现问题、解决问题、防止问题恶化，能够体现公司优良的管理水平。但内部调查也可能会操作不当，就像安达信审计团队所做的那样。此外，审计委员会可以聘用外部律师开展独立调查。通常，律师领导调查，允许基于律师——客户隐私权和产品专利权保守秘密。由于公司法律权利和责任可能有所争议，律师可以有针对地提供法律建议。即便如此，就调查而言，其他有更多经验、业务范围更广泛的专家仍至关重要、不可或缺。虽然缺乏公司内部人员的信任，但外部律师也可能被引入。

同时，内部调查必须厘清调查的目标。第一个问题是为谁调查。是管理团队、董事会、首席执行官还是总法律顾问？调查人员将审核文件、与员工谈话，寻求事实真相。调查人员深知，这些调查记录可能会受到监管机构、检察官及其他方面的热切关注。[28]

内部调查可能花费数百万美元，超过整个公设辩护人系统或政府执法部门的预算。2011 年，雅芳（Avon）花费了 9330 万美元调查公司潜在违反《反海外腐败法》的行为，而这甚至比前一年花费的9500万美元要少。[29]如前所述，西门子被罚16亿美元，但也花费了超过9.5亿美元在全球展开内部调查——这个数额几乎是2008年12月案件披露时，美国证券交易委员会执法部门3.24亿美元预算的3倍。[30]在另外一件违反《反海外腐败法》的案件中，五年间戴姆勒（Daimler）内部调查费用超过5亿美元。[31]一些公司聘请独立律师监督公司合规举措，以此避免被指派监督员。

如果律师并非依法提供法律意见，而是参与犯罪行为，将可能被追究刑事责任。在避税类案件中，律师曾提供法律意见称不同避税手段是合法的。Jenkin & Gilchrist律师事务所因此被诉。该所与国家税务局达成不起诉协议，支付了7600万美元的罚款，并最终停止执业。[32]

经过内部调查，公司能主动提升合规水平，确保问题不再发生。多个暂缓起诉或不起诉协议表明，公司已引入外部人员实施审计和监督提升合规水平。部分协议要求公司保留合规官或合规专家（255个协议中的27个）或在公司设立新职位（255个协议中的88个），但这些协议仍然缺少监督员的独立监督。

八、结构性改革

回到百时美案件，在检察官介入前，公司已经先行进行了改革。公司更换了首席财务官和世界医药集团主席，新设了首席合规官职位，还聘请了证券法方面的律师。公司变更预算程序，组建了负责风险管控和信息披露的管理团队，采用新的培训和内控机制。公司还新设了保密热线和邮件系统，用于员工向上层汇报任何有关“渠道填塞”、“财务虚假披露”、员工手册或相关记录的可疑行为。[33]

作为百时美的监督员，兰奇（Lacey）法官虽由公司付费，但他并非独立律师，能独立行使监督权。他要向检察官递交季度报告，并及时向美国证券交易委员会通报。控辩协议要求百时美改变日常行为细节，监督员需确保每个细节均落实到位。为了遵守协议，监督员有权要求百时美“采取监督员认为的任何必要措施”。公司也有可能对监督员的建议提出反对，若该反对得到检察官的同意，则公司不必执行该建议。[34]

兰奇法官任务艰巨。检察官曾描述过百时美的企业文化是“提倡必须完成或超过公司预算目标或市场普遍预期”。如百时美曾宣布“翻倍”的目标，即截至 2005 年，年度销售和收益要在 2000 年的基础上翻倍。[35]虽然公司被要求每个季度均要向美国证券交易委员会报告有关销售和收益的信息，但当被问及收入时，百时美执行官坚称无误。在 2001 年 4 月举行的电话会议上，一位市场分析师询问了批发商的库存数字是否准确（这个数据我们现在知道系人为抬高）。一名执行官回复称：“我们没有看到有问题的情况”。与之类似，2000 年，一名执行官告诉分析师“我不认为有大量零售库存。”[36]同时，执行官发邮件称：“我们要努力达成 5 月销售目标！”

2001 年，百时美全盘招供，并重新申报收益。之后，公司同意额外支付 3 亿美元赔偿给被欺诈的受害者，并且支付 1 亿美元的民事赔偿、5000 万美元用于股东基金，支付 3 亿美元用于股东集体诉讼的和解。[37]百时美召集了高级执行官会议。会议上，检察官宣布了控辩协议的目标。按照与联邦检察官办公室所达成的协议，公司将任命新的总经理，致力于培养“开放、负责和合规的公司文化”。[38]最让人惊讶的是，百时美同意资助西顿霍尔大学（Seton Hall）法学院开设商业道德课程。

监督员参加董事会议，撰写季度进展报告，监督新合规项目的落实。监督员的工作通常不予公开，因此我们无从得知究竟此工作有多大成效。但为我们所知的是，百时美又有新的不法行为曝光。这次事关销量最好的一种药品——波立维（Plavix）。2006 年，百时美试图将一种有竞争关系的类似药品挤出市场，司法部对此展开了反垄断调查。虽然这个问题与暂缓起诉协议中涉及的会计问题无关，但究竟是否属于违反协议要求？监督员是不是应该能够预防发生该行为？协议规定，百时美应告知检察官“任何有关刑事犯罪的确凿证据”，应不“参与或试图参与”任何此类犯罪。违反协议规定可能导致对公司的起诉。[39]

显然，监督员要求董事会将首席执行官解雇，公司照办，同时还解雇了法务主管。报道称该消息宣布时，公司股票价格上升了。[40]监督员并未就此公开发表评论。虽然监督员报告是保密的，但当 2007 年暂缓起诉协议终止时，最终报告的概要得以公开。报告概要简短，自吹自擂，列举了预算程序中的进步——“一个公开透明的环境”，一个“杰出的全球合规项目”。至于新的犯罪，监督员称为“不幸”，但还称公司“迅速”展开内部调查和协作。百时美的迅速反应表明公司已经改过自新。在递交给美国证券交易委员会的季度报告中，百时美称监督员并未想到其他应该实施的行动，因此新的问题已被“充分补救”。[41]

或许，正如忒休斯之船，有人会说百时美已经成为一家新公司了。但我们对监督员工作细节和实际促成变化一无所知。与由法官监督的结构性改革诉讼和由公众重修的忒修斯之船不一样，公司的任何变化均不是公开进行的。

九、西门子的监督员

原德国财政部部长西奥·威格尔博士被选任为西门子的监督员。在采访中他告诉我，在被考虑为人选时，他提出的第一个问题是：这份工作是不是需要占用太多时间？之前并无德国人被聘为监督员，德国也不存在单位刑事责任，因此德国人并不熟悉合规监督员这一角色。威格尔博士起初认为，在担任监督员后，虽然需要出差，但还能继续律师执业和其他工作。但是他错了。[42]

西门子监督员必须对合规工作进行大范围的监督，其规模或许前无古人后无来者。控辩协议要求公司聘请监督员 4 年，同时聘请一名独立美国律师协助监督《反海外腐败法》方面的合规。[43]威格尔博士回忆，四年里，监督员的工作占用了他 2/3 的时间。不仅需要审阅成千上万的文件，他还走访了 20 个国家，有些国家甚至去了很多次，他的足迹几乎遍及各洲。每年他还须前往美国数次，向检察官汇报工作，并总计与超过 1500 人谈话。

尽管工作量巨大，威格尔博士仍称其为“激动人心的经历”和“人生的高光时刻”。接受这份工作后，他想让人们明白的第一件事情，便是独立地位的重要性。在接受工作之前，他与西门子并无工作上的交集。他告诉西门子和检察官，他将“绝对独立”。如果他觉得不能圆满地完成工作，他会“立即辞职”。

开始工作前，威格尔博士须组建新团队。项目团队中有西门子操作经验丰富的员工，有作为独立咨询顾问的美国律师，也有威格尔博士自己律师事务所的员工。监督员必须花几周的时间熟悉西门子全球的业务范围和组织结构，必须有权浏览公司合规、财务控制及内部审计有关的所有文件，以了解公司的运行机制，从而制定相应改善措施。作为监督员，威格尔博士并非异地完成他的所有工作。他回忆称他在西门子有“最好的办公室”，办公室“不在隐蔽位置”，而是在通往总部的主要通道之后。这清楚表明，起初监督员确实在公司“有重要地位”。

十、监督员的工作

据威格尔博士回忆，在其四年任期里，所听到的最好的一句话是新任首席执行官告诉员工的：“只有干净的生意才是西门子的生意。”来自高层的声音对于公司变革至关重要。但是，这种声音必须转化成延伸至最底层的真正的变革。比新的行为准则更为重要的是，如何确保规则能够在西门子错综复杂的全球机构中得以有效实施。此后，公司开始谈论“持续进步”，以及合规理念如何深植所有部门，反映出公司对腐败的“零容忍”。[44]公司的商业行为和商业伙伴的行为均严格遵守详细规定。针对赠礼与招待，西门子新设了尽职调查项目。同时为发现合规问题，新设了风险分析项目。[45]为了打击腐败，公司启用了新系统，还新设了交易均需登记和审批的要求。

威格尔博士回忆，在担任监督员后的第一份报告中，他提出了超过100条建议，并且“西门子全盘接受”。第二年，他提供了30余条建议。第三年，仅有9条或10条了。每次，西门子均全盘接受。威格尔的美国工作伙伴，约瑟夫·沃林（Joseph Warin）称，数年间，西门子经历了“翻天覆地的变化”。[46]

西门子对成千上万名公司员工开展合规培训和问卷调查，将合规理念传达至世界各地的员工。用“风险导向内部审计”来评估潜在风险领域，并召开了无高层在场的中层管理人员圆桌会议，讨论商业规则和商业实践。通过模拟投诉、评估员工反应来测试报告不当行为的帮助热线。监督员团队可列席公司的策划会议、人力资源会议或其他管理会议，确保中层管理层确实理解了相关规则。2011年，在面向投资者的年报中，包含一份监督员的报告，审查合规项目如何发挥长远作用。监督员证实合规项目“设计合理”，但也提出仍有改进空间。[47]

测试合规措施是否起作用（尤其是在涉及广泛的全球业务中存在贿赂等不当行为的危险时）需要用一些技术手段。沃林陈述了几种用于审计西门子在复杂的运行中是否合规的方法。在各业务领域，随机抽取各业务领域10个或12个交易，并仔细分析是否存在不当支付的问题。如果交易涉及商业开发费用，监督员可到现场，询问首席销售官，审查报销单，逐行审阅相关记录。基于风险的分析可用于选取特定的国家和领域并集中进行随机抽查。

目前，西门子全球有超过600名合规员工。曾经，这个数字不超过50。更重要的是，威格尔博士回忆称，合规工作经历不再被视为员工职业生涯的终点，而成为履历上有用的一部分。事实上，一位合规部门主管被选为印度尼西亚分公司负责人。西门子新建了纪律委员会，从总公司到分公司的各级纪律委员会均招聘了新员工。西门子旗下分公司也会根据自身实际，提升员工合规水平。比如，土耳其员工在登录公司电脑前，要接受一个合规知识的日常测试。

中东阿拉伯之春动乱中，威格尔博士面临巨大挑战，也有幸亲身经历了复杂的伦理状况。那时，西门子只能使用一家埃及的银行，但公司必须继续运转。威格尔博士纳闷："在这种情形下如何实现合规，无秘密账户，日常运转靠现金?"威格尔博士回忆合规工作人员如何谨慎地关注事件，确保工作的"透明"，确保"困境中"严格遵守合规要求。

回想起这份工作，威格尔博士评价称自己非常"骄傲"于取得的成绩。该工作不仅涉及面广，还和"当财长一样有趣"。他总结称：最重要的是，"我能保证，西门子运转良好，且拥有了优良的合规系统"和"上层令人振奋的声音"。他指出，在这样一个有着40万名员工的大公司，无可避免地会偶有新的违规行为曝光。但是令人印象深刻的是，不管遇到什么问题，"西门子反应迅速"且行之有效。威格尔博士补充道："我可以说，在我工作结束时，公司不存在系统风险"。公司首席执行官发表了类似评论："去年，巴西和科威特的事件要求我们有严格的执行力。我们也采取了相应的行动。"[48]

十一、公司独裁者

很少有监督员公开描述他们的工作。批评人士不得不推测监督员是否权力过大、不能合理地行使权力。有人称监督员是“公司独裁者”，也有人称如果公司想建立道德文化，一个独立的外部人员至关重要。[49]还有人质疑监督员的任期是否足够长，足以给公司带来实质变革，或监督员收费过高。最近达成的一些起诉协议包含了更多运行过程的细节问题，要求监督员提出“工作计划”，列出进行审查的“合理必要”的步骤，并且要求公司和检察官在计划实施前对计划给出评价。[50]如果这些条款不会过度限制监督员的工作范围，就会显得比较合理。但除去协议中的声明之外，除非争端公开，我们对监督员的工作所知甚少。

我们知道聘请合规监督员花费极高。政府审计办公室（The government acceptability office）称，部分合规监督员每小时收费 290 美元至 895 美元，接近高级律师的收费标准。除了监督员，公司还会聘请一个团队的律师和调查人员，因此每月支出总金额从 8000 美元至 210 万美元。[51]一些公司在提交给美国证券交易委员会的文件中，披露了监督员的费用。威尔兄弟（Willbros）公司报告称，其公司聘用监督员的两年间，该项支出费用超过 800 万美元。[52]法如（Faro）公司报告称公司一个季度就花费了 100 万美元，与公司违反《反海外腐败法》的罚款数额差不多。[53]美国国际集团因证券欺诈被起诉后，于 2005 年至 2009 年，花费超过 200 万美元用于监督员（其间该公司濒临破产，并在 2008 年接受了联邦紧急财政援助，原因是该公司在次级抵押贷款证券上进行了高风险的抵押，而这一领域并不属于监督员的监督范围）[54]。在一起公司犯罪的听证中，法官称：“这太令人愤怒了，监督员拿了 5000 万美元……却无甚作用”。[55]考虑公司通过实施合规改革而得到了宽大处理，监督员的花费成本并不算大。但现有信息并不足以评判这些钱花的是否值当。

十二、任人唯亲

2008 年，合规监督员上了国家新闻，但并非因为他们的工作或特定公司犯罪的性质。新泽西州一名联邦检察官收到一封来自即将接受监督的捷迈（Zimmer）公司律师的邮件，主题是“本合规监督员有关的潜在问题”，内容直言不讳：“我必须表明，我对协议提议的费用感到震惊。”该邮件后来成了政治性爆炸新闻。协议要求捷迈公司在支付“每月固定 27 万美元”给监督员及其他两位主管之外，还要支付监督团队员工的时薪。就算以每小时 1000 美元来计算，总支出也得“每个月工作 750 个小时，工作 18 个月”。这名律师严重质疑这项工作如此费心费力。针对固定费用，“公司必须无条件付费”。该律师另外补充道：“另外让我震惊的、讽刺的是，监督员居然试图使工作不透明，而捷迈公司和其他顾问间的关系一直秉承透明原则。”[56]

监督员的工作是审查人工髋关节和膝关节置换行业付给顾问的费用。捷迈公司是该领域的五大公司之一，同时这五大公司总计占有 94% 的市场。这五家公司 2007 年均与新泽西州的联邦检察官达成了暂缓起诉协议。医疗保险支付了大部分人工髋关节与膝关节置换手术的费用。一旦公司被起诉或定罪，可能导致公司被取消纳入医疗保险系统的资格，而这也意味着这家公司很有可能要退出这个行业。

后来，检察官称："洽谈这些协议的过程与同时将五架飞机停在同一个跑道类似。"[57]我们很少得知暂缓起诉协议是如何进行谈判的。但是，这些特殊的谈判过程会在众议院一个小组委员会的听证会上公开。检察官后来回忆了历时四个半月的磋商过程：

"协议根据不同的谈判要求共修改了十二次，先后有六十个版本，因为每一稿都需五个版本、分别针对五家公司。主席先生，谈判争议极大，我们是 11 点宣布协议的。直到宣布协议的那天早上 9 点，我们才达成了一致。"[58]

毕竟，这是个价值 800 亿美元的产业，五个公司彼此之间是竞争关系。检察官回忆称自己总是被问到："这件事大家都同意吗……如果他们不同意，我是不会签的。"[59]

协议中针对监督员收费标准的协商耗时不多。每月总花费 150 万美元至 290 万美元。在邮件中，公司律师总结道："实际上，捷迈公司因必须聘请监督员的强制要求，而不得不支付了 1350 万美元……无论监督员实际承担多少工作。"[60]监督员团队回复称他们承担了"非常大的责任"，并且在签订控辩协议之前就已工作了 25 天，完成了大量工作。他们"不确定能发现多少问题"，因此要收取一笔固定费用。[61]最终，联邦检察官拒绝介入费用纠纷，告知各方通过"其他途径"解决此问题。[62]

谁能够决定监督员的费用？联邦检察官为每家公司都提供了监督员的建议人选，公司均照单全收。[63]捷迈公司显然"希望监督员有着中西部情结"，并最终接受了约翰·阿什克罗夫特（John Ashcroft），前密西西比州参议员、前联邦总检察长，作为合规监督员。[64]

新泽西州的联邦检察官克里斯·克里斯蒂（Chris Christie）建议阿什克罗夫特为监督员人选。在司法部工作的时候，克里斯·克里斯蒂是阿什克罗夫特的部下。后来，国会要求阿什克罗夫特作证。在他简短的证言中，被问及“员工聘请了前上司”是否有问题。他回答：“没有冲突。看上去没有冲突。”[65]在听证会召开的当天上午，司法部出台了最新《合规监督员选拔指南》（以下简称《指南》），大概是为了应对国会的审查。（我也在国会作证，但并非重要证人）。

听证会上，代表们多次批判阿什克罗夫特作为监督员的收费。记录显示，最初 5 个月监督员共收取了 750 万美元，其中包括每月 75 万美元的固定费用和团队其他成员的时薪。[66]阿什克罗夫特解释，这个案件中，监督员工作极其复杂，“调查涉及整个产业”，意味着监督员“不仅要调查自己的公司，还需额外协助调查其他骨科制造商和供应商”。[67]

当有人指出，其他监督员并非收取固定费用，而是按照工作量账单收费时，阿什克罗夫特回复：“我相信收费关键在于工作的质量，而且我们已经同意并提前提供了有关监督员费用的信息。”[68]部分议员称将阿什克罗夫特的买卖是“无需投标的”合同。议员要求他提供账单记录，他同意了。[69]某国会议员评论：“在捷迈公司的案件中，我了解到阿什克罗夫特的律所收取了 5200 万美元。我愤怒至极。不管你做了什么，都不值 5200 万美元！即使你服用了类固醇，完成了 70 次本垒打，也不值 5200 万美元。”[70]

针对抗议，司法部改变了规则，要求聘请合规监督员时需进行中央审查。新的《指南》要求任何监督员人选均需同时取得检察官办公室常务委员会和司法部副检察长的同意。要严格遵守利益冲突原则，不仅避免实质冲突，也要避免表面冲突，确保每位监督员“高度适格且备受尊重”。[71]《指南》新增：要提供三名候选人，由公司从中选定。[72]有种观点认为，新《指南》会减少监督员的聘任。但实际上，监督员一如既往地发挥了作用，特别是在违反环境保护法、《反海外腐败法》诉讼和欺诈案件中。即使《指南》更新了相关规定，但对是否需要监督员及其选任、费用、工作范畴，仍未要求需要独立的司法审查。

十三、监督员的缺位

为何仍有这么多案件未聘请监督员？只要监督员能真的派上用场，我就不担心收费过高的问题，毕竟比起罚款，这些费用并不算多。况且，检方会大幅降低罚金，换取公司实施合规计划。瑟奇收购（Sirchie Acquisitions）一案中，检方允许公司直接从罚款中扣除了监督员费用。因此，首要问题是监督员们是否真正能够促使意义重大的改革落到实处。如果答案是肯定的，那为何聘用监督员的情形如此之少？

部分案件中，因公司聘请了其他人监督合规工作，未聘请监督员合情合理。超过1/3的协议（255件中有86件），要求公司设立新的职位来监督合规项目。然而，这些职位的工作人员均属公司员工，监督地位并不独立。在另外13件案件中，检察官要求聘请外部审计人员或专家，但这些人无监督员的广泛权力。他们审计某一特定领域，且并不直接向检察官报告。

通常，检察官似乎对于公司自行开展合规项目表示认可。正如诸多案件列举的，在与检察官签订协议前，公司已经着手实施合规项目。大部分公司聘请了审计师、会计师、外部法律顾问，或新设了合规官职位。自 2001 年以来，超过 2000 家公司被诉。相关案卷和认罪协议显示，110 多家公司聘请了监督员。这些监督员向检察官报告的同时，还要向法官汇报。如果监督员向法官报告公司有不合规或新的违法情形，法官可以对公司作出处罚。

不仅检察官指派监督员，在一些民事执行程序中，监管机构也指派监督员监督公司。过去十年里，美国证券交易委员会聘请监督员数量逐渐增加。这或许是借鉴了司法部的做法。环境保护局在环境保护案件中，通常要求聘请监督员。卫生与公共服务部监察长办公室要求监督员监督医疗欺诈案件，通常是民事案件。或许监管机构经常监督合规工作，因此他们对于监督监督员的工作感到非常自然。

准确来讲，或许在某些案件中存在部分不当行为，即使聘请监督员也无济于事。然而，我们无法分辨聘任监督员的 65 件暂缓起诉协议或 110 多件认罪协议案件与其他未聘请监督员的案件有何区别。即便公司自愿新设合规职位，合规员工可以向检察官和法官报告。对于监督员制度松弛的态度表明，监管控辩协议需要更多的司法参与度。

十四、提高监督效率

新的公司起诉制度中，“胡萝卜加大棒”才能取得好的效果——

用更少的惩罚换取公司更多的实质变革——以防止公司未来再犯罪。我们无从得知这些合规项目有多成功，或是监督员的监督效果有多好。公司可能通过接受停留于纸面的改造或“伪装的改造”而逃出“囹圄”。这些改造未经测试，亦可能并未精心实施。监督员的工作下至安排其他人员审查文件，上至亲自监管公司机构改革。但与刑事判决或民事同意令不同的是，法官不参与审核监督员的工作，亦不审核公司是否遵守了协议。

政府问责局发现检察官很少要求监督员提供详述监督步骤的工作计划，但法官会做此要求。[73]通常，监督员应该给检察官和公司均提交“定期书面报告”，详述监督员已完成的工作、公司提升合规水平的做法及是否需要采取其他措施。[74]如果法官对监督员的工作开展监管，这些报告可能会公开，至少部分公开。

监督员工作不力时，法官会介入。司法部《指南》规定公司“在合理时间内”不采纳其建议的，监督员应当告知政府。如果指控可信，监督员还要报告尚未披露的不法行为。司法部还建议称，如果监督员不能及时完成相关工作，协议可展期。[75]但在解决有关监督员费用纠纷、监督员工作范围、未披露的新犯罪或者其他领域的争端时，法官应当是一个更为独立的角色。法官可以最终决定监督员的工作是否已经完成、协议可否终止。

司法部的环境犯罪部门请求由法庭聘请监督员，监督环境犯罪案件中的合规工作的做法由来已久。[76]多个此类认罪协议要求监督员同时向法官和缓刑办公室报告。[77]如果公司已完成所有工作，监督员可建议法官提前终止监督。在卡希雅航运（Kassian Navigation）案中，法官聘请的监督员及独立的合规咨询官同时建议法官提前撤销缓刑。法官同意并作出裁决，这也是商业船只向海洋倾倒污染物的案件，首次出现这样的刑事判决。[78]

很难理解为何在一些备受关注的案件中，司法部并没有沿用这种类似的法官监督进程的方式。司法部告诉国会，其正在测评监督员“绩效”，但是尚不清楚监督员工作多有成效或者不聘任监督员时如何监管公司合规。

十五、改邪归正

即使百时美涉嫌违反暂缓起诉协议，但其最终被宣布整改有效。所有的累犯都能被如此宽大处理吗？新泽西州的联邦检察官指控赖特医疗集团（Wright Medical Group）违反了暂缓起诉协议。该暂缓起诉协议内容包括 790 万美元罚金及一年的监督员监管。尽管如此，公司报告称，其总法律顾问和其他执行官“无正当理由”离职，并且董事会接到线报后展开了调查，揭开了“严重犯罪的可信证据”。[79]检察官认定，公司“明知且故意违反”暂缓起诉协议。惩罚结果呢？检察官称他们对于公司过渡期的管理很“满意”，并且将暂缓起诉展期一年，联邦监督员再行监督一年。结果皆大欢喜。

这种情况更凸显改变合规监督员运行模式，即由法官监督协议履行的必要性。我们不知道监督员是否能在几年间有效改变整个公司，但公众对于监督员的工作应当有更大的知情权。让法官更多参与无疑是个解决方法。但是我们看到，有些法官不愿参与监督暂缓起诉协议，而有些法官比较积极，要求公司及政府部门提供更多信息。然而，与监督员类似的是，法官的公正和独立是理想化的。机构改革的复杂性和案件对于大众的重要程度意味着法官必须以某种形式参与更多。尽管立法没有更新，法官仍可认为一旦其在办案件达成暂缓起诉协议，法官必须监督合规落实情况。法官应要求批准监督员人选、监督合规，且决定协议是否成功履行。将法官的权威作为保障，将最终有利于检察官和强化机构改革成效。

十六、像诚信公司一样合规

威格尔博士强调："单个公司并不能让世界更美好"。如果法官向公众披露更多监督员的工作，那么其他公司可以学习成功的例子。西门子决定通过自身努力，尝试与竞争对手签订新型协议——协议不涉嫌垄断，而是旨在提升商业道德。西门子学习透明国际（Transparency International）创设的理念，与包括中国和俄罗斯在内的其他公司签订了不少这样的"诚信公约"。[80]

一些公司质疑，西门子自身因大规模犯罪被惩处，居然还带头提倡道德。但西门子坚持不懈，像传教士一样，与公司及政府协商签订协议，共同遵守道德标准和行为准则。西门子称员工一旦违反，公司会立即制止。如果听说竞争对手公司的员工违反规章制度，将立即通知对方公司。西门子计划与外部利益相关者"加强互动"，共同反腐并提倡负责任的公司行为，"集体行动"中还包括与竞争对手签订共同遵守规则的协议。西门子倡导全行业的行为准则，与世界各地的政府廉洁办公室合作，支持反腐败工作。联邦监督员约瑟夫·沃林（Joseph Warin）回忆起与各政府监管部门，包括埃及、印度及俄罗斯的官员谈到这些协议时，他们都表现得很热情。

西门子赞扬了《反海外腐败法》和相关反腐法律，称它们开创了“公平竞争环境”的理念，“廉洁经营”对于“自由企业”来说是必要的，反腐败的法律对大家都是有益的。西门子新任首席执行官称，“显然，我们已经吸取了有关商业诚信的教训”。他描述了如何将合规“根植于公司价值观之中”，并且坚称如今西门子是“榜样”。[81]

西门子在其他方面也成为了楷模。有些人怀疑遵守反腐败法律是不是意味着：相对于不诚信的竞争者，他们会失去很多商业机会。德国工商界质疑，不用贿赂的手段难以开拓世界市场。一些美国公司也表达了类似的怀疑。西门子用企业唯一能做的方式回答了这个问题：接受严格合规举措后，企业利润持续增长。在 2012 年对股东的年度讲话中，首席执行官强调这是“优异的一年”，并称“在市场充满敌意、政府机构信任消失时，价值为基础的企业文化至关重要”。首席执行官提到公司获得道琼斯指数合规类中的最高分，还特别致敬了监督员：“威格尔博士，您是西门子能成为诚信楷模的最大功臣。衷心表示感谢！”[82]

让真正的合规成为西门子文化的一部分，显然对公司运营有利。通过严格适用监督员制度和司法审查，让合规更有价值，也将有助于公司犯罪案件的办理。

第八章　公司的宪法权利

液态汞似乎很好玩，看上去像银，可以倒进模子里，分散成一个个小球。这种特点让它有一个通俗的名字，水银。但汞挥发快，无味却剧毒。食入、通过呼吸系统吸入汞或通过皮肤吸收汞，会导致高血压、肾疾病和可能致命的“粉红病”。汞还会导致脑损伤。过去，女帽工人在进行毛毡生产时，长期暴露在汞环境中，往往成为相关慢性疾病的受害者（导致“像制帽工一样疯狂”的说法增多）。本章以罗得岛州一个有关汞的污染环境犯罪案件作为开始，该案中公司被判应承担责任。但是在某种意义上，汞更适合普遍作为公司犯罪的比喻——可变形，难发现，很危险。

南方联合有限公司（Southern Union Co.）的一个天然气公司，在罗得岛州的普塔基特市（Pawtucket）一栋年久失修的建筑物里存储了旧的煤气调节器。这些调节器中的汞随意汇入儿童游泳池、塑料容器、甚至某个牛奶罐。[1]建筑物周围没有有害物质的警示牌，建筑物的围栏、窗户、门均已破损，导致有人破门而入，也有无家可归的人寄居于此。但南方联合有限公司决定停止支付保安和管理设施的费用。2004 年，三个邻居小孩在该建筑中玩了汞后，将汞带到他们居住的公寓大楼。其他住户四处追踪汞的踪迹。当南方联合有限公司发现这个问题时，他们没有提醒消防部门或任何相关机构。直到几周后，居民发现了事故，才进行了清理工作，并对社区进行了汞中毒检测。[2]

公司在罗得岛州受审，陪审团以书面形式作出了裁决：针对指控的犯罪，在2002年9月19日至2004年10月19日，公司明知未经批准，存储了有害废物汞，陪审团认定被告南方联合有限公司有罪。[3]

一旦认定南方联合有限公司有罪，就必须对其处以刑罚。法官认为："很有必要向所有可能储存危险废物的公司传递这样一个信息：一旦你被抓住，必将会付出严重代价。这就是刑法威慑作用的意义所在。"[4]本书第六章提道，量刑指南并未囊括所有联邦犯罪的量刑。本案中适用的环保法条，即《1976年资源保护和恢复法案》（Resource Conservation and Recoveroy Act of 1976）规定，明知未经批准存储危险废物的，应判处每日5万美元的罚金。[5]

陪审团虽然未具体问及违法行为持续的天数，但最终认定公司非法存储汞共762天。基于该数字，法官可处以最高额3810万元美元的罚金。本案法官实际判处罚金600万美元，并强调称该公司已经花费了600万美元用于清除污染物。法官同时判决公司向罗得岛州红十字会及其他慈善组织支付1200万美元，用于资助儿童教育和医疗。最终，法官对公司判处缓刑，并要求公司"提供证据证明公司现有的、正在实施中的环境合规项目"。

南方联合有限公司辩称罚金判决违反了宪法第六修正案规定的

接受陪审团审判的权利。对于公司违反环境法具体天数的事实，陪审团成员并没有被要求适用“排除合理怀疑”的证明标准。公司是否能基于宪法权利，主张应由陪审团、而非法官决定罚金数额？正如之前章节解释的，检察官一般是基于非正式的指南和实践操作，起诉大部分位于法律盲区的公司。法官和量刑指导意见以及监督员之类的外部人员，共同推动了公司犯罪案件的办理。受害者权利和雇员个人也发挥了积极作用，尤其是在检察官的目标是后者的情况下。公司的宪法权利如何影响检察官的起诉，也值得深入研究。

主审法官否定了南方联合有限公司宪法权利的抗辩，列举了“清楚和本质上无可辩驳”的证据证实：汞被存储超过了2年，上诉法院也同意了这个观点。但最高法院以6∶3的表决推翻了判决，大法官索尼娅·索托马约尔（Sonia Sotomayor）撰写了法庭意见。[6]最高法院以其2000年阿布伦蒂诉新泽西州案（Apprendi v. New Jersey）的判决为基础。在该案中，最高法院认为，对于任何可能导致量刑超过法定最高刑的事实，检察官均需按照排除合理怀疑的标准向陪审团举证。[7]阿布伦蒂这类案件涉及的是监禁时间，而非罚金。检方辩称仅当可能“剥夺人身自由”时，陪审团才不可或缺。公司只可能被处以罚金，不能被收监。但法院未采纳这个观点。

我们可以看到，公司和其他类型的机构在诸多方面，均被视为法律上的人。他们享有部分（但非全部）同等的宪法权利。公司的组织架构、权利和义务大部分由各州法律规定。但在刑事案件中，美国《宪法》亦规定了公司权利，对公司有多方面的保护，范围从最初的警察搜查到庭审和上诉程序。“南方联合有限公司案”的判决很大程度上逃避了公司宪法权利的问题，而是根据过往判例，认为至少当公司面临高额罚金时，有权得到陪审团审判。

当前形势下，公司可能面临巨额罚金，尤其是有些法律规定罚金最高额是犯罪造成损失或因犯罪获利的 2 倍。在南方联合有限公司案中，最高法院指出：西门子案罚金为 44.85 亿美元，辉瑞和法玛西亚普强案罚金为 11.95 亿美元。法官以上述案件为例，强调罚金的重要性。南方联合有限公司案的判决尤其重要，正如索托马约尔大法官强调的，罚金“如今被频繁使用，尤其是在不能判处监禁的公司犯罪中”。2011 财政年度的联邦刑事案件中，个人犯罪罚金刑的适用率为 9.0%，而公司犯罪的适用率是 70.6%。[8]个人白领犯罪案件中法官也会判处高额罚金，这意味着须有更充分证据证实判决的基础事实。被起诉的公司很少，被定罪的公司更少。但南方联合有限公司案判决可能要求：即使是在与公司磋商的情况下，检察官仍需提供更充分的证据。斯蒂芬·布雷耶大法官（Stephen Breyer）及其他两位大法官反对称，因法官们有着判处罚金不公或过低的历史，现代联邦量刑法律加强了罚金的作用。他担心大部分意见会削弱这些改革的成效。

部分检察官已将宪法第六修正案的权利延伸至公司。2012 年，通过陪审团审判，总部位于中国台湾的友达光电（Au Optronics Corporations）及其美国分公司被判处最高数额的反垄断罚金。该案中，检察官指控友达光电密谋在全球范围内对液晶显示屏限定价格，影响了台式电脑、笔记本和平面屏幕电视的价格。共谋者显然“每月和竞争者在中国台湾的宾馆会议室、卡拉 OK 吧和茶室秘密会面”

来限定价格。[9]法官引导陪审团需特别判定限定价格导致的伤害或损失的大小。与其他公司不同的是，友达光电将案件引入审判程序，因此未能得到宽大处理。检察官提供了充分证据证明共谋范围和行为对价格的影响大小。陪审团认定，参与公司从限定价格中获利5亿美元，罚金总额可达10亿美元。法官不倾向判如此高的罚金，最终判处罚金5亿美元。[10]

这也表明，一旦案件进入审判程序，公司可能要承担严重后果。正如布雷耶大法官在反对意见中指出的，南方联合有限公司案可能会限制协议磋商的范围。大公司可以聘请律师团队，就罚金刑一直上诉至最高法院。友达光电案未涉及对被害人的补偿或社区服务费。而在南方联合有限公司案中，法官判令南方联合有限公司支付1200万美元，用于社区服务——该数额是刑事罚金的2倍。日后，最高法院新规则可能会涉及这方面罚金的内容，毕竟数额不小。案件还存在其他问题，比如，南方联合有限公司案判决的分析论证中是否包含了罚金刑。在摩根大通银行与伯尼·麦道夫（Bernie Madoff）庞氏骗局案件中，相关违规行为导致了17亿美元罚金。南方联合有限公司案可能不是有关宪法第六修正案如何影响公司犯罪罚金数额的最后一案。

在最高法院判决后，庭审法官被迫将原先对南方联合有限公司1800万美元的罚金判决改为仅支付50万美元用于社区服务，并处以两年缓刑。法官称判决“非常令人不满且甚至是不公正的”。[11]

一、公司和宪法

南方联合有限公司案涉及的是公司获得陪审团审判的权利，但最高法院未论及公司何时有宪法权利的一般理论。这个案件还引发公司是否还有其他宪法权利及宪法权利如何影响刑事诉讼的问题。

美国《宪法》中没有公司这个词。在美国早期，普遍存在的是政府实体，公司并不常见，在经济中发挥的作用甚微。[12]但不久后，最高法院就得设法解决公司和其他组织宪法地位的问题。首席大法官约翰·马歇尔（John Marshall）在1809年有关美国银行的案件判决中，称公司“仅仅是法律拟制的概念，看不见、摸不着，还无形”，但公司是联邦管辖下的公民，大法官还提出“描述自然人的术语也囊括了公司”。[13]这种务实的做法体现在最高法院有关这个问题上的大部分判决中——大法官们聚焦于公司如何运转的现实。大法官们认为公司独立于所有权人、公司领导或员工，可享受部分但非全部的宪法权利。

二、联合公民诉联邦选举委员会案

当我们谈到公司和宪法权利时，最先进入脑海的是言论自由权。这是因为在备受关注的联合公民诉联邦选举委员会案判决中，最高法院认为国会无权颁布禁止公司资助选举的法律。2008年民主党总统初选期间，战略上称作联合公民的一个非营利组织，为了批评希拉里，提升巴拉克·奥巴马（Barack Obama）及其他竞争者的竞争力，试图发行纪录片《希拉里：一部电影》（Hillary：the movie）。但联邦选举资助法律，即著名的2002年《联邦选举改革法案》（Bipartisan Campaign Reform Act of 2002），禁止公司此类资助。法案规定仅政治行动委员会（PACs）才能做此类资助。因为个人能决定是否给政治行动委员会捐款，而公司的股东一般对于公司资金能否用于政治言论无发言权。

最高法院安东尼·肯尼迪（Anthony Kennedy）大法官的长篇意见中，称“反对仅因公司不是自然人，便否认公司或其他组织的政治言论受宪法第一修正案保护的观点”。他承认股东可能不同意公司的言论，但股东可通过“公司民主程序”发表意见或转而购买其他公司股票。口头辩论时，索尼娅·索托马约尔（Sonia Sotomayor）大法官批评了灌输“州法创设”的观念，公司“具有自然人的特征”。[14]在早期的宪法第一修正案有关自由言论判决中，法院认为宪法“仅是个人”的保障，不能适用于公司，“因为特别保障的‘历史作用’仅限于对个人的保护”。但联合公民案的判决中，在决定公司是否有宪法权利方面，并未使用任何特别的评价方法。

法官们认可公司享有宪法权利已有一段时间，因此本案的判决并不意外。数十年来，最高法院认为，公司至少享有宪法第一修正案规定的部分权利。在部分19世纪早期的案件判决中，最高法院承认了在合同条款下公司享有的宪法权利，[15]后来最高法院逐渐承认公司亦享有宪法其他条文规定的权利。[16]当然，最高法院并未将个人享有的所有宪法权利均延伸适用于公司和其他组织。公司不享有宪法第五修正案规定的不得自证其罪[17]和正当程序条款规定的自由权利。[18]联合公民案反对意见中，大法官约翰·保罗·史蒂文斯（John Paul Stevens）在讨论何种公司不享有何种宪法权利时几近讽刺地说道：“多数意见中，当公司无权投票时，会产生第一修正案的问题，因为投票也是言论的一种形式。”[19]（公司无投票权是因为最高法院根据宪法第十四修正案曾判决公司并非公民）[20]一系列保护刑事被告人的权利有助于理解公司为何有时享有宪法权利，而有时没有。

三、公司何时享有宪法规定的刑事程序权

《人权法案》中有很多条文适用于刑事诉讼，并通过解释，扩大了法案的保护范围。公司不可能因精神或身体强制盘问而意志崩溃，因此无不得自证其罪的权利。即使鲜有公司像安达信一样面临刑事诉讼，但公司仍有权以排除合理怀疑的证明标准，获得陪审团审判。在刑事侦查期间，公司享有宪法第四修正案规定的权利：禁止不合理的搜查和扣押。但政府官员会广泛运用传票获取公司的相关文件记录，因此就公司而言，更具有侵入性的搜查可能是“合理的”。

以上保护措施不尽相同，但是否有迹可循？聚焦于如公民诉联邦选举委员会有关宪法第一修正案的案件，学者们称最高法院的态度是“特别的”“刻板的”“武断的”“反复无常的”。[21]刑事案件也许最能显示法院做法的一致性，因为刑事诉讼程序包含各项不同权利，而刑事案件也最能激起政府将公司与个人缉拿归案的兴趣。通常来说，最高法院聚焦于该宪法权利是什么，审查“宪法权利的本质、历史和目的”。[22]除非公司作为组织，代表成员利益提起诉讼，否则法律认为公司或机构独立于个人。其是否可以主张宪法权利是单独的问题。[23]法院禁止公司成为个人犯罪的保护伞，确保个人不因公司逃脱刑事责任。更普遍的是法院禁止公司以其组织形式，让公司业务逃避政府和监管人员、检察官的监督。

四、正当程序权利

刑事案件中的一系列宪法权利源于正当程序条款，保护个人免遭政府任意剥夺生命、自由或财产。在1906年的一项裁决中，最高法院认为正当程序条款不保护公司的自由利益，保护的是“自然人的自由，而非拟制人的自由”。[24]条款不保护公司财产权，公司长期以来一直对可能影响公司经济权利的立法进行挑战。[25]在刑事案件中，正当程序条款确保在调查和审判中刑事程序的公平。公司有权抗辩不公平的程序将导致公司以罚金的形式被剥夺财产。有一件引人注目的案子充分阐释了公司犯罪中正当程序权的作用。

一对夫妇，二人均是国际顾问咨询集团（Grupo International de Asesores S. A.）的董事，决定购买一辆价值29.75万美元的法拉利和一艘名叫追梦者的价值180万美元的游艇，供墨西哥国家电力公司，即墨西哥联邦电力委员会（CFE）官员使用。据检察官称，这两位董事为墨西哥国家电力公司某官员支付了超过17万美元美国运通支票（American Express Bills），给另一位的官员的亲戚转账60万美元。在另外一件涉及墨西哥国家电力公司与艾波比集团（一家瑞士和瑞典的跨国公司）美国子公司的行贿案件中，检察官也追踪到了相关款项的踪迹。[26]政府称艾波比集团（ABB）通过一名墨西哥人居中行贿。2009年该中间人被捕后，成了艾波比集团案件中检方的污点证人。

联邦检察官称，现金和奢侈品是为了一家美国公司——林赛制造（Lindsey Manufacturing）取得合同机会而支付的贿赂。林赛制造生产电力线路塔和断电后恢复发电的紧急系统，总部位于加利福尼亚，有 100 名员工。林赛制造获得了与墨西哥国家电力公司签订合同的机会，为其提供线路塔和紧急系统。国际顾问咨询集团（Grupo）曾代表公司寻求与墨西哥国家电力公司的合作机会。2002 年 5 月，林赛制造聘请国际顾问咨询集团为其在墨西哥的销售代表，最终签订了 10 个总价值为 900 万美元的合同。[27]国际顾问咨询集团将按销售额的 30% 收取佣金，这个抽成并不便宜。林赛制造不得不提高合同价格。[28]检察官称这些佣金经洗钱后，用于向墨西哥国家电力公司官员支付高额贿赂和礼物。[29]墨西哥法律规定政府公务人员收取此类礼物违法，美国法律也禁止向政府官员行贿。林赛制造及其主席、副主席均被起诉违反《反海外腐败法》。

辩方律师称，他们的客户并不认为这是行贿，公司试图让案件进入审判程序。“我们变成了一个合作者的国家”，一名律师不满地说，“我们一开始接触这个案子就想奋力一搏”。[30]这是第一个因违反《反海外腐败法》而进入审判程序的案件，因此备受关注。很少有公司冒险进入审判程序。诸多刑事程序权利经解释后可以适用于刑事侦查和审判，但仅在被告不认罪、案件历经审判程序后，才能检验这些程序权利条款的适用效果。正当程序原则赋予刑事被告得到实质公平审判的权利，证明被告有罪须排除合理怀疑。警察和检察官要举证推翻辩方的重要证据，同时检察官不能作过于煽动的辩论。

2011 年，经过历时 5 周的庭审后，公司和员工均被判有罪。公司面临巨额罚款，主席和副主席面临最高五年的有期徒刑。一名墨西哥销售代表亦被判有罪，量刑为已被羁押的时间。联邦总检察长助理兰尼·布鲁尔（Lanny Breuer）宣称：“林赛制造是第一个因违反《反海外腐败法》而被审判和定罪的公司，但不会是最后一个。海外腐败违反法治原则，扼杀竞争，扰乱国际市场，危害美国经济的健康。”布鲁尔吹嘘司法部是如何“致力于给贿赂阴谋下的所有市场参与者带来公正……贿赂者必将自食恶果”。[31]

但这并非故事终点。辩方提交动议，试图推翻判决，辩称直至庭审，检方仍未向被告提供关键证据。辩方以正当程序原则为据。最高法院在布雷迪诉马里兰州案（Brady v. Maryland）中判决：政府不能隐瞒有关被告无罪或罪轻的重要证据。如果违反了布雷迪规则，案件判决可能被推翻。

案件的焦点在大陪审团程序。一名联邦调查局（FBI）特别探员作证称，被告之一被问及贿赂时，回答称“不想知道”。但询问笔录中无此陈述，询问时这名探员居然还不在场。之后，法庭称探员的证言是：“不适合的、愚蠢的、自私的和无证明力的。”[32]大陪审团的陪审员对于国际顾问咨询集团行贿资金是否来源于林赛制造的佣金很感兴趣。这位探员称国际顾问咨询集团账户“本质上并无其他资金”，或是林赛制造提供了“90%至95%的资金”。而之前的宣誓证言清楚表明林赛制造的资金仅占70%。事实上，在那对夫妇购买法拉利前后，国际顾问咨询集团有一笔43.3万美元的入账，该入账并非来自林赛制造。检方将这位探员剔除出证人名单，但辩方不知道探员是否会出庭作证。辩方同时辩称直至庭审中期，法官命令检方交给辩方复印件时，辩方才得知探员的大陪审团证言。[33]

大陪审团证言还有其他不一致之处。探员称林赛制造不是报价最低的，但仍中标合同。林赛制造辩称政府知道彼时墨西哥并无其他竞争者，其他制造此类电力塔的公司均已停产。[34]2008 年 12 月，林赛制造的两幢大楼被非法搜查了。支持搜查令的证言称林赛制造向一家巴拿马公司有一笔大额转账，后来检方承认该证言不是事实。[35]另外一个不一致处来自另外一名联邦调查局探员的证词，但检察官称这是因为审查该案件的检察官是新入职的，并且犯了一个错误。

法官愤怒地总结道："政府承认犯了很多'错误'，正如政府描述的，确实'很多'。事实上，错误的数量大、种类多、延续的时间长（从 2008 年至 2011 年），这些错误累积成一个不同寻常的、极端错误的、歪曲事实的起诉。"[36]法官做出了初步决定，给控辩双方机会来衡量是否应当撤销定罪。听证后，法官解释："根据法庭经验，本地区几乎所有的联邦检察官们一直展现着令人钦佩的专业、正直和公正。然而，令人遗憾的是，法庭发现检察官团队允许一名关键的联邦调查局特别探员在大陪审团前提供虚假证言，在证词中植入了重大谎言……联邦探员不当审查了一名被告和律师之间沟通的电子邮件，同时未能遵守其调查义务，违反法庭规定询问证人，在结辩涉及争议行为时，甚至向法庭作虚假陈述。"

法官推定公司有正当程序权利，根据布雷迪诉马里兰州案，检方需充分举证推翻无罪证据。最高法院从未处理过这个问题，但如果在公司诉讼中，检方能隐瞒无罪证据，肯定会让人倍觉不安。法官最终结论是，检方的不当行为是"不能容忍的"，且有阻止检方不当行为的迫切需要。法庭必须采取"极端做法"，即判令撤销案件，不再重审。[37]

另有一件令人关注的公司犯罪案件于2009年被曝光。洁丽雅（W. R. Grace）公司因石棉污染了蒙大拿州的一个小镇，涉嫌环境犯罪，面临最高额10亿美元的罚金。庭审中，法官获悉，检察官未向被告告知其主要证人与政府的关系。法官引导陪审团称“司法部和检察官办公室违反了宪法规定的其对于被告的义务，且违反了法庭的命令”，并称是“不可宽恕的失职”，法官抨击了部分证人证言，并引导陪审团“极度怀疑”地审查该证言。[38]最终陪审团宣告洁丽雅无罪。[39]

司法部还有其他未能推翻无罪证据的丑闻，其中包括备受关注的、对已故参议员泰德·史蒂文斯（Ted Stevens）起诉的案件。记者们披露称，数年以来，检察官明知有成百上千的案件因联邦调查局分析师的法医学鉴定意见错误而存在瑕疵。其中几起案件，通过DNA检测让入狱多年的无辜囚犯得以沉冤昭雪，才为人所知。检察官从20世纪90年代中期开始就发现了上述问题，但是依然对公众和辩方律师隐瞒了相应调查工作。2012年，联邦调查局同意对成百上千的有瑕疵案件进行审计。[40]司法部回应称该类问题可以通过对检察官的培训和监督进行预防。[41]具有丰富资源的被告人将检察官不当行为曝光，这非常有意义，因为在司法实践中，此类错误也许比我们想象的更多。这是公司一旦遭受不公平审判便无法反抗，从而导致麻烦的另外一个原因。无论是公司还是个人，均会因违反正当程序原则的政府肆意行为受到伤害。

五、宪法第四修正案权利

公司有权反对不合理的搜查和没收，公司亦有宪法第四修正案规定的隐私权，然而最高法院的关键判决仍赋予政府对公司搜查的广泛权力。宪法第四修正案保护“公民人身、住宅、文件和财产免受不当的搜查和没收”，同时要求搜查令必须有适当证据支撑，包括“合理理由”。但是宪法第四修正案实施细节却臭名昭著，最高法院通过平衡个人隐私权利益和惩罚犯罪的法律实施利益对宪法第四修正案进行解释。结果是，警察试图逮捕个人或者搜查汽车时适用的规则，并不同样适用于搜查公司商业记录。

宪法第四修正案适用于公司的方式非常简单。核心规则是：政府有权广泛运用传票，向公司提出上交文件的官方要求。政府对公司行为的调查通常涉及搜查商业设施和获取商业记录。在白领犯罪的起诉中，正如法学教授威廉姆·斯顿茨（William Stuntz）所说，“那些破文件可能就是所有的事——与犯罪现场证据不同，其他犯罪中还通常会有目击证人”。[42]而对于监管者来说，信息是“行政机器运转不可或缺的燃料”。[43]政府调查一般以发传票获取商业记录为开始。美国证券交易委员会在向安达信发传票时，安达信被迫停止粉碎文件。紧接着检察官发传票，寻找有关谁在安达信干了些什么的其他信息。公司反对并辩称传票范围太广，同时还辩称，一旦大陪审团决定起诉公司，检察官将不能再发额外的传票。庭审法官不同意，认为发传票的权力本身就很广泛 ，且“就像跟踪新闻的大众普遍意识的，安然的倒闭导致了涉及复杂的、多方的、范围似乎不断扩大的调查”。[44]

相比在大街上进行人身搜查或在家里进行扣押来说，这些针对商业记录的传票并不能引起同等的隐私权问题。传票要求个人或公司自己搜集并向官员提供所要求的文件。一个世纪以来，由于某些联邦大型监管机构变得活跃，最高法院就有关公司起诉监管传票效力的问题作出判决。1886 年，最高法院在博伊德诉美利坚合众国案（Boyd v. United States）中判决，一张要求当事人提交纳税发票的传票无效，因为该传票要求提供“个人隐私文件”。[45]但这些是有关公司是否合法进口货物的商业发票，并非特别“个人”或隐私的文件。随着联邦管理贸易的新型机构的设立，1906 年在晗勒诉恒克尔案（Hale v. Henkel）案中，最高法院推翻了 1886 年确立的规则，要求公司必须服从合理的传票要求。[46]

或许最知名的案例是 1950 年的莫顿盐（Morton Salt）案，该案中联邦交易委员会调查盐的生产商，部分产商提起诉讼，挑战传票效力。最高法院认为“公司不能主张与个人同等的隐私权”。[47]最高法院一直称公司必须服从“不是太模糊不清”、监管机构权力范围内的、提供“合理相关”信息的传票，即使传票仅仅是基于“官方的好奇”。毕竟，公司有“共同的社会影响”，没有资格享有“秘密实施行为的权利”。[48]

监管机构有广泛的传票权。《行政程序法案》（The Administrative Procedure Act）是联邦监管机构的行为准则，法案规定有迹象表明存在“一般关联”和某“寻找的、合理范围内的证据”时，监管机构有权签发传票。[49]机构还有广泛的调查权。如美国证券交易委员会有权展开调查“因其有必要决定任何人是否已违反，正违反或将要违反”证券法律或法规。[50]仅仅发个传票却可能导致重大影响。它标志官方调查的开始，如果不遵守传票要求可能涉嫌妨碍司法。传票也可能影响个人或公司的声誉，如一个记者评论的，“在读者大众的意识里”，一个有你名字的传票“意味着你有罪”。[51]

当政府官员想进行人身搜查时，通常需先由法官签发授权令。[52]包括公司是否已在政府的监管和监视之下的背景情况很关键。如果监管机构的检查人员已经开始监管公司行为，那么无须授权令即可展开搜查。最高法院称“普遍和规律性的是，联邦法律最终决定，按照宪法第四修正案的规定，是否需要授权令才能进行检查”。[53]例如，相关部门无须授权令即可检查矿井或特许经营的酒或枪支销售商，但是卫生与公共服务部的检查员需要授权令才能进行检查，毕竟其有权监管的场所太多。[54]

陶氏化学（the Dow Chemical Company）因在密歇根州米德兰的化学品生产工厂被搜查而提起了有关宪法第四修正案的诉讼。该工厂占地2000亩。[55]陶氏担心工厂的秘密外泄，在周边采取了“精心设计的安全措施”，甚至还对工厂上方的低空飞行物进行检查。陶氏遮盖了所有建筑物，但因成本和安全的原因，未遮盖建筑物之间的设备——一旦出现故障或爆炸，遮盖会影响化学品的扩散，进而对员工造成伤害。环境保护局怀疑厂里的两座电力设施不符合环境法律的规定，要求进行现场检查，陶氏同意了。但是，陶氏不同意进行第二次现场检查。环境保护局未申请授权令，而是聘请了一个摄影师，带着一个精密航空测绘相机在厂址上方飞行（这是谷歌公司地图出现之前的事情)。

当陶氏知道环境保护局订购了飞行器后，起诉至联邦法院，称宪法第四修正案权利被侵犯。陶氏主张，根据普通法及最高法院最近的判决，其“庭院”或房屋周边土地均系其隐私而应受到保护。这意味着，警察不能藏在窗户外面的灌木丛中称其并非在私人领地。地区法院判决陶氏胜诉，但上诉法院驳斥了陶氏的论点，指出“私生活，个人自治和隐私权等特别强烈的概念均与家有关”，但陶氏工厂是个巨大的工业设施。[56]

最高法院亦否定了陶氏观点。最高法院强调公司确实享有宪法第四修正案规定的隐私权，称“陶氏在其遮盖的建筑物范围内，显然对隐私权有合理、合法和客观的解释”，但是“本案的照片并不能看出可能引起宪法问题的隐私细节”。确实有一些情形可能会引起对商业隐私的担忧，例如，能够穿透墙或窗户的电子设备能够监听、记录化学配方或其他商业秘密，但是，陶氏外部设施更像是“开放领域”，所有人都能看到，或至少在开放空域都能看到。最高法院的判决看上去对公司的保护不及对个人的保护，至少公司很难保护其设施免受窥探。

如果官员能申请到授权令，陶氏判决中提到的人身搜查保护，也并不能为公司提供多大支持。正如第四章所述，在移民官员突袭了美国农产品加工公司（Agriprocessors）位于艾奥瓦州（Iowa）波斯特维尔（Postville）的肉类包装工厂，公司质疑授权令的效力，其授权执法者搜查工厂并逮捕了成百上千的非法移民工人。授权令称移民和税务管理局（Immigrations and Costoms Enforcement）的工作人员有权“进入工厂的建筑物和相关区域”并“进行必要搜查、找出目前受雇于艾奥瓦波斯特维尔美国农产品加工公司的非法移民”。法官否定了公司所有有关宪法第四修正案的抗辩，指出最高法院“过去100年里，已经明确公司不能平等享有个人所享有宪法第四修正案规定的禁止不正当搜查和扣押的权利”。公司还抗辩，授权令不够具体，但法官称授权令已足够具体了。[57]

六、宪法第五修正案权利

至少公司肯定不享有这项宪法权利。最高法院一系列案件中确定的明确原则，否认任何公司或组织享有宪法第五修正案规定的个人不得“强迫自证其罪”的权利。[58]晗勒诉恒克尔案（Hale v. Henkel）同样是要求公司遵从传票要求的案件，最高法院最早在该案中试图解决这个争议点。政府向新泽西州的麦克安德鲁斯和福布斯（Macandrews & Forbes）公司发出传票，并将之作为反垄断调查的一部分（1890年已颁布了休曼法案反垄断法）。传票涉及范围广泛：要求提供该公司与其他6家公司之间所有的文件和通信，及分布在7个州、十几个被合并的其他公司之间的通信。

公司秘书兼财务拒绝遵照传票的要求。在大陪审团前，他陈述了姓名、住址和职务，但“拒绝回答任何其他有关公司业务、员工、办公地址及公司所签合同、相关安排等问题”。他引用了公司宪法第四修正案和第五修正案的权利，称遵从传票要求可能导致对其定罪。法官判他藐视法庭。

最高法院判决公司不享有宪法第五修正案规定的不得强迫自证

其罪的权利，公司员工不能基于宪法第五修正案拒绝提供文件。法院强调如果公司享有这项权利，便不能被迫在法庭作证，同时会导致隐匿员工犯罪的问题。“如果将特权的宽大外衣覆盖在这些非个人的记录和文件上，则会导致很多联邦和州法不可能有效实施”。毕竟，“公司是州法创设的概念”。因此政府轻易就能迫使公司提供相应记录。

公司不能拒绝政府工作人员或检察官提供文件的要求，即使这些文件会导致有回复义务的人员被定罪，偶有例外。[59]最高法院一直强调这一简单原则：“公司记录不是私有的”。否则“可能给政府起诉‘白领犯罪’——即法律实施机构面临的最严重的问题，带来负面影响”。[60]最高法院认为不仅公司不享有该权利，其他类型的“集合体”或组织，甚至像 3 人合伙的小公司也不享有不能强迫自证其罪的权利。只要它不是一个“松散的，不正式的个人联合体”，它就无宪法第五修正案规定的权利。[61]

公司不享有宪法第五修正案权利的真正原因在于，第五修正案是防止个人被迫自证其罪，而非防止个人或公司使他人被定罪。在最近的 U. S. v. Hubbell 案件中，最高法院称“职务行为”抗辩不适用于被要求提供文件的公司员工。该抗辩本来允许员工不必提交会让自己被定罪的文件，但是公司不能因主张员工权利而隐藏文件。

2011 年，最高法院因类似原因判决 AT&T 公司不能反对源于《信息自由法案》（Freedom of Information Act）、有关提供文件的要求。这些文件已经提供给了联邦通信委员会执行局（Federal Communication Commission Enforcement Bureau）。《信息自由法案》规定

“个人存在隐私，但公司无隐私权”。[62]首席大法官约翰罗伯茨（John Roberts）解释：“与公司或其他拟制实体而言，我们不常提及个人特质、个人效应、个人通信、个人影响或个人悲剧。”他补充，“这不是说公司没有公司的通信、影响或者悲剧，但是我们不会用‘个人’来形容”。毕竟，选择用“个人隐私”这个词，表明“一种能引起人类忧虑的隐私——通常并非与AT&T这样的实体相关”。[63]

七、宪法第六修正案权利

公司有权聘请律师，显然因为公司需要有代理人才能出庭。但是如果该实体无聘请律师的财力呢？法庭是否需指定一个？宪法第六修正案规定重罪案件中必须为被告指定一名辩护律师的权利，这是对被告最基本的保护之一，该权利源于1963年的标志性案件“吉迪恩诉温赖特案”（Gideon v. Wainwright）。[64]然而，国会未拨付为公司聘请律师的资金，法官判决公司无宪法第六修正案的权利。如某联邦上诉法院判决公司“除非聘请了律师，否则不能在联邦法院参与诉讼”。[65]法院总结称“本人亲自参加诉讼成了司法系统的负担，但诉讼当事人一旦选择以公司形式开展业务时，公司应自行承担这个责任。权利与责任共担”。在一些案件中，法官称仅有一个所有权人的公司（个人独资企业）可由法院指派律师。[66]一家法院也暗示审判前的财产扣押可能违反宪法第六修正案规定“公司可自费聘请律师”的权利。[67]

公司可否主张律师无效代理？在人身保护令诉讼中，这是最普遍的主张，适用于出庭律师在庭审中犯了大错或者未充分作案件调查的情形。在一个案件中，公司称律师从未披露利益冲突，但法官认为“政府无确保公司被有效代理的义务”。[68]法官总结称两位高管“共同决定公司认罪，并都充分认识到了后果。比起他们两个，没有人更知道他们是如何非法利用公司的”。法官称另外一名律师不会“不认罪而选择将案件带入审判程序”。[69]

宪法第六修正案同样赋予了刑事被告与证人对质的权利。最高法院表明公司亦有此权利，但如果证人是为被诉公司实施犯罪的公司员工时，情况会变得复杂。在此情形下，宪法第六修正案规定的对质权并不能对公司有利。[70]员工可主张宪法第五修正案规定的不得强迫自证其罪的权利，但检方可以提交员工之前的陈述或自认作为证据。

八、宪法第八修正案权利

宪法第八修正案规定“禁止过高的罚款与过高的保释金，禁止施予残酷和不寻常的惩罚”。[71]公司不会陷入凶险的监禁困境以承受“不必要的、恣意的痛苦”，亦不能被刑以拖拉、分尸、折磨或处决。[72]最高法院强化了对公司惩罚性赔偿金的规制，但最高法院的这些判决以正当权利原则为据，而非宪法第八修正案。第八修正案禁止过高罚金的规定对期望降低罚金数额的公司来说，不起什么作用。[73]在南方联盟公司案中，最高法院规定了刑事判决中罚金刑的计算方式。因此，最高法院或许将不会对高额刑事罚金是否违反正当程序原则，或有关数额是否“残忍和畸高”，抑或是否违反宪法第八修正案进行审查。

九、重复起诉和公司无罪

陪审团的无罪宣判无疑对检方是重大打击，尤其考虑进入审判程序的刑事案件数量之少。当陪审团宣告理查德斯·克鲁士（Richard Scrushy），南方健康公司首席执行官无罪时，人们认为检方一败涂地。公司亦可能被宣判无罪，与个人作为被告相同的是，被审判过一次后，其不能因同样的犯罪事实被第二次起诉（至少不被联邦检察官起诉）。最高法院通过公司可禁止重复起诉原则获益传递了这个观点。自此，法官均按该观点判决。[74]但禁止重复起诉原则并不能禁止政府进行独立的民事起诉，这也就解释了为何平行诉讼很普遍。[75]禁止重复起诉原则亦不能禁止州和联邦检察官独立起诉，若母公司和子公司均是独立的公司，亦不能禁止同时起诉母公司和子公司。[76]

结果是，就公司而言，禁止重复起诉原则保护力度不大。每年公司犯罪案件的审判不多，公司被宣判无罪也很少。每年，陪审团可能判一两个公司无罪，但更多的公司犯罪案件被检察官放弃起诉或被法官驳回。量刑委员会（The Sentencing Commission）没有这方面的相关数据。但是，我发现有关十多个公司的无罪判决，其中包括斯道拉恩索北美公司（Stora Enso North America）。

斯道拉恩索案庭审时间短，案件在某种程度上也很简单，但意义重大。案涉公司为杂志和大容量目录生产光泽涂料纸，[77]事关几十亿美元的生意。斯道拉恩索是芬兰的一家公司，涉案的是其美国分公司。该公司联合竞争者从 2002 年 8 月开始共同抬价。2006 年因违反反垄断法被指控后，该公司辩称无证据表明公司和竞争对手“彼此间有保证和承诺”。2007 年，该案在康涅狄格州（Connecticut）哈特福德（Hartford）的法院开庭审理。一旦公司被判有罪，将会面临 1000 万美元的罚金。[78]

《休曼法案》（The Sherman Antitrust）禁止竞争者签订定价协议。发现公司是否限定价格可能很难，但在这个案件中，反垄断部门给予了公司的一个竞争对手宽大处理，该竞争公司向检察官坦白了定价协议并与检方合作。[79]转为污点证人以换取从宽处理的公司的主席与斯道拉恩索的主席是“老朋友”。[80]但斯道拉恩索公司不认罪，并决定冒险将案件引入庭审程序。

检察官开庭时陈述，本案证据源于两位主席：竞争公司杂志部的主席及斯道拉恩索公司前任主席。[81]两位均有权最终决定限价，且二位均因认罪并与检方合作获得了从宽处理。检察官解释“二位几十亿美元业务公司的主席”将会承认他们曾“超过 20 年未曾谈过价格之后的 7 个月内谈论了 6 次价格”。[82]这发生在斯道拉恩索公司提价的几个月前。

首位证人是芬兰竞争公司的主席，他称与斯道拉恩索主席曾多次会谈。他们讨论光泽纸价格太低了。销量最好的“涂层纸 5 号”用于时代杂志、凯马特（Kmart）和塔吉特（Target）此类零售商的广告。那年此类纸的价格已经下降了 20% 且仍在下降。网络公司经济崩塌，经济形势很差，杂志上登的广告越来越少。[83]一家叫美国国际纸业（International Paper）的公司占最大的市场份额，两位竞争者讨论国际纸业宣布每吨价格提高 60 美元，并讨论是否需要提价以配合增长的事宜。[84]他们达成“某种共识”，表示需要追随国际纸业的步伐。[85]但竞争公司的主席也称，在与斯道拉恩索公司主席谈话前，他们已经决定要涨价了。另外，他承认他希望斯道拉恩索公司的朋友也涨价。[86]

第二天，第二位主席，即斯道拉恩索北美公司前主席出庭作证。他描述了与其竞争对手非正式聚会，一起抱怨低价。他还描述了在一次决定性的电话会议上，斯道拉恩索“决定宣布提价”。他回忆非常“欣慰”地知道，一个大竞争对手也提价了。他同时承认明知与竞争者讨论价格是“判断失误”，会违反公司政策。公司不能做的“禁忌图”上写明：“不要召集竞争者定价或核实竞争对手的活动。”[87]

庭审时间并不长。第四天，双方都开始总结陈词。辩方辩称整个案件系在一个无辜的公司上方覆盖了“乌云”。只不过是一个不超过 15 个词的短电话，且在电话中斯道拉恩索说要匹配其他公司的价格。[88]辩方强调“大公司和明智的公司做同一件事情是有原因的，因为这件事情合情合理”，毕竟价格是“20 年来最低的”。而检方的理论是“两个在沙漠中口渴的男人不得不密谋喝水”。辩方辩论思路是“跟随提价并非操纵价格”。[89]

法官引导陪审团称公司“与个人一样，均有权无罪推定”。仅“证据排除合理怀疑、证实其有罪的情况下”，公司才能被认定有罪。法官解释，相互竞争的公司必须曾“共同行动”，而非均作出类似的行为。[90]陪审团知道竞争者公司接受了宽大处理，“公司和其员工配合”不会被诉。[91]法官同时引导陪审团称接受宽大处理的证人可能

“有做假证的动机”。[92]

陪审团最终宣告公司无罪。或许陪审团成员认同，无充分证据证实存在共同提价的协议。与安达信案不一样，那个案件是因为证据太复杂而结束。而这个案件是，举证完毕，陪审团认定证据不足以证实被告有罪。

十、公司宪法权利的理论

一些人认为公司有宪法权利没什么意义，毕竟宪法权利修正案旨在保护个人自由。最高法院认可了公司享有相当大范围的宪法修正案的权利的同时，也拒绝承认其他一些权利。这些判决有一定道理，与刑事程序相关的权利看上去也说得通。最高法院的大法官们过去对于宪法权利的目的都很敏感，他们都确保公司单独享有该项权利时，不损害个人权利或者防止其能向政府隐匿犯罪。这也解释了最高法院有关宪法第四修正案、第五修正案的判决，每个判决都确保政府官员能够获取公司的记录。判决嘲讽了公司刑事犯罪责任的核心目的：确保个人负责或者公司作为整体为他们员工的犯罪负责。与公司权利相伴的是公司责任。之后的南方联盟公司案的判决表明，最高法院会逐渐扩大宪法对公司的保护范围和程度，同时也意味着责任增加。判决显示，无论是与检察官磋商罚金数额时，还是案件进入审判程序时，最高法院的观点均对公司有利。未来，我们应该会看到越来越多的公司宪法权诉讼。

第九章　外国公司犯罪

英国航空公司的195航班在飞往英国途中，短暂降落在得克萨斯州休斯敦的乔治·布什洲际机场中转。联邦政府工作人员正等在那里。

飞机上是英国航空公司的首席执行官和董事们，在军事承包领域，该公司位居世界第三，欧洲第一。他们落地后，全副武装的联邦官员将首席执行官带到审讯室，花了20分钟搜身、复制文件并下载了其笔记本电脑和手机内的数据。联邦法院也对他们发出传票。[1]

调查的起因是一笔与沙特阿拉伯的订单——一笔总价为800亿美元的72架喷气式战斗机生意，即亚玛玛案（阿拉伯语意为“鸽子”）。[2] 20世纪80年代，阿拉伯人与英国航空公司签署了订单，该交易因涉嫌利用奢侈消费贿赂皇室的手段而遭指控。指控及刑事调查引发了外交风暴，最终，推动英国通过了世界上最严格的贿赂法案。

数年来，英国当局似乎要取消亚玛玛案调查，也未采取逮捕措施。英国防诈骗办公室向来对商业贿赂持保守态度。防诈骗办公室曾开展过几次调查，但并未起诉。[3]高级官员认为该案性质敏感，反对提起诉讼，但是美国检方想要将其公之于众。

一、外国公司

过去，起诉外国公司并不值得关注。外国公司对其承担域外刑责并未有诸多怨言，其他国家不会控诉美国对他们的公司提出不合理的指控、质疑他们的刑法及执行外国公司也不会因为在远离本土的国家被诉犯罪而抱怨。但现在这一情形改变了。联邦检察官宣布他们将联合司法部，紧盯外国公司，将全球腐败问题连根铲除。[4]纽约南部区域的检察官普利特·巴拉拉（Preet Bharara）表示，犯罪和国家安全问题已经全球化。[5]相应地，涉企诉讼也已全球化。

美国检察机关比以往更加针对外国公司，对其罚金也远高于国内公司。这些检察机关对重塑世界实业组织有重大影响。外国公司和他们的员工越来越多地因一系列罪名被定罪，如违反反垄断法规、违反《银行保密法》、环境犯罪、违反《反海外腐败法》、税收诈骗和电信诈骗等。在我调研的 2001 年到 2012 年的 2262 件涉企刑事案件中，有 13% 涉及外国公司，共 283 件。其中绝大部分是常见罪名，如 78 家公司涉嫌违反反垄断法规，73 家公司涉嫌海洋污染，48 家公司涉嫌海外腐败。

美国检察机关是如何将目标对准外国公司的？外国公司员工如在国外犯罪，他们有若干方式获得管辖权。如公司股票在美国上市、在美国设有分公司或者犯罪行为地在美国，则美国检方均有权管辖。但是拥有管辖权并不意味着调查外国公司犯罪非常容易。以英国航空公司的案件为例：案件主要证据可能在国外，如公司的伦敦办公场所。但检察官也面临外交方面的困难。我将阐述美国检方如何面对挑战，就涉外国公司乃至整个行业重大案件提起诉讼。

外国公司一般不会被暂缓起诉或者不起诉。达成暂缓起诉或者不起诉协议案件中仅约 1/5 是外国公司（255 件案件中有 54 件，占比 21%）。2001 年到 2012 年被起诉的外国公司中，不到 1/5 被暂缓起诉或者不起诉（283 个外国公司中仅有 54 个，占比 19%）。其余则被判有罪。外国公司被处以的罚金也远高于国内公司。本书的一个重要部分是关于过去十年间对外国公司罚金的大幅度增长。2012 年对外国公司罚金增长明显，已超 30 亿美元（如图 9. 1 所示）。

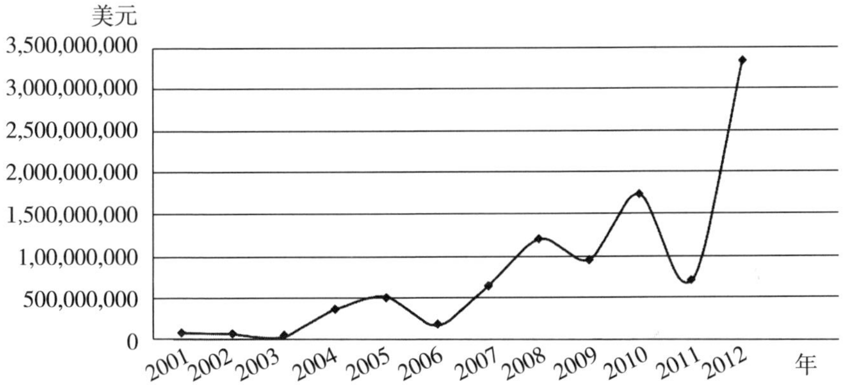

图 9. 1　2001 年至 2012 年外国公司被处罚金数额

如何解释对外国公司收取巨额罚金的原因？答案成谜。美国国内的大公司虽也会被起诉，但国内外公司的罚金差距之大，出人意料。我调研了过去十年间被起诉的 2250 家外国公司，发现平均罚金达 3500 万美元，而实际支付罚金则高达近 6600 万美元。而国内公司平均罚金仅 470 万美元，实际支付金额为 1200 万美元。

我们想知道这些差异是否与案件其他特征有关。我们运用了回归分析法，控制了犯罪类型、公司是否上市这些变量后，进行了数据统计。然而，即便考虑上述因素，外国公司平均罚金依旧居高不下，其罚金比同档本土公司高7倍，支付总金额则高9倍。这些数据在附录中有详细说明。这就带来一个问题：检察机关是否针对外国公司，还是说外国公司违法行为更严重？若确实如此，为何他们过去很少被起诉。或许还有其他原因导致诸多大公司刑事诉讼案件中牵涉外国公司。我尝试探求个中原因，但这一问题没有绝对答案。

正如本书探讨的诸多问题一样，检察机关打击外国公司犯罪并无唯一准则。我们对他们如何做决定知之甚少，因为检察机关如何行使裁量权并不公开。外国公司刑事诉讼案件中，检方扮演了举足轻重的作用，检方如何筛选涉企犯罪值得关注。外国公司刑事诉讼案件虽面临诸多挑战，但大量成功案例在前，足见国内公司刑事案件亦应加大办案力度。

再进一步探讨：什么是外国公司？在我调查的2001年至2012年的涉企诉讼中，283个海外公司是研究重点所在。这一做法确实把问题过度简单化了。比如，某跨国公司，其股票在多家证券交易所上市。那该公司属于哪个国家？这些公司中有73家在美国上市。如果这家公司有一家美国全资子公司呢？如果大部分股东或者公司所有者是外国公民呢？有一项未被通过的《披露法案》将外国公司定义为在海外注册或者20%的股份为外国公民持有或者实际控制。[6]这里关注的是类似英国航空公司这样在外国注册，以及国外子公司有国内办事处的公司。英国航空公司由英国航空和马可尼电子公司两家英国公司合并成立，其名称即源于此。公司总部设在伦敦，公司股票在伦敦证券交易所上市，但它是一家跨国公司，股票也在美国交易。它拥有洛克希德马丁和美国装甲控股公司两家美国公司，在美国经营需获得专项安全许可的国防等领域的大量业务。

在美国，追究外国公司的刑事责任相当不易。对员工、文件、获得管辖权都有一定的困难，甚至无权派员搜查境外办公场所。检察官倾向于说服外国公司自我揭发或敦促员工检举。

二、旅行代理商

这位旅行代理商不同于一般的旅行策划者，而是为英国旅游公司的特殊顾客提供超过大多数电影明星的生活方式，卷入沙特亚玛玛军火交易的沙特皇室数月假期也由其策划。[7]假期费用高达百万美元，但军火交易则高达 10 亿美元。该代理商还为一位对购物非常狂热的沙特王妃提供波音 747 运货包机服务，甚至为另一位王妃送上劳斯莱斯作为生日礼物。他款待飞抵伦敦的沙特飞行员，向沙特大使馆送上金质餐具。

揭露外国公司在其他国家的罪行并不容易。英国航空公司并未公开行贿。英国航空公司在瑞士成立了幌子公司，金库戒备森严，严密储存金融信息。该公司在英属维尔京群岛注册，无须认证自己属于英国航空公司。英国航空公司通过瑞银账户和离岸公司向该旅行代理商和其他代理商支付费用。[8]以住宿费、服务费形式行贿 2. 25 亿美元。贿赂行为遍及全球，捷克、匈牙利、坦桑尼亚等国家均牵涉其中。[9]

2004 年，该代理商将其非法交易证据透露给一家英国报纸，这家报纸将其提交给反严重欺诈办公室。英国航空公司回应称，消息不实。[10]根据举报人提供的材料，反严重欺诈办公室查到大量行贿基金和离岸业务。他们发现了数亿美元转移到沙特王室，包括通过一个英国航空公司和国防部公用的账户，同时揭露出这些基金是用于招待访问英国的沙特人。[11]目前，反严重欺诈办公室准备查看瑞银账目记录。

英国和沙特都面临此次调查。2005 年，英国航空公司写信给英总检察长，暗示继续调查可能危及还在谈判的沙特亚玛玛协议。当调查继续进行时，该公司提交了另一份备忘录给首相、外交部长和国防部长，强调不要激怒阿拉伯，因为他们是“打击伊斯兰恐怖主义的关键伙伴”。反严重欺诈办公室调查人员继续调查瑞银账户，追踪资金链。沙特阿拉伯即威胁退出反恐合作协议，终结沙特亚玛玛协议。2006 年 12 月，反严重欺诈办公室停止了对沙特亚玛玛案的调查，并解释说是平衡法治和公共利益的需要。[12]

三、美国例外主义

20 世纪 90 年代，美国大法官威廉 · J. 布伦南（William J. Brennan）曾谴责联邦刑法治外法权的扩张化，他指出：“联邦刑法管辖权肆意扩张，已有人戏称我国三大出口物是摇滚、牛仔裤和美国法律。”[13]很少有国家像美国一样，对公司犯罪有如此宽泛的刑事诉讼标准。普通法国家，如澳大利亚、加拿大、新西兰和英国，公司犯罪刑事责任都有其特定模式，但在英格兰，这个概念相当狭窄。[14]而欧洲、拉丁美洲和其他地方的大部分大陆法系国家多年来没有公司犯罪的概念，他们认为让公司承担刑事责任非常奇怪，有悖道德。过去几十年里，越来越多的欧洲国家开始建立公司犯罪制度，有些国家是为了响应欧盟和欧洲理事会呼吁追究公司刑事责任的要求。包括中国、印度、日本和韩国在内的亚洲国家，也包括以色列、卡塔尔和阿拉伯联合酋长国在内的中东地区国家，以及包括南非在内的非洲国家，都设立了某些形式的公司刑事责任。

虽然越来越多的国家引入公司刑责概念，但与美国的严苛标准相比作用有限。在这些国家，公司刑责通常仅限特定罪名或高级官员等“公司领导”所实施的行为。[15]其他很多国家对任何形式的公司刑事责任均持反对态度，比如，巴西和德国没有公司刑责制度，但它们可以对涉犯罪行为的公司实施行政处罚。

外国公司对严格公司刑责缺乏了解，也从未遭遇过权限广泛的联邦检察官，自然可能对美国的做法感到不满或不解。当外国公司试图反击时，结果对它们不利。对公司来说，与当地监管机构合作可能算是个不错的选择，但与检察机关合作则是必要的。在美国，公司对雇员犯罪有更广泛的责任，联邦刑法也比其他国家涉及面更广，惩罚力度也更大。美国的检察官比世界上大多数国家的检察官权力更大。他们拥有非常广泛的自由裁量权，而美国的抗辩制度赋予检察机关很大的自由裁量权，从而创造出一种适宜指控犯罪的环境，这也让公司可以通过协商获益。在大陆法系国家，检察官缺乏法官那样的影响力，法官可以调取证据，审查指控事实，并且作出判决，每个阶段都有极大的自由裁量权。由于美国检察官所查办的外国公司案件比以往任何时候都多，外国公司和政府必须考虑采取新的举措应对美国检察机关指控。文化冲突也许在所难免。

四、英国宣布放弃

英国不想追究涉及其最大的国防承包商的贿赂指控。反严重欺诈办公室启动了另一项调查，但两年后调查宣告终止。2007 年，时任首相托尼·布莱尔称，这项调查“对我们与一个重要国家的关系会造成毁灭性打击，而我们在反恐、国防和中东和平进程上都与其有密切联系”。[16]英国曾有人就此决定提起诉讼，主张反严重欺诈办公室在结束这起案件时影响了公众利益。法官予以认可，并且认为反严重欺诈办公室实际上是屈服于来自沙特的政治压力，英方对沙特的“悍然威胁”束手就擒，有损法治威严。反严重欺诈办公室负责人称，结束调查违背了自己作为检察官的职责。案件被提交上议院，它的角色是上诉法院也是终审法院，它有权决定检察机关是否提起诉讼，牵涉国家安全案件也是其关注重点。[17]

美国国务院公开反对英国放弃对英国航空公司的调查，那时美国司法部已启动调查。英国则拒绝美国司法部提供协助。[18]由于英国航空公司和英国政府拒绝配合，美国司法部其后获得了该公司一名前高管的证词，这名高管陈述了数亿美元的贿赂支出事项。这才引发了休斯敦机场事件，公司的首席执行官、董事被拘留、搜查和传讯。

为防止美国起诉，反严重欺诈办公室重新启动这一案件，并打算和解结案。但在另一案件中，某英国法官裁定检察官无权进行辩诉交易，只有法庭有权做出判决。据此，和解是否可行有待考证。[19]

如果公司在英国被定罪将引发惨痛后果，因为根据欧盟法律，英国航空公司可能被禁止参与政府合同。英美检方一直僵持，不知道哪个国家会让步。[20]

五、吹哨人巴比·鲁斯

美国政府将吹哨人最高额奖金给了一个坐过两年牢的人。布兰德利·比肯费尔德（Bradley Birkenfeld）利用瑞银账号帮助美国富人避税，但通过告密，他获得了 1.04 亿美元的奖金。[21]他告诉记者，我是世界历史上最有名的告密者，这是是非黑白问题，我认为我做了正确的事情。我选对了。他的律师称他是吹哨人中的巴比·鲁斯（Babe Ruth）。[22]

通常来说，告密者不受雇主欢迎，他们经常被解雇，有时能复职，但几乎所有人的经历都是创伤性的，他们的职业生涯和生命毫无疑问受到威胁。[23]法律可以保护他们，告密人揭露非法行径，也可获奖赏。依相关法律规定，公私共分罚款之诉原告可以就欺诈联邦政府行为起诉。[24]金融危机后，《多德—弗兰克法案》出台，美国证券交易委员会设立了举报人办公室，鼓励向美国证券交易委员会提供罚金超过 100 万美元一手案件信息的举报者，举报人可以提起诉讼，拿到 10 % 至 30% 的回报。[25]美国证券交易委员会与检察官分享举报人的信息，公司不能对提供这些信息的雇员进行报复。其他机构也有举报奖励，美国国家税务局早就有此类奖励了，2006 年美国国家税务局开始向举报者提供更多的现金奖励。[26]

银行家给人的刻板印象可能是戴着空顶帽、沉迷数字、为人保守，但比肯菲尔德，从 20 世纪 90 年代末就生活在瑞士，与一群银行家合作，更像詹姆斯·邦德。他们的行为为税务欺诈提供了特殊便利。比肯菲尔德是瑞士最大银行瑞银集团的数十位银行家之一，他走遍美国寻找富裕阶层，并为他们提供如何逃避向美国国家税务局缴税的建议。这些银行家会匿名旅行，在海关申报表上填报的旅行目的是游玩。2001 年，瑞士联合银行同意向美国国家税务局披露其客户将收入从美国转移到海外银行账户的信息。然而，比肯菲尔德被告知要继续工作。瑞士联合银行管理着美国客户逾 200 亿美元的资产，这些被隐晦地称为“美国未申报业务”。[27]

银行家们会举办奢华的派对来吸引富有的潜在客户。瑞银集团赞助了迈阿密、佛罗里达的艺术节赛事或网球赛。该银行后来承认大量使用虚假账户，帮助企图逃税的美国公民隐匿资产。他积极推销“瑞士方案”，帮助富裕客户将资产隐藏在巴拿马、英属维京群岛、中国香港、列支敦士登以及瑞士的虚假离岸公司。他们向客户解释，会将他们的艺术品、珠宝和其他贵重财物放在瑞士的保险箱，然后销毁离岸账户的所有记录，使用美国政府无法追查的瑞银卡。[28]

比肯菲尔德亲自将客户的支票带到瑞士。最臭名昭著的是他曾将客户的钻石藏在牙膏管里走私。[29]而在 2005 年辞职之前，他向高层写了备忘录，提醒他们违反了美国的税法。事后，他记录如下：当我向瑞银在瑞士的法律和合规部门提出我的担忧时，他们拒绝回应。因此，我行使在瑞银的权利来防止报复，并就以上担忧以书面形式提交瑞银的总法律顾问。[30]

但并未奏效，他认为“有人掩盖了”，他“下定决心联系美国当局揭发这些丑闻”,[31]但他前任雇主去信威胁，表示其如泄密即面临刑事诉讼。他决定向美国检察官揭露瑞银的行为，部分原因是新法将1000万美元的避税金额部分拿出来奖励告密者，并规定最高奖励为补缴税款的30%。[32]

这使他陷入两难。在他居住的瑞士，违反银行保密制度是违法的。“如果我在没有接到传票的情况下泄露了任何人的名字，就会被送进监狱。”2008年，他前往美国，与美国证券交易委员会和参议院工作人员面谈，顺便参加了一次高中聚会。他在波士顿乘飞机时被捕。[33]被捕后，他同意继续与政府合作，并与检察官会面，详细供述了骗税计划、涉案金额以及这些银行家的活动，并提供了客户姓名、内部程序、电子邮件和其他文件。

他没有交代自己也参与了税务欺诈，一度是他最大客户的富有的佛罗里达州房地产开发商亦牵涉其中。这些银行家帮助客户建立离岸账户，将其游艇所有权转移到直布罗陀，最终隐匿了2亿美元资产。[34]他们帮客户拿到了瑞银的信用卡，此后，这名开发商认罪并补缴超过5000万美元的税款，比肯菲尔德也被控共谋犯罪，且被美国国家税务局认定违法，他予以认罪。

检察机关认为他对案件起到了实质性帮助，要求为其减刑，“如果不是比肯菲尔德在2007年夏天主动前往司法部，这个巨大的骗局至今不会被发现”。即使他当初主动坦白罪行，他也不会被起诉。[35]虽然1.04亿美元是巨额举报奖励，但美国政府通过他的供述收回了在瑞银数十亿美元的未付税款——或者说至少有收回的可能。

六、瑞银能达成和解吗

瑞银以承诺保护客户隐私闻名。比肯菲尔德也知道，在瑞士违反客户保密规则是犯罪行为，但不披露资产或者收入并不构成犯罪。只有在瑞士法律中故意进行税务欺诈才是违法的，瑞银要么违反瑞银保密法律，要么在美国被起诉。美国检察官认为瑞银违反了美国法律，来纠正它的行为，瑞银被要求违反本国法规定的保密义务。对于要适用哪国法律，瑞银和其银行家一样迷茫。

美国和瑞士法律存在冲突，但该案未提交法院审查。在美国参议院听证前，瑞银已达成和解，美国仅获得了瑞银美国顾客名单中的 150 人，而这些顾客马上在瑞士起诉瑞银违反了《瑞士银行保密法》。2009 年，瑞银与佛罗里达州南区的联邦检察官签署了暂缓起诉协议。公司向检察机关支付 7.8 亿美元罚金，并且同意披露该公司协助在美国避税的客户姓名和账户。

与此同时，美国国家税务局继续民事诉讼，要求拿到 5.2 万名账户持有人的信息。瑞银怒斥这一要求“罔顾瑞士法律和主权。”它补充到，某种程度上，美国国家税务局对通过谈判与美国政府签订的协议不满，认为应该通过外交而不是强制手段执行。美国司法部一名官员称，他们“不会与瑞士政府正面冲突。”但瑞士政府实际上是与美国国家税务局、司法部、瑞银谈判的重要环节，也就是他们不得不正面交锋。

2010 年 8 月，美国国家税务局最终取得一份包含 4550 名账户持有人姓名的协议。瑞士政府称只会披露超过 100 万瑞士法郎或存在相当程度错误信息或账面异常的账户。瑞士政府也同意纳税人对披露他们的账户信息提起行政诉讼（file administrative appeals）。事实上，一个专案组也已经成立，新法官已准备开始审理此案。

美国国家税务局采取了另一种回应方式，他们宣布了一个赦免计划，允许账户持有人自愿披露其海外账户并同意补缴税款以避免被起诉和被处以更高的罚金。在规定的赦免期间，有超过 14,000 人主动申报。其他瑞银要求客户放弃保密协议，因为担心他们自己也会被起诉。和解并不意味各方均满意。然而，最引人注目的是，此案中广泛牵涉外交问题。这类敏感问题出现时，可以用多种方式处理。美国司法部有一个国际事务办公室，负责协调涉外协议以及其他与外交政策相关事务。在某些领域，正式条约或互助协定在执行层面合作，而在非正式协议中，检察官可以与国际组织或外国执法机构进行合作。即便涉企诉讼领域，检察官也会灵活办案。不同类型的案件由司法部内部不同的检察官办案组处理，他们与不同的监管机构合作，适用不同规则。毕竟一种方法不能适用所有的情况。

七、魔术管

M/T 克里顿号是一艘大型油轮，长 600 英尺，载重 42,000 吨。2007 年 3 月，它往返于东岸运送燃料和柴油的途中，在美国康涅狄格州新纽黑文市东海岸进港。这艘巴哈马籍油轮由爱奥尼亚管理公司运营，该公司隶属希腊，经营一支远洋船队。船上共有 23 名船员。

2007 年 3 月 20 日，一名海岸警卫队官员接到克里顿号上电工的电话，称该船在海上非法倾倒油污水。电工来自菲律宾，会说英语；而船上的轮机长和船长、船东一样都是希腊人。大部分船员都是菲律宾人，他们都说英语。这位海岸警卫队官员后来解释说，大多数情况下，英语是海洋运输行业的通用语言。[36]

电工用他的手机发送了视频，但视频中并没有清楚地显示出那根关键的“魔术管”或其他软管。一支海岸警卫队登船检查船方记录并进行搜索。他们最终没有找到魔术管，但调查了船上相关人员。

什么是“魔术管”？这是船舶处置废弃物的一种不恰当的方式。大型船舶使用燃油时，燃油滤油器净化燃油会产生大量油泥混合物。这些油泥混合物先储存在船上的油泥水舱中，船停靠码头后，这些油泥水被岸方设施接收并会储存在岸罐中。大型船舶的储油仓还会有燃油里的水分沉淀在舱底，和舱底燃油混合。正如检察官在庭审中所说，“这些储油仓底的油水混合物……和从船上贯穿整船的综合管路里渗漏出来的以及像‘克里顿号’这样的大型油轮上的机械设备渗漏出来的油混合在一起。”[37]船舶从船上机器和其他管道排放舱底油污水，这些水可能包括油、润滑油、燃油清洗剂和其他废物。根据一项有关防止海上石油污染的国际条约，船舶必须监控、储存和处理这些含油废物。在美国，1980 年批准的《防止船舶污染法案》贯彻了该条约。[38]该法禁止船舶在国际水域（距最近海岸 12 海里以上的海域）排放含油量超过 15‱的废水。然而，如果船上的设备不能正常运行，或者如果船员想隐藏机舱泄漏的程度，或者他们根本不关心、不注意这些环保法规，船上人员就会使用“魔术管”或软管将含油废物直接排入大海，而不是储存起来。

察官往往不采用暂缓起诉的方式，而是做有罪指控。

八、反垄断诉讼

"赖氨酸卡特尔"改变了反垄断诉讼。赖氨酸是一种氨基酸，是我们体内蛋白质的重要组成部分。农民给动物喂食添加了赖氨酸的饲料，几家主要的农业公司大量生产赖氨酸以及柠檬酸等其他食品添加剂。20 世纪 90 年代末，有五家公司占有了赖氨酸市场，它们是：美国的阿彻丹尼尔斯米德兰公司（ADM）、两家日本公司和两家韩国公司。他们最终都承认有价格垄断行为。

最高法院称这种价格垄断为"罪大恶极的垄断"。[57]这五家公司在世界各地开会讨论产品定价问题。这使任何一家公司都不可能以比对手更低的价格竞争，从而使所有的竞争对手可以一起提高价格而获得更大的利润，而不必担心竞争。

本案得以发生，就像在海洋倾倒案和瑞银税务欺诈案中一样，得益于一名举报者挺身而出，他是阿彻丹尼尔斯米德兰公司的一名员工。他的故事被戏剧化地写进了书和电影《线人》中。[58]他拍了一封电报，将跨国公司高管们讨论定价的会议内容录在磁带上提供给检方。这是第一起关于国际价格垄断的诉讼，当案件和解时，阿彻丹尼尔斯米德兰公司支付了当时最高额的反垄断费用，超过 1 亿美元。如今看来，这仅仅是一个相当大的案件。但在该案创纪录的罚金之后，告密者和公司报告新的违规行为的动机大大增强了。这使更多的反垄断案件受到检察官的关注。

反垄断案件因巨额罚金而引人注目。英国航空公司在 2007 年支付了3亿美元，2008年法国航空和荷兰皇家航空支付了3.5亿美元。2012年，日本矢崎公司支付了4.5亿美元，仅次于2007年支付了5亿美元的霍夫曼—拉罗氏公司和2012年支付了5亿美元的中国台湾友达光电公司。[59]除了友达光电公司，其他公司都自愿认罪。友达光电公司在庭审后被判有罪。反垄断诉讼并不多，调研显示2012年反垄断案件最多，达25起，但总的来看，此类案件平均每年15起，其中大多数案件的被控公司认罪。然而，由于罚金数额巨大，平均的反垄断费用超过3400万美元，这些案件引人注目，图9.2显示了过去十几年反垄断案件罚金的情况。

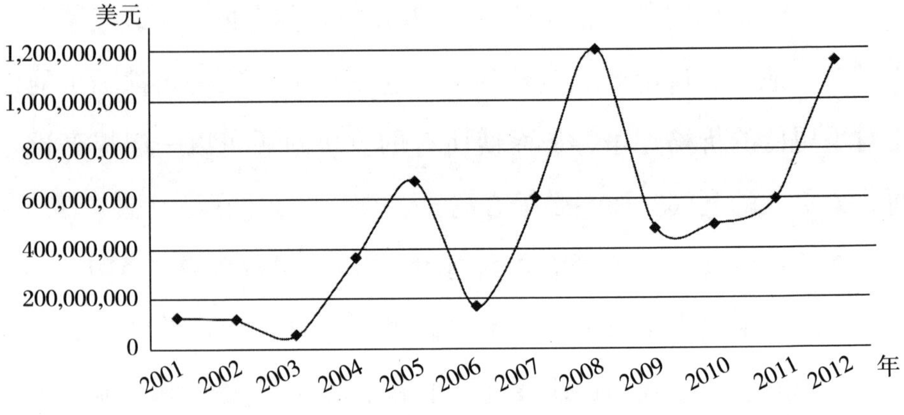

图9.2 2001年至2012年的反垄断诉讼罚金总额

最近，最大的一宗反垄断案中，涉及笔记本电脑、台式电脑和电视机液晶显示器面板价格垄断——2012年的罚金大部分源于这次诉讼。数年来，大型液晶显示器制造商高管们沆瀣一气，使液晶显示器面板价格居高不下，他们每月都在酒店召开“水晶会议”计划如何运作。后来，他们担心当局听到风声，就派级别较低的员工到类似卡拉OK、餐馆和咖啡馆等公共场所见面。[60]

这一次，举报人不再是某个个人，而是参与共谋的一家公司，这是第一家告密公司。它将参与液晶显示器价格垄断的其他成员公司交代了出来，作为交换，它得到了美国检方的彻底赦免。这家公司及其员工没有被起诉，但其他七家公司被起诉了，而且大多数都认罪并同意支付超过8.9亿美元的罚金。

其中一个垄断价格联盟成员拒绝认罪。2012年，最大的液晶显示器制造商友达光电涉嫌刑事犯罪，案件进入庭审阶段，成为十年来首例进入庭审阶段的反垄断案。友达光电公司败诉。三名高管被判三年徒刑，而政府要求10亿美元的罚金，这应该是反垄断案中最大的一笔罚金，“以强调问题的严重性”。[61]

法官指出，被告人制造了“一种极其有用的产品”，这个产品“确实改变了世界”，但这是一个“严重而深远的阴谋”。而且，它对美国消费者产生了“巨大”的影响。虽然其他公司和高管积极配合，“承认犯罪，尽早抽身”，但友达公司及其员工没有。[62]法官最终决定将罚金减少到5亿美元。

检方对此表示反对，称这些被告人“在一场全球阴谋中发挥了关键作用，对无数美国消费者的经济利益造成了前所未有的影响”。[63]有一些高级管理人员也被审讯。他们没有道歉。该公司继续表示，它所做的没有错，也不违法。该公司辩称，它只是在与其他公司交换市场和价格信息。检方指出，与本案最接近的反垄断案件，是开启这一切的阿彻丹尼尔斯米德兰公司案——赖氨酸和柠檬酸反垄断案。但是阿彻丹尼尔斯米德兰公司已经认罪并承担了责任，仍被判处了“10倍罚金，也是当时法定最高额罚金”。检察官认为，

“5 亿美元不足以阻止这样的垄断形式出现”。[64]他们注意到液晶显示器垄断联盟组织中的另一家公司罚金减少了 50%，因为它为检方提供了大量协助，而友达光电公司拒绝这样做。辩护律师反驳说，他们的当事人不应该因为决定将其案件交由审判机关处理而受到惩罚。他们说，第一个泄密的公司就像“克林特·伊斯特伍德的空椅子”，竟然全身而退，这不公平。[65]

法官总结说，10 亿美元罚金虽然夺人眼球，但“有些过高了”。看起来确实如此。法官也可以对友达光电美国子公司处以罚金，但那将是“雪上加霜”，因为还有未决的民事诉讼，可能导致数亿美元的额外罚款。[66]除此之外，法官对这些高管处以较轻的刑期。他们指出，虽然他们做出了“糟糕的选择”，但以当时的情形他们以为自己在为公司“做正确的事”。这些高管并不想拿钱，不想“拿钱后存起来花掉”。[67]最后，法官命令友达光电公司实施一项合规计划，并在“主流行业刊物”公开承认在美国和中国台湾的不当行为。[68]

卡特尔垄断价格案是“难啃的骨头”。与赖氨酸和液晶显示屏的卡特尔价格垄断一样，公司高管可以秘密操作。在反垄断案件中很少有暂缓起诉，因为检察官对合规或实践典范不予奖励。相反，他们把从宽政策当作武器。打破僵局的方法唯有举报人：也就是卡特尔成员本身。这个想法也很简单，就是诱使垄断定价者不再人为抬高价格。司法部的反垄断部门专门负责反垄断诉讼，并与美国司法部的外设办事处联合进行，专门从事反垄断工作。为了“鼓励”参与者之间的竞争，反垄断部门采用了一种被称为“公司宽大处理计划”的方法。[69]第一个举报卡特尔其他成员的公司，可以因举报其他成员而得到宽大处理。这一政策是美国国家税务局于 1978 年创立的，1993 年进行了重大修订，使参与更有吸引力。[70]如果与第一个报告的公司合作，就会自动获得彻底地赦免。被其他成员告发后，其余的卡特尔成员可以自愿认罪或者选择被审判。其他成员不会获悉举报者是谁，在本案中他不会出庭，但其他成员将被控有罪，并处以罚金。为了进一步鼓励自行举报反垄断犯罪，美国司法部也为"第二加入"或随后举报的卡特尔成员提供优惠赦免政策，但对其赦免的程度不会超过首个举报人的赦免幅度。[71]

这是检察机关现有最清晰的公司刑事诉讼策略。其目标是打破卡特尔，而非寄希望于完善公司合规。反垄断部门的检察官不会指派公司监管人，也不会详细规定合规要求，他们重拳打击卡特尔。除了首个自我举报者，其他违规者将受到严厉惩罚。即使其他犯罪没有像卡特尔那样规定激励机制，检察官也可以采取类似的确定性政策，允许自我举报和有效合规，而隐瞒罪行则后果严重。由这些反垄断案件可知，将案件视为犯罪并坚持定罪并不妨碍自我举报，但实际情况恰恰相反。

在过去的十年里，随着美国司法部集中精力起诉更大的国际卡特尔组织，针对外国公司的举措增加了。我们统计的数据显示，在反垄断起诉中，45% 是外国公司（175 家公司中的 78 家）。国际卡特尔案件贡献了罚金总额的 90% 以上。[72]反垄断部门将罚金超过 1000 万美元的诉讼汇总为一张图表，其中包括英国航空公司、戴比尔斯公司和三星电子公司。在被处以超过 1000 万美元罚金的 112 家公司中，只有 16 家是美国公司。[73]创纪录的罚金数额如此具有威胁性（或者说，如此令人向往），以至于更多的国家正试图通过类似于美国的反垄断法。随着其他国家的法律与美国的法律趋同，全球检察机构之间的合作越来越多。公司有更多的动机在国内或美国自我举报。

检察官们积极传播他们的理念。反垄断部门将促进国际合作和趋同作为优先事项，包括与国际竞争网和经合组织合作。这方面的努力还随着“从宽政策的趋同”，至少有 48 个国家参与了这类方案。这“使得公司更容易、更有意愿在美国、欧洲、加拿大和其他司法管辖区寻求和获得赦免。”[74]这一程序可以帮公司避免在其他公司自我举报时使自己在多个司法管辖区面临民事诉讼和刑事诉讼。执法层面的融合则包括合作协议、联合调解、辅助调查以及诉讼。美国与其他司法管辖区进行非正式合作和信息共享，因此，一个公司可以向多个司法管辖区申请赦免。

宽大处理方案也激励员工个人举报揭发，一个获得宽大处理的公司也为员工、管理人员和董事获得了宽大处理的机会。美国司法部 1994 年的一项政策规定对举报卡特尔行为的个人给予宽大处理。[75]成功是建立在经验基础上的，每一个案件都推动加大了这些宽大政策的力度，随着其他国家的合作以及采取类似举措，趋同效应会鼓励国外和国内的公司更多的自我举报。

九、《反海外腐败法》和其他刑事法规

联邦检察官根据《反海外腐败法》对公司贿赂提起诉讼。这类案件数量不多，但罚金数额却引人注目。自 2001 年以来，根据《反海外腐败法》被起诉的公司不到 100 家，但这些案件的平均罚金为

2700 万美元。回想一下这本书开端时提到的案件，西门子支付了 4.5 亿美元的罚金，是《反海外腐败法》实施以来最大的案件。西门子不是唯一一家因海外贿赂受到指控的大公司，越来越多较大的针对上市公司的诉讼都是依据《反海外腐败法》。我们研究发现，在 2001 年至 2012 年提起的《反海外腐败法》案件中，约有一半是外国公司（97 家公司中的 48 家，占比 49%）。

《反海外腐败法》将向外国官员"行贿"定为犯罪。它的民事法规部分还要求在美国上市的公司保留真实的账簿和记录，并保持内部会计管控系统。[76]美国证券交易委员会也有权执行《反海外腐败法》民事方面的规定，这一权力与司法部共享，但只有司法部才能对违反《反海外腐败法》的犯罪行为提起诉讼。

为什么要指控发生在其他国家的贿赂？检察官认为，腐败腐蚀商业，且违反民主和法律。有证据表明，贿赂和腐败在世界某些地区十分猖獗，尽管这种行为很难衡量。例如，2011 年道琼斯的一项调查发现，40% 的受访公司表示，业务被竞争对手通过腐败手段抢走了。[77]一项对上市公司贿赂研究报告发现，贿赂平均数为 250 万美元，而公司每花 1 美元贿赂，就可以由此获利 11 美元。[78]

《反海外腐败法》并不是一部新的法律。该法案是在 1977 年通过的，当时正值水门事件和政府官员屡次受贿丑闻曝光后。[79]然而，在 1998 年之前，只有 25 家公司因违反《反海外腐败法》而被起诉。当时签署了一项反腐败国际条约：《经济合作与发展组织公约》，现在有 38 个国家批准了该公约。[80]对于贿赂外国官员行为，缔约方必须为其制定"有效、适当和预防性"的刑事处罚。[81]1998 年，《反海外腐败法》为符合《经济合作与发展组织公约》而作部分修订。[82]经修改,《反海外腐败法》决定扩大法规的适用范围，为国内公司提供更广泛的“替代司法权”。根据修正案，在美国上市的外国公司“利用邮件等方式或洲际贸易机构”促成的贿赂行为适用该法，而没有在美国上市的外国公司行贿要发生“在美国境内”时方适用该法。[83]

随着其他主流国家同意执行反腐败和反贿赂法律，美国更有意愿采取较为严厉的措施。西门子在世界各地使用商业贿赂手段已有数十年之久，但这种行为一旦违反德国法律，美国检方便随即介入了。涉及《反海外腐败法》的诉讼不仅是司法部的首要任务，美国联邦调查局和美国证券交易委员会也成立了专门的部门负责海外腐败调查。[84]近年来，因违反《反海外腐败法》而受到起诉的雇员人数有所增长。如图9.3所示,《反海外腐败法》对公司的起诉数量已经从每年屈指可数的几件增加到每年超过20件。

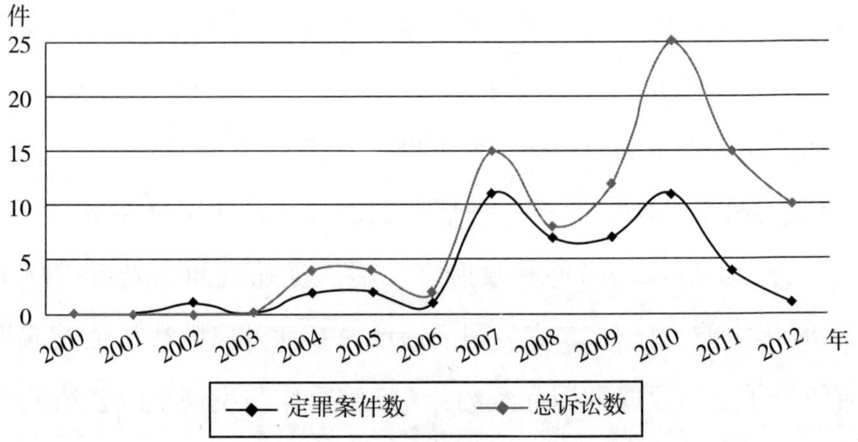

图9.3 2000年至2012年违反《反海外腐败法》公司刑事诉讼案件数

越来越多的案子进入到美国检察官的视野，现在的公司经常主动报告情况，以避免被起诉的严重后果。[85]正如司法部副部长马克·门德尔松所说："如果在他们主动打电话给我们之前，我们就打给他们，那不是他们想要的。"[86]根据1988年的一项修正案，《反海外腐败法》还有一个不同寻常的条款，主要考虑法人行为与典型的刑事案件不同，可能的违法者可以就交易行为是否违反《反海外腐败法》咨询司法部的书面意见。[87]美国司法部有30天的时间发表意见，如果司法部认为该交易不违反法律规定，该意见具有法律效力，可推定交易符合《反海外腐败法》。这一咨询程序过去很少使用，但近年来征求意见的次数增加了。司法部和美国证券交易委员会还就《反海外腐败法》提供了指导方针，以便给公司更多指导。他们强调，公司应该采用"风险导向"的合规方案，将更多资源用于高风险国家的合规工作。[88]就像反垄断和海洋倾倒案件一样，对检察机关来说，成功效应会累加。因为担心员工（比如，西门子案中的银行家）或竞争对手先举报，更多的公司会有动力自我揭发。

然而，与反垄断和环境污染诉讼相比，《反海外腐败法》的诉讼要复杂得多。少数案件被检方指控有罪（34件），但越来越多的案件被暂缓起诉或不起诉（63件）。是否会被暂缓起诉或不起诉的原因尚不够明确，即使有诉辩协议也会被定罪。许多反腐败案件被美国证券交易委员会当作民事案件处理。2001年至2012年，美国证券交易委员处理了92件针对公司的诉讼，其中有61件同时构成刑事犯罪。其中，仅1/3（92件中的31件）不涉及刑事犯罪。

尽管美国证券交易委员会可以处以罚款，但民事罚款平均不到刑事罚金的一半。例如，贝克·休斯曾被检察机关处以罚金 1100 万美元，但美国证券交易委员会没有对其进行处罚。森科公司向检察机关支付了 200 万美元，却只向美国证券交易委员会支付了 50 万美元。民事处罚几乎全部是收益和利息的追缴；除了追缴收益外，美国法律只允许相当轻的民事处罚，美国证券交易委员会难有作为。[89] 这也解释了为什么针对美国证券交易委员会处理的案件提起刑事诉讼是必要的，因为他们自己无法处以足额罚金。而根据《反海外腐败法》的刑事执法，罚金数额要大得多，外国公司占总数的 36%（97 家公司中有 35 家）。在美国证券交易委员会的民事执法中，有 28%（92 家公司中有 26 家）是外国公司。

尽管美国司法部和美国证券交易委员会就《反海外腐败法》提供了期待已久的指导意见，但对于什么样的公司应当起诉以及什么是防止海外贿赂的最好方法，他们还没有制定明确的指导方针。虽然暂缓起诉和不起诉协议经常谈到在特定国家审计合规或评估腐败行为风险的必要性，但通常没有提供如何开展这项工作的细节。对于这些反腐败措施的成效，也没有相关研究或结果评估。虽然检方在涉及《反海外腐败法》案件中的罚金数额上给予了很宽大的处理，也往往对实施全新合规予以补救给予奖励。结果却是在对公司提起《反海外腐败法》诉讼时，缺乏适当的原则和清晰的方式。自我揭发和合作应该得到奖赏，就像在反垄断案件中一样，但除此之外，无效合规也应该被处以罚金并勒令整改。

检方还执行了一系列针对外国公司的其他刑事法规。甚至在涉及违反《反海外腐败法》或反垄断的案件中，除主要罪名之外，还可能牵涉普通联邦犯罪（如共谋、网络欺诈，反诈骗腐败组织集团犯罪法中列举的罪名）。另一项相关刑事法规涉及国际贸易：与进出口违法有关的犯罪，可能直接牵连外国公司跨国运输。该行为同时属于国际制裁罪行。其他法律旨在防止利用金融机构转移非法资金，包括向国外转移，这涉及银行欺诈、洗钱、为恐怖主义提供物质支持以及非法进出口。例如，在资助恐怖主义的案件中，国务院需在告知并咨询司法部部长、财政部和国会后，方可认定非法提供物资。[90]

十、管辖权

检察官能够获得对外国公司的管辖权，甚至是对主要在外国实施犯罪的外国雇员的管辖权（对此观点值得研究和商榷。——译者注）。正如最高法院所述，“公司经常在多个国家营业”，然而，法院通常并不认为美国法律能管辖公司在美国以外的行为或其在国外的组织，甚至也不认为“仅公司在美国”就足够了。[91]然而，美国刑法的管辖权是广泛的。《反海外腐败法》等一些刑事法规明确适用于外国公司和组织。在美国上市的外国金融机构被认为“存在”于美国，它们同意接受美国证券交易委员会的披露要求，这可以促使它们自我揭发，然后被起诉。正如在一起涉及在美国上市的公司的案件中，法院指出，无论公司在国内还是国外，对美国股东的损害都是直接的。[92]外国公司如在美国领土上犯罪，美国则具有司法管辖权。刑事案件中，如牵涉向美国机构报告石油污染、美国消费者购买了卡特尔组织限价商品以及怠于向美国证券交易委员会报告贿赂，则美国都有直接的司法管辖权。在美国的利益或国家安全受到威胁时，即使美国没有受到直接损害，也可以以“保护原则”为前提获得司法管辖权。[93]

不存在所谓的国际双重审判。即使外国检察官已经对该公司提起诉讼，联邦检察官也可以提起诉讼。在这种情况下，联邦检察官可以选择放弃起诉，但并不是必须这样做。正如最高法院经常强调的那样，“关于外交政策的决策执行本质是政治性的，而不是司法性的。”[94]例如，在民事诉讼中，最高法院在哈特福特火灾保险公司（Hartford Fire Insurance Co.）诉加州一案中裁定，外国公司所属国的反垄断法规如与美国不同，仍可起诉，除非该公司需遵循截然不同的行为规范。[95]检察官可以以其他方式提起涉外诉讼。阿克苏诺贝尔（Akzo Nobel）公司一案判决处以罚金，但前提是该公司的子公司不向荷兰检察机构支付罚金。最后，在该公司与荷兰当局解决了问题后，司法部不再施加额外处罚。[96]然而，挪威国家石油公司一案的起诉对象是一家由挪威政府控股的公司，这家公司已经在挪威被起诉并被罚款300万美元。一个美国检察官强调，“司法部将毫不犹豫地对外国公司执行《反海外腐败法》”。[97]

提起刑事诉讼是美国行使主权的典型表现。一些评论家认为，美国的治外法权对那些缺乏有效、公平的司法体系来解决商业纠纷的国家有利。另一些人则谴责，诉讼全球化使得美国法院涉及外国当事人的诉讼日益增加。[98]刑事案件不像公民个人提起的诉讼，美国的法院可能会破坏外交政策；执法机构的检察官选择提起刑事诉讼。考虑大多数公司刑事案件和解结案，法官可能没有机会回答管辖权的问题。调查外国公司犯罪的实际障碍，以及起诉可能引发的外交问题最为重要。

十一、国际协作

与外国检察机关合作可以使针对外国公司的诉讼进行得更深入。此类合作典范当属对参与联合国伊拉克石油换食品计划的石油公司的调查。“可以想象有史以来最大的国际反腐败调查”由美国联邦储备理事会前主席保罗·沃尔克（Paul Volcker）领导，“涉及全球2253家公司，涉及萨达姆·侯赛因（Saddam Hussein）政府回扣金额达18亿美元”，该案当时牵动了美国司法部、美国证券交易委员会、“两家美国检署、四个国会委员会、曼哈顿地区检察官办公室、财政部外国资产控制处、联合国和至少6个外国政府”。[99]

最初领导调查的独立调查委员会是由联合国召集的，他们有国际成员资格。它的调查结果引发了多国调查；司法部的调查导致了《反海外腐败法》相关诉讼，与参与伊拉克石油换食品计划的跨国公司达成了暂缓起诉协议。曼哈顿地区检察官办公室还提起了其他非《反海外腐败法》诉讼。并不是所有对外国公司的起诉都是联邦检察官负责的，但由于涉及外交问题，州或地方检察官对外国公司的起诉通常是与联邦检察官一起参与的。

十二、外交和瑞银

几经谈判，瑞士最大银行瑞银最终达成和解，但问题并未完全解决。瑞士联邦政府法院裁定，瑞银不能披露美国纳税人的姓名，理由是瑞士法律并未禁止逃税。暂缓起诉协议和国家税务局和解协议忽然显得“岌岌可危”。检方表示，如果瑞银不遵守规定，他们将重新起诉。谈判仍在继续……最后，瑞士和美国在2010年6月达成了一项协议，该协议得到瑞士议会的批准，对之前的一项条约进行了修改，该条约允许双方交换更多潜在避税者的信息。[100]诉讼最终不是通过法律，而是通过条约得到解决。[101]

瑞银在美国的富有的前客户对其仍然感到愤怒，他们中的一些人起诉了瑞银，称他们之所以遭受损失，是因为瑞银提供了帮助他们避税的服务。2012年，上诉法院驳回了他们的诉讼，称其“歪曲事实”，并说，“真是匪夷所思，偷税漏税者试图弥补他们因受处罚而带来的损失……居然想从本案向美国国家税务局隐瞒的收益中分一杯羹”。

与此同时，检方仍在利用来自瑞银客户的信息追查其他外资银行。德意志银行与美国司法部达成了一项不起诉协议，并被处以5.5亿美元罚金。瑞士历史最悠久的私人银行威格林承认犯有税务欺诈罪，并支付了7400万美元罚金。[102]在瑞银被起诉后，威格林甚至试图挖走一些瑞银的客户；威格林的网站宣称：“瑞士政府和任何其他政府都不能获取你的银行账户信息。”过去很少有针对外国金融机构的税务起诉，但这种情况正在改变，瑞士信贷集团和其他瑞银或在瑞士设有分行的银行正在接受调查。2013年，总部位于列支敦士登的列支敦士登州立银行签署了一项不起诉协议，并缴纳了2380万美元的罚金。[103]税务检察官宣布了一项计划，以不起诉协议的形式对2014年之前立案的银行给予宽大处理，并指出任何没有披露其在帮助个人避税方面所作所为的银行都将受到更加严厉的处罚。[104]所有这些指控都给瑞士政府施压，使其要求瑞银向美国当局提供更多客户信息。新的税收条约正在制定中，瑞士政府因包庇逃税而要缴纳的罚金总额可能达到100亿美元。[105]

十三、全球影响：西门子和英国航空公司

本书开篇提到的西门子呢？是否如我在前言中所述，该公司在与美国检方达成和解后就“世界和平”了？对跨国公司来说似乎美式和平还不够；西门子现在在其他国家可能被起诉，希腊已经开始启动司法程序。[106]西门子贿赂案件曝光后，美国和德国政府准备公开调查其在中国的高管。中国随后对国有电信运营商的两名高管提起诉讼，其中一人被判处死缓。[107]在西门子自己提供了在巴西行贿的证据后，巴西当局就一件可能的刑事诉讼达成和解。[108]西门子的合规项目还发现并报告了其科威特子公司的一宗新的贿赂案。这也许不足为奇。[109]多年的全球贿赂遗留问题不会因为美国的一项和解协议而消失，即使这份协议影响较大。

至于英国航空公司，调查停滞多年无果，2010 年 2 月突然迅速结案。该公司的美国子公司英国宇航系统公司向美国司法部认罪，承认违反了《武器出口控制法》，并承认在涉及是否遵守《反海外腐败法》问题上向政府做了虚假陈述。英国宇航系统公司同意缴纳 4 亿美元罚金，建立合规项目，为防止违反《反海外腐败法》的行为，雇佣一名合规监督员，并适用三年的缓刑考验期。在美国子公司认罪后，母公司避免了被指控。与西门子的和解协议相同，英国

航空公司协议也要求监督员必须是英国公民，由英国批准并通过王室的安全调查。[110]

美国在涉企刑事法规方面对他国影响较大，各国通过实例、合作和外交影响彼此的刑法适用。美国与外国检察官共享资源和培训，施加较为柔和的压力，同时也使用起诉这一强硬的方式。在一些备受瞩目的案件中，美国检察官有时还会面临来自其他国家的外交压力。随着各国刑法政策和实践的联系日益紧密，我们可能会看到来更多自其他国家的压力。毕竟，在执行方面，美国需要与其他国家合作。在加强反腐败和欺诈规范条约适用上，检察系统的跨国合作和协助越来越多，届时可能会有更多的公司被外国检察官起诉，美国公司也可能被外国起诉。例如，尼日利亚指控美国的哈里伯顿公司行贿，该公司最终缴纳了 3500 万美元的和解金。[111]

还会出现更多的合规监督员，除了西门子案，阿尔卡特·朗讯案也有一名外国监督员，这名监督员是在法国被任命的。法国有一项“阻断法规”，禁止在国外共享机密经济信息，因此，监督员向美国司法部和美国证券交易委员会报告可能违反了法国法律。法国司法部高层官员与法官需要举办高级别会议，以确定监督员如何有效开展工作。[112]

我在本章开头指出，外国公司比国内同类公司缴纳更多罚金，原因复杂。关键问题是，在检察官查办的案件中，我们不知道他们最终对哪类案件不起诉。这倒不是说他们对外国公司更加不公平，因为检方也有充分理由，比如，外国公司可能违法程度更严重。过去许多人认为他们可以逃避美国刑法处罚，而美国检察官则宣布形势已变。由于实际操作中的障碍，检察官可能根本不会费心追究外国公司，除非是案件非常重大。如前所述，其中一个障碍可能是管辖权，但如果外国公司在美国上市就可以解决管辖权问题，因此，检察官可能更容易将目标对准那些规模大的上市外国公司。美国检察官可能还会认为，在大多数严重违法案件中，仅本国的民事处罚并不够，所以才会导致在美刑事处罚平均罚金数额更高。与外国竞争对手相比，美国本土公司可能更懂得如何通过与美国检方合作来获得宽大处理。这种情况可能正在改变，或许未来针对外国公司的刑事罚金将不再那么令人惊讶。毕竟，国际合作是我所阐述内容的重要组成部分，条约和合作也为检方处理涉外国公司诉讼铺平了道路。

如果你打败不了他们，那就加入他们——这可能是其他国家检察官的想法。英国在处理英国航空公司案中做出了很大改变，并在 2012 年年底决定启用暂缓起诉协议。或许，如果这一做法早点实行，检察机关可以在保障沙特利益的前提下起诉该公司而无须对其定罪。可见，其他国家也在考虑采用暂缓起诉。

2011 年 7 月，英国一项更严格的《反贿赂法》生效，该法适用于向外国官员行贿行为。[113]反严重欺诈办公室采用了与司法部涉企诉讼相一致的指导方针，包括对自我揭发的奖励和监督员的使用——这在英国相当于暂缓起诉。在新《反贿赂法》的序言中，英国司法部部长杰克·斯特劳（Jack Straw）强调，“英国决心与国际伙伴密切合作，打击贿赂”。[114] 2007 年，美国司法部没有起诉英诺斯派材料公司（Innospec Inc.）的海外贿赂行为也许是事态发展的一个迹象，他们将此案移交给了英国的反严重欺诈办公室，该公司做了认罪答辩。

既然美国和英国采取了类似的做法，那么涉企诉讼的紧张形势会缓解。如果其他国家采用美国的公司诉讼方式，可能会有更多的合作空间，美国检方的工作量会减少。那么，公司同样会更有动力进行合规和管理改革。

美国对公司起诉进行谈判的方法是相当新的，其中很多还没有经过检验。本书前面所描述的所有问题都应当给我们更多的思考，特别是当我们意识到，虽然对公司不起诉的新方法已经趋于稳定，但联邦检察官开展的涉企诉讼已经遍及全球。作为领导者，美国现在肩负着特殊的责任，要以身作则，确保对涉及公司刑事诉讼的案件精准打击。

也就是说，涉外企诉讼事关全局，可助推全行业变革，检察官还聚焦惩罚严厉的犯罪领域。如反垄断案件倾向于对公司定罪，而环境案件倾向于进行司法监管，而涉及《反海外腐败法》的案件则倾向于明确规定要对合规行为进行审计。在外国公司刑事诉讼案件占多数的刑事诉讼领域中，检察官坚持定罪，提请法庭指令监管人，或许不需要过于阻挠公司自我揭发和合作。美国检察官克服重重困难，成功将全球各地的公司作为起诉目标，这些值得本土检察官学习。

第十章 起诉公司的前景

“可能会损失惨重，非常感谢所有的帮助……”

上周，一家大型国际银行的交易员给其作利率估算的同事发了封电子邮件：“周一的利率将高得令人难以置信……我们需要一个相对低的利率。”

当周一到来时，这位交易员发出了提醒：“重要的一天来了”，并称他的纽约同行“正在对我大喊大叫，说利率没有变化”。作利率估算的同事及时修改了估值，并承认这不是他“应该提交的数值”。

这位交易员很感激：“我同意你的看法，完全理解。请记住，当我退休后写一本关于这项业务的书时，会特别提到你的名字。”

“我可不希望我们之间的事情出现在任何书里！”[1]

现在类似的事情真的被载入史册。在始于2007年的全球金融危机前后，一些大银行都在利用这一系统。发送这些信息的交易员在总部位于伦敦的巴克莱银行金融服务公司工作。交易员们要求其银行的同行们操纵一项重要的银行利率，即伦敦银行同业拆借利率（LIBOR）。

伦敦银行同业拆借利率是衡量银行相互拆借成本的指标，每年被用于价值数万亿美元的交易中。其他利率，如欧元银行同业拆借利率（EURIBOR），也与之息息相关。银行利用伦敦银行同业拆借利率来设定期货和期权的利率，包括在芝加哥商品交易所（Chicago Mercantile Exchange）出售的三个月期欧洲美元期货合约。全球最大的期货市场——芝加哥商品交易所，2011 年价值超过 550 万亿美元。[2]从大宗商品交易到学生贷款、抵押贷款和信用卡贷款，一切都依赖于这一基准利率作为参考。伦敦银行同业拆借利率就像一张晴雨表，体现全球货币市场压力的变化，可以说是“世界上最重要的数字”。[3]

英国银行家协会（British Bankers Association）设定伦敦银行同业拆借利率的方式是，要求 16 家银行估算从另一家银行借款的成本。该协会将去掉最高和最低的估值，并根据其余估值的平均值确定利率。[4]银行应当提交一个基于公平的估值，但是电子邮件和短信捕捉到了提交的估值是多么的不公平。

在 2006 年的另一封电子邮件中，也是这位巴克莱银行交易员表示:“利率如果保持不变，我们的三个月期欧洲美元期货合约就死定了。我们需要利率在本周上涨，然后我们才能出清头寸。对三个月期欧洲美元期货合约来说，今天我们的共识利率是 4. 78 – 4. 7825，如果能达到 4. 79，那将更为理想……非常感谢你的帮助”。

“乐意效劳”，另一位银行家回复道。当天，巴克莱银行提交了 4. 79% 的利率估值，与该交易员所希望的完全一致。

其他电子邮件和即时消息有，“尽可能高的设置利率非常重要……谢谢”和“我……不要在这上面浪费钱”和“真的，非常感谢”。一向友好，如一位银行家在回应要求降低欧元银行同业拆借利率的请求时指出：“我们总是尽最大努力提供帮助……”另一位银行家回应道：“完成了……为你专设的，老伙计。”正式一些的回答如：“总是乐于效劳，把它留给我吧，先生。”这种情绪甚至可能像是庆祝的，就像2006年一位巴克莱交易员对银行同行说：“伙计，我欠你一个大人情！哪天下班过来，我要开瓶香槟酒！谢谢你的利率。”另一名交易员答道：“不用谢!!!”[5]

尽管拼写和语法都很糟糕，但银行家们还是通过利率的变动来攫取利润。2007年全球金融危机爆发后，这一目标发生了改变，银行家们努力压低利率，以显得更加稳定，同时不承认自己的借贷成本高于其他银行。很明显，管理层希望巴克莱银行保持低调，混入人海中，这样就不会被发现。例如，2008年年初，一位巴克莱银行家承认，有关巴克莱银行实际借贷利率的“真相”其实就是一团糨糊。[6]

2007年12月，巴克莱银行一名高级雇员表达了忧虑：

我担心的是，我们提供了明显的虚假利率。这显然是不诚实的，并有可能损害我们在市场和监管机构中的声誉。请求紧急磋商?

在由一名高级合规官员和一名高管召集的会议之后，巴克莱银行向英国金融服务管理局（Financial Services Authority）提交了一份报告，称严峻的市场环境可能会改变伦敦银行同业拆借利率的提交方式，其他银行可能也会采取“有问题的行动”。他们后来告诉监管机构，“我们看起来是干净的，但我们只是比同行略微干净些，而不是真正意义上的干净”。巴克莱银行继续向媒体表示，它已提交了“准确而公平”的伦敦银行同业拆借利率。[7]巴克莱银行会被抓住吗?

如果会，银行会受到惩罚吗？或者，作为一个超大银行，它是否“大到不能倒”？

一、大到不能倒或不能关

“大到不能关”这句短语在上次金融危机之后被广泛引用。一些人担心政府可能助长了经济学家所称的“道德风险”——那些大银行清楚其对全球金融体系至关重要，以至于如果其陷入困境，政府必定会出手相救，这种认知鼓励大银行铤而走险，从而将自己推到悬崖边；也会影响检察官对公司的指控。对“大到不能倒”的担忧在于，一些公司对经济的潜在影响过大，以至于检方不会追究它们的刑事责任。这种担忧是非常现实的，包括最高层检察官都表达了类似的担忧。2013 年3 月，司法部部长埃里克·霍尔德（Eric Holder）在参议院司法委员会会上表示：

我担心，其中一些企业的规模如此巨大，以至于当我们受到以下暗示：一旦我们对企业提起刑事指控，将对国内经济，甚至对全球经济产生负面影响。指控它们变得很困难。[8]

这些言论再次引发了人们的质疑，即检方是否能将华尔街绳之以法。[9]一些批评人士指出：“在 2007 年开始的全球金融危机期间，我们习惯于‘大到不能关’。有没有可能有些金融业高管‘大到不能关’”？[10]金融危机调查委员会（Financial Crisis Inquiry Commission）的报告描述银行之间存在犯罪学家所称的“犯罪滋生环境”，即一个导致金融危机的抵押贷款欺诈的成熟环境。[11]联邦法官杰德·拉科夫（Jed Rakoff）等人则质疑，为什么没有起诉更多的高管；如果真的存在“欺诈性不法行为”，那么“政府未能将对如此巨大的欺诈行为责任人绳之以法——说明我们的检控系统存在缺陷，需要加以解决。”[12]当然，没有起诉的另一个原因可能是政府本身放松对银行业的监管，鼓励高风险的抵押贷款业务，并在金融危机后重塑主要银行。[13]犯罪学家亨利·N. 庞特尔（Henry N. Pontell）、威廉·K. 布莱克（William K. Black）和吉尔伯特·盖斯（Gilbert Geis）质询政府是否对“损害控制”比犯罪控制更感兴趣。[14]众议院金融服务委员会讽刺性地回应了霍尔德的评论，发行了自己版本的垄断“免入狱卡”（见图10. 1）。

> **免入狱卡**
>
> 美国司法部授予你银行“大到不能倒”称号
>
> 在“大到不能倒”被撤销之前，此封号一直有效
>
> 奥巴马政府

图 10. 1　免入狱卡

2014 年 5 月，司法部部长霍尔德在一段视频中严厉地表示：“没有大到不能倒这回事。”他强调，没有一家金融机构“可以免予起诉”，并表示自己之前的言论“被误解了”。[15]我们在这本书中提过，有一种情形叫“大到不能倒”。此外，对“大到不能倒”的担忧不仅是因为大银行“庞大的规模”和“对经济的影响”而没有被起诉，其他几种同样重要的情形令人担忧：是否将高管或雇员考虑在内？他们确实可以被关进监狱。“大到不能倒”的担忧还延伸出了

银行业，也适用于许多其他类型的大公司，这些大公司可能会犯下各种各样的罪行，却获得了不起诉协议，这些协议是否过于宽松？对公司的处理是否有效地惩罚或改造这家公司？

首先，来看第一个对“大到不能倒”的批评，即担心金融机构不会被起诉。我们既要关注检察官起诉的案件，又要关注不起诉的案件。根本没有这些案件的准确数据。检察官有时会说，他们在决定起诉一家公司时非常谨慎，并提及他们经常放弃起诉，但检察官决定不起诉的记录通常不公开。即使是在最广为关注的公司案件中，检察官通常也会避免将决策过程透明化。我们不知道他们做出的不起诉的决定是正确的还是糟糕的，我们更不知道有多少企业犯罪没有引起检察官的注意。

但我们确实清楚公开的不起诉协议表明检察官并没有一视同仁地对待所有公司。对企业宽大处理的主要受益者是银行。银行通常会达成暂缓起诉或不起诉协议，而不是定罪，受到包括与欺诈、洗钱和其他犯罪相关的指控。接受暂缓起诉或不起诉协议的名录中包括许多大银行，其中有几家近年来签署了多项协议，有巴克莱银行、汇丰银行、摩根大通银行、瑞银和美联银行（Wachovia，又称瓦霍维亚银行）。为什么累犯银行在第二次犯罪时没有受到更严厉的处罚？从 2001 年到 2012 年，有 57 个暂缓起诉和不起诉协议涉及金融机构，包括银行、投资顾问和交易机构。只有少数几家大银行被判有罪。此外，华尔街主要银行通常会收到不起诉协议，而不是在法庭上提交的暂缓起诉协议。[16]

正如我们在第四章中所描述的那样，在涉及金融机构的案件中，

“大到不能倒”的问题不仅涉及没被起诉的个人和雇员，也涉及一般的暂缓和不起诉协议。在公司达成和解时，很少有像首席执行官这样的高层被起诉。“大到不能倒”的担忧也超出了华尔街的范围。其他大企业，如会计师事务所、医院、军火承包商和制药公司，均因定罪的附带后果太大而达成了不起诉协议。尽量减少对一家公司的附带后果是没有错的，起诉一家公司会影响到管理层、雇员、股东和其他没有犯罪的员工。然而，必须在尽量减少附带后果和适当惩罚不法分子之间取得谨慎的平衡。公司提供了一个可以激励犯罪并放大其后果的环境，对公司起诉能防止公司再次成为犯罪现场，但我们无法保证从宽处理能够换取公司有效的结构性改革。

本章着重探讨如何解决这些“大到不能倒”的问题。我们将从银行涉罪案件着手调查，更广泛地审视检察官如何处理公司犯罪的每一个关注点。本章的第二部分将评估公司起诉，研究公司犯罪率问题，比较检察官在涉公司案件中不同的做法，对比检察官与执法机关提起民事诉讼的所作所为，并回应那些认为不应该起诉的公司，让其承担刑事责任的问题。第三部分探讨如何解决“大到不能倒”的问题，不是简单地否认任何公司“大到不能关”，而是切实提高公司起诉的效率，改革包括：（1）对公司定罪，减少对暂缓起诉协议的依赖；（2）加强对暂缓起诉协议的司法监督；（3）严格合规性的审查和结构性改革；（4）判处更巨额的罚金；（5）提高公司起诉的透明度和信息公开。

二、对巴克莱银行的宽大处理

经过数年调查，巴克莱和其他参与设定伦敦银行同业拆借利率和类似利率的银行的不当行为得以揭发。美国商品期货交易委员会（CFTC）对巴克莱银行处以2亿美元的罚款，并要求巴克莱银行进行一系列改革，包括建立防火墙以确保伦敦银行同业拆借利率提交者不会收到该行其他部门的不当信息，并记录提交利率所依赖的所有指标。[17] 2012年夏天，作为其“非凡”和“广泛”合作的奖励，巴克莱银行宽免优待。除了承诺未来与美国和英国当局合作，巴克莱银行还向检察官支付了1.6亿美元罚金，向英国监管机构支付了9300万美元罚款。巴克莱银行承认并确认为其行为负责，但不对任何特定罪行负责。

这家银行是否被视为“大到不能倒”？巴克莱银行达成了不起诉协议，完全避免被起诉，检察官指出，巴克莱银行“是第一家以有意义的方式进行合作的银行”。该行此前曾因“明知”和“故意”违反对缅甸、古巴和伊朗等国的经济制裁，于2010年签署了暂缓起诉协议，实质上是一名惯犯。在2010年的协议中，巴克莱银行同意不违反任何美国联邦法律，并支付了近3亿美元的罚金。现在，该案的法官下令，要求巴克莱银行解释其追加罪状没有违反2010年的暂缓起诉协议的原因。法官显然是对巴克莱银行的解释很满意并将暂缓起诉协议延期至2012年。[18]很难理解为何巴克莱银行没有受到比之前暂缓起诉协议更严厉的处罚，也许检方是通过他们的配合，查处了其他银行参与操纵伦敦银行同业拆借利率的不端行为，因此给予奖励。

在英国，有一种不同的问责类型：议会传唤巴克莱银行首席执行官接受质询。他道歉道：“这是错误的。我很抱歉，很失望，也很气愤。对于这些行为和所写的电子邮件，绝对没有任何辩解理由。”

他还说，“成为第一是巴克莱企业文化的标志，我们愿意快速坚决地采取行动。”[19]

他强调，在有14万名员工的情况下，这14名参与伦敦银行同业拆借利率操纵的员工的行为并不代表整个公司。质询者们随后在公司文化上向他施压：

我能理解一个头脑发热的白痴坐在纽约的交易台上，想着给伦敦的那个家伙送一瓶香槟，然后说：“你能帮我修改一下伦敦银行同业拆借利率吗?”但现实是这样的：为什么那些设定伦敦银行同业拆借利率的人不转身对这些交易员说：“伙计们，你们不能这么做。你不能这么做。别再给我发电子邮件了，否则我会告诉老板的?”

首席执行官回答说，“有些人这样做了，有些人没有。”

一位议员追问道：“我想，伦敦银行同业拆借利率的设定者可不是那些喜欢在周末喝柏林林格（Bollinger）酒的25岁至35岁的头脑发热的人。他们可能有点小牛。那么，哪里出了什么问题？为什么那个部门犯了这么严重的错误?”

首席执行官只能回答：“我不同意你的描述，但我明白你的意思，事实上，利率制定者是我们最资深的职员”。[20]

英国监管机构发现，“巴克莱银行直到2009年年末才有与伦敦银行同业拆借利率和欧元银行同业拆借利率提交程序相关的具体制度和管理措施”。另一名议员指出，巴克莱银行此前曾违反国际制裁的规定。这位首席执行官回应说：“对于这样的案例，我们都向当局开放，努力找到解决方案，并做出相应的改进。”[21]

巴克莱银行首席执行官在听证会后辞职。[22]说声“对不起”就足够了吗？就像英国那样，美国检察官本可以要求进行更加严格的监管，或许还需进行更为严肃的公开质询。

三、定罪起诉

2013年，或许是为了回应“大到不能倒”的担忧，检察官宣布了一项可喜的改变，即以银行为目标：定罪。瑞银集团的日本子公司和苏格兰皇家银行（Royal Bank of Scotland）成为多年来第一批被定罪的大型银行。司法部刑事司司长称：“我希望金融机构明白，司法部绝对会将他们绳之以法。”[23]苏格兰皇家银行和瑞银集团的交易员也参与操纵伦敦银行同业拆借利率，发送了与巴克莱银行类似的恶意电子邮件。例如，当检察官介入时，其中一名交易员警告瑞银的其他人不要与调查人员交谈：“伙计，你知道，美国司法部那些把人关进监狱的家伙。为什么你会和他们谈谈呢？”[24]然而，尽管瑞银的日本子公司认罪并被定罪，但瑞银集团和苏格兰皇家银行如同荷兰合作银行（Rabobank）等其他银行一样达成了暂缓起诉协议。司法部刑事司司长暗示了对“大到不能倒”和“大到不能关”的担忧，称“我们的目标并不是摧毁一家大型金融机构”。[25]对外国子公司而不是母公司定罪，并不是新发明的对银行追究刑事责任的方法。也就是说，坚持对子公司的刑事定罪，就像在制药案件中经常发生的那样，比暂缓起诉和完全避免定罪的不起诉协议要好得多。对子公司定罪，不会对母公司产生影响，也无须放弃起诉。

检察官还指出，2013年，大型对冲基金SAC资本（SAC Capital）

因内幕交易被定罪，这表明金融机构并非“大到不能倒”。自 20 世纪 80 年代末德崇证券（Drexel Burnham Lambert）承认证券欺诈以来，没有一家类似的华尔街公司被定罪。SAC 资本没有被暂缓起诉，而是认罪并支付了 18 亿美元——史上内幕交易案最大笔罚金。然而，SAC 资本案并不意味着我们应该忘记对“大到不能倒”的担忧。SAC 资本不是一家上市公司，在其认罪时，已经基本上失去了外部投资者。检方在指控 SAC 资本有罪时就清楚，不存在伤害无辜投资者或引发金融系统震荡的风险。

或许对华尔街的起诉方式终于要发生变化了。2014 年 4 月，检方宣布对瑞士信贷银行（Credit Suisse）离岸避税定罪，对法国最大的银行法国巴黎银行以违反银行秘密法定罪，检察官得到了监管机构的保证，即定罪不会撤销银行特许经营权，从而使银行无法在美国开展业务。[26]批评者提出的对“大到不能倒”的担忧可能刺激检察官将金融机构重罪定罪，并且更加可行更加普遍。

伦敦银行同业拆借利率本身是否进行了改革，加大了银行利用该体系牟利的难度？伦敦银行同业拆借利率现在由一家新的公司监管，与纽约证券交易所同属一家公司，问题在于，是否对伦敦银行同业拆借利率做出了足够的调整。[27]与此同时，伦敦银行同业拆借利率案引发了对其他主要金融基准利率是否被操纵的疑虑。例如，监管机构正在调查利率互换（利率掉期）可能存在的不当和串通行为，利率互换是另一个规模达数百万亿美元的巨大市场。[28]更多的调查和对主要银行的指控正在进行中。[29]

四、未被起诉的银行

尽管欺诈规模巨大，伦敦银行同业拆借利率案并非全球金融危机的主要原因。是否有其他银行因为与次级抵押贷款、抵押贷款担保证券和信用违约互换更密切相关的行为而“大到不能倒”？2010年，美国证券交易委员会开始对高盛（Goldman Sachs）展开调查，对一组名为算盘（Abacus）的交易提起民事诉讼。算盘是前现代计算器，使用珠子来计算金额。在金融危机来袭之前，这组交易转移了对次贷市场的押注风险。[30]

美国参议院的一个委员会发布了一份要求起诉的报告，但2012年，检察官宣布不提起刑事诉讼，“基于法律和事实，现有证据不足以提起刑事诉讼，该案已结案”。[31]高盛在与美国证券交易委员会的民事和解中支付了5.5亿美元，承认算盘营销资料中的“信息不完整”，并同意改变对未来营销材料的审查方式。[32]鉴于很难证明有人在行业参与者之间的复杂交易中被误导，因此不太可能提起刑事诉讼。参议员卡尔·莱文（Carl Levin）说：“无论司法部的决定是法律不健全还是司法不力的产物，高盛的行为都具有欺骗性，是不道德的。”他呼吁实施更严格的监管。[33]也许它们具有欺骗性——但是在其他案件中，监管机构却无法证明银行欺骗了老练的投资者。[34]

评级机构也是房地产市场崩溃的核心参与者。标准普尔（Standard & Poor's）、穆迪（Moody's）等公司将次贷相关投资评级为安全，从中赚取了数亿美元。他们是否在明知有风险的次贷投资上盖章批准？2007年年初，在次贷市场崩溃引发全球金融危机之前，标准普尔金融服务有限责任公司（Standard & Poor's Financial Services LLC）一位被称为“分析师 D”的员工创作了一首歌，描述了次贷市场是如何陷入困境的。随着传声头像（Talking Heads）乐队《烧毁房子》（Burning down the House）的曲调，这首歌描述了“次贷滚滚而来”“正在摧毁房子”的过程。考虑这首歌的歌词，分析师 D 随后在邮件称，“出于明显的职业原因，请不要转发这首歌。如果你有兴趣的话，我可以到你的席位唱这首歌……”几天后，他克服了胆怯，给乐不可支的同事们又发了一封电子邮件，里面有他“唱歌跳舞”的第一节视频。[35]

五年后，司法部对标准普尔提起了数十亿美元的民事诉讼，但没有提起刑事诉讼。根据 1989 年的《金融机构改革、复兴和实施法案》（FIRREA），该案件的民事证据标准有所降低，也是一部以前很少使用的法律，允许检察官对影响金融机构的欺诈行为提起民事指控。[36]2013 年，美国银行（Bank of America）被控在金融危机前在全国各营业部快速出售抵押担保证券，检方在陪审团庭审中胜诉。[37]依据《金融机构改革、复兴和实施法案》对富国银行（Wells Fargo）、纽约银行（Bank of New York）及摩根大通银行案提起诉讼，2013 年，摩根大通银行达成了创纪录的 130 亿美元民事和解。检察官宣布，摩根大通银行已承认其行为“助长了金融危机的扩展”，为此“支付有史以来最高额的罚金”。正如司法部副部长所言，“我们提出指控，要求那些帮助制造金融危机，给数百万美国人带来灾难的金融机构承担责任，进行补救”。[38]

这些民事诉讼的结果并不能完全缓解对“大到不能倒”的担忧。

检察官依据《金融机构改革、复兴和实施法案》起诉的案件，想必是认为他们缺乏足以提起刑事诉讼的证据。其中一些民事解决方案令人质疑，检察官是否确实“要求问责并补救”。摩根大通银行和解协议的规模远没有看上去那么大。这130亿美元还包括之前的处罚，比如，支付给联邦住房金融局（Federal Housing Finance Agency）的40亿美元。没有任何关于罚款依据的解释。该协议未包括对不当行为的明确承认或对事实的详细描述。实际上，检察官并没有清楚地解释发生了哪些违法行为。这笔交易是在庭外完成的，未经法官的批准。更令人不安的是，该协议并没有要求进行结构性或合规改革。如此不透明的庭外民事和解，使对应当提起刑事诉讼的案件进行严厉处罚变得更加迫切。

五、公司犯罪率

有关银行起诉的“大到不能倒”只是故事的一部分，总体来说，如前所述，公司诉讼都存在这个担忧。如果对潜在的公司犯罪率有更好的了解，我们就会清楚如何决定是否对公司提起诉讼。当谋杀率上升且又有太多的谋杀案悬而未决时，警察和检察官将面临公众压力。然而，没有关于公司犯罪率的统计数据。联邦调查局在其《统一犯罪报告》中保留了关于街头犯罪的统计数据，却没有与之相应的公司犯罪数据。与街头犯罪和暴力犯罪不同，作为金融欺诈受害者可能并不了解这一点，许多商业犯罪的定义也并非总是那么明确，有些公司可能永远也不会被抓住。

事实上，甚至连有多少公司存在都没有很好的统计数据，更不用说有多少公司犯罪了。我们知道，大约有一半的美国企业是在五个州（加利福尼亚州、特拉华州、佛罗里达州、纽约州和得克萨斯州）注册成立的。[39]特拉华州报告称，该州 2011 年有近 100 万家活跃的公司，包括美国半数以上的上市公司。[40]据美国国家税务局报告，2011 年大约有 1200 万家公司。[41]2006 年，一项关于空壳公司（用于隐匿资产或所有者身份的公司）的政府研究报告发现，美国每年成立的公司约有 200 万家，[42]大约为每年出生人口的一半。[43]

这些公司有多少为犯罪而成立的？只有极少数被定罪。在联邦法院，自 1991 年年底实施量刑指南以来，大约有 3800 个公司被定罪（至 2012 财年总共有 3780 个公司被定罪）。超过 300 家公司达成暂缓起诉和不起诉协议。此外，数十家公司在审判中被判无罪，还有更多对公司的指控被法官驳回或被检察官撤回。被起诉的公司不超过 4000 家。（如图 10.2 所示）

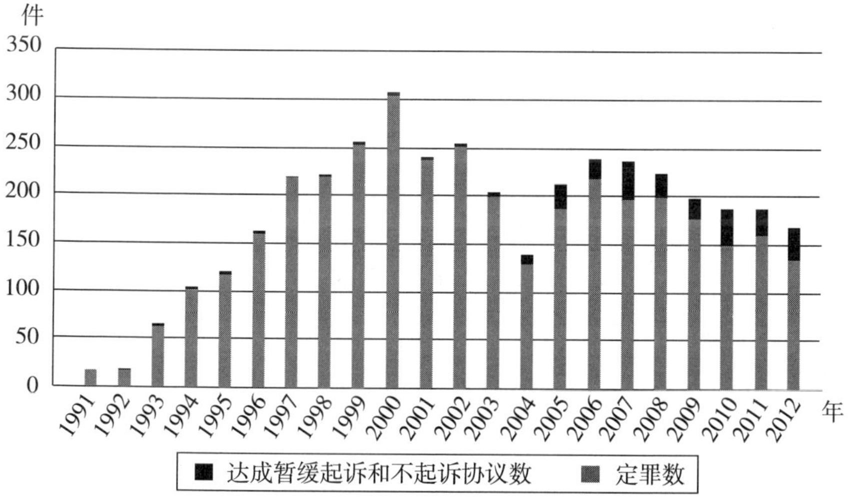

图 10.2　1991 年至 2012 年公司定罪、达成暂缓起诉和不起诉协议数

这是否意味着公司犯罪很罕见——几百万家公司中只有几千家犯罪——或者仅仅意味着起诉公司很罕见?

上市公司的情况则有所不同。据统计，那些在美国交易所上市的公司中，2001 年至 2012 年，有 273 公司被起诉。[44]这并非微不足道，约占 5000 家上市公司总数的 5%（这是一个非常粗略的估计，因为上市公司的数量发生了变化，有些公司不止一次被定罪）。在被起诉的公司中，46% 被定罪（273 家公司中的 125 家），54% 达成暂缓起诉或不起诉协议（273 家公司中的 148 家）。超过 1/4 的公司是外国公司（273 家公司中的 73 家）。上市公司平均缴纳了 4500 万美元的罚金，这一数额高于其他因同样罪行而被起诉的公司，但与这些公司的价值相比，罚款数额微乎其微，在和解时，罚款数额平均为其市值，即其流通股总价值的 0.04%。[45]这引发了英国石油公司得克萨斯炼油厂爆炸案受害者的投诉。在这起案件中，5000 万美元的罚金仅占英国石油公司 700 多亿美元市值的 0.07%。如前所述，罚金不是根据公司规模计算的，而是根据量刑指南、法规或是犯罪所得及犯罪造成的损害。但实际惩处的罚金通常等于或低于量刑指南或法律的规定。结果是支付罚金对这些公司来说轻而易举。

一些学者试图分析不同类型白领和公司犯罪的发生率。据其中一位学者分析，约有 14.5% 的大型上市公司存在欺诈行为。[46]这些证据并不能告诉我们是否应该对公司提起更多的诉讼。我们知道，在评估有多少公司犯罪方面所做的工作很少，而且很少有公司被起诉。综观公司被起诉的案件所发生的情况，可以告诉我们更多有关检察官在决定提起刑事诉讼时，是如何以公司为目标的。

六、大规模监禁与公司宽大处理

第二种评估公司起诉的方法是将其与个人起诉进行比较。当然，我们写这本书的目的之一就是要描述这两个世界是多么的不同。对于公司来说，它们不能被关，检察官的目标是找出那些严重违反刑法的公司，以惩罚、威慑和改造它们。如果不给予一些宽大处理，公司就没有什么动力举报犯罪或采取合规措施，检察官采用“胡萝卜”和“大棒”两种手段来震慑和改造企业。

美国是采取大规模监禁刑的国家，检察官很少会宽大处理以鼓励个人改过自新。从 20 世纪 70 年代开始，美国就拥有世界上最多的监狱人口和最高的监禁率。[47]我们的刑事司法系统具有很强的惩罚性，直到最近我们对大规模监禁的态度才有所缓和。美国的量刑指南因没有提及让被告改过自新的可能性而臭名昭著，称为“通常无关紧要”。[48]最高法院认为，“自我激励的改过从新”是一个非常重要的因素，可能具有“巨大的影响力”。[49]联邦检察官目前正在采取初步措施，对非暴力和吸毒成瘾的被告暂缓起诉，以便给予其药物或心理健康治疗，而非监禁。但迄今为止，这些措施只在非常小的范围内进行。[50]

虽然公司犯罪通常涉及严重违反监管规定而不是暴力犯罪，但这并不能解释为什么即使在最严重的案件中，公司也经常获得替代惩罚的权利，而个人通常没有，况且大多数联邦刑事案件都是非暴力犯罪。在某些领域，公司与个人在优先事项上的差别尤其明显。现在，超过 1/3 的联邦案件是对违反移民规定的非公民起诉，包括未经许可进入美国。诸如“流水线操作”之类的联邦措施对大量因非法入境而被拘留的人使用快速程序，对大多数罪犯宽大处理，以便迅速处理定罪。[51]这些案件并不涉及因犯有其他罪行而被起诉的移民。非法入境或再入境不需要证明犯罪故意，法官倾向于认为移民应当清楚他们是否符合技术移民的规定。大多数国家将移民问题视为民事而非刑事案件，美国直到最近几十年才基本如此。为什么大量移民被贴上罪犯的标签，这是一个令人困扰的问题。

很少有雇主因移民犯罪而被起诉。雇主可能会因蓄意引进或窝藏在美国非法移民而受到指控，但这很难证明。[52]10 家公司已就违反移民规定达成了暂缓起诉协议。例如，2006 年，联邦特工突击搜查了由 IFCO 系统公司经营的 40 家生产运输托盘的工厂，拘留了 1000 多名非美国公民，估计还有数千人——超过一半的 IFCO 雇员使用了假的社会保险号。[53]数名管理人员被控违反移民法。[54] IFCO 系统公司支付了近 2100 万美元的罚金，包括欠薪和民事罚款，并同意采取合规措施，包括加入雇员核查（E－Verify）系统，允许即时核查雇员的社会保险号。在另一起案件中，Western Geco 支付了 1960 万美元的罚金，原因是该公司为墨西哥湾石油公司油船上的工人提交了虚假的签证申请。在我研究的 2000 多起公司犯罪案件中，有 107 起是违反移民法的。[55]这与每年将近 40,000 人因违反移民法而被起诉相比就相形见绌了，其中很少涉及雇主。[56]

再如，在指控毒品犯罪中，尽管该类犯罪通常是非暴力的，但高惩罚性的起诉政策导致了高监禁率。联邦毒品犯罪主要涉及持有或分销毒品。联邦政府针对个人的起诉中，有超过 1/4 的罪犯是因销售或共谋销售毒品而被起诉，联邦监狱中有一半服刑的囚犯是因毒品犯罪。[57]惩罚这类犯罪行为旨在禁止非法毒品交易，但是关押低级别的毒贩对这一目的作用不大。在因毒品犯罪而被起诉的大量罪犯中，有一小部分人有重大犯罪前科或在犯罪中使用了武器。不到6%的人是毒品经营的管理者或领导者。[58]正如联邦法官约翰·格里森（John Gleeson）所言，“任何认为联邦系统只处罚‘最严重的毒品和暴力’罪犯的人都不熟悉联邦刑事案件”。[59]即使是低级和非暴力的罪犯也会被联邦政府判处很长的刑期，而与此相反，量刑指南为组织机构提供了灵活的量刑政策。

绝大多数被挑出来加重处罚的毒品罪犯都是黑人。[60]对这些罪犯没有宽大处理方案，相反，而是严厉的刑罚。对毒品案件没有检控指南，却有对公司检控的指南。1997年，美国司法部废除了一些指导方针，这些方针为何时起诉联邦毒品案件以及何时将案件移交给州政府提供了一些指导。[61]国会和量刑委员会最终缩小了严重的量刑差距，但经过15年时间，司法部部长埃里克·霍尔德才宣布，这种指控毒品犯罪的做法“适得其反”，新的指导方针将允许对低级别毒品罪犯实行宽大处理、不起诉和替代起诉。[62]

禁毒战争并没有对企业造成多大影响——我发现只有少数企业因非法销售管制药物、未能追踪销售苏达菲（可用于制造甲基苯丙胺）或销售毒品用具而被起诉。检方已决定不起诉那些参与向医生支付回扣或促进标签外药品销售的大型制药公司的成百上千名销售人员。他们认为，与其追究个人责任，不如起诉公司；事实上，如前所述，检察官可能会起诉子公司，而不要求母公司对药品违规行为负责。例如，汇丰银行因大规模洗钱而获得宽大处理，主要贩毒集团从中获益，在这种情况下，银行员工很少受到起诉。然而，在打击毒品的另一场战争中，检察官却愿意监禁数万名毒品交易参与者，其中包括低级别毒贩。

当我们严格指控个人犯下的轻罪时，未能坚持严惩公司犯罪似乎特别站不住脚。也不能说白领或公司犯罪“不是真正的犯罪”，因为他（它）们是监管性的犯罪，而联邦检察官所做的大部分工作涉及非暴力犯罪和监管犯罪。公司不应因轻微的民事违法行为而受到起诉，但如果严重的违法行为必须提起刑事诉讼，则应进行严厉的刑事处罚并进行结构性改革。

七、两个监管者的故事

评估公司刑事诉讼的第三种方法是将其与由监管机构提起的民事诉讼进行比较。一些人认为，既然企业不能在道德上对犯罪负责，那么它们就应该面对监管机构或个人原告的民事责任。不过，我认为，检察官对于填补监管机构留下的空白至关重要。监管机构可能缺乏足够的资源来惩罚最严重的违规企业。两个联邦监管机构：环境保护局和美国证券交易委员会提供了一项执法资源和执法方式的比较研究。环境保护局的执法力度远远超过美国证券交易委员会。将两者进行比较，可以让我们明白为什么大银行很少受到起诉，而检察官每年却会提起许多环保诉讼。如果我们想正确处理公司刑事处罚与民事执法之间的关系，检察官和监管者可能都需要更多的资源。

对墨西哥湾“深水地平线”漏油事故的起诉出现了有史以来最高的刑事罚金（12 亿美元）和最大的社区服务金（40 亿美元），但与英国石油公司向环境保护局和州监管机构支付 170 亿美元民事罚款相比，有些相形见绌。在 2011 财年，环境保护局调查了 249 起环境犯罪案件，罚金和恢复原状赔偿达 3500 万美元。[63]这些刑事案件只是冰山一角；环境保护局还提起民事诉讼和行政诉讼，获得了 1.04 亿美元的罚款。[64]与行政诉讼相比，这有些相形见绌。环境保护局下达了 1760 个行政处罚令（还有 4800 万美元罚款）和 1324 个行政合规命令。不那么正式的是，环境保护局进行了 19,000 次检查，并收到了 350 万份减少污染的自愿承诺。环境保护局还与州监管机构一起提起诉讼。环境诉讼是我的数据中刑事诉讼最多的一类。从 2011 年到 2012 年，我发现有 500 多起环境诉讼（不包括野生动物犯罪），其中只有 6 起达成暂缓起诉或不起诉协议。可以肯定的是，环境保护局查处的许多案件涉及的都是小公司，而对环境案件的定罪可能不会对公司造成同样的后果。但联邦环境检察官认为，通常情况下，案件要么是民事案件，要么是刑事定罪。

相比之下，美国证券交易委员会很少对企业采取执法行动。2012 年，他们总共提起了 813 起民事诉讼，但大部分都是针对个人的。例如，在已报道或披露出来 106 起民事案件中，针对公司的不到 20 起。[65]这或许可以解释为什么 2001 年到 2012 年只达成 23 份涉及证券欺诈指控的暂缓起诉协议，只有 3 家公司被判犯有证券欺诈罪。虽然《反垄断法》《环境法》《反海外腐败法》和其他联邦刑事法规均规定了高额罚金，但证券欺诈案件却并非如此。

这做何解释呢？在某种程度上，美国证券交易委员会受到了国会的掣肘。现行法律规定，美国证券交易委员会在大多数情况下只能取得追缴的非法所得，而不是罚款。[66]美国证券交易委员会一直在推动立法，允许其作出更大的民事处罚。[67]正如《纽约时报》的一名记者在2007年指出的那样："与其监管对象——人口众多、富有的华尔街世界相比，美国证券交易委员会无论是人手还是资金均严重不足，这已不是什么秘密。"[68]此后不久，三位原美国证券交易委员会主席也表达了同样的观点："如今，美国证券交易委员会的问题在于缺乏履行职责所需的人力、财力和物力。"[69]此后，美国证券交易委员会增加了执法资源，成立了一个专门的反海外腐败法小组，并启用合规监督员。[70]《多德—弗兰克法案》的目标之一是赋予美国证券交易委员会"更大的权力、更多的协助和资金，使其担负起有效的证券市场监管机构职责"。[71]2011年，美国证券交易委员会指出，预算"已经迫使其推迟或削减执法和市场监管工作"。[72]对于美国证券交易委员会和解结案方式的批评声越来越大，指责其允许公司"既不承认也不否认"违规行为。一位法官批准了美国证券交易委员会的协议，但写道：

在这个被称为"大到不能关"（视情况而定，或称为"大到不能倒"）的概念在整个商业市场广为流行的时代，一些愤世嫉俗的人把这个概念解读为暗语，意思是随和的公众所鼓励的——一张逃避或无视规则的免费通行证，允许大规模欺诈的眨眼或点头暗示，欺骗毫无戒心的顾客的许可证。[73]

美国证券交易委员会改变了策略，不鼓励使用"既不承认也不否认”的措辞，但人们仍然担心，监管机构对大公司的处理过于宽松。

如果监管机构一直不能全面有效执法，那么检察官可能是一个关键的后盾。事实上，起诉可能是监管失灵的象征。回顾第四章讨论的汇丰银行的大规模洗钱案，参议院发表了一份报告，称这家银行的文化“普遍受到污染”。报告强调，尽管早在2003年就有人指责该行存在问题，但在2010年之前一直“未能对该行采取任何执法”行动。[74]监管机构“经历了司法部门的震动”，才意识到问题的严重性。[75]我们不能指望检察官完全填补监管机构执法不足留下的空白，但检察官可以指控最严重的违法行为并给予最严厉的处罚，例如，认罪、威慑性罚金和严格的结构性改革。

八、废除主义者

一些人认为，我们之前所做的每一项比较都指向一个结论：对公司提起诉讼是不公正的，起诉个人并采取民事监管行动更可取。这些废弃主义者认为，既然公司不能被监禁，那么检察官就不应该试图惩罚它们。例如，法学教授阿尔伯特·阿尔舒勒（Albert Alschuler）称将“无意识的法人”归咎于犯罪是一种“错误”，类似于英格兰古法迪奥丹（deodand）的法律实践：“对致人死亡的动物或无生命物体的惩罚。”[76]阿尔舒勒教授认为，通过起诉公司达到员工互相监督的目的在某种程度上更合理，这也是我的观点。其他学者认为，应以民事强制执行或设立某种保险形式取代刑事责任。[77]企业集团有充分的理由完全同意那些旨在限制或取消公司刑事责任的提案。

基于倾倒含油舱底水案件形成一组同盟，他们决心限制企业的刑事责任，即使不能废除。回顾一下希腊运输公司爱奥尼亚管理公司（Ionia Management）的案例，该公司因被指控使用“魔术管”非法向船外倾倒含油污水，随后该公司接受了庭审。正如上一章所述，该公司在庭审中败诉，提出了上诉，并得到了众多盟友的支持。企业法律顾问协会、商会、全国制造商协会和华盛顿法律基金会等代表公司利益，反对严格的公司责任标准。美国全国刑事辩护律师协会（National Association of Criminal Defense Lawyers）和纽约州刑事辩护律师协会（New York State Association of Criminal Defense Lawyers）也加入了他们的行列。这两家协会主张刑事诉讼程序总体上更加公平。[78]他们不主张废除公司犯罪，但要求联邦上诉法院承认良好的合规措施可作为公司刑事责任的防范机制。

企业也在游说，要求对《反海外腐败法》采取合规辩护。当然，根据暂缓起诉和不起诉协议指导方针，合规是减刑的理由。或许，正如法学教授彼得·亨宁（Peter Henning）所指出的那样，企业应该谨慎对待自己的期望值。[79]很少有案件会进入庭审阶段，通过合规辩护，检察官可以深入研究公司政策的有效性。如果员工认罪意味着合规措施的失败，那么该防范机制真的能帮助公司吗？在爱奥尼亚案中，该公司被发现违反了环境保护局先前的协议，所以这一信息对公司没有帮助。

一些学者，比如，阿尔舒勒教授认为，应限制追究公司的刑事责任——如果公司被起诉，应该有一个“诚信”的合规辩护，允许公司辩称，不能因为员工违法而否定公司正在进行的合规措施。[80]还有一些人认为，公司的刑事责任应该仅限于管理层鼓励其手下犯罪的情况。[81]一些州通过的《刑法典》采纳了这一观点，并补充道，对公司的起诉必须有明确的立法意图，即一项罪行应适用于公司。[82]无论如何，在爱奥尼亚案中，联邦上诉法院驳回了该公司的辩护，理由是长期存在的联邦法律确认公司应对雇员在其工作范围内的行为承担刑事责任。[83]

一家联邦上诉法院批准了一项更广泛的公司犯罪责任标准，即“集体认知”理论。该理论认为，只要多名员工具有共同的必要的意图，就不需要任何一名员工具有完全的犯意。其基本原理是，既然公司可以“安排员工的工作范围”，公司就应该对“所有雇员在其工作范围内的全部知悉事项”负责。然而，此后，没有任何刑事案件依据这一理论追究公司的法律责任。[84]

正如我们在本书中所描述的，尽管对公司刑事责任有广泛的联邦法律规定，但实际上检察官只在有限的案件中追究了企业的刑事责任。检方表示，他们起诉的依据是合规方面的因素，以及民事责任或追诉个人是否已足够。我自始至终都在指出，检察官没有充分遵循这些已经不明确的规定。如果检察官办案不够有力，或者根本的法律法规基于不健全的政策之上，那么刑事执法就不是一个好主意。大多数违反法规的行为不是也不应被视为犯罪，但严重的刑事违法行为应被视为犯罪行为，包括公司反复、隐瞒或容忍不当行为。界定什么是严重违法或严重失职并不容易，但检察官可以采取更具体的措施，比如，该公司是不是惯犯、涉及的员工数量、违规的规模，或者公司上层是否在其中发挥了作用。检方也没有明确表示，当企业容忍不当行为时，会出现另一种更严重的刑事处罚。对于惯犯，应该给予更严厉的惩罚。

九、如大卫那样的检察官

很难将检察官视为任何斗争中的小角色。1940 年，司法部长罗伯特·杰克逊（Robert Jackson）曾表示，在美国，检察官“比任何人都更能掌控生命、自由和名誉”。[85]尽管联邦检察官已经是这个国家最有权力的检察官，有广泛的联邦刑法，严厉的联邦量刑指南，可以支配联邦调查局和联邦监管机构，他们需要更多的资源来应对大公司，而大公司则利用巨额财富优势来击败检察官。这本书的目的之一就是解释为什么检察官对公司采取折中方案是可以理解的。

检察官高度敬业，没有证据表明公司已经“俘获”或影响了检察官。尽管申诉导致司法部对公司起诉准则做出了一些修改，但公司未能成功反对实施更严厉的刑法处罚。公司会向最高层申诉，甚至是向司法部部长申诉——回想一下，毕马威法律团队在华盛顿特区安排的高层会议。联邦检察官享有声望很高的职位，拥有强大的动力去起诉，但他们知道他们必须不断告知监督者，因为最终司法部长可能从公司的律师那了解案件，即使管理层只是希望能够向董事会证明，已尽一切可能获得最佳交易。

还有一个旋转门的问题。许多检察官跳槽到私营公司或私营部门从事报酬丰厚的工作。大律师事务所的白领业务激增，公司可能希望聘用前检察官，这样他们就能与司法部搭上边。[86]如前所述，许多合规监督员本身就是前检察官。尽管如此，这可能会促使检察官对企业采取强硬措施，以表明他们知道如何处理大案要案。

怎样才能使竞争公平？检察官依靠调查人员发现公司犯罪并办成铁案。美国联邦调查局本应是调查公司欺诈案的牵头机构，但在2001年“9·11”袭击事件后，负责调查白领犯罪的特工变少了。全球金融危机爆发后，美国联邦调查局扭转了这一趋势，从2007年到2011年，每年指派更多的特工调查抵押贷款欺诈和证券欺诈，并报告越来越多的诈骗案件。[87]这是起诉的通道。如果国会希望认真对待公司犯罪，则可以资助更多的特工和调查。

鉴于监管机构有更多查阅公司记录的途径，检方还依赖监管机构来发现违法行为。在北卡罗来纳州的威克医疗集团 WakeMed 案中，监管机构通过数据分析发现了账单记录中的异常，继而发现了虚假的医院账单。联邦调查局和监管机构正在推广这种复杂的大数据分析技术，以识别欺诈、系统性问题和异常计费。联邦调查局也在利用大数据分析发现抵押贷款欺诈。2009年，联邦调查局成立了金融情报中心，提供金融情报数据的“战术分析”，以发现证券欺诈、洗钱和其他金融欺诈行为。

联邦检察官是本书的重点，州和地区检察官的人数更多，但他们很少办理大公司案件，虽然曼哈顿地区检察官办公室和纽约总检察长办公室等一些检察官办公室早已侦办大公司案件多年。各州还提起了涉及环境侵权、工伤和消费者欺诈等重要案件，州和地区检察官也越来越多地寻求提起重大金融欺诈案件，一些州还成立了地区特别工作组，专门处理特定问题，如针对老年人的欺诈。[88]各级检察官已开始在欺诈调查方面进行合作，包括通过州检察长的伙伴关系进行合作。[89]这样的联盟可能显得是笨拙的，也可能证明是有效的。

让我们把最近的金融危机与20世纪80年代的存贷丑闻做个比较。国会一开始就解除了对存贷的监管，通过了一项立法，为调查和起诉银行犯罪提供了数千万美元的资金。国会延长了银行欺诈的诉讼时效，给了检察官五年的时间来提起诉讼，并出资成立了专门的工作组和司法部的金融机构欺诈部门来协同办案。[90]结果，数百名从事存贷工作的银行高管被定罪。银行存贷案的起诉表明，如果有足够的资源，检察官可以变得更加强而有力。尽管如此，这些案件中的一些欺诈行为还是很容易被证实：一些高管从银行资产中慷慨地借钱给自己——但起诉仍然无法让受害者得到全部赔偿：仅追回了1.3亿美元的赔偿金。[91]

犯罪学家威廉·K. 布莱克（William K. Black）将银行存贷案称为“控制欺诈”，即公司的控制人利用公司来欺诈他人，并将其作为掩盖自己阴谋的盾牌。[92]这就需要特别强有力的外部监督，以防止公司高层通过内部控制实施腐败。无论如何，一个完全腐败的公司可能不值得挽救，或者像安然一样已经倒闭，无法被起诉。对于一家没有完全参与犯罪的有生存能力的公司来说，需要强有力的内控机制，以防止下级官员和员工违法。理论上，起诉的震慑将会首先阻止公司犯罪，但不清楚经常使用的不起诉政策能否做到这一点。

十、改革路线图

杰夫·默克利（Jeff Merkley）参议员反对汇丰银行获得的暂缓

起诉协议，理由是存在更大的问题："金融危机过去四年后，司法部似乎确立了一个先例，即任何银行，银行雇员或银行高管都不会被起诉。"默克利参议员称这是一个"大到不能倒的方式"。[93]汇丰银行没有员工被起诉。参议员伊丽莎白·沃伦（Elizabeth Warren）表示担忧："显然，你为贩毒集团洗钱近10亿美元，这严重违反了我们的国际制裁，而你的公司只被罚款就平安无事了，而你个人更是没有任何麻烦。"[94]另外，司法部确实要求汇丰银行进行自上而下的合规改革，该公司更换了领导层，在合规方面花费了数亿美元，并同意更改高管薪酬，使奖金以合规为基础。该协议的条款实际上比大多数协议都严厉得多。问题是，该协议能否实现持久的改革。我们还应该问一问，其他企业起诉协议是否会导致结构性改革，以及为什么没有评估这些改革是否在实践中发挥作用。

当检察官未能对最严重的公司违法施加有效的惩罚时，刑法的独特目的就丧失了，尤其是在严重缺乏合规的情况下，该案首先应受到刑事起诉。当检察官以公司为目标时，仅仅是表面上的合规，检察官就给予宽大处理，显得过于草率。联邦法官杰德·拉科夫（Jed Rakoff）认为，在仓促调查之后，检察官更倾向于以宽大的条件解决公司案件，而只起诉个人要比"强制实施内部合规措施（通常不过是装门面）有效得多"。[95]需要大量资源来起诉更多的高级官员和更严格地监督公司的起诉。我的观点是，这两者都很重要，无论是个人还是公司都不该逍遥法外。

当公司成为目标时，检察官们应该寻求的不仅是表面上的合规。如此宽大的和解方案带来了一个问题，即为什么首先要对该案提起刑事诉讼？企业刑事和解和判刑的标准应该更严格，而不是更弱。幸运的是，本书中描述的一些公司起诉为更严厉地处理公司犯罪提供了真实的模型。本书的每一章都试图回答一个关于我们如何起诉公司的不同问题，并提出如何使公司起诉更有效的建议。在结束语部分，我将重点放在那些具体的建议上，以减少对“大到不能倒”的担忧，即如何起诉公司。

十一、惩罚企业的再思考

刑法的一个核心目的是传递谴责的信息。正如法学教授小亨利·M. 哈特（Henry M. Hart Jr.）所言，“刑罚与民事制裁的主要区别是社会谴责的判决，伴随刑事强制执行”。[96]刑事诉讼对公司声誉的损害比非刑事处置更大，这就是问题的一部分。不过，对“大到不能倒”的担忧在于对企业的惩罚过轻。怎样的体系才能更明显地区分针对企业的民事处罚和刑事处罚？这看起来更像环境和反垄断检察官现在所做的：案件不是刑事就是民事，而不会有太多的和解协议占据两者之间的灰色地带。在我看来，定罪的频率应该高得多，如果定罪母公司的附带后果太大，可以选择对子公司定罪。如果任何类型的认罪协议的附带后果仍然太严重，暂缓起诉是一个选择，但必须在法官的严格监督下。根本就不应该使用不起诉协议。

此外，罚金应在量刑范围内执行。从宽处罚的唯一原因是奖励自愿和及时的自我举报与配合调查，以及促进形成文件和经过审计的合规机制。仅仅是做做样子的合规机制不应该得到奖励。检方应该大大提高罚金计算的透明度。如果经常要求公司认罪，法官可以更严格地审查公司的量刑。检方还应该对惯犯公司寻求更严厉的处罚。

除了刑法的谴责功能外，公司最希望避免的附带后果——也是他们最害怕被起诉的原因——是停业或禁止令的风险。这种监管后果对一家公司来说实际上就是死刑，一般情况下，检察官和监管机构希望避免对整个公司造成如此严重的后果是正确的。但是，在行业或与政府合作中暂停和停业的禁止令可能相当模糊。联邦政府可以暂停一家公司的政府项目，直到该公司纠正了导致违规行为的情况（在墨西哥湾漏油事件后，政府暂停与英国石油公司的合作项目，但仅限于新合同）。政府可以对公司下达禁止令，通常是长达三年的固定期限。[97]截至 2011 年，一些禁止令是针对政府合同中的欺诈或不当行为，约占 16%，但绝大多数（84%）是针对其他违规行为，如医疗保健欺诈或非法出口。[98]一项政府的禁止令研究表明，大多数禁止令是由美国卫生与公共服务部提出的。[99]为使公司起诉具有真正的约束力，就应更明确和有力地实施禁止和暂停营业，特别是对惯犯，以确保他们切实合规。[100]

不仅可以通过更严厉的惩罚来遏制企业犯罪，还可以通过加强对不法行为的调查来遏制。如前所述，国会可以为检察官提供更多的调查资源。此外，对公司自我举报的更大奖励也会有所帮助，可以激励竞争对手互相举报，鼓励公司内部举报人也会有所帮助。国际起诉突显了举报人可以发挥的作用。应对全球金融危机的主要措施是《多德—弗兰克法案》，包括一项在当时很少受到关注的举报条款，授权举报人向监管机构举报公司可能的违规行为，给予他们更大的保护以避免遭受报复和更大的奖励。[101]这最终可能使监管机构和检察官加大执法力度，尽管也可能阻碍内部报告和合规。[102]

十二、认真推进结构性改革

“大到不能倒”的口号有点像在开玩笑，一家公司是不可能被关进监狱的。然而，一家公司可以受到惩罚，也可以进行改造，但不清楚检察官是否认真对待合规问题。公司起诉之所以具有明显的刑事特征，是因为它注重惩罚，而不仅仅是罚金。巨额罚金可能不会对公司高管造成损害，股东、客户或公众可能会承担罚金的成本。公司起诉可以对犯罪行为进行定罪、处罚、震慑未来犯罪、改造公司以防止未来犯罪。如果公司本身对严重的违规行为负有责任，例如，严重偏离公认的商业惯例、严重不遵守或重复的违法行为，则起诉具有特定目的。检察官表示，缺乏有效的合规措施是起诉公司的首要考虑因素。

这又是一个“大到不能倒”的问题，如此多的公司起诉协议并没有实施严肃的结构性改革。相比之下，最成功的公司起诉是建立在对哪些行为是被禁止的，以及如何通过合规来防止违规行为的明确认识的基础上的。内部结构应将合规纳入员工的日常工作中，如果存在错误的激励机制，仅仅在问题发生后做出反应是不够的。我们不希望检察官扮演“超级监管者”的角色，对公司做出考虑欠妥的改造。[103]但必须确保有效遵守现有法规和刑法。然而，只有在少数几个专门领域，检察官似乎才知道他们想要什么样的合规措施。《联邦检察指南》应详细阐述这一问题。

规模最大、结构最复杂的组织可以实施最具破坏性的犯罪。据我们统计，创纪录的罚金主要集中在上市公司、外国公司、跨国公司以及大型集中行业，如制药公司。耶鲁大学在20世纪70年代末对联邦白领犯罪的一项研究发现，复杂的组织、需要“高度策划和组织”的犯罪与大量跨地区、跨州、跨国界的受害者之间存在密切关系。[104]组织的复杂性本身使犯罪行为更加复杂和具有破坏性。但复杂的组织也可能面临更大的改革挑战，因此认真对待合规问题尤为重要。

本书的很多章节都描述了失败的案例：第二章描述安达信案以及公司犯罪执法过于严厉，可能带来的代价；第三章说明没有必要进行过于细致的结构性改革；第四章提及未能起诉员工个人；第五章论述无法切实维护受害人权益；第六章说明量刑指南的不足；第七章说明聘请合规监督员在大多数案件中以失败收场；第八章论述了刑事诉讼规则所产生的激励机制的失败。但我也强调了一些亮点。检察官成功地起诉了更多的大规模企业犯罪，包括第四章所述的药品案件和第九章所述的针对外国企业的指控，包括根据司法部反垄断司长期实施的企业宽大处理方案处理的案件。与司法部在其他领域所采用的暂缓起诉方式相比，此方案根本就不那么宽大。检察官试图打破结盟，对不首先自我举报的公司定罪。

在其他领域，检察官似乎不太确定其最终目标。检察官在协议中给予宽大处理，这些协议不需要对结构性改革进行任何详细描述，也不需要对合规进行仔细的审计或测试。例如，针对《反海外腐败法》的大规模起诉有所增加。许多公司向检察官自我举报违反了

《反海外腐败法》。然而，这些协议很少对《反海外腐败法》的合规做任何详细的描述；我们不知道有多少公司像西门子所说的那样，已经将合规纳入了公司制度。同样，在大型制药企业的和解案中，问题在于，实施的改革，比如，修改销售代表的薪酬方式，是否会真正影响行业惯例？

与检察官达成的协议通常不会改变赔偿金或升职条款。相反，他们依赖于雇佣新的合规员工，或新的道德规范、培训或其他程序。如果员工仍因违法行为而得到奖励，这可能还不够。在其他领域，协议没有描述预期的合规。告诉公司仅仅采用“最佳实践”并不能提供真正的指导，检察官应该强制规定如何执行合规。如果有严重违规行为，则要进行认真的结构性改革。

检察官还可以用罚金来惩罚违规行为，同时将对未来合规的评估委托给监督员、法官，甚至监管者。法学教授詹妮弗·阿伦（Jennifer Arlen）建议检察官使用罚款来激励合规，但应赋予民事监管机构实施和评估结构性改革的权力。[105]只要有意义的结构性改革发生在令人发指的企业犯罪违规行为之后，并且有一个监管机构来处理这项工作，这样的授权就是有成效的。这种授权在毕马威案中实际发生过，国家税务局在暂缓起诉协议达成之日之后的两年内一直监督该公司的合规。

十三、合规评估

1995年，制定了量刑指南的立法提案人爱德华·肯尼迪（Edward Kennedy）参议员在谈到量刑指南对组织机构作用时指出，关键在于执法部门“必须能够区分真诚的合规努力和装装样子的表面合规”。[106]量刑指南的“胡萝卜加大棒”的做法引发了一场公司合规革命。然而，检察官提供的“胡萝卜”太多，“大棒”太少。他们通常不会正式评估一家公司的合规计划，也不会说它是否因其有效而获得好评，或者解释在协议结束后如何确保合规的有效性。[107]

必须评估合规计划。量刑指南针对组织机构部分坚持认为，一个有效的合规计划绝不能仅仅是一份书面政策的清单，然而，司法部的《公诉指南》不需要后续评估，因此，大多数暂缓起诉和不起诉协议也不需要后续评估。许多公司也没有定期评估其合规措施：根据2013年的一项行业调查，不到一半的公司定期进行合规评估。[108]而且也没有人评估公司起诉协议是否总体上有效实施。政府问责局发现，司法部“无法评估和证明暂缓起诉和不起诉协议在多大程度上有助于司法部打击公司犯罪”，也没有任何“评估其有效性的措施”。到目前为止，司法部的回应是，将审查公司起诉，以制定“绩效衡量指标”。[109]我们不知道存在什么“绩效衡量指标”（如果有的话），也不知道如何培训检察官（如果有的话），以确保结构性改革真正起作用。

检察官似乎对如何衡量合规没有具体想法。美国律师协会正在为公司监督员制定一套最佳实践方案，但目前尚无。[110]几乎没有证据表明大多数情况下进行了合规评估。一些协议说，公司应该评估和提高其有效性，或者接收该项目的监察报告，但是很少有关于应该如何进行审计的细节，充其量只有通用政策。

在某些领域，法律或法规规定了最佳做法。例如，法律要求银行制定符合最低要求的反洗钱计划，并接受独立的合规测试。[111] 这就是为什么汇丰银行的协议要求采用客户风险评级方法。同样，药品协议也有关于如何防止药品标签促销的详细规定。相比之下，即使司法部发布了一份关于《反海外腐败法》的长篇指南，除了声明风险评估是“基础”并指出“有针对性的审计”如何用于测试合规程序之外，几乎没有提到什么是“强有力的合规方案”。[112] 其实，我们可以使用有关公共腐败的数据来源，公司可以生成自己的数据；可以跟踪匿名合规和违反道德规范的报告，从而获得风险分析；可以要求特定的团体或员工以接受额外的培训或监督。起诉应规定明确的最佳做法，并要求对公司合规进行严格审计。

十四、惩罚和奖励个人

如果个人在其公司刑事案件和解时不必坐牢，我们可以将“大到不能倒”的担忧完全理解为字面意思。我们应该问，公司辩诉交易是否扭曲了对白领被告的司法公正。在暂缓起诉和不起诉协议中，对公司高管或雇员的起诉仅占 1/3，对上市公司的定罪仅占 1/4。

良好的公司起诉可以鼓励公司本身将个人绳之以法。当涉及犯罪行为的高管和雇员得到晋升、获得奖金或加薪，而不承担职业后果时，这是令人不安的。检察官与大多数违规者签订了详细的改革激励机制，用以惩罚违规者。这些协议要求一家公司建立内部举报热线、制定新的公司行为准则，并对违规员工给予纪律处分。一些协议改变了向员工的支付薪酬的方式，以鼓励他们遵守刑法。针对金融机构的案例就是一个例子，一些人将全球金融危机部分归咎于薪酬计划，该计划奖励那些为获得短期回报而过度冒险的高管。[113]贝尔·斯登（Bear Stearns）和雷曼兄弟（Lehman Brothers）在危机爆发前几年分别向高管支付了超过 10 亿美元的奖金。[114]《多德—弗兰克法案》要求公司向从事某些不当行为的高管追回薪酬，但美国证券交易委员会往往未能执行先前的追回条款，新规定是否有效得到执行仍有待观察。[115]检察官在与汇丰银行和大型制药公司达成的类似协议中已经走得更远，不仅要求追回，还要求今后改变薪酬结构。如果真的认真对待这些条款，可能会为上级和下级员工更好地承担内部责任创造条件。

还有其他方法可以让员工和高管负起责任。《萨班斯—奥克斯利法案》要求首席执行官和首席财务官对公司的财务报告和内控制度进行认证，如果他们故意签署虚假报告，将面临牢狱之灾。[116]与针对公司丑闻而颁布的其他法律一样，这项法律很少得到执行，而备受关注的南方健康公司首席执行官的诉讼案最终以无罪释放收场。[117]高管们通过要求下属提供证明来保护自己，这样他们就可以展示自己是如何依赖他人的评价来为自己辩护：鸵鸟问题又来了。认证条款可以更广泛地使用。美国证券交易委员会有时会要求高管们认证合规；当高盛签署美国证券交易委员会同意令时，同意总法律顾问或合规总监每年都要对合规进行认证。[118]同样，美国卫生与公共服务部要求高管认证其在制药案件中的合规。[119]一些暂缓起诉和不起诉协议包括类似条款；例如，瑞士信贷协议要求公司首席执行官亲自证明所有相关员工在 2010 年之前接受了新的培训，并且新政策已经出台。检察官可以要求公司定期出具证明，并明确表示，如果认证被证明是虚假的，并且公司就违反了法律，高管将承担个人责任。

西门子采用的自上而下的改革措施将合规纳入各级员工的日常工作中。检方或许对实施全面改革持谨慎态度，但要超越单纯的装装样子。这种结构性改革可能是必要的。可以让股东等外部人士获得更多合规的信息，提高会计责任能力。我们必须做更多的工作来研究如何让合规变得更有效。

十五、为什么还要到法院

“既然告诉我你不需要我，为什么还要来法院呢?”北卡罗来纳州的一位联邦法官问道，“在这件案子中，我只是在装点门面而已。”[120]

检察官花了两年时间与大型非营利性医院威克医疗集团就医疗保险虚假收费案达成了暂缓起诉协议。法官拒绝签署这项协议：“社会大众和法院很难区分普通员工和非营利性企业巨头之间的差别，前者进了监狱，后者不进监狱，只是手掌挨了一下打，无关痛痒。”

如果这个处分太轻，还有什么其他的选择呢？认罪不是一个好的选择，因为法官承认，重罪定罪可能会使威克医疗集团失去申请医疗保险和医疗补助的资格，可能会导致这家非营利性医院的倒闭，继而伤害到社区。该协议已经要求医院支付数百万美元的罚金，聘请一名医院监督员，并向检察官和卫生与公共服务部报告。但该协议并没有规定，允许法官进行监督，以确保医院认真采取合规措施。

法官几乎完全被排除在这些公司刑事和解之外，他们从开始就如此警觉也就不足为奇了。威克医疗集团案的法官指出，“每一位美国工薪阶层和每一个美国公民”都是该案的受害者。如前所述，受害者为维护公共利益而战，但法官很少回应受害者异议。问题在于如何界定法官的角色：如果检察官设计协议以避免司法监督，法官很难保护公共利益。在威克医疗集团案中，法官下令更改协议条款，以便医院监督员和当事人必须定期向他报告。[121]为什么这不是标准做法？检察官在辩诉交易方面做了他们最擅长的，但他们不习惯长期监督。与公司达成暂缓起诉协议的平均时间大约两年。一个公司能在一两年内完成改革吗？

涉及重大公共利益问题的办案模式还有一种：结构性改革。当监管机构或检察官寻求民事协议裁决来改造一个企业时，他们必须在法庭上进行，通知并允许公众参与，法官必须明确考虑公共利益。同样的标准应该适用于公司起诉。一些法官拒绝批准公司认罪协议，认为它们不符合公众利益。法官在审查辩诉协议和暂缓起诉协议时，都应考虑公共利益，制定确保受害者和公众参与的正式规定。法官应坚持在批准公司起诉协议前进行全面、公开的听证。国会可以通过立法，为批准公司刑事和解制定明确的标准。

目前尚不清楚公司起诉协议的执行情况，但我们知道的情况令人担忧。关于拿高薪的合规监督员在做什么，以及这种做法是否有效的信息很少。由于受到雇佣任人唯亲的批评和对监督员高薪的抱怨，检察官可能减少了监督员的使用。绝大多数协议依赖于企业的自愿遵守，而非监督。最好的情况是，公司可能意识到监管机构已经在监督自己，但通常监管机构只是要求公司聘请顾问来审查他们的账簿和记录。这些顾问的独立性如何？涉及大银行的案件引起了人们的关注。因大规模违规而被起诉的这段时间，汇丰银行聘请了德勤会计师事务所审查洗钱交易。在美国参议院听证会上，参议员杰克·里德（Jack Reed）问道："如果你被你所审查的机构雇佣，你怎么能保持独立?"[122]因此，法官、监督员和检察官更有理由确保对公司起诉协议进行独立监督。

一名法官质问检察官，为何在2010年的起诉中与巴克莱银行私下达成如此宽松的协议。检察官强调了"犯罪行为的严重性"，其中包括帮助"古巴、伊朗、苏丹、利比亚和缅甸非法转移5亿多美元"。[123]尽管监管机构要求巴克莱银行聘请第三方来提高合规，但协议并未要求设监督员。法官提出了对"大到不能倒"的担忧：

正是这样的诉讼程序引起了公众对公平和正义的担忧，为什么金融机构会受到如此对待，而其他所有受到刑事指控的人都必须承担刑事责任。

法官指出，"在其他案件中任命了监督员，但在本案中没有"，并坚持"每三个月举行一次情况听证会，以便我也能监督到底发生了什么"。[124]法官确实应该填补这一空白，通过对暂缓起诉的监督和对公司认罪后的缓刑监督来监督公司起诉。

此外，检察官应禁止或严格限制未向法官提交的公司不起诉协议的使用，因为国会能否通过法律允许这种做法，会引发立法机关和行政机关权力分立的宪法问题。不起诉协议几乎和暂缓起诉协议一样常见，但公司协议太重要了，绝对不能逃避司法审查。如果企业不知道根据自身的影响力或其他无形因素，是否会得到不起诉协议或暂缓起诉协议，那么刑事起诉制度也将无法发挥作用。

在汇丰银行案中，联邦法官约翰·格里森（John Gleeson）等了几个月才批准暂缓起诉协议。法官最终得出结论，法官对这一案件有监督权，“借用一个著名的短语，法官可不是盆栽，只是装饰”。法官要求收到季度报告，以监督协议的执行，指出各种可能需要他干预的情况，例如，可能违反协议和选择一名替补监督员。[125]也许更多的法官将坚持监督公司协议。法官还可以在认罪协议中做更多的工作，规定缓刑的特殊条件，同样地，也可以使监督员的报告更加透明，即使不公开的话，也要说明考察期应当结束或继续的具体理由。

法官应该选择监督员，通过监督员职位竞聘上岗的竞争过程，减轻人们对检察官将这些美差主要提供给前同事的担忧。法官可以审查收取的费用，并确保在需要时任命监督员或特别监督员。目前达成的暂缓起诉和不起诉协议中，绝大多数都没有设立监督员。法官还应审核达成的协议，并询问公司是否进行了充分改革。在法官审查了监督员的报告，听取了监督员和检察官的意见，并认为结案符合公众利益之前，不应让任何一家公司逍遥法外。

针对有些公司被判有罪，而另一些公司则因为类似的犯罪而得到较好的待遇的事实，我们应该感到不安。尽管造成这种情况的原因通常是未知的，但看到别的公司因为犯与自己相同罪行而逃脱惩罚，这种差异可能会产生负面影响。美国司法部没有就合规或如何确保合规有效提出任何指导意见。更麻烦的是惯犯公司通常不会受到额外的惩罚。我曾描述过检察官们是如何同意将罚金降至比量刑指南建议的额度低得多的情况。较少的罚金可能仅仅是做生意的一笔很小的代价，法官应该断然拒绝那些没有适当处罚的和解协议。联邦法官威廉·杨（William Young）驳回了与APTx车辆系统有限公司（APTx Vehicle Systems Ltd.，APTx）拟达成的认罪协议，该公司诈骗联邦政府570万美元，未能将由军队采购的吉普车运到伊拉克。检方的协议建议100万美元罚金和200万美元的民事和解金。杨法官以违背公众利益为由拒绝了这项协议，并强调法官的职责是“确保正义得到伸张”。法官称这笔罚金“少得可怜”“低得惊人”，根据量刑指南，该公司可能会被处以高达1140万美元的罚金。许多此类公司的和解协议所包括的罚金远远低于法规和准则规定的额度，如果检察官同意一笔“微不足道”的罚金，从而导致“对刑法的诋毁”，法官应该介入并干预。[126]

但是，司法审查不是万能药。如果检察官决定不起诉，法官也无能为力，而且严格限制协议中可以包含的条款类型也不是一个好主意。不是所有的法官都会谨慎监督这些复杂的案件。不过，法官和公众的积极参与将是一个真正的进步。

十六、结论

杰拉德·林奇（Gerard Lynch）法官形容联邦检察官扮演着“上帝的角色”。[127]检察官是美国刑事司法系统中最有权力的角色，但在公司起诉中，形势发生了逆转。大企业为大规模犯罪创造了成熟且复杂的环境，而这种复杂性使犯罪难以被发现和惩治。本书通过描述指控公司犯罪所面临的诸多挑战，既是为了让人们理解为什么检察官倾向于以他们的方式达成妥协，也是为了强调正确指控公司的重要性。

正如英国大法官的一句名言所说，企业“没有可以诅咒的灵魂”。[128]一些批评家认为追究公司的刑事责任是没有意义的，另一些批评家则认为公司应该受到特别严厉的惩罚。[129]有一个中间立场，伟大的实用主义哲学家约翰·杜威（John Dewey）有一个著名的论断：我们应该停止使用“人”这个字来指代公司，因为这个词分散了人们的注意力，即关于一个组织如何实际运作的“具体事实”，以及它是否需要受到监管，或赋予其合法权利。[130]大多数检察官目前的观点也是务实的。检察官表示，只有严重违反法律和刑事法规，如高管参与或容许不当行为，才应受到明确的刑事处罚。然而，检察官们也过于务实了，为权宜之计而牺牲原则。公司如有严重的违法犯罪行为，必须要求其进行严肃的结构性改革，而不仅是装装样子。检察官应要求企业全额支付法定罚金，通常最高可达受害者损失的两倍，而不是仅仅“受到轻微损失”。如果公司应受到刑事处罚，且附带后果并无不当，检察官通常应该寻求定罪。毕竟，被定罪的大公司通常不会重蹈安达信的覆辙：英国石油公司、SAC 资本顾问公司和西门子公司都曾被判有罪。

对于“大到不能倒”的担忧，可以通过一套新的起诉公司的指导方针来解决。这套准则旨在加强对那些违规最严重公司的刑事起诉，作为对其独特的惩罚。这些改革的总体主题是，严重的不合规应被视为犯罪，并将受到严厉惩罚，并促使公司实现有效的全面合规。（1）起诉应寻求定罪，但附带后果严重的特殊情况除外，在这些情况下应优先对子公司定罪。如果不能，则（2）暂缓起诉应由法官监督，通过法律或监管机构加以明确，通常依靠监管机构或监督员向法官报告。（3）检察官在确定应该刑事起诉后，应当坚持进行详细的结构性改革，以确保合规的有效实施，并由检察官、监管机构或监督员进行监督。（4）处以旨在起到威慑作用的罚金，公司只有通过自我报告和提供详细的合规政策才能从轻。还可以修订企业犯罪的量刑指南，对惯犯和不自我举报的公司规定更严厉的惩罚，同时更明确地要求对合规情况进行审计。（5）公司起诉应更加公开透明：公众和股东可以更多地了解公司犯罪，包括公布所有起诉协议、详细说明罚金的计算方式以及公开合规的进度报告。

公司起诉是一把“双刃剑”。在现行制度下，公司起诉既被滥用又未被充分利用。如果检察官认为公司涉罪较轻而给予公司替代起诉方案，则令人不安。在这种情况下，检察官根本不应提起刑事诉讼。如果检察官对公司严重的犯罪提起有力的诉讼，然后又以相对减少的罚金和表面的合规为由刑事和解，同样令人不安。对公司起诉的宽大处理破坏了刑法的正当性，向企业界和公众发出腐蚀性的“大到不能倒”的信息。

可以确定的是，这些都不是解决公司起诉引发的“大到不能倒”问题的灵丹妙药。即使有了更明确的指导方针，检察官在决定起诉谁和如何起诉方面仍然拥有巨大的自由裁量权，他们还可以决定是否出现了不合规行为，或者是违规的员工应该对此负责。检察官在很大程度上仍将依赖公司提供实际情况的相关信息，并且以宽大处理换取合作和自行举报。法官监督起诉决定的能力是有限的，法官、检察官和其他人利用刑事案件促使公司进行结构性改革的能力也有限。最后，也是最基本的一点，我们对复杂的组织如何运作，以及哪种合规机制最有效还知之甚少。也就是说，我们对公司起诉和解的现行做法令合规机制失败或成功的案例均不掌握。

本书旨在描述公司起诉错综复杂的隐秘世界。对大公司而言，接受刑事处罚不再是一种罕见的做法。就其经济利益而言，声势浩大的公司诉讼无论何时均是规模最大的刑事案件，值得密切关注。一些公司犯罪的规模和复杂性既令人不安又令人着迷。事实上，公司犯罪可能使刑事司法系统的有限资源不堪重负。[131]是否以及如何向检察官和监管机构提供更多的资源用以调查公司是一个更大的社会、政治和政策问题。对企业实施有意义的监管必须来自持续的政治和监管参与，但检察官为最严重的企业违法行为提供了最后一道防线。

近年来，公司起诉制度有所改变，也做出了妥协。虽然公司起诉已经发生了巨大变化，但我们应该为自己知道和不知道的情况感到不安。[132]虽然我在此呈现的资料描绘了当前实践的丰富场景，但我们缺乏关于检察官在针对公司时如何行使其自由裁量权的足够信息。很多事情仍然不为人所知，包括协议是如何执行的，合规是否受到严格监督，罚金是如何计算的，为什么很少起诉员工，以及罚款众多的原因。那些显然成功的案例，比如，我在本书开头提到的西门子案例表明，大型企业乃至整个行业都可以进行改造。然而，还需要做更多的工作来调查合规何时有效以及是否有效。目前，很少公开合规在实践中是如何实施的。公司起诉的全球化产生了更多的问题，在鼓励这种新的企业起诉方式在全球推广之前，我们应该谨慎评估。我们希望其他国家坚持问责制，而不仅是采取新的方式与企业妥协。

即使是规模最大的公司诉讼，也没有上演过审判个人那样的法庭戏剧性。公司试图在公众视线之外悄悄解决刑事案件，这是可以理解的。然而，只有在法官、检察官、律师、监管机构、立法者、股东，以及最终的公众知情和参与下，公司起诉才能成功。检方已经做出了一些改变，以回应人们提出的“大到不能倒”的担忧，但还需要做更多的工作。考虑在公司环境中可能发生的犯罪的规模性、严重性和复杂性，正确地提起刑事诉讼是至关重要的。对公司起诉本身就是“大到不能关”。

附　录

本书发端自一个疑问：公司一旦遭检控，将何去何从？遍寻之下，公司刑事诉讼案件有价值的信息寥寥无几。虽有美国量刑委员会统计组织刑事诉讼案件，但数据并不完整，检察官倾向于以暂缓起诉或不起诉协议结案，很多数据难以追踪，可谓“雪上加霜”。彼时，官方未建立全国公司犯罪资料库，我便整合了300余起涉公司犯罪暂缓起诉、不起诉协议案件，首度创建专题数据库。在此过程中，乔恩·阿什利及弗吉尼亚大学法律图书馆多年来一直给予宝贵帮助。以上数据已上传供公众检索，迄今，这些统计资料仍是此领域最权威、全面的信息参考。[1]此后，我们又汇总了过去十年间公司获罪的联邦刑事案件，此番数据规模更大，涵盖了2000余起案件，其中大多以认罪答辩结案，该数据亦已上传。[2]按计划，数据将持续更新。

本书各章均摘取不同主题，分别阐述公司刑事诉讼案件方方面面。相关数据收集、分析方法参见本附录。

本书第一章介绍了联邦刑事诉讼案件新引入的宽大政策。自2000年起，公司定罪案件数整体下滑，而暂缓起诉协议案件则呈井喷状态。这一态势引人深思。公司实际犯罪率欠缺，不起诉案件数据无从考据。我们仅能收集以正式文书结案的不起诉协议案件相关数据，而未出具正式文书的不起诉案件则成漏网之鱼。如检方认为缺乏充分证据证明犯罪事实，或民事诉讼足以解决，则可直接作不起诉决定。反垄断局对依宽大政策从轻办理、达成协议案件数据予以封存，未纳入上述统计。此外，如安达信等上诉后改判无罪案件数据亦不在上述统计之列。驳回起诉及宣告无罪案件也不纳入统计，具体内容参见本书第八章。第一章中，我列出了 1994 年至 2012 年间公司罚金总额，委员会统计数据则追溯至 20 世纪 90 年代初，具有较高参考价值。不过，我们在收集 2001 年至 2012 年公司刑事诉讼案件数据时发现，委员会少报了罚金总额。20 世纪 90 年代数据也是如此，究其原因，可能与联邦法庭未公布完整数据相关。

如图 A. 1 所示，过去十年间，罚金总额有所增加，平均罚金亦稳步上升。这一局面源自检方以严重刑事犯罪为办案重点。我们发现，案件摘要表与委员会统计数据差逐渐拉大，由此可知，委员会数据统计未能实现全覆盖。2001 年至 2005 年，委员会数据未按日历年罗列而是采用财年，量刑及判决作出后上报委员会可能存在日期差异，这些都会造成数据差。也许有案件封存保管，案件摘要表中难觅踪迹，委员会不掌握数据。

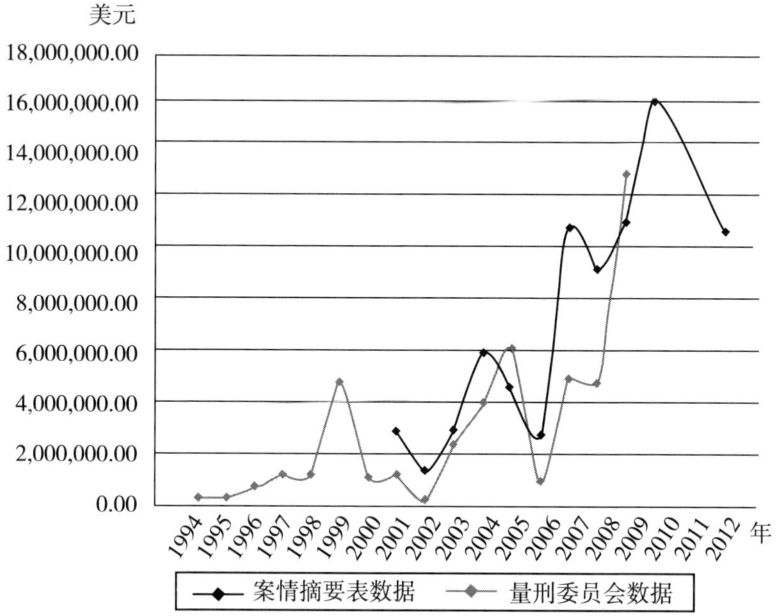

图 A.1　1994 年至 2012 年公司罚金平均值

表 A.1 罗列了 2001 年至 2012 年公司罚金额前 20 名的数据，轰动性大案罚金额之大可见一斑，这类案件为数不多，却也为近年来罚金增长推波助澜。截至目前，2013 年英国石油公司 12.56 亿美元史上最高罚金尚未打破。医药及反垄断领域刑事诉讼案件罚金独领风骚，海外行贿案近年逐渐抬头。

表 A.1　2001 年至 2012 年公司罚金额前 20 名一览

序号	公司名称	罚金额	年份	犯罪领域
1	法玛西亚普强公司	11.95 亿美元	2007	药品安全
2	葛兰素史克有限责任公司	9.57 亿美元	2012	药品安全
3	礼来制药公司	5.15 亿美元	2009	药品安全
4	雅培制药公司	5 亿美元	2012	药品安全
5	友达光电公司	5 亿美元	2012	反垄断

续表

序号	公司名称	罚金额	年份	犯罪领域
6	矢崎集团	4.7 亿美元	2012	反垄断
7	西门子股份公司	4.485 亿美元	2009	海外行贿
8	克鲁格·布朗·鲁特有限责任公司	4.02 亿美元	2009	海外行贿
9	英国宇航系统公司	4 亿美元	2010	海外行贿
10	三星公司	4 亿美元	2008	反垄断
11	瑞银	4 亿美元	2012	欺诈
12	法荷航空公司	3.5 亿美元	2008	反垄断
13	爱力根公司	3.5 亿美元	2010	药品安全
14	保诚投资集团有限责任公司	3.25 亿美元	2008	证券欺诈
15	默沙东集团	3.22 亿美元	2012	药品安全
16	英国航空公司	3 亿美元	2007	反垄断
17	大韩航空公司	3 亿美元	2007	反垄断
18	三星电子公司	3 亿美元	2005	反垄断
19	TAP 制药公司	2.9 亿美元	2001	药品安全
20	佳腾有限责任公司	2.54 亿美元	2004	药品安全

图 A.2 数据包含两块：一是 2001 年至 2012 年，暂缓起诉及不起诉协议所定罚金。二是定罪案件所处罚金（此数据摘自案件摘要表，非委员会统计数据）。暂缓起诉及不起诉协议所定罚金虽呈上升态势，但定罪案件所处罚金数额仍居压倒性地位。

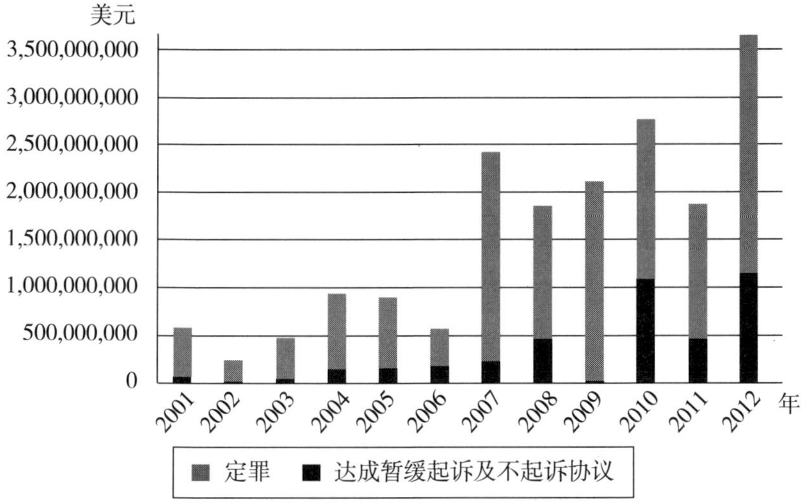

图 A. 2　2001 年至 2012 年涉案公司达成暂缓起诉、不起诉协议及定罪案件各年度总额

本书第三章探讨了公司犯罪所付金钱代价。罚金仅是其中的一块，由检察机关主导决定。原告亦可起诉要求赔偿。公司可根据检方要求，配合追缴、上交罚款、作出赔偿及提供社区服务，也可向监管单位上交罚金等款项。如第三章所述，案件报道、社交媒体中民事诉讼案件信息颇丰，而大量民事和解案件则不对外公开。公司遭起诉后，少不得聘请律师、会计，编制合规、媒体公关，处处都需砸钱，而这些费用未纳入支出总额予以统计。罚金及总费用均值因案浮动，差异显著。图 A. 3 按犯罪类型列明罚金及总费用均值，差异一目了然。如图 A. 3 所示，证券欺诈、医药、违反银行保密法案判罚金额三足鼎立，反垄断及海外行贿案紧随其后。

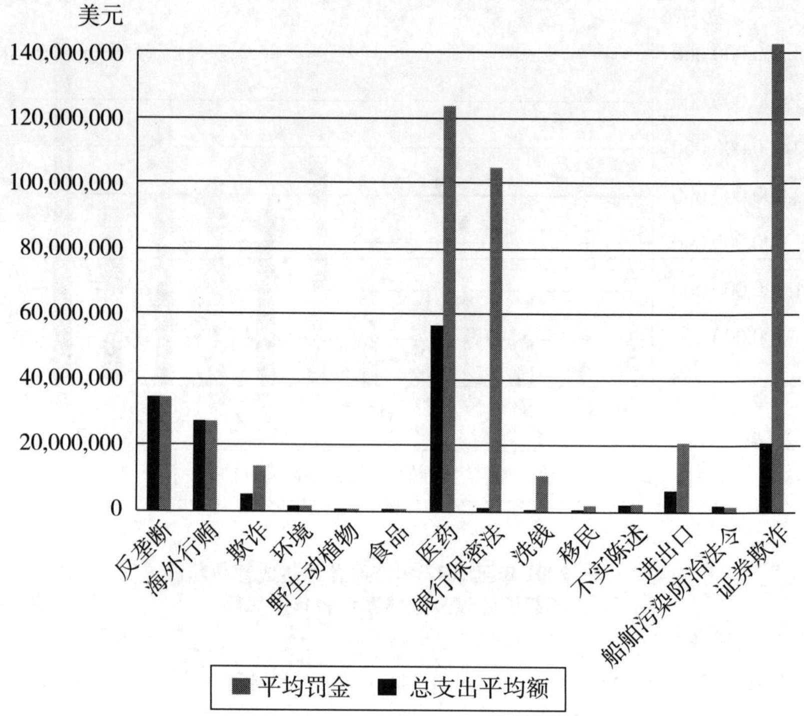

图 A.3　2001 年至 2012 年公司刑事诉讼案件所处罚金及支付款平均额

本书第三章还探讨了暂缓起诉及不起诉协议之特征，重点分析了合规的类型要求。如该章数据所示，协议通常要求重建合规，却往往忽略公司监管人及具体革新措施。经汇总大量协议可知，除检方外，监管单位也可要求涉案公司建立合规。下图根据不同犯罪类型梳理了公司刑事诉讼案件，图 A.4 统计了达成暂缓起诉及不起诉协议案件类型，图 A.5 则展示了公司获罪案件类型。如本书第三章、第九章所述，暂缓起诉及不起诉协议案件多为欺诈及海外行贿案。定罪则多见于反垄断、环境犯罪、不实陈述领域。统计数据反映了公司起诉中最主要的罪名，通常以这些罪名起诉时还往往附带指控欺诈或不实陈述。

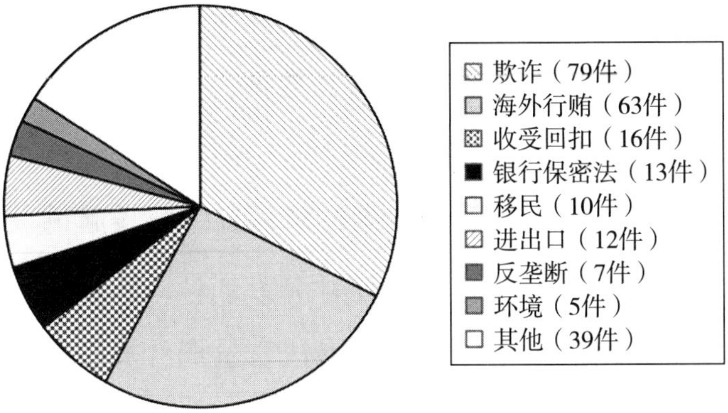

图 A. 4　2001 年至 2012 年达成暂缓起诉及不起诉协议组织犯罪及其所涉领域

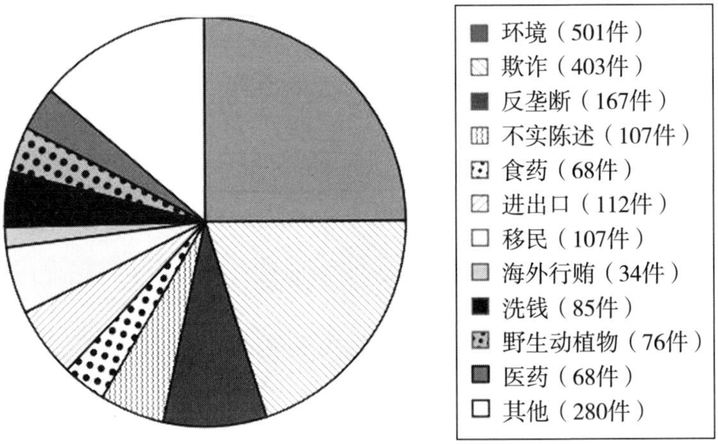

图 A. 5　2001 年至 2012 年组织犯罪定罪案件及所涉领域

本书第四章聚焦雇员刑事诉讼。根据检方新闻稿、案情检索及自然人犯罪案件报道检索，约有 1/3（255 起中含 89 起，占比 35%）暂缓起诉或不起诉案件中，检方对公司管理层或雇员以相关罪名提起公诉。而另有 2/3 的案件未追究雇员刑责。不过，雇员遭刑事诉讼后也未必被定罪。

第五章尝试还原公司刑事诉讼案件被害人角色，通过数据分析可知，公司犯罪案件中，被害人所获经济赔偿数额日益攀升。我们汇总了量刑委员会2001年以前的统计数据，发现2001年至2012年，案情摘要表及暂缓起诉协议案件中遗漏了赔偿信息。

第六章则讨论了公司量刑，据此章可知，暂缓起诉及不起诉协议很少依据量刑指南释明罚金具体计算方式，此种情况下，实际处罚均低于量刑指南规定下限。为探寻法官量刑计算过程，本章还分析了量刑委员会数据，该数据所蕴含信息远胜案情摘要表，合规等影响公司量刑的具体情节均收纳其中。

第七章重点论述公司监管人，经梳理，2001年至2012年，25%（255起中有65起）的暂缓起诉及不起诉协议要求委任独立合规监管人。

第九章评述了外国公司刑事诉讼。图A.6汇总了外国公司犯罪类型，这些领域公司刑事诉讼案件频发的原因可以从中找到答案，该章依托数据分析，揭示了外国公司刑事诉讼案件罚金的攀升态势，其中，反垄断及海外行贿案件尤为突出。

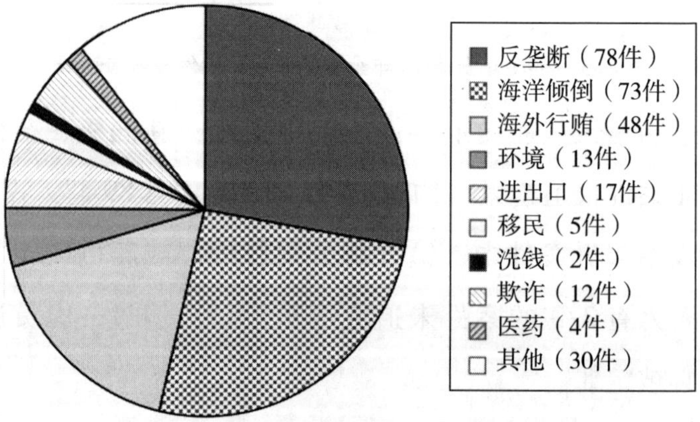

图A.6　外国公司刑事诉讼案件所涉犯罪领域

一、数据收集

2001年至2012年联邦法院的组织刑事诉讼案件信息一直是数据搜罗的重点，州法院公司刑事诉讼案件则不在收集之列。迄今为止，尚未发现任何较大一州将组织犯罪与自然人犯罪量刑信息区别保存。通过分析案例及新闻报道，我们发现，与联邦检察官相比，州及地方检察官较少查办大公司刑事诉讼案件。不过，曼哈顿地区检察官办公室和纽约检察长办公室常年对华尔街虎视眈眈，则属特例。某些州的检察长亦不甘人后，强势打击犯罪。他们有时与联邦检察官联手办理大要案，有时接手联邦检察官放弃起诉的案件。

量刑指南1991年施行后，美国量刑委员会通过联邦法官收集包括公司、合伙企业、有限责任公司在内的组织刑事诉讼案件数据。文中几张表格均援引该数据，对2001年以前组织刑事诉讼案件进行比较分析。然而，20世纪90年代数据质量明显参差不齐，直到今天数据缺口仍未填平。[3]我们还尽力收集了2001年至2009年公司定罪案件，相比之下，量刑委员会提供的数据更为翔实，我们的资料库得以新增几百件。不过，委员会未公布暂缓起诉及不起诉协议案件数据。对于公司定罪案件，委员会遗漏了大量罚金及赔偿信息。究其原因，大约是：其一，该类信息需经法院获得。其二，未依量刑指南量刑案件是委员会的信息盲区。委员会不公布定罪组织（或自然人）名称。对于法官未提供且与个案量刑无关的信息，委员会不作补充，以定罪公司是否上市这一信息为例，委员会可轻易获取，但其未予标注。[4]

为完善信息，我们决定就2001年至2102年全部公司定罪或达成暂缓起诉及不起诉协议案件进行人工排查。目前，该数据及检控文书均已上传至网络数据库（该数据库持续更新，2013年协议已可查阅）。排查颇见成效，暂缓起诉、不起诉协议案件数据得以补充完善，其中，2001年至2012年增补255起，1992年至2000年增补14起。暂缓起诉协议案件遍布全国，但近半数由司法部提起（达119件），其中，反欺诈组办理了75起，反垄断局等部门办理了8起。其余协议案件来自各地检察机关，其中，纽约南区办案数位居第一（32起），该区毗邻华尔街，在打击公司犯罪、白领犯罪案件方面具有传统优势。此外，马萨诸塞（17起）、新泽西（11起）、加利福尼亚（共计23起）检方等也各有贡献。

暂缓起诉、不起诉协议案件数据收集工作始于2005年，此后，通过新闻检索、查阅司法部及检察机关新闻稿、整合司法从业人员提供的协议文本，信息收集工作持续推进。美国政府问责局曾就涉公司犯罪的联邦暂缓起诉、不起诉协议案件开展过专题调研，2010年8月，应信息公开要求，政府问责局发布了上述案件名录，数据资源库得以增加几个案件。此外，经检索彭博案件数据库，一批公司犯罪暂缓起诉协议案件浮出水面，数据库再度得以完善。其中，一些案件曾见诸报端，但协议文本从未公布。乔恩·阿什利联系检方，请求公布协议，但至今仍无下文。据说，有些协议已封存，仅限双方知晓，另有一些连相关部门也不掌握。弗吉尼亚大学法学院第一修正案实习小组正拟依《信息自由法案》就缺失的协议提出诉请。

暂缓起诉、不起诉协议如牵涉子公司，若检察官未与其独立达成协议，则该子公司不作单列。认罪协议则不同于暂缓起诉、不起诉协议，有时会正式对子公司单独定罪，达成认罪协商。因此，公司犯罪系列案件之间可谓相对独立，互相关联。

公司定罪案件信息收集工作工程浩大。2001 年 1 月 1 日至 2012 年 12 月 31 日，经统计，共有 2008 起公司定罪案件。以上数据来自如下几个途径：

其一，汇总海量认罪协议为主，辅以检索法庭定罪案件作少量补充。在此过程中，乔恩·阿什利及法学院学生研究助理给予鼎力支持。目标协议筛查工作可寻求几大渠道。首先，司法部及检察官方网站会发布新闻稿，有时还会公布协议文本（近年来渐成常规做法），检索网站并联系对口部门，可锁定认罪协议案件。其次，公司达成协议后会向美国证券交易委员会报备，可检索证券委员会数据库予以补充。最后，还可检索资讯网、万律网进一步筛查协议案件。上述认罪协议收集后均已上线，附详细数据一览表。尽管如此，协议收集工作可能仍有疏漏，比如，美国证券交易委员会对小公司定罪案件上报不作硬性要求，最有可能成为“漏网之鱼”。一些地方法庭会给公司开交通罚单，此类轻微犯罪亦不列入统计。

其二，检索整合案情摘要表。我和乔恩·阿什利登录万律数据库、彭博案件数据库，无数次以“公司”、“有限公司”、“股份有限公司”及“有限责任公司”为关键词进行检索。驳回起诉及宣判无罪案件不纳入统计。案情摘要表通常会载明量刑及罚金，而认罪协议可能仅列出量刑幅度供法官参考。因此，案情摘要表可作为认罪协议的绝佳补充。大卫·乌尔曼及密歇根环境犯罪项目组分享了2005年至2010年环境犯罪刑事诉讼案件原始数据，在此致以诚挚感谢。

二、数据分析

公司刑事诉讼案件散见于林林总总信息之中。如前所述，暂缓起诉及不起诉协议囊括多种涉合规条款，个中细节值得深挖。主管机关与涉案公司之间的协议及相关处罚、民事诉讼和解结案公示信息也涵盖在暂缓起诉及不起诉协议中，公司刑事诉讼案件可能一并起诉雇员，我已就该两类协议中涉追诉雇员信息作专题收集。

对于海外行贿案件，我整合了美国证券交易委员会执行案件、涉雇员刑事诉讼及执行案件信息作专项分析，并与涉民事执行的刑事诉讼案件结果进行比对，具体内容可参见第九章。需要说明的是，公司刑事诉讼信息解读需抽丝剥茧，逐一梳理出罪行、公诉机关、罚金、赔偿、其他处罚、缓刑、是否指令公司监管人，以及是否系美国上市公司、美国及海外股份有限公司等细节。

高额罚金是否与特定公司类型或犯罪类型挂钩？为回答这一问题，我们综合运用两类回归分析法进行数据解读。在回归分析中，零罚金案件增加了1美元（实际上，此类案件存在名义罚金，联邦法院会科处几百美元特别费用，我们未将其归入罚金案件）。瓦希德·戈兰普尔对数据分析工作中给予了宝贵帮助，在此致以诚挚感谢。表A.2、A.3汇集了2001年至2012年全部2262起公司刑事诉讼案件，以公司所缴纳罚金及总支出款为自变量，采逻辑回归算法作出分析。

高额罚金与公司类型或犯罪类型是否存在内在关联？公司国籍、是否上市（公司、子公司股票是否在美国境内上市，存托凭证是否在美国境内上市）与罚金多寡之关系尤引人探究。2262 起案件中，仅有约 80 起案件因缺少罚金信息未纳入分析。表 A. 2 仅对刑事罚金进行了回归分析。表 A. 3 所采用的分析模式与表 A. 2 一致，区别在于其统计了公司因犯罪付出的全部经济代价，覆盖了罚金、赔偿或没收款。其中，约 40 起案件因缺总支出信息未纳入统计分析。

罚金数额波动幅度大，少则仅处名义罚金，多则数以亿计。照此，逻辑回归法可谓最优数据分析模式，线性回归及其他回归分析法则无用武之地。前述图表直观展示了系数指数，在控制其他因素影响情况下，95% 置信区间内罚金数额所增倍数一目了然。

表 A. 2　以逻辑回归法分析罚金数据

犯罪编码	变量	(1)罚金逻辑回归分析	系数指数	95% 置信区间	
	外国公司	2. 000 *** (0. 431)	7. 39	3. 17	17. 2
	上市公司	1. 456 *** (0. 384)	4. 29	2. 02	9. 1
1	反垄断	4. 624 *** (0. 493)	101. 9	38. 77	267. 81
4	环境犯罪	2. 427 *** (0. 349)	11. 32	5. 71	22. 44
2	海外行贿	4. 336 *** (0. 659)	76. 4	21	278. 01
3	欺诈	−1. 346 *** (0. 363)	0. 26	0. 13	0. 53

续表

犯罪编码	变量	(1)罚金逻辑回归分析	系数指数	95%置信区间	
10	移民犯罪	0.206 (0.602)	1.23	0.38	4
9	洗钱	-2.87*** (0.753)	0.06	0.01	0.25
6	食品领域犯罪	0.895 (0.684)	2.45	0.64	9.35
7	医药领域犯罪	3.973*** (0.647)	53.14	14.95	188.88
8	违反银行保密法	-5.166*** (0.886)	0.01	0	0.03
12	进出口领域犯罪	1.250** (0.535)	3.49	1.22	9.96
13	船舶污染	3.399*** (0.734)	29.93	7.1	126.17
14	证券欺诈	3.221*** (1.090)	0.04	0	0.34
15	行贿	2.926** (1.477)	18.65	1.03	337.28
18	卫生保健欺诈	-3.372*** (0.698)	0.03	0.01	0.13
19	财务欺诈	-9.349*** (2.652)	0	0	0.02
	常数项	7.757*** (0.237)			
	观测值 可决系数	2180 0.222			

注：标准误差见括号。

* p值<0.1。

** p值<0.05。

*** pp值<0.01。

不难看出，在控制犯罪类型、案件特点这些变量后，上市公司罚金额达其他公司的4倍以上。这一结果不足为奇，上市公司本就规模更大，更可能为牟取高额利润实施犯罪，波及更多被害人。数据显示，即便排除其他因素影响，外国公司平均罚金依然达本国公司7倍之多。反垄断、海外行贿及医药领域案件平均罚金值一骑绝尘。其中，反垄断案件罚金高出百倍以上，海外行贿案件高出75倍以上，医药案件高出50倍以上。

将涵盖罚金的公司犯罪总支出代入统计后，结论基调一致，外国公司、上市公司平均支出额甚至更高（外国高出9倍以上，上市公司高出10倍以上），某些普通刑事犯罪亦有所增加。反垄断案件中，涉诉公司犯罪支出高出30倍，海外行贿案件高出8倍以上，而医药领域案件高出18倍。

表 A.3　以逻辑回归法分析总支出数据

犯罪编码	变量	(1)罚金逻辑回归分析	系数指数	95%置信区间	
	外国公司	2.209*** (0.372)	9.11	4.39	18.88
	上市公司	2.362*** (0.332)	10.61	5.54	20.34
1	反垄断	3.409*** (0.425)	30.23	13.14	69.55
4	环境犯罪	1.670*** (0.301)	5.31	2.94	9.58
2	海外行贿	2.064*** (0.569)	7.88	2.58	24.03
3	欺诈	1.728*** (0.312)	5.63	3.05	10.38
10	移民犯罪	0.500 (0.520)	1.65	0.59	4.57
9	洗钱	−0.101 (0.649)	0.9	0.25	3.23
6	食品领域犯罪	0.0953 (0.594)	1.1	0.34	3.52
7	医药领域犯罪	2.900*** (0.559)	18.17	6.08	54.36
8	违反银行保密法	0.831 (0.752)	2.3	0.53	10.02

续表

犯罪编码	变量	(1)罚金逻辑回归分析	系数指数	95%置信区间	
12	进出口领域犯罪	0.813* (0.463)	2.25	0.91	5.59
13	船舶污染	2.086*** (0.631)	8.05	2.34	27.74
14	证券欺诈	0.433 (0.931)	1.54	0.25	9.56
15	行贿	1.232 (1.284)	3.43	0.28	42.46
18	卫生保健欺诈	0.944 (0.598)	2.57	0.8	8.3
19	财务欺诈	−2.923 (2.307)	0.05	0	4.95
	常数项	9.440*** (0.203)			
	观测值 可决系数	2218 0.132			

注：标准误差见括号。

* p 值 <0.1。

** p 值 <0.05。

*** p 值 <0.01。

对以上数据作回归分析时，设置了较宽置信区间，预测值范围也相应较宽，因此，所得均值不宜视作精确还原。上述结论仅反映统计样本的内部关联，在这些案件中，检方均顺利向联邦法庭提起公诉。未起诉、驳回起诉或未立案以及少量宣判无罪或上诉改判无罪案件不在本文数据统计之列。根据这些数据所传递的信息，外国公司、上市公司或反垄断刑事诉讼案件中，不可先入为主认定检方必然姿态激进，这点尤须注意甄别。经数据解读可以发现，涉外国公司、上市公司或反垄断领域严重实体犯罪易引起检方重视。就外国公司而言，如犯罪情节恶劣且牵涉大公司，造成实质性损害或严重违法，检方才倾向提出指控。

检方宣称办案重点明确，查办反垄断、反海外腐败案件等不遗余力，对此，本书已解读梳理。大要案中，检方“强势出击”姿态确有彰显。然而，上述领域严重刑事案件倒似主动上门，检方守株待兔。如本文所述，医药领域案件往往牵扯巨额刑民罚金，而案件线索主要得益于重赏之下，自有内部揭发。单从已诉案件无法评判检察裁量权。精细数据分析仅是起步。在办理公司刑事诉讼案件中，检察裁量内涵丰富，行使路径复杂多变。我们企望依托案例解读数据，还原检方办案变化之处，探寻立法机构、监管机构、法院、律师协会和商界背后的运作机制。

注　释

第一章

1. Siri Schubert and T. Christian Miller, "At Siemens, Bribery Was Just a Line Item," *New York Times*, December 20, 2008.

2. *Frontline*, "Black Money," PBS, April7, 2009, www. pbs. org/wgbh/pages/frontline/black money/etc/script. html.

3. Carter Dougherty, "Ex-Manager at Siemens Convicted in Bribery Scandal," *New York Times*, July 28, 2008.

4. *Frontline*, "Black Money."

5. John C. Coffee, "'No Soul to Damn: No Body to Kick': An Unscandalized Inquiry into the Problem of Corporate Punishment," *Michigan law Review* 79 (1981): 386.

6. 212 U. S. 481 (1909).

7. 同上，第494 – 496页。

8. 558 U. S. 310 (2010).

9. 1 U. S. C. §1.

10. 超过95%的重罪在地方层级起诉。资料来源：Bureau of

Justice Statistics, U. S. Dept. of Justice, Office of Justice Programs, *Felony Sentences in State Courts* 2010（2011）。相比之下，尽管少数州统计了起诉组织数据，但公开报道的案件表明，除长期监视华尔街各大银行的曼哈顿地方检察官办公室和纽约州总检察长办公室外，州检察官及地方检察官不会像联邦检察官那样对重大公司犯罪提起公诉。地方检察官对公司特别是小型公司提起公诉的一个典型例子，参见 Michael L. Benson and Francis T. Cullen, *Combating Corporate Crime: Local Prosecutors at Work*（Boston: Northeastern University Press, 1998）。

11. Mark A. Cohen, "Theories of Punishment and Empirical Trends in Corporate Criminal Sanctions," *Managerial and Decision Economics* 17（1996）: 401.

12. U. S. Department of Justice, Office of the Deputy Attorney General, Corporate Fraud Task Force, *First Year Report to the President*, July 22, 2003, 2. 2.

13. Brandon L. Garrett and Jon Ashley, Federal Organizational Prosecution Agreements, University of Virginia School of Law, http://lib. law. virginia. edu/Garrett/prosecution_agreements/home. suphp. All deferred prosecution and non – prosecution agreements cited in this book by name of company can be read at that website.

14. Brandon L. Garrett and Jon Ashley, Federal Organizational Plea Agreements, University of Virginia School of Law, http://lib. law. virginia. edu/Garrett/plea_ agreements/home. php. All corpo-

rate plea agreements with judgments entered between 2001 and 2012 cited in this book by name of company can be read at that website, while any 2013 – 2014 agreements are cited in full.

15. David Crawford and Mike Esterl, "Inside Bribery Probe of Siemens: Liechtenstein Bank Triggered an International Hunt," *Wall Street Journal*, December 28, 2007.

16. *United States v. Siemens Aktiengesellschaft*, No. CR-8-367 (December 15, 2008), Plea Agreement, ¶ 98, www. usdoj. gov/opa/documents/siemens. pdf.

17. *Frontline*, "Black Money."

18. U. S. Dept. of Justice, "Siemens AG and Three Subsidiaries Plead Guilty to Foreign Corrupt Practices Act Violations and Agree to Pay $450 Million in Combined Criminal Fines," press release, December 15, 2008.

19. Nathan Vardi, "The Bribery Racket," *Forbes*, May 28, 2010.

20. Mike Esterl et al., "Siemens Internal Review Hits Hurdles," *Wall Street Journal*, January 23, 2008; David Crawford and Mike Esterl, "Siemens Ruling Details Bribery across the Globe," *Wall Street Journal*, November 16, 2007.

21. Siemens Plea Agreement, ¶ 4.

22. Schubert and Miller, "Where Bribery Was Just a Line Item."

23. Catherine Hickley, "Siemens Bribes Leave Von Pierer Unbowed in CEO Memoir," *Bloomberg News*, January 26, 2011.

24. U. S. Dept. of Justice, "Siemens AG and Three Subsidiaries Plead Guilty."

25. "Ex-Siemens Execs Found Guilty in Bribery Case," Reuters, April 20, 2010.

26. Honoré de Balzac, *Le Père Goriot* (New York: W. W. Norton, 1835), 124, 131.

27. *Frontline*, "Black Money."

第二章

1. *U. S. v. Arthur Andersen, LLP*, No. H-02-121 (S. D. Tx. May 13, 2002), Trial Transcript, 1663 – 1665.

2. 同上，第 1665 页。

3. 同上，第 1672 页。

4. 同上，第 1973 页。

5. 同上，第 1676 页。

6. Barbara Ley Toffler, *Final Accounting* (New York: Broadway Books, 2003), 20, 27.

7. 同上，第 78 – 79 页、第 83 – 84 页。

8. 同上，第 92 – 98 页。

9. Andersen Trial Transcript, 1683, 1688 – 1689.

10. Julie Mason, "Andersen Fires Enron Auditor," *Houston Chronicle*, January 16, 2002.

11. Andersen Trial Transcript, 664.

12. 同上，第 1800 – 1806、2922 – 2923 页。

13. Complaint, *SEC v. Bergonzi*, No. 1：CV02 – 1084（E. D. P. A. 2002）.

14. Leslie Wayne, "How Delaware Thrives as a Corporate Tax Haven," *New York Times*, June 30, 2012.

15. Alix Stuart, "Is Going Public Going Out of Style," *CFO Magazine*, May 1, 2011.

16. SEC Rules of Practice, 17 C. F. R. § 201. 102（e）（2006）.

17. Andersen Trial Transcript, 667 – 668.

18. 同上，第 4603 页。

19. 同上，第 1874 – 1879 页。

20. 同上，第 6394 页。

21. Joe Berardino, "Enron：A Wake – Up Call," *Wall Street Journal*, December 4, 2001.

22. 18 U. S. C. 1512（b）（a）（A） – （B）.

23. 比如，《美国法典》第 18 篇第 1503 节并未引入劝导理论，但要求有待进行的司法程序。相类似的，《美国法典》第 18 篇第 1505 节则要求有待进行的行政程序。

24. 2000 财年至 2012 财年，有 8%（2592 家公司中有 210 家）的公司认罪并被法庭定罪。从 2000 年至 2012 年，美国量刑委员会的联邦量刑统计原始资料有多个版本。

25. Todd Ackerman, "Andersen Verdict, Case Turns on Counsel's Note," *Houston Chronicle*, June 10, 2002.

26. Karen Hosler, "Andersen Puts Blame on Auditor," *Baltimore Sun*, January 25, 2002.

27. Delroy Alexander and Stephen J. Hedges, "Andersen Charged in Shredding," *Chicago Tri - bune*, March 15, 2002.

28. Jonathan Weil, Richard B. Schmitt, and Devon Spurgeon, "Arthur Andersen Met with U. S. , Hoping to Strike Agreement," *Wall Street Journal*, April 8, 2002.

29. Richard B. Schmitt et al. , "Behind Andersen's Tug of War with U. S. Prosecutors," *Wall Street Journal*, April 19, 2002.

30. Gil Rudawsky, "Goldman Sachs Legal Bills Could Top $100 Million," *Daily Finance*, April 30, 2010.

31. Andersen Trial Transcript, 15.

32. 同上，第2523页。

33. 同上，第65、68页。

34. 同上，第29页。

35. 同上，第31－32页。

36. 同上，第32页。

37. Joel Bakan, *The Corporation* (New York: Free Press, 2004), 17 - 18.

38. Richard W. Stevenson and Richard A. Oppel Jr. , "Enron's Many Strands: The Overview; U. S. to Reconsider Agency Contracts in Enron Scandal," *New York Times*, January 26, 2002.

39. Andersen Trial Transcript, 339.

40. 同上，第347－348、351－355页。

41. 同上，第372页。

42. 同上，第356、258页。

43. 同上，第369页。

44. 同上，第382、392页。

45. 同上，第644页。

46. Jt. Appendix at 2613, Athur Andersen LLP v. United States, 2005 WL 474013 * 133.

47. 同上，第2756－2760页。

48. Andersen Trial Transcript, 5724.

49. 同上，第2063页。

50. 同上，第1734页。

51. 同上，第1885页（该备忘录在审判中作为证物1012A被引入）。

52. 同上，第1850页。

53. 同上，第1891－1893页。

54. 同上，第1896－1897页。

55. 同上，第1904、1909页。

56. 同上，第2262页。

57. 同上，第1976页。

58. Mason, "Andersen Fires Enron Auditor."

59. Andersen Trial Transcript, 2001－2005.

60. 同上，第2003页。

61. 同上，第 2007、2020、2033－2035、2302 页。

62. 同上，第 2135－2136 页。

63. 同上，第 2689 页。

64. 同上，第 2433 页。

65. 同上，第 2773 页。

66. Jonathan D. Glater, "Witness Cites Confusion in Shredding at Andersen," *New York Times*, May 23, 2002.

67. Andersen Trial Transcript, 480－481.

68. 同上，第 2786 页。

69. 同上，第 1884－1885 页。

70. 同上，第 4965－4966、5018－5021 页。

71. 同上，第 5498 页。

72. 同上，第 5714、5715 页。

73. 同上，第 3670 页。

74. Stephen Landsman, "Death of an Accountant," *Chicago－Kent Law Review 78*（2003）：1222.

75. 212 U. S. 481（1909）.

76. Paul Halliday, *Dismembering the Body Politic*：*Partisan Politics in England's Towns*, 1650－1730（Cambridge：Cambridge University Press, 1998）.

77. Eng. Rep., vol. 77, 9. 973（10 Co. Rep. 32b）. 引自库克关于萨顿医院案件的报告，"十七世纪、十八世纪关于公司最有影响力的著作"。Halliday, *Dismembering the Body Politic*, 31.

78. William Blackstone, *Commentaries on the Laws of England*, 15th ed. (London, 1809).

79. E. g. , *People v. Corporation of Albany*, 11 Wed. 539 (N. Y. Sup. Ct. 1834).

80. *Bissell v. Mich. S. R. R. Co.* , 22 N. Y. 258, 263 - 264 (N. Y. 1860).

81. *State v. Morris & Essex Railroad*, 23 N. J. L. 360 (1852); *Commonwealth v. Proprietors of New Bedford Bridge*, 68 Mass. 339 (1854). 进一步查看这些案件进程的精彩讨论，参见 Kathleen Brickey, *Corporate Criminal Liability* (Deerfield, Illinois: Clark Board - man Callaghan 1992), § 2.08。

82. *United States v. Nearing*, 252 F. 223, 231 (S. D. N. Y. 1918).

83. Model Penal Code § 2.07 (1).

84. Gary Fields and John R. Emshwiller, "Many Failed Efforts to Count Nation's Federal Criminal Laws," *Wall Street Journal*, July 22, 2011.

85. 例如，官方的敲诈勒索罪（extortion）源自《霍布斯法案》中的"under color of right"。

86. John C. Coffee Jr. , "Paradigms Lost: The Blurring of the Criminal Law Models—and What Can Be Done About It," *Yale Law Journal* 101 (1992): 1880.

87. *Watergate Special Prosecution Report* (1975), 72 - 77; 15

U. S. C. §§ 78a, 78 (m), 78dd-1-3, 78ff.; *Report of the Securities and Exchange Commission on Questionable and Illegal Corporate Payments and Practices* (May 12, 1976).

88. Andersen Trial Transcript, 6331.

89. 同上，第6332-6333页。

90. 同上，第6344页。

91. 同上，第6289-6316页。

92. 同上，第6313页。

93. 同上，第6310、6316页。

94. 同上，第6485页。

95. 同上，第6340页。

96. 同上，第6371、6373页。

97. 同上，第6354-6356、6444页。

98. 同上，第6668页。

99. 同上，第6482、6618页。

100. 同上，第6638页。

101. 同上，第1732页。

102. 同上，第6638页。

103. 同上，第6686-6689页。

104. Mary Flood, "The Andersen Verdict, Decision by Jurors Hinged on Memo," *Houston Chronicle*, June 16, 2002.

105. Andersen Trial Transcript, 6702, 6710-6711, 6720.

106. 同上，第6784页。

107. 同上，第6813-6815、6928、6995页。

108. 同上，第6890页。

109. 同上，第6891、6901页。

110. 同上，第6893页。

111. 同上，第6925页。

112. Luisa Beltran, Brett Gering, and Alice Martin, "Andersen Guilty," CNN, June 13, 2002.

113. 同上。

114. Flood, "The Andersen Verdict."

115. See Linda Tucci, "Andersen Clears Out Office but Leaves Some Ex-Staffers Behind," *St. Louis Post-Dispatch*, August 29, 2002.

116. *U. S. v. Arthur Andersen, LLP*, 374 F. 3d 281, 299 (5th Cir. 2004).

117. Brief of Amici Curiae Washington Legal Foundation and Chamber of Commerce of the United States in Support of Petitioner, *U. S. v. Arthur Andersen*, No. 04-368, February 22, 2005.

118. *U. S. v. Arthur Andersen*, 2005 WL 1106590 (April 27, 2005).

119. 18 U. S. C. 1512 (b) (2) (A) - (B); *U. S. v. Doss* (9th Cir. 2011); *United States v. Farrell*, 126 F. 3d 484, 488 (3d Cir. 1997); *United States v. Thompson*, 76 F. 3d 442, 452 (2d Cir. 1996).

120. Mary Flood, "Supreme Court Overturns Arthur Andersen's

Enron Conviction," *Houston Chronicle*, May 31, 2005.

121. 同上。

122. Elizabeth K. Ainslie, "Essay: Indicting Corporations Revisited: Lessons of the Arthur Andersen Prosecution," *American Criminal Law Review* 43 (Winter 2006): 110.

123. *United States v. Stein* (Stein I), 435 F. Supp. 2d 330, 336, 381 (S. D. N. Y. 2006).

124. U. S. Gen. Accounting Office, Report to the Chairman, Committee on Banking, Housing and Urban Affairs, U. S. Senate, *Financial Statement Restatements: Trends, Market Impacts, Regulatory Responses and Remaining Challenges* (2002), 4.

125. Floyd Norris, "The Markets: Market Place: Yes, He Can Top That," *New York Times*, July 17, 2002.

126. Public Company Accounting Reform and Investor Protection Act of 2002. 107 Pub. L. No. 204, 116 Stat. 745 (2002) (codified at 15 U. S. C. § 7201).

127. 18 U. S. C. § 1519.

128. Pub. L. No. 110 – 197, § 4, 121 Sta. 2557 (January 7, 2008); 18 U. S. C. § 1341.

129. 18 U. S. C. § 1349.

130. 18 U. S. C. § 1513.

131. 18 U. S. C. § 905.

132. *U. S. Sentencing Guidelines Manual* (2003), § § 2B1. 1

(a) (1), (b) (2) (C), 2J1. 2 – 3.

133. Dodd – Frank Wall Street Reform and Consumer Protection Act, Pub. L. No. 111 – 203, 124 Stat. 1376 (2010); 7 U. S. C. § 13 (a) (5) (new insider trading crimes).

134. David A. Skeel Jr. and William J. Stuntz, "Christianity and the (Modest) Rule of Law," *University of Pennsylvania Journal of Constitutional* Law 8 (2006): 826 – 827.

135. Vikramaditya S. Khanna, "Corporate Crime Legislation: A Political Economy Analysis," *Washington University Law Quarterly* 82 (2004): 97.

136. John C. Roper, "Feds Won't Retry Andersen," *Houston Chronicle*, *November* 23, 2005.

第三章

1. Google Inc. , Code of Conduct, ¶ 1, http: //investor. google. com/corporate/code – of – conduct. html.

2. U. S. Department of Justice, "Google Forfeits $500 Million Generated by Online Ads and Prescription Drug Sales by Canadian Online Pharmacies," press release, August 24, 2001.

3. Senate Permanent Subcommittee on Investigations of the Committee on Homeland Security and Governmental Affairs, *U. S. Tax Shelter Industry: The Role of Accountants, Lawyers, and Financial Professionals*, Senate Hearing 108 – 473 (November 18 and 20, 2003), 1: 32.

4. 同上，第1:39－44。

5. *Frontline*, "Tax Me if You Can: KPMG's Senate Testimony," PBS, February 19, 2004.

6. *United States v. KPMG*, No. 1:05－CR－00903－LAP (S. D. N. Y., August 29, 2005), Statement of Facts, ¶34.

7. George W. Bush, "Remarks by the President at Malcolm Baldrige National Quality Award Ceremony," March 7, 2002.

8. Larry D. Thompson, Deputy Attorney General, U. S. Department of Justice, "Remarks at Michigan Federal Bar Association," October 5, 2002.

9. *Frontline*, "Tax Me if You Can: Interview with Carl Levin," PBS, February 19, 2004.

10. IRS, "KPMG to Pay $456 Million for Criminal Violations in Relation to Largest－Ever Tax Shelter Fraud Case," press release, August 29, 2005.

11. KPMG History, KPMG, www.kpmg.com/Global/en/about/Overview/Pages/History.aspx.

12. KPMG, "Why KPMG? Culture," www.kpmg.com/global/en/careers/whykpmg/culture/pages/default.aspx.

13. KPMG, www.kpmg.com.

14. Senate Hearing 108－473. Appendix A provides a case－study description of BLIPS.

15. Senate Hearing 108－473, opening statement of Sen. Carl

Levin.

16. 同上，第129页。

17. 政府指出，“近200名BLIPS客户中，只有两位使用BLIPS停留的时间超过60天，且这两位客户都在年底前退出，以弥补税务损失”。政府援引了两位参与者的电子邮件，称“我们最好能找到停留60天以上的客户”，否则“很难看”。*U. S. v. Pfaff et al.*, 2010 WL 8939963 *16（January 15, 2010）, Appellate Brief.

18. *Frontline*, “Tax Me if You Can：KPMG Exhibits, KPMG Email：Simon Says,” *PBS*, February 19, 2004.

19. KPMG Agreement, Statement of Facts, ¶6.

20. Senate Hearing 108 – 473；KPMG Agreement, Statement of Facts, ¶¶6 – 7.

21. Senate Permanent Subcommittee on Investigations of the Committee on Homeland Security and Governmental Affairs, *The Role of Professional Firms in the U. S. Tax Shelter Industry*, S. Rep. No. 109 – 54, April 13, 2005, 13（“Senate Report”）.

22. Senate Hearing 108 – 473, 19 – 20.

23. 同上，第31页。

24. 同上，第151页。

25. 同上，第37、46页。

26. KPMG Agreement, Statement of Facts, ¶¶29 – 30；Senate Hearing 108 – 473, 157.

27. Senate Report, 22, 148.

28. 同上，第22页。

29. KPMG Agreement, Statement of Facts, ¶7.

30. Senate Hearing 108 – 473, 159.

31. KPMG Agreement, Statement of Facts, ¶19.

32. IRS Notice 2000 – 44.

33. Treasury Regulation § 1.752 – 756; see also Testimony of Calvin H. Johnson, Senate Hearing 108 – 473, 15. See *United States v. Home Concrete & Supply LLC*, 132 S. Ct. 1836 (2012)（2006年，美国国家税务局试图利用“老板之子”避税手段强制执行2000份申报文件，这违反了美国国家税务局三年的法定时效）。

34. *United States v. Morton Salt*, 338 U. S. 632, 642 – 643 (1950).

35. Internal Revenue Act of 1864, § 14, 13 Stat. 226 (1864) (current version at 26 U. S. C. § 7602 (1988)).

36. *United States v. KPMG*, 316 F. Supp. 2d 30, 31 – 32 (D. D. C. 2004); KPMG Agreement, Statement of Facts, ¶¶28 – 33.

37. KPMG Agreement, Statement of Facts, ¶33.

38. 同上，第30段。

39. Senate Hearing 108 – 473, 9 – 10.

40. See, e. g., David Cay Johnston, “Corporate Risk of Tax Audit Is Still Shrinking, I. R. S. Data Show,” *New York Times*, April 12, 2004; IRS Oversight Board, *Annual Report* 2007 (2008), 9.

41. U. S. Securities and Exchange Commission, *Address of William*

O. Douglas before the Bond Club of Hartford, 1938.

42. U. S. Department of Justice, *United States Attorneys' Manual* (2008), § 9 – 28. 400, "Principles of Federal Prosecution of Business Organizations: Special Policy Concerns."

43. *United States v. Stein*, 435 F. Supp. 2d 330, 339 (S. D. N. Y. 2006).

44. IRS Announcement IR 2004 – 64, May 5, 2004.

45. Lynnley Browning, "Court Case Gives Rare Look at Tax Shelter Clients," *New York Times*, June 11, 2005.

46. Executive Order No. 13, 271.

47. See, e. g., Stephen J. Rackmill, "Printzlien's Legacy, the 'Brooklyn Plan,' A. K. A. Deferred Prosecution," *Federal Probation*, June 1996, 8.

48. *U. S. Sentencing Guidelines Manual* (2011), § 8B2. 1 (a) (3).

49. Defense Industry Initiative on Business Ethics and Conduct, "Who We Are," www. dii. org /about – us.

50. Michele DeStefano, "Creating a Culture of Compliance: Why Departmentalization May Not Be the Answer," *Hastings Business Law Journal* 10 (2014): 155.

51. Memorandum from Eric Holder, Deputy Attorney General, Department of Justice, to Component Heads and United States Attorneys, "Bringing Criminal Charges against Corporations," June 16, 1999.

52. Memorandum from Deputy Attorney General Larry D. Thompson, U. S. Department of Justice, to Heads of Department Components and U. S. Attorneys, "Principles of Federal Prosecution of Business Organizations," January 20, 2003.

53. Jennifer Arlen, "Corporate Crime Liability: Theory and Evidence," in *Research Handbook on the Economics of Criminal Law*, ed. A. Harel and K. Hylton (Northampton, MA: Edward Elgar, 2012).

54. Thompson, Principles, § I. A.

55. Vanessa Blum, "Justice Deferred: The Feds' New Weapon of Choice Makes Companies Turn Snitch to Save Themselves," *Legal Times*, March 21, 2005, 1（引用了检察官在计算机协会案件的发言）。

56. Terrence E. Deal and Allan A. Kennedy, *Corporate Cultures: The Rites and Rituals of Corporate Life*, 2nd ed. (Cambridge, MA: Perseus Books, 2000), 109 – 154.

57. Kim S. Cameron and Robert E. Quinn, *Diagnosing and Changing Organizational Culture*, 3rd ed. (San Francisco: Jossey – Bass, 2011).

58. Edgar H. Schein, *The Corporate Culture Survival Guide*, rev. ed. (Hoboken, NJ: John Wiley and Sons, 2009), 描述用于确定企业文化的当前状态的方法，并提供用于更改这些文化的模型。

59. Brent Fisse and John Braithwaite, *The Impact of Publicity on Corporate Offenders* (Albany: State University of New York Press,

1983), 232 – 235.

60. Barry D. Baysinger, "Organizational Theory and the Criminal Liability of Organizations," *Boston University Law Review* 71 (1991): 367.

61. Lauren B. Edelman et al., "Legal Ambiguity and the Politics of Compliance: Affirmative Action Officer's Dilemma," *Law and Policy* 13 (1991): 71.

62. *U. S. v. Stein*, 435 F. Supp. 2d 330, 339, 345 (S. D. N. Y. 2006).

63. 同上，第 348 页。

64. 同上，第 348 – 349 页。

65. Alberto R. Gonzales, U. S. Attorney General, U. S. Department of Justice, "Prepared Remarks at the Press Conference Regarding KPMG Corporate Fraud Case," August 29, 2005.

66. Fed. R. Crim. P. 6 (e) (3) (A); see also *United States v. Procter & Gamble*, 356 U. S. 677 682 – 683 (1958).

67. *United States v. KPMG LLP*, No. 1: 05 – CR – 00903 – LAP (S. D. N. Y., August 29, 2005).

68. KPMG Agreement, Statement of Facts, ¶2.

69. *U. S. Sentencing Guidelines Manual* (2004), § 8C2. 5 (g).

70. The agreements with Adelphia Communications, Collins & Aikman, Elan Corp., Hitachi, MCI, NEC Corporation, NetVersant, Omega Advisors, Royal Ahold, Stryker Orthopedics, and Tommy Hilfiger lack

such admissions. The Elan Corp. agreement notes, "This Agreement is made in compromise of disputed claims" and states the firm did not admit guilt. Elan Corp. Agreement, 3.

71. Edward Wyatt, "Judge Blocks Citigroup Settlement with S. E. C.," *New York Times*, November 28, 2011.

72. James B. Stewart, "S. E. C. to Require Admissions of Guilt," *New York Times*, June 21, 2013.

73. Russell Mokhiber, "Raman Defends Deferred and Non Prosecution Agreements for Major Corporate Crime Cases," *Corporate Crime Reporter*, May 22, 2013.

74. 在纽约南区和新泽西区早先达成的协议中，检察官并非总是坚决要求其接受承担责任。反垄断协议通常不包括接受承担责任或关于此项事实陈述。

75. Roger Williams Medical Center Agreement, ¶2.

76. Barclays Bank PLC Agreement, 1.

77. Officer's Certificate, Deferred Prosecution Agreement, *United States v. Ingersoll – Rand*, 1：07 – CR – 00294 – RJL (October 31, 2007).

78. Letter from Michael J. Sullivan, U. S. Attorney, U. S. Department of Justice, to Ethan M. Posner, Partner, Covington & Burling LLP, March 27, 2007.

79. Peter J. Henning, "Sending a Message for Backpedaling on Settlements," *New York Times*, March 25, 2013.

80. 这一数字包括《财富》500 强公司中的一家的子公司达成协议的案例。

81. ABB Ltd. Agreement, 4 - 5.

82. Beazer Homes Agreement, 3.

83. 例如，与比克斯比能源系统公司的协议中，政府提到了它的“财务状况”（Bixby Energy Agreement, 10）。鉴于其“可怕”的财务状况，柯林斯 · 艾克曼没有支付罚款或赔偿（Collins & Aikman Agreement, 3）。CommunityOne 银行“濒临破产”，其控股公司的净资产为负（CommunityOne Bank Agreement, 2）。响尾蛇资本管理公司（Diamondback Capital Man - agement）的协议称，“负面影响……对响尾蛇的财务状况及其剩余员工和投资者的关注”。（Diamondback Capital Management Agreement, 1.）

84. Brandon L. Garrett and Jon Ashley, Federal Organizational Prosecution Agreements, University of Virginia School of Law, http://lib. law. virginia. edu/Garrett/prosecution_agreements/home. suphp.

85. 弗吉尼亚大学法学院的第一修正案法律诊所目前正就《信息自由法》的 30 项起诉协议提起诉讼。“Your Homework Assignment: Sue the Federal Government,” *New York Times*, April 8, 2014.

86. Mary Jacoby, “Grassley Grills DOJ National Security Chief about Secret Settlement with Islamic Bank,” *Main Justice*, September 21, 2011.

87. 18 U. S. C. § § 1341, 1343; *Neder v. United States*, 527 U. S. 1, 22 - 23, 25 (1999) (discussing “materiality” requirement).

88. *McNally v. United States*, 483 U. S. 350, 356 (1987) (quoting *Congressional Globe*, 41st Cong., 3rd Sess. 35 (1870) (remarks of Rep. Farnsworth)).

89. 18 U. S. C. § § 1343 (wire fraud), 1344 (bank fraud), 1346 (honest services), 1347 (health care fraud), 1348 (securities and commodities fraud), 1351 (foreign labor contracting fraud).

90. 18 U. S. C. § 287 (false claims); 18 U. S. C. § 371 (conspiracy to defraud the United States).

91. U. S. Department of Justice, "Bank of America Agrees to Pay $ 137. 3 Million in Restitution to Federal and State Agencies as a Condition of the Justice Department's Antitrust Corporate Leniency Program," press release, December 7, 2010.

92. N. Richard Janis, "Deputizing Company Counsel as Agents of the Federal Government: How Our Adversary System of Justice Is Being Destroyed," *Washington Lawyer*, March 2005, 34.

93. Richard A. Epstein, "The Deferred Prosecution Racket," *Wall Street Journal*, November 28, 2006.

94. Letter from Ralph Nader and Robert Weissman to Alberto Gonzales, Attorney General, June5, 2006, *Multinational Monitor Editors Blog*, July6, 2006, www. multinationalmonitor. org/editors-blog/? p=30.

95. Government Accountability Office, *Preliminary Observations on the DOJ's Use and Oversight of Deferred Prosecution and Non –*

Prosecution Agreements, June 25, 2009, 41.

96. 同上，表 52。

97. KPMG Agreement, ¶21.

98. Office of the Inspector General, U. S. Department of Justice, Audit Report 06 – 17, *Office of Justice Programs Annual Financial Statement*: *Fiscal Year* 2005 (2006).

99. On the 1980s trend toward larger fines and more prosecutions of large public firms, see Marc A. Cohen, "Corporate Crime and Punishment: An Update on Sentencing Practice in the Federal Courts, 1988 – 1990," *Boston University Law Review* 71 (1991): 252 – 253.

100. Cf. 18 U. S. C. § 3663A (mandatory restitution to victims in certain federal criminal cases, including fraud cases) with 18 U. S. C. § 3663 (restitution discretionary in cases not covered by 18 U. S. C. § 3663A).

101. 这些公司分别是：保诚股权集团有限责任公司（3.25 亿美元）、德西 S. A.（2.4 亿美元）、荷兰 Snaprogetti（2.4 亿美元）、JGC（2.188 亿美元）、巴克莱银行股价（1.6 亿美元）、森林实验室（1.5 亿美元）、葛兰素史克（1.4 亿美元）、雪兰诺控股有限公司（1.37 亿美元）、科学应用国际公司（1.3 亿美元）和毕马威（1.28 亿美元），总共 1,738,736,000 美元。[1]

102. KPMG Agreement, ¶18.

103. Gonzales, "Prepared Remarks at the Press Conference Re-

---

[1] 此为原著数据。——译者注

garding KPMG Corporate Fraud Case."

104. Report of Investigation Pursuant to Section 21 (a) of the Securities Exchange Act of 1934 and Commission Statement on the Relationship of Cooperation to Agency Enforcement Decisions, Exchange Act Release No. 44, 969, 76 SEC Docket 296, October 23, 2001, www. sec. gov/litigation/investreport/34 – 44969. htm（在影响美国证券交易委员会自由裁量权的各个因素中，有这样一个问题："公司是否采取并确保实施了新的、更有效的内部控制和程序，以防止非法行为再次发生?"）；EPA Incentives for Self – Policing：Discovery, Disclosure, Correction and Prevention of Violations, 65 *Federal Register* 19, 618, April 11, 2000；FAR Contractor Business Ethics Compliance Program and Disclosure Requirements, 73 *Federal Register* 67064, 67091 – 67092, November 12, 2008；Enforcement Advisory, Division of Enforcement, U. S. Commodity Futures Trading Commission, *Cooperation Factors in Enforcement Division Sanction Recommendations*, August 11, 2004；Office of Foreign Assets Control, Department of the Treasury, 31 C. F. R. § § 501. 601 – 606 (2006).

105. Patient Protection and Affordable Care Act of 2010, Pub. L. No. 111 – 148, § 6102 (2010).

106. OECD, Recommendation of the Council for Further Combating Bribery of Foreign Public Officials in International Business Transactions, Annex Ⅱ, 2009.

107. Orthofix International N. V. Agreement, C – 3.

108. MoneyGram International Agreement, C-2.

109. GlaxoSmithKline Plea Agreement, Addendum A.1.

110. Abt Associates Agreement, 5.

111. 关于检察官和监管者鼓励合规职能与法律职能分离是否有益的问题，参见 DeStefano, "Creating a Culture of Compliance."。

112. Aibel Group Agreement, 9.

113. Aurora Foods Agreement, 4.

114. P. P. List Management Agreement, 5-6.

115. Academi LLC Agreement, 5.

116. Governor's Independent Investigation Panel, *Report to the Governor*: *Upper Big Branch*, May 2011, 4.

117. David M. Uhlmann, "For 29 Dead Miners, No Justice," *New York Times*, December 10, 2011.

118. See, e. g., Kimberly D. Krawiec, "Cosmetic Compliance and the Failure of Negotiated Governance," *Washington University Law Quarterly* 81 (2003): 504-505.

119. Vikramaditya S. Khanna, "Corporate Crime Legislation: A Political Economy Analysis," *Washington University Law Quarterly* 82 (2003): 108; Daniel Fischel and Alan O. Sykes, "Corporate Crime," *Journal of Legal Studies* 25 (1996): 348; Jonathan R. Macey, "Agency Theory and the Criminal Liability of Organizations," *Boston University Law Review* 71 (1991): 316.

120. U. S. Sentencing Guidelines § 8B2.1 (b) (5) (B).

121. 计算机协会的案例就是这样一个例子。Computer Associates, "CA Announces That Term of Independent Examiner Extended to May 1, 2007," press release, September 16, 2006.

122. 18 U. S. C. § 3161 (h) (2) (2008). The legislative history is not informative. See H. R. Rep. No. 93 – 1508 (1974), 1, reprinted in *U. S. Code Congressional and Administrative News*, 1974, 7401.

123. U. S. Government Accountability Office, GAO – 10 – 110, DOJ *Has Taken Steps to Better Track Its Use of Deferred and Non – Prosecution Agreements, but Should Evaluate Effectiveness*, 2009, 25.

124. *United States v. Meyer*, 157 F. 3d 1067, 1076 (7th Cir. 1998); *United States v. Miller*, 406 F. 3d 323, 334 (5th Cir. 2005).

125. *Stolt – Nielson, S. A. v. United States*, 442 F. 3d 177, 187 (3d Cir. 2006).

126. *Stolt – Nielsen, S. A. v. United States*, No. 06 – cr – 466 (E. D. Pa. November 29, 2007).

127. New York Racing Association Agreement, ¶10.

128. James M. Odato, "NYRA Deal in the Works," *Albany Times Union*, December 6, 2003; Associated Press, "Video Slot Machines Starting Up at NYC's First 'Racino,' " NJ . com, October 27, 2011.

129. Roger Williams Medical Center Agreement, 5; Office of Governor Donald L. Carcieri, State of Rhode Island, "Health Department to Renew Hospital License with Increased Oversight," press release, April 7, 2006.

130. Bristol - Myers Squibb Agreement, ¶20.

131. House Subcommittee Hearing 111 - 52, June 25, 2009 ("这不是我的主意，不是我的建议，我并没有建议去西顿庄园")。

132. "Prosecutor to Corporation: Endow a Chair at My Law School, or Else," *Corporate Crime Reporter*, August 3, 2005, 32.

133. *U. S. Attorney's Manual*, § 9 - 16. 325.

134. "Justice Department Letter Vindicates Former American Express Bank International Chairman," Reuters, June 30, 2010.

135. U. S. Attorney's Office, S. D. N. Y., "Statement on the Dismissal of Charges against KPMG," press release, January 3, 2007.

136. *United States v. KPMG LLP*, No. 1: 05 - CR - 00903 - LAP, 2007 WL 541956 (S. D. N. Y., February 14, 2007).

137. 这是在第六章中与其他公司案一起讨论的艾贝尔集团案件。

138. Edward Iwata, "Ernst & Young Partners Indicted," *USA Today*, May 30, 2007.

139. Letter from Michael J. Garcia, U. S. Attorney, U. S. Department of Justice, to Robert B. Fiske Jr. and James P. Rouhandeh, Partners, Davis Polk & Wardwell, March 26, 2007, 2.

140. "Sidley Austin LLP Pays IRS $39. 4 Million Penalty," press release, May 13, 2007; Lynnley Browning, "Big Law Firm Won't Face Criminal Charges in Tax Case," *New York Times*, May 24, 2007.

141. Rebecca Leung, "Gimme Shelter," *60 Minutes*, February 11, 2009.

142. BDO USA, LLP, Deferred Prosecution Agreement, 3.

143. 同上，第2页。

144. Lynnley Browning, "7 Indicted on Charges of Selling Tax Shelters," *New York Times*, June 9, 2009.

145. Chad Bray, "Tax – Shelter Case Brings Convictions," *Wall Street Journal*, May 25, 2011; *United States v. Daugerdas et al.*, 2012 WL 2149238 (S. D. N. Y. June 4, 2012); Christie Smythe and Bob Van Voris, "Former Lawyer Daugerdas Convicted in Tax – Fraud Scheme Retrial," *Bloomberg News*, November 1, 2013.

146. HVB Bank Agreement.

第四章

1. C. Plinius Secundus, *Pliny's Natural History in Thirty – Seven Books*, Trans. Dr. Philemon Holland (London: George Barclay, 1601).

2. Dr. Karl S. Kruszelnicki, "Ostrich Head in Sand," *ABC Science*, November 2, 2006.

3. *U. S. v. Black*, 530 F. 3d 596, 604 (7th Cir. 2008). 然而，就连波斯纳法官也忍不住将这个图像加入了他的一个决定中。*Gonzalez – Servin v. Ford Motor Co.*, 662 F. 3d 931, 934 (7th Cir. 2011). 波斯纳法官是在批评一位诉讼当事人，并非指责该指导意见。他还画了一个把头埋进沙子中的律师的图。

4. *United States v. Ramsey*, 785 F. 2d 184, 189 (7th Cir. 1986).

5. E. g., Justin C. From, "Avoiding Not – So – Harmless Errors:

The Appropriate Standards for Appellate Review of Willful – Blindness Jury Instructions," *Iowa Law Review* 97 (2011): 275.

6. Francis T. Cullen, *Corporate Crime under Attack: The Ford Pinto Case and Beyond* (Cincinnati, OH: Anderson Publishing, 1987), 352.

7. William K. Black, *The Best Way to Rob a Bank Is to Own One* (Austin: University of Texas Press, 2005), xiii – xv.

8. U. S. Sentencing Commission, *2011 Sourcebook of Federal Sentencing Statistics* (2012), Table 3, (8632 名被告；超过 10% 的案件是诈骗类犯罪)。要进一步研究联邦检察官起诉白领犯罪中的个人情况，参见 David Weisburd et al. , *Crimes of the Middle Classes: White – Collar Offenders in the Federal Courts* (New Haven, CT: Yale University Press, 1991), 104 – 106。

9. "Mendelsohn Says Criminal Bribery Prosecutions Doubled in 2007," *Corporate Crime Reporter* 36, no. 1 (September 16, 2008): 22.

10. Kurt Eichenwald, "Economy and Business; After a Boom, There Will Be Scandal," *New York Times*, December 16, 2002.

11. John C. Danford, "When Enforcement Becomes Harassment," *New York Times*, May 6, 2003; Joel Cohen, "No More 'Perp Walks,'" *National Law Journal*, August 5, 2002.

12. *Lauro v. Charles*, 219 F. 3d 202, 204 (2d Cir. 2000).

13. *U. S. v. Arthur Andersen, LLP.* , No. H – 02 – 121 (S. D. T.

X. June 6, 2002), Trial Transcript, 6278.

14. *United States v. Duncan*, Defendant David Duncan's Memorandum of Law in Support of His Unopposed Motion to Withdraw His Guilty Plea and to Dismiss the Information, No. 02 – 209 (2005), Exhibit C, Rearraignment (April 9, 2005), 18.

15. Fed. R. Crim. P. 11 (d) (2) (B) (2012).

16. 同上，第3页。

17. Stephen Taub, "Enron Auditor Withdraws Guilty Plea," CFO. com, November 28, 2005.

18. Docket entry, *SEC v. Duncan*, 4: 08 – cv – 00314 (2008).

19. Charles E. Ramirez, "Andersen Workers Settle into New Careers," *Detroit News*, December 1, 2002.

20. Linda Tucci, "Andersen Clears out Office but Leaves Some Ex – Staffers Behind," *St. Louis Post – Dispatch*, August 29, 2002.

21. Edwin H. Sutherland, *White Collar Crime* (New York: Dryden Press, 1949), 29; Edwin H. Sutherland, "White – Collar Criminality," *American Sociological Review* 1 (1940): 5.

22. Gilbert Geis, "White – Collar Crime: What Is It?" in *Reflecting on White – Collar and Corporate Crime*, ed. David Shichor, Larry Gaines, and Andrea Schoepfer (Long Grove, IL: Waveland Press, 2012).

23. C. S. Lewis, *The Screwtape Letters and Screwtape Purposes* (New York: Macmillan, 1961), viii.

24. E. g. , John Braithwaite, "White Collar Crime," *Annual Review of Sociology* 11 (1985): 1 – 21; Marshall B. Clinard, *Corporate Ethics and Crime: The Role of Middle Management* (Beverly Hills, CA: Sage, 1983).

25. James William Coleman, *The Criminal Elite: Understanding White Collar Crime* (New York: St. Martin's Press, 1998), 206 – 207.

26. Kristen Hays, "Skilling Maintains Innocence, Vows Appeal," *Houston Chronicle*, October 24, 2006.

27. *Skilling v. United States*, 130 S. Ct. 2896 (2010).

28. Weisburd et al. , *Crimes of the Middle Classes*, 85, 172.

29. Sridhar Ramamoorti, "The Psychology and Sociology of Fraud," *Issues in Accounting Education* 23 (2008): 529.

30. Coleman, *The Criminal Elite*, 196.

31. Ramamoorti, "The Psychology and Sociology of Fraud," 527.

32. 要进一步研究在白领犯罪案件中配合调查的被告人所扮演的角色，参见 Weisburd et al. , *Crimes of the Middle Classes*, 104 – 106。

33. Brandon L. Garrett, *Convicting the Innocent: Where Criminal Prosecutions Go Wrong* (Cambridge, MA: Harvard University Press, 2011), 118 – 144.

34. *United States v. Stein*, 495 F. Supp. 2d 390, 417 – 418 (S. D. N. Y 2007) (*Stein* Ⅱ).

35. 同上，第 395、402 – 403 页。

36. *United States v. Stein*, 541 F. 3d 130, 137 (2d Cir. 2008).

73. Mark A. Cohen, "Corporate Crime and Punishment: An Update on Sentencing Practice in the Federal Courts," *Boston University Law Review* 71 (1991): 268.

74. "Greenpeace, Climate Activists Convicted of Climbing Mt. Rushmore, Sending Critical Message," press release, January 5, 2010; Docket, *U. S. v. Greenpeace, Inc.*, 5: 09 - cr - 50058 - KES - 1 (D. S. D. February 3, 2010).

75. Department of Justice, "Former Morgan Stanley Managing Director Pleas Guilty for Role in Evading Internal Controls Required by FCPA," press release, April 25, 2012.

76. Securities and Exchange Commission, "SEC Charges Former Morgan Stanley Executive with FCPA Violations and Investment Adviser Fraud," press release, April 25, 2012.

77. Julia Preston, "270 Immigrants Sent to Prison in Federal Push," *New York Times*, May 24, 2008.

78. Ingrid V. Eagly, "Prosecuting Immigration," *Northwestern University Law Review* 104 (2010): 1302 - 1303; Immigration Raids: Postville and Beyond: Hearing Before the Subcommittee. on Immigration, Citizenship, Refugees, Border Security, and International Law of the House Committee on the Judiciary, 110th Cong. 106 (July 24, 2008).

79. Spencer S. Hsu, "Immigration Raid Jars a Small Town," *Washington Post*, May 18, 2008.

80. *U. S. v. Agriprocessors*, *Inc.*, No. 2: 08 – cr – 01324 – LRR (N. D. Iowa, November 19, 2009).

81. Department of Justice, "Rochester Asbestos Contractor and Company Sentenced for Violating Clean Air Act and Lying to OHSA," press release, September 22, 2011.

82. "Mendelsohn Says Criminal Bribery Prosecutions Doubled in 2007," *Corporate Crime Reporter* 36, no. 1 (September 16, 2008): 22.

83. 31 U. S. C. § 5331 – 5332.

84. 18 U. S. C. § 1956 – 1957.

85. 18 U. S. C. § 5324.

86. 18 U. S. C. § 1957 (a).

87. 31 U. S. C. § 5318 (I). The USA PATRIOT Act of 2012 strengthened controls over foreign accounts. See, e. g., 31 U. S. C. § 5331.

88. 31 U. S. C. 5311 – 5314e.

89. Douglas Gillison, "We Didn't Protect HSBC, Treasury Officials Tell Senate Committee," *Main Justice*, March 7, 2013.

90. 12 USC § 93 (d) (1).

91. 同上，§ 93 (d) (1) (B), (d) (2)。

92. 31 U. S. C. § 5318 (h) (1) and 12 C. F. R. § 563. 177 (c).

93. U. S. Senate, Permanent Subcommittee on Investigations, Committee on Homeland Security and Governmental Affairs, *U. S.*

Vulnerabilities to Money Laundering, Drugs, and Terrorism Financing: HSBC Case History, July 17, 2012, 2 - 3.

94. 同上，第4 - 6 页。

95. See, e. g., "2000 International Narcotics Control Strategy Report," U. S. Department of State, V - 27 - 28.

96. HSBC Case Study, 35, 49.

97. "Sigue Confirms Resolution of Compliance Issues," January 28, 2008, www. globenews wire. com/newsroom/news. html? d = 135137.

98. HSBC Case Study, 7.

99. Carrick Mollenkamp and Brett Wolf, "Special Report: HSBC'S Money - Laundering Crackdown Riddled with Lapses," Reuters, July 13, 2012.

100. Christopher M. Matthews, "HSBC Says It's Sorry: Highlights from the Bank's Senate Hearing," *Wall Street Journal*, July 17, 2012.

101. HSBC Case Study, 26 - 27, 30 - 32.

102. Ben Protess and Jessica Silver - Greenberg, "HSBC to Pay 1. 92 Billion to Settle Charges of Money Laundering," *New York Times*, December 10, 2012.

103. HSBC Deferred Prosecution Agreement, December 11, 2012, ¶6.

104. 同上，事实陈述第 81 段。

105. MoneyGram Int'l Deferred Prosecution Agreement, 14.

106. Hearing, *U. S. v. Barclays*, No. CR 10 - 218 (D. D. C. August 17, 2010), 5 - 6.

107. 同上，第12 页。

108. 21 U. S. C. § § 331, 333.

109. Food and Drug Modernization Act of 1997, 21 U. S. C. § 36aaa (b) - (c).

110. 42 U. S. C. § 1320a - 7b (b) (2) (A) (2006).

111. Federal Bureau of Investigations, *Financial Crimes Report to the Public 2011* (2011).

112. Scott Hensley, " Pfizer Whistleblower Tells His Story," National Public Radio, September 3, 2009.

113. Bill Berkrot, " Pfizer Whistleblowers Ordeal Reaps Big Rewards," Reuters, September 2, 2009.

114. 同上。

115. Eric Holder, U. S. Attorney General, " Speech at Press Conference on Medicare Fraud Strike Force Actions," February 17, 2011; U. S. Department of Justice, " Health Care Fraud Prevention and Enforcement Efforts Result in Record - Breaking Recoveries Totaling Nearly $4. 1 Billion," press release, February 14, 2012.

116. 42 U. S. C. § 1320a - 7 (2006).

117. Health Care Programs: Fraud and Abuse; Revised OIG Exclusion Authorities Resulting from Public Law 104 - 191, 63 *Fed. Reg.* 46, 676, 46, 680 (September 2, 1998) (codifi ed at 42 C. F. R. pts.

1000, 1001, 1002, 1005).

118. Duff Wilson, "Side Effects May Include Lawsuits," *New York Times*, October 3, 2010.

119. Department of Justice, "Abbott Labs to Pay $1.5 Billion to Resolve Criminal and Civil In - vestigation of Off - Label Promotion of Depakote," press release, May 7 2012.

120. Duff Wilson, "For $520 Million, AstraZeneca Will Settle Case over Marketing of a Drug," *New York Times*, April 26, 2010.

121. Department of Justice, "GlaxoSmithKline to Plead Guilty and Pay $3 Billion to Resolve Fraud Allegations and Failure to Report Safety Data," press release, July 2, 2012.

122. 同上，第71、80、82段。

123. *U. S. v. GlaxoSmithKline*, Criminal Information, ¶70, July 2, 2012, www.justice.gov/opa/documents/gsk/gsk - criminal - info.pdf.

124. Alex Wayne, "Glaxo Case Pushes U. S. Health Settlements to $6.6 Billion," *Bloomberg Businessweek*, September 27, 2012.

125. GlaxoSmithKline Plea Agreement Addendum, 1, 8.

126. Abbott Labs Corporate Integrity Agreement, 52 - 54, www.justice.gov/opa/abbott - court - docs - 2012/CorporateIntegrityStatement.pdf.

127. Katie Thomas, "Glaxo Says It Will Stop Paying Doctors to Promote Drugs," *New York Times*, December 16, 2013.

128. Eric Holder, U. S. Attorney General, "Speech at Press Conference on Medicare Fraud Strike Force Actions," February 17, 2011.

129. Corporate Fraud Task Force, "Report to the President," 2008, iii, at www. justice. gov/ar chive/dag/cftf/corporate – fraud 2008. pdf.

130. Department of Justice, "Former Officer and Director of Global Engineering and Construction Company Pleads Guilty to Foreign Bribery and Kickback Charges," press release, September 3, 2008.

131. Stanley Plea Agreement, 14 – 17.

132. Laurel Brubaker Calkins, "Ex – KBR CEO Stanley Gets 2½ Years in Prison for Foreign Bribes," *Bloomberg*, February 24, 2012.

133. Stanley Plea Agreement, 14 – 18.

134. James B. Stewart, "Bribes without Jail Time," *New York Times*, April 27, 2012.

135. *U. S. v. Ebbers*, 458 F. 3d 110, 113 – 115 (2d Cir. 2006).

136. 同上，第 124 页。

137. Jury Instructions, 19, *U. S. v. Ebbers*, 02 – cr – 1144 (BSJ) (S. D. N. Y. March 4, 2005).

138. 同上，第 19 – 20 页。

139. *Ebbers*, 458 F. 3d at 129.

140. Dan Ackman, "Bernie Ebbers Guilty," *Forbes*, *March* 15, 2005.

141. *U. S. v. Ebbers*, 458 F. 3d 110, 125 (2nd Cir. 2006).

142. FDA, *Regulatory Procedures Manual*, March 2007, § 6 – 5 – 1.

143. *Friedman v. Sebelius*, 686 F. 3d 813, 816 (D. C. Cir 2012).

144. "HHS – OIG Drops Potential Action against Forest CEO," press release, August 5, 2011.

145. *Friedman v. Sebelius*, 686 F. 3d at 828.

146. David M. Uhlmann, "For 29 Dead Miners, No Justice," *New York Times*, December. 9, 2011; Howard Berkes, "Massey Mine Boss Pleads Guilty as Feds Target Execs," National Public Radio, March 29, 2012; John Raby, "Ex – CEO Implicated in Massey Coal Mine Case," *USA Today*, February 28, 2013.

147. *United States v. Stevens*, 909 F. 2d 431 (11th Cir. 1990).

148. 18 U. S. C. § 371.

149. *United States v. Hughes Aircraft Co.*, 20 F. 3d 974 (9th Cir. 1994).

150. E. g., *United States v. Philip Morris USA Inc.*, 449 F. Supp. 2d 1 (D. D. C. 2006).

151. Jeffrey M. Kaplan and Joseph E. Murphy, *Compliance Programs and the Corporate Sentencing Guidelines* (New York: Clark Boardman Callaghan 2012), § 22: 11.

152. Jeffrey T. Frederick, *Mastering Voir Dire and Jury Selection: Gain an Edge in Questioning Your Jury* (Chicago: American Bar Association 2012).

153. *Stein* I, 435 F. Supp. 2d at 380 – 382.

154. *Stein* II, 495 F. Supp. 2d at 410 – 417.

155. *United States v. Stein*, 541 F. 3d 130 (2d Cir. 2008).

156. *Stein v. KPMG, LLP*, 486 F. 3d 753, 756 (2d Cir. 2007).

157. *United States v. Pfaff*, 407 Fed. Appx. 506, 508 (2d Cir. 2010).

158. 26 U. S. C. §7201; 18 U. S. C. §371 (conspiracy to commit offense against the U. S.).

159. *Pfaff*, 407 Fed. Appx. at 509.

160. Larson Certiorari Petition at 7.

161. Appellate Brief, *United States v. Pfaff et al.*, 2010 WL 8939963 *30, 45 – 46, 129 (January 15, 2010).

162. 同上，第61、118页。

163. *United States v. Pfaff*, 619 F. 3d 172, 175 (2d Cir. 2010) (per curiam).

164. *United States v. Coplan*, 703 F. 3d 45 (2d Cir. 2012).

165. *United States v. Rosen*, 487 F. Supp. 2d 721, 737 (E. D. Va. 2007).

166. Memorandum from Deputy Attorney Gen. Paul J. McNulty, U. S. Department of Justice, to Heads of Department Components and U. S. Attorneys, U. S. Department of Justice, December 12, 2006, 8 – 11 n. 3.

167. 同上，第11 – 12页。

168. Memorandum from Deputy Attorney General Mark R. Filip, U. S. Department of Justice, to Heads of Department Components and U. S. Attorneys, U. S. Department of Justice, August 28, 2008, 13.

169. Alicia Mundy, "U. S. Effort to Remove Drug CEO Jolts Firms," *Wall Street Journal*, April 26, 2011; Henry N. Pontell, William K. Black, and Gilbert Geis, "Too Big to Fail, Too Powerful to Jail? On the Absence of Criminal Prosecutions after the 2008 Financial Melt-down," *Crime Law Social Change*, 2013.

170. Zachery Kouwe, "Bear Stearns Managers Acquitted of Fraud Charges," *New York Times*, November 10, 2009.

171. Sam Buell, "Is the White Collar Offender Privileged?" *Duke Law Journal* 63 (2013): 823; U. S. Sentencing Commission, "Final Report on the Impact of *United States v. Booker* on Federal Sentencing," 2006, 75; U. S. Sentencing Commission, *Report on the Continuing Impact of* United States v. Booker *on Federal Sentencing* (2012), 6, 67.

第五章

1. Statement of Ralph Dean, February 4, 2008, *United States v. BP Products North America*, No. 4: 07-cr-00434 (S. D. Tex Feb. 4, 2008), 3.

2. 同上，第3-4页。

3. Abraham Lustgarten, *Run to Failure: BP and the Making of the*

Deepwater Horizon Disaster (New York: W. W. Norton, 2012), 123.

4. U. S. Chemical Safety and Hazard Board Investigation Report, *Refinery Explosion and Fire*, March 20, 2007, 31 (CSHBI Report).

5. Lustgarten, *Run to Failure*, 123.

6. CSHBI Report, 23, 52.

7. 同上，第21–22、24页。

8. 同上，第21–22页。Victims' Joint Memorandum in Opposition to Plea Agreement, 9–10, *United States v. BP Products North America*, No. 4: 07-cr-00434 (S. D. Tex. Dec. 19, 2007).

9. CSHBI Report, 17.

10. Dean Statement, 6.

11. Lustgarten, Run to Failure, 129–131.

12. 同上。

13. 同上，第155页。

14. 同上，第160页。

15. Dean Statement, 8–9.

16. 42 U. S. C. §§ 7412 (r) (7), 7413 (c) (1).

17. U. S. Department of Justice, "British Petroleum to Pay More than $370 Million in Envtl. Crimes, Fraud Cases," press release, October 25, 2007.

18. *Kenna v. U. S. Dist. Ct. for the Cent. Dist. of Cal.*, 435 F. 3d 1011, 1013 (9th Cir. 2006).

19. Wayne R. LaFave et al., 1 Criminal Procedure § 1.4 (k)

(West 2d ed. 2004).

20. 18 U. S. C. § 3663; 18 U. S. C. § 3663A. 关于被害者权利运动的历史，参见 Douglas E. Beloof, Paul G. Cassell, and Steven J. Twist, *Victims in Criminal Procedure*, 3rd ed. (Durham, North Carolina: Carolina Academic Press, 2010), 5–17。

21. U. S. S. G. § 8B1. 1 (a).

22. 18 U. S. C. § 3664 (f) (2).

23. 18 U. S. C. § 3664 (i), (j).

24. 18 U. S. C. § 3664 (j).

25. 28 C. F. R. § § 9. 4, 9. 8 (b).

26. 28 C. F. R. § 9; Department of Justice, *Returning Forfeited Assets to Crime Victims: An Over-view of Remission and Restoration* (2008).

27. See U. S. Department of Justice, "FY 2011 Summary of Justice Assets Placed into Official Use by Federal Agency by Type," 2011（讲述了 2011 年被联邦机构没收的 560 万美元），相比之下，数亿美元被分配给了州立与地方机构。See U. S. Department of Justice, "Equitable Sharing Payments of Cash and sale Proceeds Executed during Fiscal Year 2011, by Recipient Agency."

28. JPMorgan Deferred Prosecution Agreement, January 6, 2014, Exhibit D, 1.

29. 18 U. S. C. § 3663A (3). 美国立法史里并不特别提及白领事务或欺诈诉讼，却十分关注过于复杂的赔偿决定。Victim Restitu-

tion Act of 1995, S. Rep. 104－179, 104th Congress at 19 (Dec. 6, 1995).

30. 28 C. F. R. § 9.9 (c).

31. Kenneth N. Gilpin, "Republic New York Pleads Guilty to Securities Fraud," *New York Times*, December 18, 2001. 注意摘要显示了不同的金额，共计5.69亿美元赔偿金用于归还共和国证券。省略的是错误的条目的9,999,999,999美元或9,999,999,997美元，正是委员会打算在相邻列中以该条目来表示缺失或不确定的数据或未指明的补救顺序。

32. 佣金数据也计算在内，因为它们具有2001年之前的数据。对于2002－2009年的佣金数据，我进行了调整，使其以日历年而不是会计年度为单位进行报告。对于2002年之前的年份，因为委员会无法提供判刑的月份或日历年，所以我无法调整数据。

33. Receiver's Final Report and Agreed Motion to Close Receivership, 4－5, *SEC v. KL Group, LLC*, No. 9：05－cv－80186 (S. D. Fla. Dec. 10, 2008).

34. 同上，第4页。

35. *SEC v. Cioffi*, 866 F. 2d 65, 66, 72 (E. D. N. Y. 2012).

36. 18 U. S. C. § 3771.

37. U. S. S. G. § 5F1.4; 18 U. S. C. § 3555.

38. 18 U. S. C. § 3771 (e).

39. See, *e. g.*, *In re McNulty*, 597 F. 3d 344 (6th Cir. 2010).

40. 量刑委员会称，2009年只有一个组织被下令在联邦刑事案件中通知被害人，而2008年连一个都没有。

41. Hearing on BP Plea Agreement, 100, *U. S. v. BP Products North America, Inc.*, No. 4: 07 - cr - 00434 (S. D. Tex. Oct. 7, 2008).

42. U. S. Department of Justice, "Attorney General Guidelines for Victim and Witness Assistance," May 29, 2005.

43. 当检察官把被害人蒙在鼓里时，他们将感受到挫败感，参见Stephanos Bibas, "Transparency and Participation in Criminal Procedure," *New York University Law Review* 81 (2006): 922 - 923, 924。

44. *U. S. v. BP Products of North America Inc.*, No. H - 07 - 434, 2008 WL 501321 at *1 (S. D. Tex. Feb. 21, 2008).

45. Dean Statement, 9.

46. 33 U. S. C. § 1319 (c) (1) (negligent Clean Water Act violations); § 1319 (2) (A) (prohibiting knowingly violating requirements imposed in a pretreatment program approved under the Clean Water Act).

47. U. S. Department of Justice, "Factors in Decisions on Criminal Prosecutions for Environmental Violations in the Context of Significant Voluntary Compliance or Disclosure Efforts by the Violator," July 1, 1991.

48. David Uhlmann, "The Erosion of Corporate Criminal Liability," *Maryland Law Review* 72 (2013): 1295.

49. Fed. R. Crim. Pro. R. 11 (c); *In re Morgan*, 506 F. 3d

705, 712 (9th Cir. 2007) (法官必须对辩诉交易作出"个别评估"); *U. S. v. Smith*, 417 F. 3d 483, 487 (5th Cir. 2005) (基于法院的理念, 为防止被告人判决较轻, 法官可以拒绝"认罪协议")。

50. *U. S. v. Crowell*, 60 F. 3d 199, 205 – 206 (5th Cir. 1995).

51. Victims Joint Memorandum, 2, *United States v. B. P. Products North America Inc.*, 4: 07 – cr – 00434 (S. D. Tex. Dec. 19, 2007).

52. Alice Gomstyn, "BP Texas City Refinery Blast Victim: BP Keeps 'Killing People'," ABC News, July 7, 2010.

53. *United States v. Van Schaick*, 134 F. 592, 602 (C. C. S. D. N. Y. 1904).

54. James W. Harlow, "Corporate Criminal Liability for Homicide: A Statutory Framework," *Duke Law Journal* 6 (2011): 123.

55. *Rochester Ry. & Light*, 88 N. E. at 24 (quoting N. Y. Penal Code § 179 (1908)).

56. Lee Strobel, *Reckless Homicide? Ford's Pinto Trial* (South Bend, IN: AND Books, 1980), 20.

57. 同上, 第 20 – 22 页。

58. 同上, 第 24 – 25 页。

59. *State v. Ford Motor Co.*, 47 U. S. L. W. 2514, 2515 (Ind. Super. Ct. 1979).

60. Strobel, *Reckless Homicide?*, 265, 270 – 271.

61. Francis T. Cullen, *Corporate Crime under Attack: The Ford*

Pinto Case and Beyond (Cincinnati, OH: Anderson, 1987), 292 - 293.

62. 同上，第293页。

63. See, e. g. , *People v. O' Neil*, 550 N. E. 2d 1090, 1098 (Ill. App. Ct. 1990); *United States v. Van Schaick*, 134 F. 592, 602 - 605 (C. C. S. D. N. Y. 1904). See also Patrick J. Schott, "Comment, Corporate Criminal Liability for Work - Site Deaths: Old Law Used a New Way," Marquette Law Review 71 (1988): 805. 这些情况中有许多是过时的。比如，法院就曾经驳回了对纽约一家公司的二级杀人罪起诉，参见 People v. Warner - Lambert Co. , 414 N. E. 2d 660 (N. Y. 1980)。

64. 故意违反《职业安全与健康法》并导致工人死亡，检察官可以根据《美国法典》第29款第666（e）条对其定罪，不过遗憾的是，这是一条轻罪并且处罚相当低（不超过10,000美元）。

65. "Text: Victim Impact Statement," *New York Times*, August 11, 2005.

66. Jennifer Bayot, "Ebbers Sentenced to 25 Years in Prison for $11 Billion Fraud," *New York Times*, July 13, 2005.

67. *In re Dean*, 527 F. 3d 391, 396 (5th Cir. 2008).

68. Hearing on Plea Agreement, *United States v. BP Products North America*, 4: 07 - cr - 00434 (S. D. Tex. Oct. 7, 2008).

69. 同上，第18 - 19页。

70. 同上，第23页。

71. 同上，第 67 页。

72. CSHBI Report，20.

73. 同上，第 60、64 页。

74. 同上，第 38 页。

75. 同上，第 60 页。

76. Transcript of Sentencing，8，*United States v. BP Products North America*，*Inc.*，No. 4：07 – cr – 434（S. D. Tex. March 26，2009）.

77. BP Products North America Inc.'s Sentencing Memorandum at 6，11，*United States v. BP*，No. 4：07 – cr – 434（S. D. Tex. Nov. 20，2007）.

78. 同上，第 10 – 11 页。

79. 18 U. S. C. § 2571（c）（3）.

80. Victims' Joint Memorandum in Opposition to Plea Agreement at 35，BP Products North America，Inc.，CR. No. 4：07 – cr – 434（S. D. Tex. Dec. 19，2007）.

81. 同上，第 8 页。

82. Marilee Enge and David Postman，"Judge Rejects Exxon Deal，" *Anchorage Daily News*，April 25，1991.

83. 法官最终仅要求埃克森美孚公司支付 2500 万美元，并根据合作和清理费用贷款 1 亿美元。之后埃克森美孚公司确实支付了总计 1 亿美元的赔偿金。*United States v. Exxon Corporation*（*Alaska*），www. justice. gov/enrd/3499. htm.

84. Hearing on Plea Agreement, 163, *United States v. BP Products North America*, 4: 07 – cr – 00434 (S. D. Tex. Oct. 7, 2008).

85. Dean Statement, 10.

86. Victim's Joint Memorandum in Opposition to Plea Agreement, 12.

87. Brad Heath, Paul Davidson, and Chris Woodyard, "Hearings to Open on Alaska Oil Field Woes," *USA Today*, September 6, 2006.

88. Victims' Joint Memorandum in Opposition to Plea Agreement, 11.

89. BP Deferred Prosecution Agreement, *United States v. BP America, Inc.*, No. 07 – cr – 00683, (N. D. Ill. Oct. 25, 2007); U. S. Commodity Futures Trading Commission, "BP Agrees to Pay a Total of $303 Million in Sanctions to Settle Charges of Manipulation and Attempted Manipulation in the Propane Market" October 25, 2007.

90. Victims' Joint Memorandum in Opposition to Plea Agreement, 27.

91. Press Release, "What Experts Say about the Criminal Penalties in the BP Texas City Refinery Explosion," Texans for Public Justice, http: //info. tpj. org/press_ releases/BP/ experts. pdf.

92. U. S. Department of Labor, "US Department of Labor's OSHA Issues Record – Breaking Fines to BP," news release, October 30, 2009.

93. Richard Mauer and Anna M. Tinsley, "Gulf Oil Spill: BP Has

a Long Record of Legal, Ethical Violations," McClatchy, May 8, 2010.

94. Order Granting United States' Unopposed Motion to Enter Consent Decree, *U. S. v. BP Products North America*, No. 4: 10 - cv - 3569 (S. D. Tex. Dec. 30, 2010).

95. United States Memorandum in Support of Its Unopposed Motion to Enter Consent Decree at 7, *United States v. BP Products North America*, No. 4: 10 - cv - 03569 (S. D. Tex. Dec. 9, 2010).

96. 同上,第 11 页。

97. 同上,11 n. 7。

98. 同上,第 14 页。

99. Marian Wang, "Despite Safety Concerns at Texas Refinery, U. S. Won't Revoke BP Probation," ProPublica, September 28, 2010.

100. Tom Fowler and Lise Olsen, "Throw Out 2007 BP Plea Deal, Blast Victims Tell Feds," *Houston Chronicle*, July 5, 2010.

101. 18 U. S. C. § 3771 (a) (2), (e).

102. Memorandum Opinion and Order, 2, *United States v. CITGO Petroleum Corp.*, No. C - 06 - 563 (S. D. Tex., Sept. 14, 2012).

103. 同上,第 3 页。

104. 同上,第 7 页。

105. Memorandum Opinion and Order, 20, *United States v. CITGO Petroleum Corp.*, No. C - 06 - 563 (S. D. Tex., April 30, 2014).

106. 以民事诉讼为例，法院将根据先前的刑事诉讼供述，继续在民事诉讼使用。参见，e. g. , *Davis v. Beazer Homes*, U. S. A. , Inc. , No. 1：08CV247, 2009 WL 3855935 *7（M. D. N. C. Nov. 17, 2009）（被告的供述是“评估原告主张合理性的重要因素”）；*Somerville v. Stryker Orthopaedics*, No. C 08 – 02443 JSW, 2009 WL 2901591 *3（N. D. Cal. , Sept. 4, 2009）（citing to non – prosecution agreement attached to complaint）。对法官认为在民事诉讼中不受理不起诉协议的情况。参见 Andrew Keshner, “Non – Prosecution Agreement Ruled Inadmissible in Suit,” *New York Law Journal*, September 17, 2011。

107. Barbara Black, “Should the SEC Be a Collection Agency for Defrauded Investors?” *Busi ness Lawyer* 63（2008）：330 – 331.

108. 15 U. S. C. § 7246.

109. Plan of Allocation for the Restitution Fund, 2 n. 2, *United States v. Computer Assocs. Int'l, Inc.* , No. 04 – 0837（E. D. N. Y. June 28, 2005）.

110. Gretchen Morgenson, “Giving Away Lots of Money Is Easy, Right?” *New York Times*, Feb. 13, 2005.

111. Notice of Claims Process for Distribution of the Restitution Fund, In Re：*United States v. Computer Associates International*, No. 04 – 0837（E. D. N. Y. 2005）, www. computerassociatesrestitutionfund. com/pdf/carf1not. pdf.

112. Order of Judge I. Leo Glasser, *United States v. Computer*

Assocs. Int'l, *Inc.* , No. 04 – 0837, (E. D. N. Y. Mar. 27, 2008).

113. Notice of Claims Process for Distribution of the Restitution Fund, *United States v. Computer Assocs. Int'l*, *Inc.* , No. 04 – 0837 (E. D. N. Y. 2005), www. computerassociatesrestitu tionfund. co/pdf/ carf1not. pdf. For a detailed discussion of this problem, see Adam S. Zimmerman and David M. Jaros, "The Criminal Class Action," *University of Pennsylvania Law Review* 159 (2011): 1398.

114. In re: Bristol – Myers Squibb Derivative Litigation, No. 02 Civ. 8571 (LAP), 2007 WL 959081 (S. D. N. Y. 2007).

115. 同上,*5。

116. Alex Berenson, "Lilly Settles with 18, 000 over Zyprexa," *New York Times*, *January* 5, 2007.

117. *Hood v. Eli Lilly & Co.* (In re Zyprexa Prods. Liab. Litig.), 671 F. Supp. 2d 397, 404 – 405 (E. D. N. Y. 2009).

118. Agreement between Newsday, Inc. , Hoy Publications LLC, & the U. S. Attorney's Office for the Eastern Dist. of N. Y. at 4, 6, In re Newsday Litig. , No. 08 – 0096 (E. D. N. Y. Dec. 17, 2007).

119. *United States v. Brennan* (In re Newsday Litig.), No. 08 – 0096, 2008 WL 4279570, at *1 – 3 (E. D. N. Y. Sept. 18, 2008).

120. Letter to Hon. Jack B. Weinstein, 3, In re Newsday Litigation, Criminal Action No. Misc. – 08 – 0096, Civil Action No. CV – 08 – 5280 (E. D. N. Y. Jan. 28, 2009).

121. *SEC v. Bear*, *Stearns & Co.* , 626 F. Supp. 2d 402, 416 –

417, 420 (S. D. N. Y. 2009) (ruling unclaimed money in the Distribution Funds transferred to the U. S. Department of the Treasury); 28 U. S. C. § § 2041 - 2042.

122. 18 U. S. C. § 3771 (d) (2).

123. Zimmerman and Jaros, "The Criminal Class Action," 1385.

124. Transcript of Change of Plea and Sentencing Hearing, 17, 22, *United States v. Alcatel - Lucent*, Case No. 1: 10 - cr - 20907 - MGC (S. D. Fla. June 1, 2011).

125. 同上，第 23 - 24 页。

126. 同上，第 27 - 28 页。

127. 同上，第 49 页。

128. 同上，第 52 页。

129. Transcript of Change of Plea and Sentencing Hearing at 52, *United States v. Alcatel - Lucent*, Case No. 1: 10 - cr - 20907 - MGC (S. D. Fla. June 1, 2011).

130. In re: Instituto Costarricense de Electricidad, No. 11 - 12708 - G (11th Cir. 2011) (unpublished decision).

131. U. S. Attorney's Office, "Chevron Corp. Agrees to Pay $30 Million in Oil - for - Food Settlement," press release, November 14, 2007.

132. Plea Agreement at Exhibit B, *U. S. v. Style Craft Furniture Co., Ltd*, No. 1: 08 - cr - 00279 (D. N. J., May 1, 2009).

133. *United States v. Urciuoli*, 613 F. 3d 11, 18 (1st Cir. 2010).

134. See Memorandum from Mark Filip, Deputy Attorney General, to Holders of the *U. S. Attorneys' Manual*, May 14, 2008; *United States Attorneys' Manual* §9 – 16. 325 (2010).

135. Jef Feeley and Janelle Lawrence, "Merck Unit's Plea over Vioxx Investigation Accepted by Judge," *Bloomberg Businessweek*, April 19, 2012.

136. 同上。

137. Jef Feeley and Janelle Lawrence, "Orthofix's Settlement of Medicare Probe Rejected by Judge," *Bloomberg Businessweek*, September 6, 2012.

138. Jef Feeley and Janelle Lawrence, "Orthofix Medicare Fraud Probe Is Rejected Again by Judge," *Bloomberg Businessweek*, December 13, 2012.

139. Richard A. Bierschbach and Stephanos Bibas, "Notice – and – Comment Sentencing," *Minnesota Law Review* 97 (2012): 1.

140. Peter Maas, "What Happened at the Macondo Well?" *New York Review of Books*, September 29, 2011, 38 – 41.

141. *Deepwater Horizon* Study Group, "Final Report on the investigation of the Macondo Well Blowout," March 1, 2011, 6 – 7.

142. National Commission on the BP *Deepwater Horizon* Oil Spill & Offshore Drilling, *Deep Water: The Gulf Oil Disaster and the Future of Offshore Drilling*, 2011 (National Commission Report)., vii, 122.

143. 同上，第 ix, 221 页。

144. *Deepwater Horizon* Study Group, 5, 6; see also National Commission Report, 221.

145. Clifford Krauss, "Engineer Arrested in BP Oil Spill Case," *New York Times*, April 24, 2012.

146. Affidavit of Barbara O'Donnell, *U. S. v. Mix* (E. D. L. A. April 23, 2012).

147. "BP Must Pay $400M for Indiana Refinery Emissions Controls," ENS Newswire, May 24, 2012.

148. 18 U. S. C. § 1115.

149. Steven Mufson, "BP Agrees to Criminal Plea, $4 Billion Settlement in Gulf Oil Spill Case," *Washington Post*, November 15, 2012.

150. News Release, "EPA to Lift Suspension and Debarment of BP from Federal Government Contracts/Agreement，载有继续改进安全和道德的严格规定，以便遵守" Environmental Protection Agency, March 13, 2014。

151. "BP Texas Lawsuit: Texas City Resident Sue Oil Company," *Associated Press*, June 14, 2012; Harvey Rice, "Jury Absolves BP in Gas Leak Trial," *Houston Chronicle*, October 10, 2013.

152. Erwin Seba, "BP Texas City Refinery Not Profitable for Years—Report," Reuters, June 6, 2012; BP "BP Completes Sale of Texas City Refinery and Related Assets to Marathon Petroleum," press-release, February 1, 2013.

153. Alice Gomstyn, "BP Texas City Refinery Blast Victim: BP Keeps 'Killing People'," ABC News, July 7, 2010.

第六章

1. Mary Flood and Tom Fowler, "Enron's Auditor Is Given the Max," *Houston Chronicle*, October 17, 2002.

2. *United States v. Booker*, 543 U. S. 220 (2005).

3. U. S. S. G. Chapter 5, Pt. A (Sentencing Table).

4. Jennifer Arlen, "The Failure of the Organizational Sentencing Guidelines," *Miami Law Review* 66 (2012): 231.

5. 比较《美国法典》第18卷, 3571节第3款及第4款, 后者规定罚金应达被害人因犯罪行为所受损失或公司因犯罪所获利益的两倍。

6. Order, *United States v. Andersen, LLP*, Docket No. 4: 02 - cr - 00121 (S. D. Tex. Mar 07, 2002).

7. Johnson & Johnson Deferred Prosecution Agreement at ¶ 4.

8. *U. S. v. Siemens A. G.*, Case 1: 08 - cr - 00267 - RJL (D. D. C. Feb. 4, 2009), Plea Hearing and Sentencing, 5.

9. 同上, 第6-7页。

10. 同上, 第9页。

11. Fed. R. Crim. P. 4 (a), Fed. R. Crim. P. 43 (b); see Christopher Jackson, "When a Company Confesses," *Michigan Law Review* 109 (2010): 387.

12. Siemens Plea Hearing, 10 – 12, 20 – 21.

13. 同上，第 15、24、30 页。

14. 同上，第 17 – 19 页。

15. Siemens Plea Agreement, 4; Mike Esterl et al., "Sicmens Internal Review Hits Hurdles," *Wall Street Journal*, January 23, 2008; David Crawford and Mike Esterl, "Siemens Ruling Details Bribery across the Globe," *Wall Street Journal*, November 16, 2007.

16. 18 U. S. C. § 3571.

17. 同上，第 31、34 页。

18. *U. S. v. Guidant*, Crim. No. 10 – mj – 67 (D. MN. 2010), Memorandum Opinion and Order, 16 – 19.

19. 如控辩双方达成的协议并非出于自愿，内容有失公正或违背正义，则法官有权拒绝。参见 e. g., *U. S. v. Kling*, 516 F. 3d 702, 704 (8th Cir. 2008)。

20. 同上，第 22 页。

21. Letter to Hon. Donavan W. Frank, *U. S. v. Guidant*, Crim. No. 10 – mj – 67 (D. MN. April 12, 2010).

22. 同上，第 26 页。

23. *U. S. v. Guidant LLC*, No. 10 – mj – 67, 708 F. Supp. 2d 903, 921 (D. MN. 2010).

24. "Judge Accepts Guilty Plea by Guidant," *Bloomberg News*, January 13, 2011; "Judge Adds Probation to Guidant Plea Deal," Associated Press, January 12, 2011.

25. John C. Coffee Jr., "No Soul to Damn: No Body to Kick: An Unscandalized Inquiry into the Problem of Corporate Punishment," *Michigan Law Review* 79 (1981): 388; Mark A. Cohen, "Theories of Punishment and Empirical Trends in Corporate Criminal Sanctions," *Managerial and Decision Economics* 17 (1996): 399, 401; Ilene H. Nagel and John L. Hagan, "The Sentencing of White – Collar Criminals in Federal Courts: A Socio – Legal Exploration of Disparity," *Michigan Law Review* 80 (1982): 1427.

26. *Southern Union Co. v. U. S.*, 132 S. Ct. 2344 (Breyer, J., dissenting).

27. Richard S. Gruner, "Towards an Organizational Jurisprudence: Transforming Corporate Criminal Law through Federal Sentencing Reform," *Arizona Law Review* 36 (1994): 408; Ilene H. Nagel and Winthrop M. Swenson, "Federal Sentencing Guidelines for Corporations: Their Development, Theoretical Underpinnings, and Some Thoughts about Their Future," *Washington University Law Quarterly* 71 (1993): 215.

28. Criminal Fine Enforcement Act of 1984, Pub. L. No. 98 – 596, 98 Stat. 3134 (1984); Criminal Fines Improvement Act of 1987, Pub. L. No. 100 – 185, 101 Stat. 1279 (1987).

29. Mark A. Cohen et al., "Report on Sentencing of Organizations in the Federal Courts, 1984 – 1987," in United States Sentencing Commission, Discussion Materials on Organizational Sanctions, 1988, 7 – 11.

30. Cindy R. Alexander et al., "Regulating Corporate Criminal Sanctions: Federal Guidelines and the Sentencing of Public Firms," *Journal of Law and Economics* 42 (1999): 416, 419 - 420.

31. *United States v. Booker*, 543 U. S. 220 (2005).

32. 有关强化刑罚震慑观点，参见 Jeffrey S. Parker, "Criminal Sentencing Policy for Organizations: The Unifying Approach of Optimal Penalties," *American Crim nal Law Review* 26 (1989): 554 - 561。

33. Jennifer Arlen, "The Potentially Perverse Effects of Corporate Criminal Liability," *Journal of Legal Studies* 23 (1994): 833; Jennifer Arlen and Reinier Kraakman, "Controlling Corporate Misconduct: An Analysis of Corporate Liability Regimes," *New York University Law Review* 72 (1997): 699.

34. In re Caremark Int'l., Inc. Derivative Litigation, 698 A. 2d 959, 970 (Del. Ch. 1996).

35. U. S. S. G. § 8C. 1. 1 (2010).

36. Department of Justice, "Nexus Technologies Inc. and Three Employees Plead Guilty to Paying Bribes to Vietnamese Officials," press release, March 16, 2010.

37. *U. S. v. Nguyen et al.*, 2: 08 - cr - 00522 (Sept. 8, 2010 E. D. P. A.), Government's Sentencing Memorandum, 1 - 3.

38. 同上，第 9 页。

39. Judgment, *U. S. v. Nguyen et al.*, 2: 08 - cr - 00522 (Sept. 15, 2010 E. D. P. A.).

40. U. S. S. G. §8C2. 2.

41. 2008 Commission Datafile.

42. *U. S. v. Barclays*, No. CR 10－218（D. D. C. August 18, 2010）, Hearing, 18.

43. 同上，第15页。

44. U. S. S. G. §8B1. 1（“被害人身份明确”的案件中，法庭应“就被害人全部损失指令赔偿”）。

45. 18 USC §3571（d）.

46. U. S. S. G. §2B1. 1; *United States v. Parris*, 573 F. Supp. 2d 744, 754（E. D. N. Y. 2008）; U. S. v. Adelson, 441 F. Supp. 2d 506, 510（S. D. N. Y. 2006）.

47. U. S. S. G. §2B1. 1 Application Note 3（A）（ii）.

48. U. S. S. G. §8C2. 9.

49. 同上，§8C2. 5。

50. 同上，§8C2. 6。

51. 同上，§8C 2. 5（b）。

52. 同上，§8C 2. 5（b）（最大最小乘数表）。

53. U. S. Sentencing Commission, “2009－2012 Sourcebook,” 2012, Table 54. 从1992年到2012年，有5家公司因有效合规而获得奖励。

54. USSG §8B2. 1（b）（2）, USSG §8B2. 1（a）（2）; “Report of the Ad Hoc Advisory Group on the Organizational Guidelines,” October 7, 2003.

55. USSG §8C2.5（3）.

56. Mei Lin Kwan – Gett and Dane A. Lund, "Crediting Corporate Compliance but Withholding the Corporate Compliance Guideline's Credit" *Federal Sentencing Reporter* 26（2013）: 49.

57. 2008 Datafile, ICPSR, Organizations Convicted in Federal Criminal Courts Series, www icpsr. umich. edu/icpsrweb/ICPSR/series/85.

58. Arlen, "The Failure of the Organizational Sentencing Guidelines," supra.

59. U. S. S. G. §8C2.5（g）（1）.

60. 2012 Sourcebook, Table 54（28.6%承担责任）。

61. U. S. S. G. §8C2.5（g）（2）.

62. U. S. S. G. §8C2.5（g）（3）; 2012 Sourcebook, table 54.

63. 同上。

64. U. S. S. G. §8C4.1.

65. Motion to Depart, 3 – 4, *U. S. v. Panalpina*, No. 10 – cr – 765（S. D. Tx. Dec. 7, 2010）.

66. 同上，第4 – 5 页。

67. USSG § 2B1.1.

68. *U. S. v. Bernard L. Madoff*, 09 CR 213（DC）（S. D. N. Y. June 29, 2009）, Sentencing Hearing, 40, 43.

69. 同上，第3 – 30 页。

70. 同上，第20 页。

71. 同上，第34 页。

72. 同上，第36、38页。

73. Diana B. Henriques, "Madoff Is Sentenced to 150 Years for Ponzi Scheme," *New York Times*, June 29, 2009.

74. *U. S. v. Madoff*, Sentencing Hearing, 46 – 47.

75. Sam Buell, "Is the White Collar Offender Privileged?" *Duke Law Journal* 63 (2013): 823.

76. Susan Pulliam and Chad Bray, "Trader Draws Record Sentence," *Wall Street Journal*, October 13, 2011; *United States v. Rajaratnam*, No. 09 Cr. 1184, slip op. at 1 (S. D. N. Y. Jan. 31, 2012).

77. U. S. Sentencing Commission, 2000 – 2012 Sourcebooks of Federal Sentencing Statistics.

78. Fed. R. Crim. P. 11 (c) (1) (B) (plea agreement may "recommend" that "a particular sentence or sentencing range is appropriate"), Fed. R. Crim. P. 11 (c) (1) (C) (控辩协议可以"认为某一具体量刑或某一范围内量刑符合案情，处理适宜"); Fed. R. Crim. P. 11 (c) (5) (procedure for rejecting a (c) (1) (A) or (C) plea agreement); see, e. g., In re Morgan, 506 F. 3d 705, 712 (9th Cir. 2007) (法庭应就控辩协议作出"具体评判"); *United States v. Smith*, 417 F. 3d 483, 487 (5th Cir. 2005) ("地区法庭应依据量刑不应畸轻原则适时驳回控辩协议")。

79. *U. S. v. Wampler*, 624 F. 3d 1330, 1332 – 33 (10th Cir. 2010) (本案中，法庭认为控辩协议"免除了公司负责人的责任，有

失公正”予以驳回)。

80. Pamela MacLean and Karen Gullo, “Samsung SDI’s Plea Deal in Price Fixing Case Blocked,” *Bloomberg*, April 20, 2011.

81. U. S. A. M. § 9 - 28. 1300.

82. See, e. g., 2011 Sourcebook, Table 53 (69. 4% 被处以缓刑); 2010 Sourcebook at Tbl. 53 (70. 5% 被处以缓刑)。

83. U. S. S. G. § 8D1. 1 (a) (3). This rule applies only to firms with more than 50 employees. U. S. S. G. § 8D1. 3 (a) (1) - (6).

84. 同上, § 8D1. 3 (a) (1)。

85. Nagel & Swenson, 216, 234; see, e. g., *United States v. Missouri Valley Constr. Co.*, 741 F. 2d 1542 (8th Cir. 1984); *United States v. John Scher Presents, Inc.*, 746 F. 2d 959 (3d Cir. 1984).

86. Michael B. Gerrard, “Corporate Probation: The Con Edison Sentence,” *New York Law Journal*, May 26, 1995.

87. 42 USC § § 11001 et seq.

88. U. S. S. G. § 8D1. 4, Application Note 1.

89. U. S. S. G. § 8D1. 4 (5).

90. 2012 Sourcebook, Table 53.

91. Andrew Weissmann and Joshua A. Block, “White - Collar Defendants and White - Collar Crimes,” *Yale Law Journal Pocket Part* 116 (2007): 286; U. S. Sentencing Commission, “Measuring Recidivism: The Criminal History Computation of the Federal Sentencing Guide -

lines," 2004, 13.

92. 2011 资料集，表 54（1.4%的公司 10 年内曾被定罪）。2009 年及 2010 年，该数字为 0，见 2009－2010 资料集，表 54。

93. 如 2008 年有一家系累犯的公司在缓刑期间违规。2008 资料集，表 54。

94. U. S. S. G. § 8C2. 5（c）; see also U. S. S. G. § 2. 8.

95. ABB Vetco Gray（UK）Ltd. Plea Agreement.

96. 同上，事实陈述第 1 页。

97. Department of Justice, "Aibel Group Ltd. Pleads Guilty to Foreign Bribery and Agrees to Pay $4. 2 Million in Criminal Fines," press release, November 21, 2008.

98. 同上。

99. Department of Justice, "ABB Ltd and Two Subsidiaries Resolve Foreign Corrupt Practices Act Investigation and Will Pay $19 Million in Criminal Penalties," press release, September 29, 2010.

100. Deferred Prosecution Hearing, *U. S. v. ABB Ltd.*, Cr. No. H－10－665（S. D. Tex. Sept. 29, 2010）.

101. 同上，第 13 页。

102. 同上，第 10 页。

103. Department of Justice, "Agencies Listed by Size Categories," www. justice. gov/crt/508 /report2/agencies. php.

104. Transcript of Deferred Prosecution Hearing, *U. S. v. ABB Ltd.*, 10－11.

105. 同上，第12页。

106. USSG §8C2.5（c）.

107. 同上，第14页。

108. 同上，第20页。

109. Samuel W. Buell, "The Blaming Function of Entity Criminal Liability," *Indiana Law Journal* 81（2006）：501. 小约翰·C. 卡菲提出，以商誉打击公司犯罪存在弊端。Coffee, "No Soul to Damn," 424－434。

110. Gilbert Geis and Joseph DiMento, "Should We Prosecute Corporations and/or Individuals?" in *Corporate Crime：Contemporary Debates*, ed. Frank Pearce and Laureen Snider（Toronto, Ontario：University of Toronto Press, 1995）, 79（describing 1983 study）.

111. Cindy R. Alexander, "On the Nature of the Reputational Penalty for Corporate Crime：Evidence," *Journal of Law and Economics* 42（1999）：493.

112. Alpha Natural Resources, December 6, 2011（"SPX five day big winners [include] Alpha Natural Resources（ANR）24.05%…"）.

113. Dan M. Kahan, "What Do Alternative Sanctions Mean?" *University of Chicago Law Review* 63（1996）：643.

114. See U. S. S. G. § 8C2.5, commentary（n. 14）.

115. Jayne W. Barnard, "Reintegrative Shaming in Corporate Sentencing," *Southern California Law Review* 72（1999）：961－962.

116. U. S. S. G. § 8D1.4（a）；Andrew Cowan, "Scarlet Letters

for Corporations? Punishment by Publicity under the New Sentencing Guidelines," *Southern California Law Review* 65 (1992): 2387.

117. Griffin Industries Agreement.

118. See EMI – SAR Trucking Plea Agreement.

119. Drew Griffin and Andy Segal, "Feds Found Pfizer Too Big to Nail," CNN. com, April 2, 2010.

120. See, e. g. In re Catfish Antitrust Litigation, 908 F. Supp. 400 (N. D. Miss. 1995)(该案系反垄断民事诉讼案件)。

121. Associated Press, "Lockheed Drops Titan Merger after Delays by Bribery Probe," *Los Angeles Times*, June 27, 2004.

122. Plea Agreement, *U. S. v. Abbott Labs*, Case No. 1: 12 – cr – 00026 – SGW (May 7, 2012).

123. Lloyds Deferred Prosecution Agreement, ¶15.

124. *U. S. v. BP Products North America, Inc.*, No. 4: 07 – cr – 434 (S. D. Tex. March 26, 2009), Transcript of Sentencing, 10.

第七章

1. *Plutarch's Lives and Writings: The Translation Called Dryden's*, ed. A. H. Clough (1905), 1: 21.

2. Sentencing Memorandum, *U. S. v. Siemens Aktiengesellschaft* (D. D. C. December 12, 2008).

3. Siemens, "Sustaining Business Integrity," (2011), www. siemens. com/sustainability/pool /compliance/integrity_ initiative/sustain-

ing – business – integrity. pdf.

4. Sentencing Memo, 22.

5. Siemens Plea Agreement, 11 – 12.

6. Securities and Exchange Commission, "Bristol – Myers Squibb Company Agrees to Pay $150 Million to Settle Fraud Charges," press release, August 4, 2004.

7. U. S. Department of Justice, "Statement from U. S. Attorney Christopher J. Christie on Expiration of Deferred Prosecution Agreement with Bristol – Myers Squibb," June 14, 2007.

8. U. S. Department of Justice, Office of the Deputy Attorney General, "Selection and Use of Monitors in Deferred Prosecution Agreements and Non – Prosecution Agreements with Corporations," March 7, 2008 ("Morford Memo").

9. The Aurora Foods agreement refers to an "outside consultant." Aurora Foods Non – Prosecution Agreement, 4. The Bank of New York agreement refers to an "independent examiner." Bank of New York Non – Prosecution Agreement, 11 – 12. The Boeing Agreement refers to a "Special Compliance Officer." Boeing Non – Prosecution Agreement, 6. The G. E. agreement refers to an "Independent Consultant." G. E. Non – Prosecution Agreement, 3.

10. Morford Memo, 2.

11. 同上。

12. James B. Jacobs et al., "The RICO Trusteeships after Twenty

Years: A Progress Report," *Labor Law* 19 (2004): 419.

13. *U. S. v. Int'l Bhd. of Teamsters*, 742 F. Supp. 94, 102 (S. D. N. Y. 1990).

14. 在一篇法律评论文章中，我首次发现了结构性改革诉讼和起诉公司协议的联系。Brandon L. Garrett, "Structural Reform Prosecution," *Virginia Law Review* 93 (2007): 853.

15. Abram Chayes, "The Role of the Judge in Public Law Litigation," *Harvard Law Review* 89 (1976): 1281, 1284, 1298.

16. 例如，在一系列备受争议的判决中，最高法院发现某些消除种族隔离案件中的救济措施太过了。*Missouri v. Jenkins*, 515 U. S. 70, 112 - 113 (1983); *Frew v. Hawkins*, 540 U. S. 431, 442 (2004).

17. E. g., William Fletcher, "The Discretionary Constitution: Institutional Remedies and Judicial Legitimacy," *Yale Law Journal* 91 (1982): 625; Paul J. Mishkin, "Federal Courts as State Reformers," *Washington and Lee Law Review* 35 (1978): 951; Charles F. Sabel and William H. Simon, "Destabilization Rights: How Public Law Litigation Succeeds," *Harvard Law Review* 117 (2004): 1019 - 1020; John C. Jeffries Jr. and George A. Rutherglen, "Structural Reform Revisited," *California Law Review* 95 (2007): 1387.

18. 一系列的监督员报告公开于新泽西州牙科医学大学案。

19. 从备审案件记录中，不能看出法官是否增设了特殊条件，如特别专家。除了《反海外腐败法》及违反环境保护法案件之外的其他案件中，这种做法相当罕见。

20. 这三项协议分别是与英国石油、计算机协会、纽约赛马协会签订的。

21. Russell Mokhiber, "Morford Memo Morphed: Who Picks the Corporate Monitors?" *Corporate Crime Reporter*, January 1, 2013.

22. *Lincoln Savings & Loan Association v. Wall*, 743 F. Supp. 901, 920 (D. D. C. 1990); Donald C. Langevoort, "Where Were the Lawyers? A Behavioral Inquiry into Lawyers' Responsibility for Clients' Fraud," *Vanderbilt Law Review* 46 (1993): 76 ("律师们在哪里? 可能是反问，也可能是挖苦，这个问题常在金融欺诈案件中提出")。

23. Jill E. Fisch and Kenneth M. Rosen, "Is There a Role for Lawyers in Preventing Future Enrons?" *Villanova Law Review* 48 (2003): 1097.

24. 148 Cong. Rec. S6524 (daily ed. July 10, 2002) (statement of Sen. Corzine).

25. Preliminary Report of the American Bar Association's Task Force on Corporate Responsibility, July 16, 2002, 47 – 50.

26. Sarbanes – Oxley Act, § 307, 15 U. S. C. § 7245 (2002). The SEC also gave firms the option of establishing a Qualified Legal Compliance Committee (QLCC) to receive reports of misconduct from attorneys. 17 C. F. R. § 205. 3.

27. John C. Coffee Jr., "Gatekeeper Failure and Reform: The Challenge of Fashioning Relevant Reforms," *Boston University Law*

Review 84 (2004): 360 – 363.

28. Barry F. McNeil and Brad D. Dian, *Internal Corporate Investigations* (Chicago: American Bar Association, 2007), 18.

29. Peter J. Henning, "The Mounting Costs of Internal Investigations," *New York Times*, March 5, 2012.

30. David S. Hilzenrath, "Justice Department, SEC Investigations Often Rely on Companies' Internal Probes," *Washington Post*, May 22, 2011.

31. Nathan Vardi, "The Bribery Racket," *Forbes*, May 28, 2010.

32. Jenkins Gilchrist Agreement, 2 (March 26, 2007); IRS news release IR – 2007 – 71 (March 29, 2007), www. irs. gov/pub/irs – news/ir – 07 – 071. pdf.

33. BMS Deferred Prosecution Agreement, ¶5.

34. 同上，第5、12、14段。

35. 同上，附件B、3、5。

36. U. S. Department of Justice, "Bristol – Myers Squibb Charged with Conspiring to Commit Securities Fraud; Prosecution Deferred for Two Years," press release, June 15, 2005.

37. In re Bristol – Myers Squibb Securities Litigation, Master File No. 02 – CV – 2251 (LAP) (S, D. N. Y.).

38. BMS DPA, ¶8.

39. 同上，第31、34段。

40. Brooke A. Masters, "Bristol – Myers Outs Its Chief at

Monitor's Urging," *Washington Post*, September 13, 2006.

41. Form 10 – Q, Bristol – Myers Squibb Company, Quarterly Report under Section 13 or 15 of the Securities Exchange Act of 1934 for the Quarterly Period Ended March 31, 2007.

42. 文中有关威格尔博士工作的描述来源于2012年10月2日对他的电话采访，文中的任何引述同样来自此次采访。在此感谢威格尔博士分享他担任监督员的经历和观点。

43. Siemens Plea Agreement, 11 – 12; see also Siemens, Continuous Improvement.

44. Siemens, Index According to the Reporting Guidance on the 10th Principle by the UN Global Compact and Transparency International, April 2012, www. siemens. com/sustain ability/pool/en/core_ topics/compliance/siemens – acrg – index – 2011 – en. pdf.

45. 同上，第74 – 75页。

46. 非常感谢约瑟夫·沃林在2013年3月22日的电话会议中与我讨论监督员的工作。

47. Siemens, 2011 Annual Report, www. siemens. com/investor/pool/en/investor_ relations /siemens_ ar_ 2011. pdf.

48. Siemens, Annual Shareholders Meeting of Siemens AG, "Speech by Peter Löscher, President and CEO," January 24, 2012, www. siemens. com/press/pool/de/events/2012/ corporate/2012 – q1/2012 – hv – speech – loescher. pdf.

49. Vikramaditya Khanna and Timothy L. Dickinson, "The Corpo-

rate Monitor: The New Corporate Czar?," *Michigan Law Review* 105 (2007): 1713.

50. E. g. , Weatherford Int'l Inc. Deferred Prosecution Agreement (November 26, 2013), D – 8.

51. Government Accountability Office, "Preliminary Observations on the DOJ's Use and Oversight of Deferred Prosecution and Non – Prosecution Agreements," June 25, 2009, 41.

52. New Release, "Willbros Reports Results from Continuing Operations for the Fourth Quarter and 2011 and Filing of Annual Report on Form 10 – K," http: //phx. corporate – ir. net/ phoenix. zhtml? c = 95816&p = irol – newsArticle&ID = 1681131.

53. Faro Technologies, Inc. , "SECFilings," www. faro. com/ contentv2. aspx? ct = us&content = misc&item = 8.

54. Sue Reisinger, "Attorney General Holder Welcomes James Cole as Deputy AG," Corporate Counsel, January 5, 2011.

55. Nathan Vardi, "How Federal Crackdown on Bribery Hurts Business and Enriches Insiders," Forbes. com, May 24, 2010.

56. Email, "Monitor Agreement," October 15, 2007, http: //judiciary. house. gov/hearings/pdf/Zimmer090625. pdf.

57. Prepared Statement by Christopher J. Christie, 53, Hearing before the Subcommittee on Commercial and Administrative Law of the Committee on the Judiciary, "Accountability, Transparency, and Uniformity in Corporate Deferred and Non – Prosecution Agreements," June

25, 2009, http://judiciary.house.gov/hearings/printers/111th/111 - 52 _ 50593.PDF.

58. 同上，第 119 页。

59. 同上。

60. Christopher Dela Cruz, "Chris Christie Faces Questions about U.S. Attorney Contracts amid Release of Documents," *The Star Ledger*, June 25, 2009.

61. Hearing Testimony, October 22, 2007, email.

62. Ibid. October 19, 2007, email; see also David Kocieniewski, "In Testy Exchange in Con - gress, Christie Defends His Record as a Prosecutor," *New York Times*, June 26, 2009.

63. Statement by Christie, 54.

64. 同上，第 114 页。

65. Hearing before the Subcommittee on Commercial and Administrative Law of the Committee on the Judiciary, "Deferred Prosecution: Should Corporate Settlement Agreements Be without Guidelines," March 11, 2008, 290, http://judiciary.house.gov/hearings/printers/110th/41190.PDF.

66. Ibid. 294; see also Testimony of the Honorable John Ashcroft, Former United States Attorney General, Chairman, The Ashcroft Group, LLC and Monitor for Zimmer, Inc., http://judiciary.house.gov/hearings/pdf/Ashcroft080311.pdf.

67. March 11, 2008, Hearing, 294.

68. 同上。

69. Ibid., Philip Shenon, "New Guidelines ahead of Ashcroft Testimony," *New York Times*, March 11, 2008.

70. June 25, 2009, Hearing, 5.

71. Morford Memo, 3.

72. 同上，第4页。

73. Government Accountability Office, "Preliminary Observations on the DOJ's Use and Oversight of Deferred Prosecution and Non – Prosecution Agreements," June 25, 2009, 41（26份协议中，仅2份要求监督员提前提供工作计划）。

74. Morford Memo, 5.

75. 同上，第5－7、8页。

76. Examples include the Aksat Denizcilik VeTicaret A. S., B. Navi Ship Management Services, Hiong Guan Navegacion Japan Co. Ltd., and Fleet Management Ltd. plea agreements.

77. 例如，资本数据管理公司协议约定："被告将聘请独立的合规监督员，确保公司按照合规项目要求，落实合规举措。监督员人选须经美国联邦检察官办公室及缓刑办公室认可，监督员应向美国缓刑办公室提交季度报告。"

78. Chalos & Co., P. C., "Kassian Navigation's Probation Terminated Early for Extraordinary Environmental Compliance Measures," www.chaloslaw.com/kassian – navigation.html.

79. Sue Reisinger, "U. S. Attorney Accuses Wright Medical Group

of Breaching Deferred Prosecution Agreement," *Corporate Counsel*, September 15, 2011; David Voreacos, "Wright Medical Stays under U. S. Oversight in Kickback Case," Bloomberg, September 15, 2011.

80. Siemens, "Problem – SpecificMethods—IntegrityPacts," www. siemens. com/sustainability/en/core – topics/collective – action/our – approach. htm.

81. Siemens, Sustaining Business Integrity.

82. Speech by Peter Löscher.

第八章

1. Petitioner's Appendix 3a – 4a, *Southern Union Co. v. United States*, No. 11 – 94 (D. Ct. Oct. 19, 2011); *Southern Union Co. v. United States*, Court of Appeals Appendix 445 – 450, 569, 574 – 575 (2d Cir. 2012).

2. *Southern Union Co. v. United States*, No. 11 – 94, 132 S. Ct. 2344 (Oct. 19, 2011), Brief for the United States in Opposition, 4.

3. Petioner's Appendix, 42a.

4. Joint Appendix, 152.

5. 42 U. S. C. 6928 (d).

6. 132 S. Ct. 2344 (2012).

7. 530 U. S. 466 (2000).

8. 同上, n. 2。

9. FBI, "Taiwan – Based AU Optronics Corporation Sentenced to

Pay $500 Million Criminal Fine for Role in LCD Price Fixing Conspiracy," press release, September 20, 2012.

10. Department of Justice, "Taiwan – Based AU Optronics Corporation, Its Houston – Based Subsidiary and Former Top Executives Convicted for Role in LCD Price – Fixing Conspiracy," press release, March 13, 2012; Department of Justice, "Taiwan – Based AU Optronics Corporation Sentenced to Pay $500 Million Criminal Fine for Role in LCD Price – Fixing Conspiracy," press release, September 20, 2012.

11. David Debold and Matthew Benjamin, "The Best to Be Done in a Bad Situation: *Southern Union* on Remand," *Criminal Law Reporter* 91 (November 13, 2013): 91.

12. Jonathan A. Marcantel, "The Corporation as a 'Real' Constitutional Person," *U. C. Davis Business Law Journal*, 2011.

13. *Bank of the United States v. Deveaux*, 9 U. S. (5 Cranch) 61 (1809).

14. *Citizens United v. Federal Election Commission*, 130 S. Ct. 876 (2010), Transcript of Oral Argument, 7.

15. *Trustees of Dartmouth College v. Woodard*, 17 U. S. (1 Wheat.) 518 (1819).

16. *Santa Clara County v. S. Pac. R. R.*, 118 U. S. 394, 396 (1886)（初步报告假设公司享有宪法第十四修正案平等保护条款权利）。

17. *Hale v. Henkel*, 201 U. S. 43, 74 – 75 (1906).

18. *Northwestern National Life Insurance Co. v. Riggs*, 203 U. S. 243, 255 (1906).

19. *Citizens United v. FEC*, 130 S. Ct. 876, 948 (2010) (Stevens, J., dissenting).

20. *Paul v. Virginia*, 75 U. S. (8 Wall.) 168, 177 (1869) ("公民这个术语……正如宪法第十四修正案中规定的那样，仅适用于自然人……而不能适用于法律拟制的人")。

21. See, e. g., Jess M. Krannich, "The Corporate 'Person': A New Analytical Approach to a Flawed Method of Constitutional Interpretation," *Loyola University Chicago Law Journal* 37 (2005): 62; Carl J. Mayer, "Personalizing the Impersonal: Corporations and the Bill of Rights," *Hastings Law Journal* 41 (1990): 650.

22. *First National Bank v. Bellotti*, 435 U. S. 765, 765 n. 14 (1978).

23. *NAACP v. Alabama*, 357 U. S. 449 (1958); *Hunt v. Washington State Apple Advertising Commission*, 432 U. S. 333, 343 – 344 (1977); *UAW v. Brock*, 477 U. S. 274, 288 – 290 (1986).

24. *Northwestern National Life Insurance Co. v. Riggs*, 203 U. S. 243, 255 (1906).

25. *Smyth v. Ames*, 169 U. S. 466, 522 (1898).

26. *United States v. ABB Inc.*, No. 10 – CR – 664 (S. D. Tex.), *United States v. ABB Ltd. – Jordan*, No. 10 – CR – 665 (S. D. Tex.), and *United States v. O' Shea*, No. 09 CR – 629 (S. D.

Tex.).

27. Defendants' Motion to Dismiss the Indictment with Prejudice Due to Repeated and Intentional Government Misconduct, *United States v. Aguilar*, 831 F. Supp. 2d 1180 (C. D. Cal. 2011) (No. 10 – 1031).

28. 同上，第13 页。

29. U. S. Department of Justice, " California Company and Two Executives Indicted for Their Alleged Participation in Scheme to Bribe Officials at State – owned Electrical Utility in Mexico, " press release, October 21, 2010.

30. Alison Frankel, " What FCPA defendants Can Learn from Blockbuster Lindsey Win, " Thompson Reuters, December 2, 2011.

31. U. S. Department of Justice, " Southern California Company, Two Executives and Intermediary Convicted in Scheme to Bribe Officials at State – Owned Electrical Utility in Mexico, " press release, May 10, 2011.

32. *U. S. v. Aguilar*, 831 F. Supp. 2d 1180, 1189 (C. D. Cal. 2011); Order Granting Motion to Dismiss, 12; Supplemental Brief in Support of Motion to Dismiss the Indictment with Prejudice Due to Repeated and Intentional Government Misconduct, 10, *United States v. Aguilar*, No. 10 – 1031 (C. D. Cal. September 8, 2011).

33. Defendants' Motion to Dismiss the Indictment with Prejudice Due to Repeated and Intentional Government Misconduct, 9 – 10; *Agui-*

lar, 831 F. Supp. 2d at 1190 – 1193.

34. Defendants' Motion, 13.

35. 同上，第21页。

36. *Aguilar*, 831 F. Supp. 2d at 1185.

37. 同上，第1182页。

38. "Fiery Jury Instructions," *Inside Counsel*, July 1, 2009.

39. Steven Andersen, "Asbestos Acquittal: W. R. Grace Unexpectedly Wins Environmental Crimes Trial," *Inside Counsel*, July 1, 2009.

40. Brad Heath and Kevin McCoy, "Federal prosecutors Likely to Keep Jobs after Cases Collapse," *USA Today*, December 10, 2010; Spencer S. Hsu, Jennifer Jenkins, and Ted Mellnik, "DOJ Review of Flawed FBI Forensics Processes Lacked Transparency," *Washington Post*, April 17, 2012; Spencer S. Hsu, "Justice Dept., FBI to Review Use of Forensic Evidence in Thousands of Cases," *Washington Post*, July 10, 2012.

41. E. g., U. S. A. M. 9 – 5. 001 (E).

42. William J. Stuntz, "Commentary, O. J. Simpson, Bill Clinton, and the Transsubstantive Fourth Amendment," *Harvard Law Review* 114 (2001): 858 – 861.

43. Bernard Schwartz, *Administrative Law*, 3rd ed. (Boston: Little, Brown, 1991), § 3. 1.

44. Order, *U. S. v. Arthur Andersen*, No. H – 02 – 0121

(S. D. T. X. April 9, 2002).

45. *Boyd v.* U. S. , 116 U. S. 616 (1886).

46. 201 U. S. 43, 70 (1906).

47. *United States v. Morton Salt*, 338 U. S. 632, 652 (1950).

48. 同上。

49. Administrative Procedure Act, 5 U. S. C. §555 (d) (2006).

50. 15 U. S. C. §78u (a) (1).

51. Michele Galen, "When the Subpoena Has Your Name on It," *Business Week*, October 7, 1991.

52. *See v. City of Seattle*, 387 U. S. 541 (1967); *Camara v. Municipal Court*, 387 U. S. 523 (1967).

53. *Donovan v. Dewey*, 452 U. S. 594 (1981).

54. *Marshall v. Barlow*, 436 U. S. 307 (1978), *Colonnade Catering Corp. v. U. S.* , 397 U. S. 72 (1970), *U. S. v. Biswell*, 406 U. S. 311 (1972).

55. *Dow Chemical Co. v. United States*, 476 U. S. 227 (1986).

56. *Dow Chemical Co. v. United States*, 749 F. 2d 307, 314 (6th Cir. 1984).

57. *United States v. Agriprocessors, Inc.* , 2009 WL 2255729 * 2 (N. D. Iowa 2009).

58. *Wilson v. United States*, 221 U. S. 361, 383 - 384 (1911); *Hale v. Henkel*, 201 U. S. 43, 74 - 75 (1906); *United States v. White*, 322 U. S. 694 (1944).

59. *Shapiro v. United States*, 335 U. S. 1 (1948).

60. *Braswell v. United States*, 487 U. S. 99 (1988).

61. *Ibid.*, *Bellis v. United States*, 417 U. S. 85, 92 – 93 (1974).

62. *FCC v. AT&T Inc.*, 131 S. Ct. 1177 (2011).

63. 同上，第 1182、1184 页。

64. *United States v. Hartsell*, 127 F. 3d 343, 350 (4th Cir. 1997) (同意第九巡回法院的意见“无论美国宪法第六修正案和刑事司法法 [18 U. S. C. § 3006A] 均未规定，必须在公开场合任命律师，在刑事诉讼中代表公司”)。

65. *United States v. Hagerman*, 545 F. 3d 579, 581 – 582 (7th Cir. 2008).

66. E. g., *RZS Holdings AVV v. PDVSA Petroleo S. A.*, 506 F. 3d 350, 354 n. 4 (4th Cir. 2007); *U. S. v. Unimex*, 991F. 3d 546, 549 (11th Cir. 1993); *Lowery v. Hoffman*, 188 F. R. D. 651, 653 – 654 (M. D. Ala. 1999); *Eagle Associates v. Bank of Montreal*, 926 F. 2d 1305, 1309 – 1310 (2d Cir. 1991); *First Amendment Foundation v. Village of Brookfield*, 575 F. Supp. 1207 (N. D. Ill. 1983); but see *United States v. Reeves*, 431 F. 2d 1187 (9th Cir. 1970).

67. *United States v. Unimex, Inc.*, 991 F. 2d 546, 550 (9th Cir. 1993).

68. *United States v. Rocky Mountain Corp.*, 746 F. Supp. 2d 790, 801 (W. D. Va 2010).

69. 同上，第 802 页。

70. *United States v. Follin*, 979 F. 2d 369, 374 (5th Cir. 1992); *United States v. King*, 134 F. 3d 1173 (2d Cir. 1998).

71. U. S. Constitution, Eighth Amendment.

72. *Rhodes v. Chapman*, 452 U. S. 337, 345 - 346 (1981).

73. *United States v. Bajakajian*, 524 U. S. 321, 322 (1998) (与罪过相比，罚金应当是“极不相称的”)。

74. *United States v. Martin Linen Supply Corp.*, 430 U. S. 564 (1977); *Fong Foo v. U. S.*, 369 U. S. 142 (1962); see also Peter J. Henning, “The Conundrum of Corporate Criminal Liability: Seeking a Consistent Approach to the Constitutional Rights of Corporations in Criminal Prosecutions,” *Tennessee Law Review* 63 (1996): 845 - 849.

75. 之前一段时期内，公司可通过主张已经受到足够的民事诉讼惩罚，要求适用禁止重复起诉原则，following *United States v. Halper*, 490 U. S. 435 (1989)。后最高法院推翻了该规定。*Hudson v. United States*, 522 U. S. 93, 99 (1997).

76. See, e. g., *United States v. Cotton Baking Co., Inc.*, 513 F. Supp. 223, 224 (M. D. La. 1981); *United States v. Ashland Oil, Inc.*, 537 F. Supp. 427, 429 (M. D. Tenn. 1982).

77. Trial Transcript, *S. A. v. Stora Enso North America*, 3: 06 - cr - 00323 - CFD (D. Ct. July 18, 2007), 29, 621.

78. Motion for Judgment of Acquittal Pursuant to Federal Rule of Criminal Procedure 29, *U. S. A. v. Stora Enso North America*, 3: 06 - cr - 00323 - CFD (D. Ct. July 18, 2007), 5.

79. Jeffrey May, "Paper Maker's Subsidiary Acquitted of Price Fixing, Despite Evidence from Corporate Leniency Applicant," *Trade Regulation Talk* (blog), July 23, 2007, at http://traderegulation.blogspot.com/2007/07/paper-makers-north-american-subsidiary.html.

80. Stora Enso Trial Transcript, 13, 34.

81. 同上，第37页。

82. 同上，第605页。

83. 同上，第68、89-90页。

84. 同上，第66-69页。

85. 同上，第87页。

86. 同上，第117、119页。

87. 同上，第277、286、299-302页。

88. 同上，第604页。

89. 同上，第576、578、580页。

90. 同上，第616-617、629页。

91. 同上，第380-383页。

92. 同上，第644页。

第九章

1. "Transcript: Black Money," *Frontline*, PBS, 2009, www.pbs.org/wgbh/pages/frontline/blackmoney/etc/script.html.

2. David Pallister, "The Arms Deal They Called the Dove: How

Britain Grasped the Biggest Prize," *Guardian*, December 14, 2006.

3. Neil Roland, "Japan and Canada Failing to Crack Down on Bribes Says Watchdog Group," *Financial Week*, June 25, 2008.

4. Alice Fisher, Assistant Attorney General, U.S. Department of Justice, "Address at the American Bar Review National Institute on the Foreign Corrupt Practices Act," October 16, 2006.

5. See Benjamin Weiser, "For Prosecutor in New York, A Global Beat," *New York Times*, March 28, 2011.

6. H. R. 5175, S. 3295 (111th Cong. Sess. 2), § 102.

7. Michael Robinson, "BBC Lifts the Lid on Secret BAE Slush Fund," BBC News, October 5, 2004.

8. David Leigh and Rob Evans, "BAE's Secret Money Machine," *Guardian*, www. guardian. co. uk/baefi les/page/0,, 2095840, 00. html.

9. Christopher Drew and Nicola Clark, "BAE Settles Corruption Charges," *New York Times*, February 5, 2010.

10. Robinson, "BBC Lifts the Lid."

11. Josh Meyer, "U. S. Probing BAE Payoff Allegations," *Los Angeles Times*, *June* 15, 2007; Kevin Sullivan, "Saudi Reportedly Got $2 Billion for British Arms Deal," *Washington Post*, June 8, 2007, A15.

12. On the Application of Corner House Research and Others v. Director of the Serious Fraud Office, 2008UKHL60, www. publications. parliament. uk/pa/ld200708/ldjudgmt/jd080730 /corner – 1. htm.

13. *United States v. Verdugo – Urquidez*, 494 U. S. 259, 281 – 282 (1990) (Brennan, J., dissenting) (internal quotation and citation omitted).

14. Mark Pieth and Radha Ivory, eds., *Corporate Criminal Liability: Emergency, Convergence, and Risk* (Heidelberg: Springer Dordrecht, 2011).

15. Ibid., 9 – 13; Allens Arthur Robinson, "'Corporate Culture' as a Basis for the Criminal Liability of Corporations" for the United Nations Special Representative of the Secretary – General on Human Rights and Business (February 2008); Sara Sun Beale and Adam G. Saf – wat, "What Developments in Western Europe Tell Us about American Critiques of Corporate Criminal Liability," *Buffalo Criminal Law Review* 8 (2004): 110, 160.

16. Nelson D. Schwartz and Lowell Bergman, "Payload: Taking Aim at Corporate Bribery," *New York Times*, November 25, 2007; David Howarth, "Mystery of the Saudi 'Threat,'" *Guardian*, August 1, 2008.

17. Christopher Hope and James Kirkup, "BAE Bribery Case Could Be Reopened," *Telegraph*, April 11, 2008; Christoper Hope, "SFO Was Right to Call Off Saudi Corruption Inquiry, Say Law Lords," *Telegraph*, July 30, 2008.

18. David Leigh and Rob Evans, "U. S. Obtains Swiss Records and Flies in British Witness in BAE Investigation," *Guardian*, Novem-

ber 26, 2007.

19. Helen Power, "Fraud Office to Re – interview BAE Chiefs as Legal Adviser Says It Has a Strong Case," *Times*, December 18, 2009; Alex Spence, "Judge's Comments Throw into Doubt BAE's £ 30m Pact over Fraud Inquiry," *Times*, March 27, 2010.

20. U. S. Sentencing Memorandum, *United States v. BAE Systems PLC*, No. 1: 10 – cr – 035, 15 (D. D. C. Feb. 22, 2010).

21. Tom Schoenberg and David Voreacos, "UBS Whistle – Blower Secures $104 Million Award from IRS," Bloomberg, September 12, 2012.

22. Alan Fram, "IRS Pays Whistleblower $104 Million," Associated Press, September 11, 2012.

23. A. Westin et al., *Whistleblowing! Loyalty and Dissent in the Corporation* (New York: McGraw – Hill, 1981).

24. 31 U. S. C. § § 3729 – 3733.

25. SEC Office of the Whistleblower, "Claim a Reward," www. sec. gov/about/offices/owb/owb – awards. shtml; 15 U. S. C. 78u – 6, 6 (h) (1) (B).

26. Tax Relief and Health Care Act of 2006, Pub. L. No. 109 – 432, § 406, 120 Stat. 2958 (2006) (amending I. R. C. § 7623); IRS, 2008 *Report to Congress on the Whistleblower Program* (June 24, 2008).

27. Statement of Facts p. * 1 – 3, *U. S. v. Bradley Birkenfeld*,

No. 08 – cr – 60099 – ZLOCH（S. D. Fla fi led June 18, 2008）.

28. 同上，第2 – 3 页。

29. 同上，第4 页。

30. Transcript of Sentencing, * 30, *U. S. v. Birkenfeld*, No. 08 – 60099 – cr – ZLOCH (S. D. Fla. fi led Aug. 26, 2009).

31. 同上，第31 页。

32. I. R. C. § 7623（b）（1）.

33. Sentencing Memo, 7 (Aug. 18, 2009).

34. 同上，第4 – 7 页。

35. Plea Colloquy, 12 – 13.

36. Trial Transcript, 123, *U. S. v. Ionia Management*, S. A, No. 07CR134（JBA）(D. Ct. August 22, 2007).

37. 同上，第28 页。

38. The Act to Prevent Pollution from Ships, 33 U. S. C. § § 1901 – 15（2006）; International Convention for the Prevention of Pollution from Ships, Nov. 2, 1973, 12 I. L. M. 1319, amended by Protocol, Feb. 17, 1978, 17 I. L. M. 546 (also known as MARPOL); see also H. R. Rep. No. 96 – 1224, at 1 – 2（1980）.

39. Oil Record Book, 33 C. F. R. § 151. 25（a）（2009）; id. § 151. 23（a）.

40. *United States v. Jho*, 534 F. 3d 398, 401（5th Cir. 2008）; *United States v. Ionia Mgmt. S. A.*, 555 F. 3d 303, 309（2d Cir. 2009）. 许多此类案件还涉及虚假陈述的指控。美国当局可将问题提

交给条约签署国。33 U. S. C. § 1908（f）（2006）.

41. Ionia Trial Transcript, 29.

42. 33 U. S. C. § 51908（b）（2006）（“按照本章的规定，部长或管理人员可向提供资料导致对罚款进行评估的人支付不超过该罚款数额的 1/2 的金额”）。

43. John Christoffersen, “Workers Rewarded for Cooperation in Oil Dump Case,” *Huffington Post*, May 11, 2011.

44. Ionia Trial Transcript, 145.

45. 同上，第 36 页。

46. 同上，第 41 页。

47. 同上，第 1838 – 1839 页（1733 年 9 月 5 日）。

48. 同上，第 1836 页。

49. 同上，第 1850 页。

50. 同上，第 1868 页。

51. 同上，第 1875 页。

52. *U. S. v. Ionia Management S. A.*, 555 F. 3d 303, 305（2d Cir. 2009）.

53. U. S. Envtl. Prot. Agency, Cruise Ship Discharge Assessment Report, E. P. A. Doc. No. 842 – R – 07 – 005, § 1. 4（2008）.

54. Jeanne M. Grasso and Allison L. Barlotta, “Presentation at the 2005 International Oil Spill Conference: Criminal Prosecutions and the Maritime Industry: A Worldwide Trend”（May 15, 2005）.

55. Nicholas H. Berg, “Bringing It All Back Home: The Fifth and

Second Circuits Allow Domestic Prosecutions for Oil Record Book Violations on Foreign – Flagged Vessels," *Tulane Maritime Law Journal* 34 (2009): 277.

56. Richard A. Udell, Senior Trial Attorney, Environmental Crimes Section, U. S. Department of Justice, "Presentation before INTERTANKO: Criminal Vessel Enforcement," March 21, 2005.

57. *Verizon Communications Inc. v. Law Offices of Curtis V. Trinko, LLP*, 540 U. S. 398, 408 (2004).

58. Kurt Eichenwald, *The Informant: A True Story* (New York: Broadway Books, 2000).

59. U. S. Department of Justice, "Division Update Spring 2012: Criminal Program," www. jus tice. gov/atr/public/division – update/2012/criminal – program. html.

60. FBI, "LCD Price Fixing Conspiracy: Taiwanese Company, Execs Sentenced," press release, November 16, 2012.

61. Transcript of Proceedings, *15, *U. S. v. Lin et al.*, No. 3: 09 – cr – 00110 – SI (N. D. C. A., fi led September 20, 2012).

62. 同上，第 14 – 16 页。

63. 同上，第 21 页。

64. 同上，第 23 页。

65. 同上，第 27 页。

66. Karen Freifeld, "LCD Makers Settle Price – Fixing Case for $553 Million," Reuters, December 7, 2011.

67. Transcript of Proceedings, 18.

68. 同上，第 37 - 38 页。

69. U. S. Department of Justice, "Antitrust Division Corporate Leniency Policy," August 10, 1993, www. justice. gov/atr/public/guidelines/0091. pdf.

70. Ibid. ; D. Daniel Sokol, "Cartels, Corporate Compliance and What Practitioners Really Think about Enforcement," *Antitrust Law Journal* 77 (2011): 201.

71. Scott D. Hammond, Deputy Assistant Attorney General for Criminal Enforcement, Antitrust Division, U. S. Department of Justice, "Address at the 54th Annual American Bar Association Section of Antitrust Law Spring Meeting: Measuring the Value of Second In Cooperation in Corporate Plea Negotiations," March 29, 2006, 5.

72. Thomas O. Barnett, Assistant Attorney General, Antitrust Division, U. S. Department of Justice, "Presentation at the Georgetown Law Global Antitrust Enforcement Symposium: Global Antitrust Enforcement," September 26, 2007, 2.

73. Antitrust Division, U. S. Department of Justice, "Sherman Act Violations Yielding a Corporate Fine of $10 Million or More," December 5, 2013.

74. Barnett, "Presentation," 2; Gary R. Spratling and D. Jarrett Arp, American Bar Associaion Section of Antitrust Law 2003 Annual Meeting, *The International Leniency Revolution* (2003), 8 - 9. 关于欧

盟反垄断调查和起诉普遍拖延的问题，参见 James Kanter, "An Old Chip Cartel Case Is Brought to a Swift End," *New York Times*, *May* 20, 2010。

75. Antitrust Division, U. S. Department of Justice, "Individual Leniency Policy," August 10, 1994.

76. Foreign Corrupt Practices Act of 1977, Pub. L. No. 95 – 213, 91 Stat. 1494 (1977) (codifi ed as amended at 15 U. S. C. § 78m, et. Seq. (2006)).

77. Dow Jones State of Anti – Corruption Survey (2011).

78. Yan Leung Cheung, P. Raghavendra Rau, and Aris Stouraitis, "How Much Do Firms Pay as Bribes and What Benefits Do They Get? Evidence from Corruption Cases Worldwide," National Bureau of Economic Research working paper, 2012.

79. Foreign Corrupt Practices Act of 1977, Pub. L. No. 95 – 213, 91 Stat. 1494 (1977) (codified as amended at 15 U. S. C. § § 78a, 78m, 78dd – 1 to dd – 3, 78ff (2006)).

80. OECD Convention on Combating Bribery of Foreign Public Officials in International Business Transactions: Ratification Status as of March 2009 (2009).

81. Convention on Combating Bribery of Foreign Public Officials in International Business Transactions, December 17, 1997, S. Treaty Doc. No. 105 – 143 (1998), 37 I. L. M. 1.

82. International Anti – Bribery and Fair Competition Act of 1998,

Pub. L. No. 105 - 366, 112 Stat. 3302 (1998) (codifi ed at 15 U. S. C. § § 78dd - 1 to 78dd - 3, 78ff (2006)). 1988 年的修正案增加了一项肯定抗辩，允许证明外国政府支付的款项“是合法的”，或外国官员发生的“合理的、真实的支出”。15 U. S. C. § 78dd - 1 (c) (2006).

83. 15 U. S. C. § 78dd - 1 (a), dd - 2 (i), dd - 3 (a) (2006)(对国内“人”的“替代管辖权”，“无论该美国人是否使用邮件或任何洲际贸易手段或工具”)。

84. Robert Khuzami, Director, Division of Enforcement, U. S. Securities and Exchange Commission, “Remarks before the New York City Bar: My First 100 Days as Director of Enforcement,” August 5, 2009.

85. Mike Koehler, “An Examination of Foreign Corrupt Practices Act Issues,” *Richmond Journal of Global Law and Business* 12 (2013): 317 (应注意到 2012 年《反海外腐败法》的多数起诉协议都提到了自愿披露)。

86. Dionne Searcey, “U. S. Cracks Down on Corporate Bribes,” *Wall Street Journal*, May 26, 2009.

87. See 28 C. F. R. § §80. 1 - 80. 2 (1994); 15 U. S. C. § §78dd - 1 (e), 78dd - 2 (f) (2006).

88. Department of Justice and the Securities Exchange Commission, “A Resource Guide to the U. S. Foreign Corrupt Practices Act,” November 14, 2012, 11.

89. 15 U. S. C. § 78u – 2.

90. 8 U. S. C. § § 1189 (c), 1189 (a) (2) (A) (i) (2006); *National Council of Resistance v. Department of State*, 251 F. 3d 192, 208 (D. C. Cir. 2001).

91. *Kiobel v. Royal Dutch Petroleum*, 133 S. Ct. 1659 (2013).

92. *Morrison v. National Australia Bank*, 130 S. Ct. 2869, 2884 – 85 (2010).

93. Barry E. Carter et al., *International Law* 649 – 654 (4th ed. 2003).

94. *Chicago & S. Air Lines, Inc. v. Waterman Steamship Corp.*, 333 U. S. 103, 111 (1948).

95. 509 U. S. 764, 798 – 799 (1993); Restatement (Third) of the Foreign Relations Law of the United States § 403 (1987).

96. Press Release, Department of Justice, "Akzo Nobel Acknowledges Payments Made by Its Subsidiaries to Iraqi Government under the U. N. Oil for Food Program, Enters Agreement with the Department of Justice," December, 20, 2007.

97. Prepared Remarks of U. S. Asst. Attorney General Alice S. Fisher, ABA Institute on the FCPA, October 16, 2006, 4.

98. Jens Dammann and Henry Hansmann, "Globalizing Commercial Litigation," *Cornell Law Review* 94 (2008): 3.

99. Independent Inquiry Committee, "Report on the Manipulation of the Oil – for – Food Programme by the Iraqi Regime," October 27,

2005.

100. Lynnley Browning, "Swiss Approve Deal for UBS to Reveal U. S. Clients Suspected of Tax Evasion," *New York Times*, June 17, 2010.

101. 同上。

102. Memorandum from Preet Bharara, U. S. Attorney, S. D. N. Y., U. S. Department of Justice, to Mark F. Pomerantz, Paul, Weiss, Rifkind, Wharton & Garrison LLP, December 21, 2010, 3.

103. Editor, "Liechtenstein Bank Gets Non Prosecution Agreement, to Pay $23. 8 Million," *Corporate Crime Reporter*, July 30, 2013.

104. Joint Statement between the U. S. Department of Justice and the Swiss Federal Department of Finance, August 29, 2013.

105. Lynnley Browning and Julia Wedigier, "Switzerland to Allow Its Banks to Disclose Hidden Client Accounts," *New York Times*, May 29, 2013.

106. Reuters, "Greece Says to Settle Siemens Bribery Row," March 9, 2012.

107. Stan Abrams, "What the Siemens Bribery Case Says about the Future of Corruption in China," *Business Insider*, June 30, 2011.

108. Bryan Gibel and Matheus Leitao, "Whistleblower, Politicians Drive Siemens Corruption Probes in Brazil," *Main Justice*, January 9, 2012.

109. Daniel Schäfer, "Siemens Uncovers Bribery Case at Kuwait unit," FT. com, June 10, 2011.

110. Letter from Paul E. Pelletier, Acting Chief, and Mark F. Mendelsohn, Deputy Chief, Criminal Division, Fraud Section, U. S. Department of Justice, to Lawrence Byrne, Linklaters LLP, February 4, 2010, 2, 9.

111. John Collins Rudolf, "Nigeria Drops Bribery Charges against Cheney," *New York Times Green Blog*, December 4, 2010.

112. *US v. Alcatel – Lucent*, Case No. 1：10 – cr – 20907 – MGC (S. D. Fla. fi led June 10, 2011), Transcript of Change of Plea and Sentencing Hearing, *43 – 44.

113. Margaret Ryznar and Samer Korkor, "Anti – Bribery Legislation in the United States and United Kingdom：A Comparative Analysis of Scope and Sentencing," *Missouri Law Review* 76 (2010)：415.

114. Bribery Act, 2010, c. 23, § 6 (Eng.); Bribery：Draft Legislation, U. K. Ministry of Justice 4 (March 25, 2009).

第十章

1. Barclays Prosecution Agreement, Statement of Facts, ¶ 13.

2. Barclays CFTC Agreement, 5, www. cftc. gov/ucm/groups/public/@ lrenforcementactions/documents/legalpleading/enfbarclaysorder062712. pdf.

3. "LIBOR：The World's Most Important Number," *Moneyweek*,

October 10, 2008.

4. Barclays Prosecution Agreement, Statement of Facts, ¶3 – 4.

5. 同上，¶¶26；CFTC Agreement, 10。

6. Barclays Prosecution Agreement, ¶¶40, 46.

7. CFTC Agreement, 22 – 23.

8. Andrew Ross Sorkin, "Realities Behind Prosecuting Big Banks," *New York Times*, March 11, 2013.

9. See, e. g., Matt Taibbi, "Gangster Bankers: Too Big to Jail," *Rolling Stone*, February 14, 2013; Victoria Finkle, "Are Some Banks 'Too Big to Jail', " *American Banker*, January 22, 2013; Jason S. Breslow, "Senators Bash DOJ for 'Evasive' Response on 'Too Big to Jail', " *PBS. com*, March 5, 2013; *Frontline*, "The Untouchables," PBS, January 22, 2013; Susan Will, Stephen Handelman, and David C. Brotherton, eds., *How They Got Away with It: White Collar Criminals and the Financial Meltdown* (New York: Columbia University Press, 2013).

10. Government Accountability Institute, "Justice Inaction: The Department of Justice's Unprecedented Failure to Prosecute Big Finance," 2012, 16.

11. *The Financial Crisis Inquiry Report: Final Report of the National Commission on the Causes of the Financial and Economic Crisis in the United States*, 2011, 160. 一份持不同意见的声明询问，欺诈行为是否"在数量上足够严重"，足以成为危机的"根本原因"。同

上，第425页。

12. Jed S. Rakoff, "The Financial Crisis: Why Have No High – Level Executives Been Prosecuted?" *New York Review of Books*, January 9, 2014.

13. 同上，第12 – 13页。

14. Henry N. Pontell, William K. Black, and Gilbert Geis, "Too Big to Fail, Too Powerful to Jail? On the Absence of Criminal Prosecutions after the 2008 Financial Meltdown," *Crime Law Social Change*, 2013.

15. Jonathan Weil, "There is Still Such a Thing as 'Too Big to Jail'," *BloombergView*, May 6, 2014.

16. 里昂信贷银行、三角洲国家银行信托公司、帕姆拉波储蓄银行和里格斯银行是2001年至2012年被定罪的银行。在数据统计中的2000多家被定罪的公司中，只有十几个额外的小型金融服务机构或其他金融服务公司被定罪。2014年1月，摩根大通银行因违反《银行保密法》签订了暂缓起诉协议。

17. CFTC Agreement, 34.

18. Nate Raymond, "U. S. Judge Asks if Barclays' Libor Deal Affects 2010 Settlement," Thompson Reuters, June 29, 2012; ArunaViswanatha, "Judge Dismisses Sanctions Case against Barclays," Thompson Reuters, December 4, 2012.

19. House of Commons Oral Evidence Taken before the Treasury Committee Evidence from Bob Diamond, HC 481 – I, 20, 23 (July 4,

2012).

20. 同上，第35页。

21. 同上，第42页。

22. Ben Protess and Mark Scott, "Barclay's C. E. O. Resigns as Bank Frames a Defense," *New York Times*, July 3, 2012.

23. Ben Protess and Mark Scott, "Guilty Plea and Big Fine for Bank in Rate Case," *New York Times*, February 6, 2013.

24. Ben Protess, "Leniency Denied, UBS Unit Admits Guilt in Rate Case," *New York Times*, December 19, 2012.

25. Jim Puzzanghera, "U. S. Says UBS Was Motivated by 'Sheer Greed' in LIBOR Rigging," *Los Angeles Times*, December 19, 2012.

26. Ben Protess and Jessica Silver - Greenberg, "Giant Banks, Seen as Immune, Become Targets," *New York Times*, April 29, 2014.

27. Gabriel Rauterberg and Andrew Verstein, "Index Theory: The Law, Promise and Failure of Financial Indices," *Yale Journal on Regulation* 30 (2013): 1; Nathaniel Popper, "NYSE Euronext to Take over LIBOR," *New York Times*, July 9, 2013.

28. Matt Taibbi, "Everything Is Rigged: The Biggest Price - Fixing Scandal Ever," *Rolling Stone*, April 25, 2013.

29. Ben Protess and Mark Scott, "Barclays Settles Regulators' Claims over Manipulation of Key Rates," *New York Times*, June 27, 2012

30. *SEC Plaintiff v. Goldman Sachs and Co. and Fabrice Tourre*,

Defendants, 2010 WL 1508202 (S. D. N. Y. 2010).

31. US Senate Permanent Subcommittee on Investigations, "Wall Street and the Financial Crisis," April 13, 2011; Pete Yost, "Government Won't Prosecute Goldman Sachs in Probe," *AP Financial Wire*, August 10, 2012.

32. SEC, "Goldman Sachs to Pay Record $550 Million to Settle SEC Charges Related to Subprime Mortgage CDO," July 15, 2010; Consent of Defendant Goldman, Sachs & Co., *SEC v. Goldman, Sachs, & Co.*, No. 10 - CV - 3229, 2010 WL 2779309 ¶ 3 (S. D. N. Y. 2010).

33. Peter Lattman, "U. S. Goldman Disclosure a Rare Break in Secrecy," *New York Times*, August 11, 2012.

34. James B. Stewart, "Few Avenues for Justice in the Case against Citi," *New York Times*, December 3, 2011.

35. *U. S. v. McGraw - Hill Companies Inc., and Standard & Poor's Financial Services LLC*, CV13 - 00779 (C. D. C. A. 2013), Complaint, 72 - 75.

36. 12 U. S. C. § 1833a.

37. Landon Thomas Jr., "Jury Finds Bank of America Liable in Mortgage Fraud Case," *New York Times*, October 23, 2013.

38. U. S. Department of Justice, "Federal and State Partners Secure Record $13 Billion Global Settlement with JPMorgan for Misleading Investors about Securities Containing Toxic Mortgages," press re-

lease, November 17, 2013.

39. Report to the Permanent Subcommittee on Investigations, Committee on Homeland Security and Government Affairs, U. S. Senate, Yvonne Jones, Director, Financial Markets and Community Investment, U. S. Government Accountability Office, *Company Formations: Mini–mal Information Is Collected and Available*, November 14, 2006, 10.

40. Jeffrey W. Bullock, Delaware Secretary of State, "2011 Annual Report, Delaware Division of Corporations" (2011); Mark Roe, "Delaware's Shrinking Half-Life," *Stanford Law Review* 62 (2009): 137.

41. Internal Revenue Service, Data Book, Table 2 (2011)（共有231.3万家有限公司、454.5万家小型股份制公司、357.4万家合伙企业和1385个免税组织）; see also Annual Jurisdictional Reports, International Association of Commerical Administrators, www.iaca.org/node/80; Daniel M. Hausermänn, "For a Few Dollars Less: Explaining State to State Variation in Limited Liability Company Popularity," *University of Miami Business Law Review* 20 (2011): 1. 美国人口普查局的报告显示，美国有2700万家企业，但只有600万家企业有雇员。U. S. Census Bureau, "Statistics about Business Size (Including Small Businesses)," 2007.

42. Jones, *Company Formations*, 3 (concluding that in 2004, 869, 693 corporations were created and 1, 068, 989 LLCs were formed).

43. Centers for Disease Control and Prevention, "FastStats: Births

and Natality," www. cdc. gov/nchs/fastats/births. htm.

44. 这些公司包括交易美国存托凭证（American Depository Receipts, ADRs）的公司和上市公司的子公司。

45. 支付的总金额平均仅占这些上市公司市值的0.09%。

46. Alexander Dyck, Adair Morse, and Luigi Zingales, "How Pervasive Is Corporate Fraud?" February 2013.

47. Adam Liptak, "U. S. Prison Population Dwarfs That of Other Nations," *New York Times*, April 23, 2008.

48. 18 U. S. C. § 3553 (a).

49. *Gall v. United States*, 552 U. S. 38 (2007).

50. 2012年5月21日，美国司法部副部长詹姆斯·M. 科尔就监禁计划的替代方案，即在联邦和州司法体系中启用"毒品法庭"发表讲话称："联邦毒品法庭的监禁计划替代方案每年可能只涉及10—15名罪犯，考虑到我们目前的起诉和监禁统计数据，这显然是小范围的。"

51. See Statistics Div., Admin. Office of the U. S. Courts, *Federal Judicial Caseload Statistics* (2011) (Table D-2, Cases Commenced in Federal Court in a 12-Month Period); 8 U. S. C. § 1325-1326 (illegal entry and reentry); see generally Ingrid V. Eagly, "Prosecuting Immigration," *Northwestern University Law Review* 104 (2010): 1281; Jennifer M. Chacón, "Managing Migration through Crime," *Columbia Law Review Sidebar* 109 (2009): 135; Juliet Stumpf, "The Crimmigration Crisis: Immigrants, Crime, and Sovereign Power," *American*

University Law Review 56（2006）：367.

52. 8 U. S. C. § 1324（a）（1）（A）（iii）；*United States v. De Jesus – Batres*, 410 F. 3d 154, 160（5th Cir. 2005）. 很难证明雇主向政府隐瞒了雇员的非法身份，并为其非法留在美国提供"便利"；对未核实员工身份证明文件的处罚较轻。8 U. S. C. § 1324a.

53. "Conspiracy Charges against IFCO Systems," www. visalaw. com/print/13may106. html（last visited April 9, 2013）.

54. IFCO Systems Deferred Prosecution Agreement at 2 – 3（N. D. N. Y. 2008）.

55. 据量刑委员会报告，2001 财年至2012 财年，有70 家公司因违反移民法而被定罪。U. S. Sentencing Commission, 2001 – 2012 *Sourcebooks of Federal Sentencing Statistics*, Table 52.

56. TRAC Immigration, Syracuse University, "Illegal Reentry Becomes Top Criminal Charge," June 10, 2011; Memorandum from Marcy M. Forman, Director, Office of Investigations, U. S. Department of Homeland Security, to Assistant Director, Deputy Assistant Directors, and Special Agents in Charge, U. S. Immigration Customs and Enforcement, April 30, 2009.

57. Federal Bureau of Prisons, "Quick Facts About the Bureau of Prisons," 2013, www. bop. gov /news/quick. jsp（50% 的联邦囚犯被判犯有毒品犯罪）；Sourcebook of Criminal Justice Statistics Online, Table 6. 0023. 2011（2011）（50. 7% 的联邦囚犯被判犯有毒品犯罪）；U. S. Department of Justice, Bureau of Justice Statistics, *Prisoners in*

2011 (2012), Table 12.

58. U. S. Sentencing Commission, 2012 *Sourcebook of Federal Sentencing Statistics* (2013), Tables 37, 39 (在 2012 财年，约 85% 的联邦毒品犯罪没有携带武器，53% 有轻罪或无犯罪记录)。2004 年的一项研究发现，37.5% 的毒品犯没有犯罪前科，那些有犯罪前科的记录中，大约 16% 是暴力累犯。U. S. Department of Justice, Bureau of Justice Statistics, *Drug Use and Dependence, State and Federal Prisoners*, 2004 (2006), 4.

59. *U. S. v. Leitch*, No. 11 – CR – 00609 JG, 2013 WL 753445 (E. D. N. Y., February 28, 2013).

60. U. S. Sentencing Commission, "Special Report to the Congress: Cocaine and Federal Sentencing Policy," B – 7 (May 2007).

61. U. S. A. M. § 9 – 101.200 (1997); U. S. A. M. § 9 – 100 (本节不包含收费指南)。

62. 2013 年 8 月 12 日，美国司法部部长埃里克·霍尔德在美国律师协会众议院年会上发表讲话。

63. Environmental Protection Agency, "Fiscal Year 2011: Enforcement and Compliance Assurance Accomplishments," 2010; U. S. Sentencing Commission, *2010 Annual Sourcebook* (2011), Table 13.

64. Environmental Protection Agency, "Fiscal Year 2011." 司法部环境调查部门分别报告了结果；2010 年，据报告，民事执法支出为 13 亿美元，刑事罚款、赔偿、社区服务基金和特别评估支出为 1.04 亿美元。Department of Justice, "ENRD Accomplishments Re-

ports：Fiscal Year 2010，" April 28，2011.

65. Securities and Exchange Commission，"Select SEC and Market Data，" Fiscal Year 2012（2013），Table 2，www. sec. gov/about/secstats 2012. pdf. 同样，在 2010 年证券交易委员会提起的 681 起诉讼中，只有 126 起与发行人的报告或披露有关，其中涉及公司的不到 40 起。Securities and Exchange Commission，"Select SEC and Market Data，" Fiscal 2010（2011），Table 2，www. sec. gov/about/secstats 2010. pdf.

66. 15 U. S. C. § 78u－2.

67. U. S. Securities and Exchange Commission，Chair Mary Jo White，"Deploying the Full Enforcement Arsenal，" Sept. 26，2013. 2012 年的《民事处罚法案》实施力度更大，将允许证券交易委员会获得至多 3 倍于非法所得收益或投资者损失金额的收益。目前，此类处罚适用于内幕交易案件。15 U. S. C. § 78u－1（a）（2）.

68. Gretchen Morgenson，"Quick，Call Tech Support for the S. E. C.，" *New York Times*，December 16，2007.

69. William Donaldson et al.，"Muzzling the Watchdog，" *New York Times*，April 29，2008.

70. E. g.，UBS Sec. LLC，Exchange Act Release No. 65，733，2011 WL 5444407，*5（Nov. 10，2011）.

71. The Restoring American Financial Stability Act of 2010，111 S. Rept. 176（April 30，2010）.

72. Charles Riley，"SEC Starved for Reform Funds，" CNNMoney.

com, January 11, 2011.

73. Peter Lattman, "Judge Approves SAC Settlement in Insider Trading Case, with Reservation," *New York Times*, April 16, 2013.

74. United States Senate, Permanent Subcommittee on Investigations, Committee on Homeland Security and Governmental Affairs, "U. S. Vulnerabilities to Money Laundering, Drugs, and Terrorist Financing: HSBC Case History," July 17, 2012, 22 – 23.

75. 同上，第 327 页。

76. Albert W. Alschuler, "Two Ways to Think about Punishment of Corporations," *American Criminal Law Review* 46 (2009): 1336.

77. Vikramaditya Khanna, "Corporate Criminal Liability: What Purpose Does It Serve?" *Harvard Law Review* 109 (1996): 1477; Pamela H. Bucy, "Organizational Sentencing Guidelines: The Cart before the Horse," *Washington University Law Quarterly* 71 (1993): 339 – 340; Gerhard Muller, "Mens Rea and the Corporation," *University of Pittsburgh Law Review* 19 (1957): 21; but see, e. g. , Lawrence Friedman, "In Defense of Corporate Criminal Liability," *Harvard Journal Law and Public Policy* 23 (2000): 833.

78. Brief for the Association of Corporate Counsel et al. , as Amici Curiae in Support of Appellant Urging Reversal, *United States v. Ionia*, 07 – 5081 – CR, June 6, 2008; see also James R. Copland, "Regulation by Prosecution: The Problems with Treating Corporations as Criminals," Manhattan Institute Civil Justice Report, December 2010, 13.

79. Peter J. Henning, "Be Careful What You Wish For: Thoughts on a Compliance Defense under the Foreign Corrupt Practices Act," *Ohio State Law Journal* 73 (2012): 883.

80. Ellen S. Podgor, "A New Corporate World Mandates a 'Good Faith' Affirmative Defense," 44 *American Criminal Law Review* 1537 (2007).

81. William S. Laufer, "Corporate Bodies and Guilty Minds," *Emory Law Journal* 43 (1994): 677; Pamela H. Bucy, "Corporate Ethos: A Standard for Imposing Corporate Criminal Liability," *Minnesota Law Review* 75 (1991): 1103.

82. MPC § 2.07.

83. *U. S. v. Ionia Management S. A.*, 555 F. 3d 303 (2d Cir. 2009).

84. *United States v. Bank of New England*, 821 F. 2d 844, 855 (1st Cir. 1987). 对于在民事案件中采用这一理论的法院，参见 In re WorldCom, Inc. Sec. Litig., 352 F. Supp. 2d 472, 497 (S. D. N. Y. 2005); but see *Southland Sec. Corp. v. INSpire Ins. Solutions, Inc.*, 365 F. 3d 353, 366 (5th Cir. 2004)。

85. Robert Jackson, "The Federal Prosecutor," *Journal of Criminal Law amd Criminology* 31 (1940): 3 - 6.

86. Charles D. Weisselberg and Su Li, "Big Law's Sixth Amendment: The Rise of Corporate White - Collar Practices in Large U. S. Law Firms," *Arizona Law Review* 53 (2011): 1221.

87. Office of the Inspector General, Department of Justice, "The Internal Effects of the Federal Bureau of Investigation's Reprioritization," September 2004; FBI, Financial Crimes Report to the Public, Fiscal Years 2010 - 2011.

88. E. g. , North Carolina Division of Aging and Adult Services, "Senior Consumer Fraud Task Force," www. ncdhhs. gov/aging/fraud/alert. htm.

89. Financial Fraud Enforcement Task Force, "About the Task Force," www. stopfraud. gov/about. html (describing work with state and local partners); National Association of Attorneys General, "Combating Financial Fraud," 2013, www. naag. org/combating - financial - fraud. php.

90. Bruce A. Green, "After the Fall: The Criminal Law Enforcement Response to the S&L Crisis," *Fordham Law Review* 59 (1991): 155.

91. Anton R. Valukas, "White - Collar Crime and Economic Recession," *University of Chicago Legal Forum*, 2010, 14 n. 27.

92. William K. Black, *The Best Way to Rob a Bank Is to Own One* (Austin: University of Texas Press, 2005), xiii - xv.

93. Senator Jeff Merkley, "Merkley Blasts 'Too Big to Jail' Policy for Lawbreaking Banks," press release, December 13, 2012.

94. Chris Good, "Elizabeth Warren Wants HSBC Bankers Jailed for Money Laundering," ABC News, May 7, 2013.

95. Rakoff, "The Financial Crisis," 17.

96. Henry M. Hart Jr. , "The Aims of the Criminal Law," *Law and Contemporary Problems* 23 (1958): 404.

97. Federal Acquisitions Regulations (FAR) § § 9. 406 – 2 and 9. 407 – 2 (listing causes for debarment).

98. U. S. Government Accountability Office, "Suspension and Debarment: Some Agency Programs Need Greater Attention, and Governmentwide Oversight Could Be Improved," August 2011, 1, 9, 18.

99. 同上，第9、18页。

100. Kyle Noonan, "The Case for a Federal Corporate Charter Revocation Penalty," *George Washington Law Review* 80 (2012): 602.

101. "Congress Expands Incentives for Whistleblowers to Report Suspected Violations to the SEC," *Harvard Law Review* 124 (2011): 1829 (quoting Bruce Carton).

102. 17 C. F. R. § 240. 21F – 5 (2011) (providing whistle – blowers may obtain 10 – 30 percent of award).

103. 包括我在内的一些学者对这种努力提出了理智的批评。参见 Rachel E. Barkow, "The Prosecutor as Regulatory Agency," in *Prosecutors in the Boardroom*, ed. Anthony S. Barkow and Rachel E. Barkow, 181 (New York: New York University Press, 2011); Brandon L. Garrett, "Collaborative Organization Prosecution," in *Prosecutors in the Boardroom*, ed. Barkow and Barkow, 170 – 171。

104. David Weisburd et al. , *Crimes of the Middle Classes: White –*

Collar Offenders in the Federal Courts (New Haven, CT: Yale University Press, 1991), 40 – 43, 85.

105. Jennifer Arlen, "Removing Prosecutors from the Boardroom," in *Prosecutors in the Boardroom*, ed. Barkow and Barkow, 78 – 79.

106. Remarks of the Honorable Edward M. Kennedy, U. S. Sentencing Commission, Symposium Proceedings: "Corporate Crime in America: Strengthening the 'Good Citizen' Corporation," 1995, 120.

107. Report of the Ethics Resource Center's Independent Advisory Group, "The Federal Sentencing Guidelines for Organizations at Twenty Years, a Call to Action for More Effective Promotion and Recognition of Effective Compliance and Ethics Programs," 2012, 4.

108. Tony Chapelle, "Boards Beef Up Compliance Expenditures," *Agenda*, December 16, 2013 (reporting results of Association of Corporate Counsel survey).

109. 2009 年 12 月 20 日，美国政府问责局称，"司法部已采取措施以更好地跟踪暂缓起诉协议和不起诉协议，且应评估其有效性"。

110. 我曾在美国律师协会工作小组委员会担任报告人，就公司监督员的做法提出初步建议。

111. 12 C. F. R. § 21. 21; 31 U. S. C. § 5318 (h) (1) (D).

112. Criminal Division of the U. S. Department of Justice and Enforcement Division of the U. S. Securities and Exchange Commission, *A*

Resource Guide to the U. S. Foreign Corrupt Practices Act 58, 62 (2012).

113. Financial Crisis Inquiry Report, xvii – xix.

114. Lucian Bebchuk et al. , "The Wages of Failure: Executive Compensation at Bear Stearns and Lehman 2000 – 2008," *Yale Journal on Regulation* 27 (2010): 259.

115. Dodd – Frank Wall Street Reform and Consumer Protection Act § 954, 124 Stat. at 1904; Sarbanes – Oxley Act of 2002 § 304, 15 U. S. C. § 7243 (2006); 15 U. S. C. § 78u – 3 (c) (3) (2006); Terrance Gallogly, "Enforcing the Clawback Provision: Preventing the Evasion of Liability under Section 954 of the Dodd – Frank Act," *Seton Hall Law Review* 42 (2012): 1245.

116. 17 CFR § 240. 13a – 14 (a); 17 CFR § 240. 15d – 14 (a); Securities Exchange Act of 1934, 15 U. S. C. § 78u.

117. Alison Frankel, "Sarbanes – Oxley's Lost Promise: Why CEOs Haven't Been Prose – cuted," Thompson Reuters, July 27, 2012; Robert J. A. Zito, "SOX 302 Certifications: What Are They Good For?" *New York Law Journal*, November 19, 2007.

118. *SEC v. Goldman, Sachs, & Co.* , No. 10 – CV – 3229, 2010 WL 2779309 ¶ 3 (S. D. N. Y. 2010).

119. U. S. Department of Justice, "Amgen Inc. Pleads Guilty to Federal Charge in Brooklyn; Pays $ 762 Million to Resolve Criminal Liability and False Claims Act Allegations," December 19, 2012.

120. Anne Blythe and Joseph Neff, "Judge Refuses to Accept WakeMed Settlement with Federal Prosecutors," *News and Observer*, January 17, 2013.

121. Order, *U. S. v. WakeMed*, No. 5: 12 - CR - 398 - BO (E. D. N. C. February 8, 2013).

122. Jessica Silver - Greenberg and Ben Protess, "Doubt Is Cast on Firms Hired to Help Banks," *New York Times*, January 31, 2013.

123. Hearing at 5 - 6, *U. S. v. Barclays*, No. CR 10 - 218 (D. D. C. August 18, 2010).

124. Ibid., 24, 36, 39; Status Hearing, *U. S. v. Barclays*, No. CR 10 - 218 (D. D. C. November 23, 2010).

125. Memorandum and Order, *U. S. v. HSBC Bank USA, N. A.*, 12 - CR - 763 (E. D. N. Y. July 1, 2003).

126. Memorandum and Order 28, 45, *U. S. v. APTx Vehicle Systems Ltd.*, No. 12 - 10374 - WGY (D. Ma. July 26, 2013).

127. Gerard E. Lynch, "Panel Discussion: The Expanding Prosecutorial Role from Trial Counsel to Investigator and Administrator," *Fordham Urban Law Journal* 26 (1999): 682.

128. John C. Coffee, " 'No Soul to Damn: No Body to Kick': An Unscandalized Inquiry into the Problem of Corporate Punishment," *Michigan Law Review* 79 (1981): 386.

129. E. g., Joel Bakan, *The Corporation: The Pathological Pursuit of Profit and Power* (New York: Free Press, 2004), 79.

130. John Dewey, "The Historic Background of Corporate Legal Personality," *Yale Law Journal* 35 (1926): 666 - 667.

131. Henry Pontell, *A Capacity to Punish: The Ecology of Crime and Punishment* (Bloomington: Indiana University Press, 1982), 33 - 36.

132. 如要对白领阶层进一步研究，参见 Sally S. Simpson, "White - Collar Crime: A Review of Recent Developments and Promising Directions for Future Research," *Annual Review of Sociology* 39 (2013): 309。

附　录

1. Brandon L. Garrett and Jon Ashley, Federal Organizational Prosecution Agreements, University of Virginia School of Law, http: //lib. law. virginia. edu/Garrett/prosecution _ agreements/home. suphp.

2. Brandon L. Garrett and Jon Ashley, Federal Organizational Plea Agreements, University of Virginia School of Law, http: //lib. law. virginia. edu/Garrett/plea_ agreements/home. php.

3. Letter from L. Ralph Mecham, Director, Administrative Office of the U. S. Courts, to the Honorable William W. Wilkins Jr. , Chairman, United States Sentencing Commission, June 22, 1988, 2. 该委员会收集根据组织量刑指导方针被判刑的公司的数据，但有些公司是根据其他条款被判刑的，如替代罚款法规。Cindy R. Alexander, Jennifer Arlen, and Mark A. Cohen, "Regulating Corporate Criminal Sanc-

tions: Federal Guidelines and the Sentencing of Public Firms," *Journal of Law and Economics* 42 (1999): 416, 419 – 420; Cindy R. Alexan – der, Jennifer Arlen, and Mark A Cohen, "Evaluating Trends in Corporate Sentencing: How Reliable Are the U. S. Sentencing Commission's Data?" *Federal Sentencing Reporter* 13 (2000): 109 – 110.

4. 我申请委员会提供数据以供研究之用的几项请求都没有得到答复。此外，在 2013 年年初，我申请与缓刑和审前服务办公室分享数据的请求也被拒绝，该办公室建议我与委员会联系。

致　谢

本书的撰写受益于凯里·艾布拉姆斯（Kerry Abrams），理查德·艾布拉姆斯（Richard Abrams），珍妮弗·阿伦（Jennifer Arlen），理查德·邦妮（Richard Bonnie），安德鲁·布特罗斯（Andrew Boutros），史蒂芬·布拉加（Stephen Braga），山姆·比尔（Sam Buell），约书亚·菲施曼（Joshua Fischman），特雷弗·加米（Trevor Garmey），邦妮·加勒特（Bonnie Garrett），艾米·哈利迪（Amy Halliday），马克·约翰逊（Mark Johnson），埃德·基奇（Ed Kitch），李·科瓦尔斯基（Lee Kovarsky），约翰·麦格罗斯林（John McGlothlin），约翰·普雷斯科特（John Prescott），布莱恩·萨沃斯（Brian Sawers），大卫·乌尔曼（David Uhlmann），乌尔斯卡·维利科尼亚（Urska Velikonja），伊桑·耶鲁（Ethan Yale）和大卫·扎林（David Zaring）。我十分感谢哈佛大学出版社的编辑伊丽莎白·诺尔（Elizabeth Knoll），她在我撰写本书时给予了专家指导，并从头至尾帮助我制订项目计划。在著书过程中，来自哈佛大学出版社的匿名审稿人也给本书提供了许多有益意见，对此我深表感谢。同时我还要感谢我的经纪人克里斯·卡尔霍恩（Chris Calhoun），本书的完成少不了他的协助和鼓励。

本书的研究主要受两篇有关企业诉讼方面的长篇评论文章启发：《弗吉尼亚法律评论》（Virginia Law Review）2011 年度第 97 期的《被检控的全球化公司》（Globalized Corporate Prosecutions）和 2007 年度第 93 期的《被检控的结构改革》（Structural Reform Prosecution）。之后我还搜索了相关的简短文章包括：《卡多佐法律评论》（Cardozo Law Review）2009 年度第 30 期的《公司的坦白》以及由雷切尔·巴克（Rachel Barkow）和安东尼·巴克（Anthony Barkow）撰写的《会议室的检察官》（这本书由纽约大学出版社 2011 年出版）中的一章"监管机构与检方之间的合作"。在此我还要感谢以下这些评论者对我早期研究提出的建议：肯尼思·亚伯拉罕（Kenneth Abraham），珍妮弗·阿伦（Jennifer Arlen），米里亚姆·贝尔（Miriam Baer），瑞秋·巴尔科（Rachel Barkow），托尼·巴尔科（Tony Barkow），乔什·贝顿（Josh Beaton），理查德·比尔施巴赫（Richard Bierschbach），达里·布朗（Darryl Brown），阿尔伯特·崔（Albert Choi），乔治·科恩（George Cohen），安妮·科夫林（Anne Coughlin），奎因·柯蒂斯（Quinn Curtis），维特·迪恩（Viet Dihn），克里斯汀·埃尔曼多夫（Chris Elmendorf），丽莎·格里芬（Lisa Griffin），保罗·哈利迪（Paul Halliday），托比·海顿（Toby Heytens），理查德·海因斯（Richard Hynes），吉姆·雅各布斯（Jim Jacobs），麦克·科勒（Mike Koehler），乔迪·克劳斯（Jody Kraus），保罗·马奥尼（Paul Mahoney），格雷格·米切尔（Greg Mitchell），约翰·莫纳汉（John Monahan），杰德·普迪（Jed Purdy），丹·里奇曼（Dan Richman），乔纳森·拉什（Jonathan Rusch)，乔治·卢瑟格伦（George Rutherglen)，理查德·施拉格（Richard Schragger)，莫莉 · 沙德尔（Molly Shadell)，大卫·斯克兰斯基（David Sklansky)，丹尼尔·索科尔（Daniel Sokol)，保罗·斯蒂芬（Paul Stephan)，苏珊·斯特姆（Susan Sturm)，米拉·弗斯特格（Mila Versteeg）和乔治·尹（George Yin)。该书的完成还得益于我在弗吉尼亚法学院以及玛丽大学法学院和德国明斯特大学的几次演讲，以及之前在乔治敦大学、乔治华盛顿大学、纽约大学、华盛顿与李大学以及华盛顿大学法学院的演讲。感谢我的学生在我传授公司犯罪研讨会和联邦刑法课程中给予的灵感。我还要感谢蒂姆·希菲（Tim Heaphy)，安迪·毛（Andy Mao)，乔纳森·鲁施（Jonathan Rusch)，西奥·威格尔博士（Dr. Theo Waigel)，约瑟夫·沃林（Joseph Warin）以及许多其他参与了企业诉讼的人，感谢他们花费时间与我谈论企业诉讼情况。

这么多年来，只有在乔恩·阿什利（Jon Ashley）和弗吉尼亚大学法律图书馆的大力帮助下，才有可能组建联邦公司起诉协议数据库。乔恩·阿什利不仅帮助我收集了这些材料，而且还从这些起诉协议中收集、整理了数据，以便可以将它们作为资源在线提供给我。不仅如此，乔恩·阿什利还收集了美国量刑委员会的数据，可以说他在我著书的整个过程中都提供了帮助。自从 2006 年我开始收集联邦公司的暂缓起诉和不起诉协议数据以来，乔恩就一直是这项研究的宝贵力量。在这里我还要感谢多年来在这项工作中所提供帮助的弗吉尼亚大学法律图书馆职员约翰·罗珀（John Roper）和米歇尔·莫里斯（Michelle Morris)，以及那些在线上为我提供积极反馈的检察官、辩护律师和其他从业人员。

我还要感谢那些在我收集并扫描了这些材料后，帮助我审查和编码文件，并提供有关法律信息的研究助手团队：詹姆斯·卡斯（James Cass），克里斯汀·张（Christine Chang），凯特琳·康诺利（Caitlin Connolley），阿曼达·吉尔（Amanda Gill），艾米莉·格林（Emily Green），奥黛丽·金（Audrey Golden），丹尼尔·瓜内拉（Daniel Guarnera），黄亚琼（Yaqiong Huang），马克·约翰逊（Mark Johnson），布莱恩·琼斯（Bryan Jones），本杰明·卢巴尔斯基（Benjamin Lubarsky），凯尔·马修斯（Kyle Mathews），沃克·麦库西克（Walker McCusik），蒂姆·麦克劳克林（Tim Mclaughlin），艾琳·蒙哥马利（Erin Montgomery），布莱恩·罗（Brian Rho），理查德·罗斯布拉特（Richard Rothblatt），乔治娜·谢泼德（Georgina Shepard），路易斯·舍尼斯基（Louis Shernisky），梅丽娜·肖帕（Melina Shoppa），伊莱恩·辛格曼（Elaine Singerman），伊丽莎白·斯塔德（Elizabeth Studdard）和史蒂芬·孙（Stephen Sun）。

特别感谢瓦希德·盖洛普（Vahid Gholampour）为本书附录的数据回归分析，提供了非常宝贵的帮助。

如果没有我在弗吉尼亚大学法学院同事的慷慨和体贴帮助，这本书根本无法完成，同时也十分感谢弗吉尼亚大学法学院在我著书时给予的暑期研究经费。

衷心感谢我的家人，多年来是他们在背后默默支持我的这项工作。当然我最想感谢的是我的妻子凯里·艾布拉姆斯（Kerry Abrams），她是我此生最为美丽闪耀的风景。

作者简介

布兰登·L. 加勒特（Brandon L. Garrett），毕业于美国哥伦比亚大学法学院，现任杜克大学法学院教授，曾任《哥伦比亚法律评论》编辑、弗吉尼亚大学法学院教授，刑事司法、证据法和宪法权利专家。其著作曾荣获美国律师协会银槌奖、宪法评论奖等多项荣誉，并被翻译为多种语言出版。研究成果被美国联邦法院、州最高法院以及加拿大、以色列等多个国家最高法院援引。

译后记

2020 年 5 月，江苏省检察机关第三次编译工作会议在南通崇川召开，13 名编译组成员齐聚崇川院。会上，编译组共同研讨了江苏省人民检察院编译丛书已出版的《美国和欧洲的检察官》《检察官的权力》两本书编译过程中的得与失，张登高主任对此次启动的第三和第四本书的编译工作安排了人员分工和时间进度。

负责本书的 8 名同志前期均已参与过编译工作，但拿到 *Too big to jail* 后，大家似乎都感到了前所未有的压力。比如，企业刑事合规对大多数检察人来说似乎还是新生事物，能查询的资料也并不丰富。书中列举的案例还涉及金融、航海等各个领域大量的专业术语，没有相关背景知识，如何确保翻译得精确？

交初稿的时间在 8 月中旬，此后，还有一个月全员参与的交叉译稿时间，看似充裕，但上半年因疫情耽误的各项常规工作亟须在这段时间内补上来，工作量比往年大，也是大家面临的共同困难。因为责任，更因为热爱，每位成员还是无一例外利用业余时间按时完成了自己负责的部分。

9 月 21 日，大家再次聚齐，在苏州吴中院集中校稿。此时，张英姿刚刚结束为期一周的案件评查，何湘萍承办的涉黑案件还在开庭，吴爱华未满三周岁的孩子送到了托班……

为期 5 天的集中校稿，大家时而“严肃”，比如，对“monitors”翻译成“监督员”、“监管人”还是“监督者”争论不休；时而“活泼”，赞扬“健身达人”新玥的“肌肉”。俊杰忙完工作熬夜更新公众号，武斌外卖点到了好喝的奶茶，亦泽竟然忘了给我们推荐美剧……校稿期间，吴中院的陈飞检察长给予我们无微不至的帮助和关心。大家记住了吴中这个美丽的地方，记住了吴中院的形象代言人“吴小甪”，也记住了吴中院的院训——“尚智、正行、敬法、致知”。

整个翻译的过程，有付出，更有收获，收获了思考，收获了友谊。

刘华检察长对全稿进行了审定，张登高主任负责全书的统稿，刘俊杰负责第一章、第二章，何湘萍负责第三章，王亦泽负责第四章和目录，武斌负责第五章，王新玥负责第六章、后记和附录，吴爱华负责第七章、第八章，梁秋芬负责第九章，张英姿负责第十章。谭大金、杨威做了大量的编辑校对和保障工作。值本书付梓之际，致以由衷感谢。

由于水平有限，书中难免疏漏，望读者予以勘正。

编译组

2020 年 12 月

于南京宁海路 73 号

图书在版编目（CIP）数据

美国检察官办理涉企案件的启示 /（美）布兰登·L.
加勒特（Brandon L. Garrett）著；刘俊杰等译. -- 北
京：法律出版社，2021
书名原文：Too Big to Jail：How Prosecutors
Compromisc with Corporations
ISBN 978 - 7 - 5197 - 5535 - 5

Ⅰ. ①美… Ⅱ. ①布… ②刘… Ⅲ. ①检察机关－司
法制度－研究－美国 Ⅳ. ①D971.263

中国版本图书馆 CIP 数据核字(2021)第 183723 号

美国检察官办理涉企案件的启示
MEIGUO JIANCHAGUAN BANLI SHEQI
ANJIAN DE QISHI

［美］布兰登·L. 加勒特 著
刘俊杰 等 译

责任编辑 许 睿
装帧设计 贾丹丹

出版发行 法律出版社
编辑统筹 司法实务出版分社
责任校对 王晓萍 王语童
责任印制 胡晓雅
经　　销 新华书店

开本 710 毫米×1000 毫米 1/16
印张 31.25 **字数** 332 千
版本 2021 年 9 月第 1 版
印次 2021 年 9 月第 1 次印刷
印刷 三河市兴达印务有限公司

地址：北京市丰台区莲花池西里 7 号（100073）
网址：www.lawpress.com.cn
投稿邮箱：info@lawpress.com.cn
举报盗版邮箱：jbwq@lawpress.com.cn
销售电话：010 - 83938349
客服电话：010 - 83938350
咨询电话：010 - 63939796

书号：ISBN 978 - 7 - 5197 - 5535 - 5
定价：118.00 元